Colloquia Baltica 3

Beiträge zur Geschichte und Kultur Ostmitteleuropas

T0345839

Christian Pletzing (Hg.)

Vorposten des Reichs?

Ostpreußen 1933–1945

Martin Meidenbauer »

Gedruckt mit Unterstützung des Beauftragten
der Bundesregierung für Kultur und Medien.

Die Deutsche Bibliothek verzeichnet diese
Publikation in der Deutschen Nationalbiblio-
grafie; detaillierte bibliografische Daten sind
im Internet über http://dnb.ddb.de abrufbar.

© 2006 Martin Meidenbauer
Verlagsbuchhandlung, München

Abbildung auf dem Umschlag: Die Handelshochschule in Königsberg, 1942

Printed in Germany

Gedruckt auf
chlorfrei gebleichtem, säurefreiem und
alterungsbeständigem Papier (ISO 9706)

ISBN: 978-3-89975-561-9

Verlagsverzeichnis schickt gern:
Martin Meidenbauer Verlagsbuchhandlung
Erhardtstr. 8
D-80469 München

www.m-verlag.net

Inhaltsverzeichnis

Einführung:
Vorposten des Reichs?

„Wir Ostpreußen sind der Vorposten des vom Führer von Grund auf erneuerten Reiches. Wir sind sozusagen das erste Bataillon Garde für Preußen und Deutschland"[1]. Nicht nur Ostpreußens Gauleiter Erich Koch
stilisierte die östlichste Provinz Deutschlands zu einem Vorposten gen
Osten, auch der Historiker Erich Maschke vertrat die Ansicht, Ostpreußen
sei ein „Vorposten im Daseinskampfe des großdeutschen Volkes"[2]. „Ostpreußen ist stets ein Hort des Faschismus und der Reaktion, ein Vorposten
des räuberischen deutschen Imperialismus im Osten [...] gewesen"[3], be-
hauptete dagegen 1944 die sowjetische Zeitschrift „Pograničnik". Und der
russische Historiker Gracianskij sah in der preußischen Provinz nicht nur
eine Bastion des „deutschen Drangs nach Osten", sondern auch einen
„Dolch im Rücken"[4] Polens.

Diese ebenso ähnlichen wie unterschiedlichen Bewertungen der Rolle
Ostpreußens verweisen auf ein Geschichtsbild, demzufolge Preußens östlichste Provinz aufgrund ihrer exponierten Lage eine besondere Funktion
für das nationalsozialistische Deutschland eingenommen habe. Um so be-
merkenswerter ist es, daß die Geschichtswissenschaft dieses vermeintliche
oder tatsächliche Phänomen bisher weitgehend ignoriert hat. Zwar ist auch
die Zeitgeschichte anderer Regionen im Osten Preußens, wie etwa
Pommerns oder Schlesiens, bisher nur unzureichend erforscht, doch ist das
Forschungsdefizit im Falle Ostpreußens besonders frappant[5].

Ursache für die über Jahre hinweg unterbliebene Forschung ist nicht die
Quellenlage, die trotz kriegsbedingter Verluste als verhältnismäßig gut be-

---

[1] Koch, Erich: Aufbau im Osten. Breslau 1934, S. 26. Autor des unter dem Namen Kochs
erschienenen Bandes war indes der Schriftsteller Otto Weber-Krohse.
[2] Maschke, Erich: Deutsche Wacht im Osten durch die Jahrhunderte. In: Tannenberg. Deutsches Schicksal – Deutsche Aufgabe. Hrsg. vom Kuratorium für das Reichsehrenmal Tannenberg. Berlin, Oldenburg 1939, S. 165-196, hier S. 196.
[3] Vostočnaja Prussia. In: Pograničnik 1944, S. 19-20, 47-49. Zit. nach Schulze Wessel, Martin:
Rußlands Blick auf Preußen. Die polnische Frage in der Diplomatie und der politischen Öffentlichkeit des Zarenreiches und des Sowjetstaates 1697-1947. Stuttgart 1995, S. 375.
[4] Gracianskij, N. P.: Prussija i Prussaki. Stenogramma publičnoj lekcii. Moskau 1945, S. 3. Zit.
nach Schulze Wessel: Rußlands Blick (wie Anm. 3), S. 376.
[5] Vgl. Kittel, Manfred: Preußens Osten in der Zeitgeschichte. Mehr als nur eine landeshistori-
sche Forschungslücke. In: Vierteljahrshefte für Zeitgeschichte 50 (2002), S. 435-463.

zeichnet werden kann. Im Westen Deutschlands herrschte bis 1990 ein weitgehendes Desinteresse an der Geschichte und Kultur Ostpreußens vor. Mit Preußens östlichster Provinz beschäftigten sich fast ausschließlich die aus Ostpreußen Vertriebenen. Gerade die Spitzen ihrer Organisationen wiesen indes eine deutliche personelle Kontinuität zu den Vorkriegseliten der Provinz auf[6], die an einer kritischen Auseinandersetzung mit der Zeitgeschichte verständlicherweise nicht interessiert waren. Hinzu kamen fehlende Sprachkenntnisse, die auch bei fachlich ausgewiesenen Historikern eine Rezeption polnischer oder litauischer Forschungsergebnisse erschwerten. In der DDR und in der Sowjetunion war die Geschichte Ostpreußens, von punktuellen Ausnahmen abgesehen, ein Tabuthema. In Polen dagegen verhinderte bis 1989 das Dogma von der über Jahrhunderte unterdrückten Polonität der Masuren die Beschäftigung mit der neuesten Geschichte einer Region, in der die NSDAP auf überdurchschnittliche Zustimmung stieß.

Die 1992 erstmals veröffentlichte Gesamtdarstellung der Geschichte Ost- und Westpreußens von Hartmut Boockmann handelt ebenso wie das mehrbändige Handbuch der Geschichte Ost- und Westpreußens die Zeit des Nationalsozialismus mit wenigen Seiten ab. Dagegen konzentriert sich die gleichfalls 1992 erschienene polnische Geschichte „Ermlands und Masurens" von Stanisław Achremczyk auf die Geschichte der polnischsprachigen Bevölkerung im Süden der Provinz und blendet damit wichtige Faktoren der Geschichte Ostpreußens aus[7]. Erst Andreas Kossert setzt sich in seinem Band „Ostpreußen. Geschichte und Mythos" aus dem Jahr 2005 differenziert mit der neuesten Geschichte der Region auseinander[8]. Ein Blick in das Literaturverzeichnis zeigt indes den disparaten Forschungsstand, den Kossert durch eigene Archivstudien für die Jahre 1933 bis 1945 kompensieren mußte.

Deutsche Veröffentlichungen zur Geschichte Ostpreußens beschränkten sich bis in die 1980er Jahre hinein fast ausschließlich auf Flucht und Vertreibung der deutschen Bevölkerung sowie auf die Kampfhandlungen in Ostpreußen 1944/45. Dabei handelte es sich meist um Erinnerungen von

---

[6] Vgl. Kossert, Andreas: Ostpreußen. Geschichte und Mythos. München 2005, S. 376.
[7] Vgl. Boockmann, Hartmut: Ostpreußen und Westpreußen. Deutsche Geschichte im Osten Europas. Berlin 1992; Handbuch der Geschichte Ost- und Westpreußens. Teil IV. Hrsg. von Ernst Opgenoorth. Lüneburg 1997; Achremczyk, Stanisław: Historia Warmii i Mazur. Od pradziejów do 1945 roku. Olsztyn 1992.
[8] Vgl. Kossert: Ostpreußen (wie Anm. 6).

Zeitzeugen, nur selten aber um wissenschaftliche Studien. Polnische Wissenschaftler thematisierten dagegen schon früh die Geschichte der polnischen Minderheit im südlichen Ermland und in Masuren. So entstanden beispielsweise Arbeiten über polnische Jugendorganisationen, polnische Konsulate, das polnische Schulwesen oder die polnische Nationalbewegung in Ostpreußen zwischen 1918 und 1939.[9] Die Blickverengung allein auf die polnische Minderheit löste diese Phänomene indes aus dem Zusammenhang und trug somit zur Analyse des nationalsozialistischen Ostpreußen wenig bei.

Zu denjenigen, die in Deutschland vergleichsweise früh Themen der ostpreußischen Zeitgeschichte aufgriffen, zählen die Mitglieder des Historischen Vereins für Ermland.[10] Ebenso wie der Konflikt zwischen dem nationalsozialistischen Staat und der katholischen Kirche der Diözese Ermland weckte die Geschichte der Bekennenden Kirche Ostpreußens schon vor 1989 das Interesse der Forschung.[11] Aspekte der Arbeiterbewegung Ostpreußens beschrieb Wilhelm Matull in einer 1970 veröffentlichten Überblicksdarstellung.[12]

In Polen waren es vor allem die Arbeiten des Allensteiner Historikers Bohdan Koziełło-Poklewski zur Geschichte der NSDAP und der ausländischen Zwangsarbeiter in Ostpreußen, die neue Akzente setzten.[13] Außer-

---

[9] Vgl. Gąsiorowski, Andrzej: Młodzież polska Prus Wschodnich 1919-1939. Olsztyn 1989; Szostakowska, Małgorzata: Konsulaty polskie w Prusach Wschodnich w latach 1920-1939. Olsztyn 1990; Wrzesiński, Wojciech: Ruch polski na Warmii, Mazurach i Powiślu w latach 1920-1939. 2. Aufl. Olsztyn 1973; Koziełło-Poklewski, Bohdan und Wrzesiński, Wojciech: Szkolnictwo polskie na Warmii, Mazurach i Powiślu w latach 1919-1939. Olsztyn 1980.
[10] Vgl. z.B. Reifferscheid, Gerhard: Das Bistum Ermland und das Dritte Reich. Köln, Wien 1975.
[11] Vgl. Linck, Hugo: Der Kirchenkampf in Ostpreußen 1933 bis 1945. Geschichte und Dokumentation. München 1968; Geschichte der Bekennenden Kirche in Ostpreußen 1933-1945: Allein das Wort hat's getan. Hrsg. von Manfred Koschorke. Göttingen 1976. 1999 erschien zudem eine Biographie des prominenten Theologen Hans Joachim Iwand, vgl. Seim, Jürgen: Hans Joachim Iwand. Eine Biografie. Gütersloh 1999.
[12] Vgl. Matull, Wilhelm: Ostpreußens Arbeiterbewegung – Geschichte und Leistung im Überblick. Würzburg 1970.
[13] Vgl. Koziełło-Poklewski, Bohdan: Narodowosocjalistyczna Niemiecka Partia Robotnicza w Prusach Wschodnich 1921-1933. Olsztyn 1995; Ders.: Zagraniczni robotnicy przymusowi w Prusach Wschodnich w latach II wojny światowej. Warszawa 1977; Ze znakiem „P": relacje i wspomnienia robotników przymusowych i jeńców wojennych w Prusach Wschodnich. Hrsg. von Bohdan Koziełło-Poklewski und Bohdan Łukaszewicz. Olsztyn 1977. Vgl. jetzt auch Karp, Hans-Jürgen: Zur Seelsorge an den polnischen Zwangsarbeitern in Ostpreußen 1940-

dem entstanden in den 1980er Jahren in Polen Studien zu den Kriegsgefangenenlagern Ostpreußens und zur Euthanasie[14].

Ein wesentlicher Fortschritt in der Erforschung der ostpreußischen Zeitgeschichte war die 1986 in Allenstein publizierte Studie von Dieter Hertz-Eichenrode über die Etablierung des Nationalsozialismus in Masuren 1930 bis 1932[15]. Hertz-Eichenrodes Untersuchung über die Gründe der spektakulären NSDAP-Wahlerfolge in Masuren galt in den letzten Jahren der Volksrepublik Polen als so heikel, daß man den Aufsatz an eher abgelegener Stelle auf deutsch veröffentlichte. Seit 1989 steht Masuren im Mittelpunkt der zeitgeschichtlichen Regionalforschung – und dies insbesondere durch die Arbeiten von Andreas Kossert zur deutsch-polnischen Beziehungsgeschichte im südlichen Ostpreußen. Mit der Sprache und der nationalen Identität der Masuren beschäftigte sich auch der amerikanische Historiker Richard Blanke.[16]

Die Zeit des Nationalsozialismus im Memelland ist dagegen noch weitgehend unerforscht. In einem instruktiven Literaturbericht zeigt Joachim Tauber, daß sich die Forschung bisher primär auf die Frage der Besetzung des Memellandes 1923 sowie dessen „Rückgliederung" 1939 beschränkt hat.[17] Eine Ausnahme bilden lediglich Publikationen zur Situation der litauischen Minderheit des Memellandes, wie z.B. die Arbeiten von Arūne Arbušauskaitė über die litauischen Optanten des Jahres 1939.[18]

1945. In: Zeitschrift für die Geschichte und Altertumskunde Ermlands [ZGAE] 50 (2002), S. 173-198.

[14] Vgl. Lietz, Zygmunt: Obozy jenieckie w Prusach Wschodnich 1939-1945. Warszawa 1982; Korc, Ewa und Sołoma, Antoni: Z badań nad hitlerowską eutanazją w Prusach Wschodnich. In: Acta Universitatis Wratislaviensis No. 923. Wrocław 1987, S. 189-199. Außerdem zu Euthanasiefällen in Kortau bei Allenstein: Piechocki, Stanisław: Czyściec zwany Kortau. Olsztyn 1993.

[15] Hertz-Eichenrode, Dieter: Die Wende zum Nationalsozialismus im südlichen Ostpreußen 1930-1932. In: Olsztyńskie Studia Niemcoznawcze I (1986), S. 59-114.

[16] Kossert, Andreas: Preußen, Deutsche oder Polen? Die Masuren im Spannungsfeld des ethnischen Nationalismus 1870-1956. Wiesbaden 2001; Ders.: Masuren. Ostpreußens vergessener Süden. Berlin 2001; Blanke, Richard: Polish-speaking Germans? Language and National Identity among the Masurians since 1871. Köln, Weimar, Wien 2001.

[17] Tauber, Joachim: Das Memelgebiet (1919-1945) in der deutschen und litauischen Historiographie nach 1945. In: Nordost-Archiv N.F. X (2001), S. 11-44.

[18] Vgl. Arbušauskaitė, Arūne: Lietuvos optantai: klaipėdiškiai, 1939. Klaipėda 2001; Dies.: Gyventojų mainai tarp Lietuvos ir Vokietijos pagal 1941 m. sausio 10 d. sutartį. Klaipėda 2002;

Nach der politischen Wende in Mittel- und Osteuropa verzeichnete die Forschung zur Geschichte Ostpreußens einen deutlichen Aufschwung. 1991 publizierte Christian Tilitzki anhand der Lageberichte der Königsberger Justiz einen Abriß der Alltagsgeschichte Ostpreußens während des Zweiten Weltkriegs.[19]. Seit den neunziger Jahren entstanden mehrere Studien zur Geschichte der Juden in Königsberg, Memel, im Ermland und in Masuren. In jüngster Zeit wurde auch die Deportation der Juden aus Ostpreußen thematisiert.[20] Gut dokumentiert ist mittlerweile auch die Biographie von Maximilian Kaller (1880-1947), Bischof von Ermland, wobei die Frage von Kallers polnischsprachiger Seelsorge bei den Arbeiten deutscher und polnischer Historiker im Vordergrund steht.[21]

Ein zentraler Erinnerungsort des deutschen Ostpreußen war das Tannenberg-Denkmal bei Hohenstein. Aus kunsthistorischer Perspektive beschäftigte sich Jürgen Tietz mit dem 1934/35 zum „Reichsehrenmal" um-

---

außerdem: Pocytė, Silva: Die Tätigkeit des „Komitees Litauischer Organisationen im Memelgebiet" 1934-1939. In: Annaberger Annalen 11 (2003), S. 99-111; Fuchs, Klaus: Hin zur litauischen Idylle – Endrius Borchertas' politische Agenda für das Memelgebiet. In: Annaberger Annalen 12 (2004), S. 133-178.
[19] Tilitzki, Christian: Alltag in Ostpreußen 1940-45. Die geheimen Lageberichte der Königsberger Justiz. Leer 1991.
[20] Schüler-Springorum, Stefanie: Die jüdische Minderheit in Königsberg/Preußen, 1871-1945. Göttingen 1996; Leiserowitz, Ruth: Die Illusion der transmigratorischen Existenz. Juden im Memel des 20. Jahrhunderts. In: Nordost-Archiv N.F. X (2001), S. 307-335; Sommerfeld, Aloys: Juden im Ermland – Ihr Schicksal nach 1933. Münster 1991; Kossert, Andreas: Aus der Geschichte der jüdischen Gemeinde zu Johannisburg/Ostpreußen, Ders.: Die jüdische Gemeinde Ortelsburg. In: Zur Geschichte und Kultur der Juden in Ost- und Westpreußen. Hrsg. von Michael Brocke u.a. Hildesheim 2000, S. 67-86 und 87-124; Ders.: Zarys historii gminy żydowskiej w Piszu. In: Znad Pisy 8 (1999), S. 69-77; Gottwaldt, Alfred: Zur Deportation der Juden aus Ostpreußen in den Jahren 1942/1943. In: NS-Gewaltherrschaft. Beiträge zur historischen Forschung und juristischen Aufarbeitung. Hrsg. von Alfred Gottwaldt, Norbert Kampe und Peter Klein. Berlin 2005, S. 152-172.
[21] Vgl. Bendikowski, Tillmann: „Siedlung heißt das Rettungswort!". Bischof Maximilian Kaller und sein Engagement für die Ostsiedlung 1928-1941. In: ZGAE 51 (2005), S. 73-95; Fox, Ulrich: Die Auseinandersetzungen Bischof Maximilian Kallers mit dem Staat um die Besetzung der ermländischen Kanonikate (1931-1944). In: ZGAE 50 (2002), S. 145-171; Ders.: Bischof Maximilian Kaller und die Seelsorge für die polnischsprechenden Diözesanen. In: ZGAE 49 (1999), S. 147-174; Kalinowski, Dariusz: Bischof Maximilian Kaller und die Fragen des deutschen Ostens in den Jahren 1945 bis 1947. In: ZGAE 49 (1999), S. 175-215; Borzyszkowski, Marian: Bischof Maximilian Kaller und die polnischsprachige Seelsorge in der Diözese Ermland. In: ZGAE 49 (1999), S. 127-145.

gestalteten Denkmal.[22] Auskunft über Hitlers Hauptquartier in Ostpreußen, die „Wolfsschanze", gibt ein 1999 erschienener Band von Uwe Neumärker, Robert Conrad und Cord Woywodt.[23]

Durch den Bericht des Zeitzeugen Martin Bergau wurde Mitte der neunziger Jahre erstmals das größte NS-Massaker in Ostpreußen, der Mord an jüdischen KZ-Häftlingen in Palmnicken 1945, einer größeren Öffentlichkeit bekannt. Um neue Aspekte erweiterte 1994 Bernhard Fisch den in Deutschland um Flucht und Vertreibung der deutschen Bevölkerung Ostpreußens kreisenden Diskurs mit seiner detaillierten Untersuchung der Ereignisse in Nemmersdorf nach der Einnahme durch die Rote Armee 1944.[24]

Wichtige Lücken in der Erforschung des nationalsozialistischen Ostpreußen schließen 2006 und 2007 zwei Freiburger Dissertationen: Christian Rohrer analysiert die NS-Herrschaftsstrukturen der Provinz, Ralf Meindl schreibt die Biographie des ostpreußischen Gauleiters Erich Koch.[25]

Trotz der erfreulichen Entwicklung der zeitgeschichtlichen Forschung zu Ostpreußen seit 1989 ist der Forschungsstand zu dieser Provinz weiterhin unbefriedigend und bei weitem nicht mit westdeutschen Regionen zu vergleichen. So fehlen bisher Arbeiten zur Alltagsgeschichte, die Methoden der oral history nutzen.[26] Die Geschichte der ostpreußischen Juden auf

---

[22] Vgl. Tietz, Jürgen: Das Tannenberg-Nationaldenkmal. Architektur, Geschichte, Kontext. Berlin 1999. Zur Einordnung des Tannenberg-Mythos in den Nationalismus der Zwischenkriegszeit vgl. Traba, Robert: „Wschodniopruskość". Tożsamość regionalna i narodowa w kulturze politycznej Niemiec. Poznań, Warszawa 2005.

[23] Neumärker, Uwe; Conrad, Robert; Woywodt, Cord: Wolfsschanze. Hitlers Machtzentrale im II. Weltkrieg. Berlin 1999.

[24] Bergau, Martin: Der Junge von der Bernsteinküste. Erlebte Zeitgeschichte 1938-1945. Heidelberg 1994; Ders.: Todesmarsch zur Bernsteinküste. Das Massaker an Juden im ostpreußischen Palmnicken im Januar 1945. Zeitzeugen erinnern sich. Heidelberg 2006. Vgl. dazu jetzt auf Grundlage von Akten der Außenstelle Ludwigsburg des Bundesarchivs Kossert, Andreas: „Endlösung on the ‚Amber Shore'": The Massacre in January 1945 on the Baltic Seashore – A Repressed Chapter of East Prussian History. In: Leo Baeck Institute Year Book XLIX (2004), S. 3-21. Fisch, Bernhard: Nemmersdorf Oktober 1944. Was in Ostpreußen tatsächlich geschah. Berlin 1997.

[25] Rohrer, Christian: Nationalsozialistische Macht in Ostpreußen. München 2006; Meindl, Ralf: Ostpreußens Gauleiter. Erich Koch – eine politische Biographie (erscheint 2007).

[26] Vgl. dazu den Beitrag von Cezary Bazydło in diesem Band.

dem Lande und in den meisten Kleinstädten ist weitgehend unerforscht.[27] Einer kritischen Aufarbeitung bedarf die in zahlreichen Werken der Erinnerungsliteratur überlieferte Rolle der ostpreußischen Eliten, insbesondere des Adels. Wenig ist auch über den Widerstand bekannt oder über die politische Kultur im Norden der Provinz. Weiterhin überwiegt insbesondere bei populärwissenschaftlichen Veröffentlichungen der Heimatvertriebenen eine „Tendenz des Verdrängens und Ignorierens", wie Klaus-Eberhard Murawski bereits 1993 feststellte.[28]

Dieser Band möchte Anstöße zur weiteren Beschäftigung mit der Zeitgeschichte Ostpreußens geben. Er enthält Beiträge der Tagung „Vorposten des Reichs? Ostpreußen 1933-1945", die 2001 in Lübeck-Travemünde stattgefunden hat. Die Beiträge wurden für die Publikation aktualisiert und um weitere Aufsätze ergänzt. Mit Texten von etablierten und Nachwuchshistorikern, Zeitzeugen- und Werkstattberichten möchten Autoren und Herausgeber neue Ergebnisse zur Geschichte des Nationalsozialismus in Ostpreußen präsentieren, aber auch eine Zwischenbilanz der Forschung ziehen.

Für die Redaktion der Beiträge danke ich Dr. Dietmar Albrecht und Martin Thoemmes. Der Beauftragte der Bundesregierung für Kultur und Medien hat die Herausgabe des Bandes durch einen Druckkostenzuschuß ermöglicht.

Lübeck, im Oktober 2006   Christian Pletzing

---

[27] Es bleibt zu hoffen, daß die Tätigkeit der neugegründeten Berliner Initiative „Juden in Ostpreußen. Verein zur Geschichte und Kultur e.V." hier Abhilfe schafft. Vgl. www.judeninostpreussen.de.

[28] Murawski, Klaus-Eberhard: Die Zeit des Nationalsozialismus im Spiegel von ostpreußischen Heimatchroniken und Ortsgeschichten nach 1945. In: Preußenland 31 (1993), S. 51-58, hier S. 52.

Die NSDAP in Ostpreußen.
Gesellschaftliche, politische und wirtschaftliche Bedingungen ihrer Entwicklung

BOHDAN KOZIEŁŁO-POKLEWSKI †

Nach dem sensationellen Ergebnis der Wahlen vom 14. September 1930, als die Partei Hitlers 107 Mandate im Reichstag errang, äußerte ein Kommentar des „Berliner Tageblatts" (16.9.1930) Verwunderung angesichts „der ungeheuerlichen Tatsache, daß sechs Millionen und vierhunderttausend Wähler und Wählerinnen in diesem hochzivilisierten Land dem gewöhnlichsten, hohlsten, plattesten Scharlatanismus ihre Stimmen gaben". Zu ergänzen ist, daß unter diesen Stimmen genau 236.513 Wählerstimmen aus Ostpreußen waren. Fünf Tage später, am 21. September 1930, brachte der Herausgeber des „Berliner Tageblatts", Theodor Wolff, seine Besorgnis um die Zukunft mit dem sarkastischen Wortspiel zum Ausdruck: „Wir gestatten uns einstweilen noch an der Hoffnung festzuhalten, daß der Nationalsozialismus späteren Historikern nicht als eine neue Phase, sondern als einen neue Phrase der Geschichte erscheinen wird."[1]

Aus der Perspektive Berlins waren Verwunderung und Sarkasmus verständlich. Anders sah dies aus der Perspektive eines ostpreußischen Bauern aus. Überzeugender ist daher, was der ostpreußische Bauer Willi Neuhöfer in seinen Erinnerungen aus dieser Zeit schreibt:

Am Sonnabend fuhr man dann zum Markt in die Stadt (acht Kilometer) und hoffte etwas verkaufen zu können. Damals entstand das Lästerwort: „Die dummen Bauern verkaufen die Butter und fressen die Margarine." Es war tatsächlich so; von dem Preisunterschied zwischen Butter und Margarine mußten Steuern bezahlt und die übrigen Aufwendungen bestritten werden […]. Auf einen Bauern, der seine Pferde verloren hatte oder den die Schweinepest um seinen Schweinebestand gebracht hatte, wartete schon der Gerichtsvollzieher; sein Hof kam unter den Hammer. Im günstigsten Fall ließ man ihn auf dem Hof, damit er für die Zinsen arbeiten konnte […]. Ja, wir haben Hitler gewählt. Wir erhofften uns mehr Sicherheit und eine Verbesserung der katastrophalen wirtschaftlichen Lage […]. Wir hatten zwischen 32 Parteien zu wählen, aber es gab nur eine Wahl für uns: eine Partei, die uns Sicherheit und einen Ausweg aus der wirt-

---

[1] Zitiert nach Broszat, Martin: Zur Struktur der NS-Massenbewegung. In: Vierteljahreshefte für Zeitgeschichte 31 (1983), S. 52-53.

schaftlichen Misere versprach. Bedenken, daß uns diese Partei einmal einen schrecklichen Krieg bringen würde, kamen uns damals nicht."[2]

Und eine Stimme von der Spitze der gesellschaftlichen Pyramide. Alexander Fürst zu Dohna-Schlobitten, ein erfahrener Politiker, hielt in seinen Erinnerungen fest:

Hatten meine Frau und ich im Juli 1932 noch deutschnational gewählt, so stimmten wir bei den Wahlen vom 6. November gleichen Jahres nach einigem Zögern für Hitler. Auch wir waren dem Trugschluß erlegen, mit einer Regierungsübernahme durch die NSDAP würden sich die politischen und wirtschaftlichen Verhältnisse stabilisieren.[3]

All dies ereignete sich nach dem berüchtigten „Aufstand der Königsberger SA" an der Wende vom Juli zum August 1932. Thomas Mann, der zu dieser Zeit seinen Urlaub in Nidden verbrachte, schrieb darüber am 8. August 1932 im „Berliner Tageblatt":

Werden die blutigen Schandtaten von Königsberg den Bewunderern der seelenvollen Bewegung, die sich Nationalsozialismus nennt, sogar den Pastoren, Professoren, Studienräten und Literaten, die ihr schwätzend nachlaufen, endlich die Augen öffnen über die wahre Natur dieser Volkskrankheit, dieses Mischmasch von Hysterie und vermuffter Romantik, dessen Megaphon-Deutschtum die Karikatur und Verpöbelung alles Deutschen ist.[4]

Im übrigen schätzte auch die Gaupropagandaleitung Königsberg die Ereignisse kritisch ein – zwar nicht die Terrorakte selbst, aber ihre Durchführung und Konsequenzen. In einem Bericht ist zu lesen: „Die Terrorakte, die systematisch in der ganzen Provinz vollzogen wurden, haben durch ihre Erfolglosigkeit und beinahe kindliche Art der Durchführung die Bevölkerung von uns abgestoßen."[5] Tatsächlich verzeichnete die NSDAP in Ost-

---

[2] Neuhöfer, Willi: Die „goldenen" zwanziger Jahre in Masuren. In: Neidenburger Heimatbrief 107 (1996), S. 48-50.
[3] Alexander zu Dohna: Erinnerungen eines alten Ostpreußen. 3. Auflage Berlin 1990, S. 170.
[4] Zitiert nach Gause, Fritz: Geschichte der Stadt Königsberg/Pr. Band 3. Köln/Wien 1971, S. 115.
[5] Geheimes Staatsarchiv Preußischer Kulturbesitz, Berlin-Dahlem, XX. HA. Rep. 204 Gauarchiv Ostpreußen der NSDAP (im folgenden: GStA PK GA), B 7 d, Bl. 111-116: Stimmungsbericht der Gaupropagandaleitung Ostpreußen über die Wahl vom 6. November 1932.

preußen bei den Wahlen vom 6. November 1932 im Vergleich zu den Wahlen vom 31. Juli des Jahres einen Verlust von 113.793 Stimmen.

Die Äußerungen von Bewohnern Ostpreußens, in denen sie zu den Gründen Stellung nehmen, warum sie für die NSDAP gestimmt haben, seien hier ausführlich vorgestellt, um an diesen Beispielen die wirtschaftlichen Voraussetzungen für den Wahlerfolg der Partei Hitlers in dieser Provinz zu betonen. Die Aufmerksamkeit sollte außerdem einem sehr charakteristischen Element gelten – die NSDAP erreichte in Ostpreußen verhältnismäßig spät, aber dann in sehr kurzer Zeit in einer traditionell konservativen Region eine so starke Stellung.

Die nationalsozialistische Partei begann in Ostpreußen ihre Arbeit zu Beginn der zwanziger Jahre. Die Bewegung war damals noch kaum bekannt und spielte im politischen Leben der Provinz keinerlei Rolle. Organisatorisch bestand die Partei aus wenigen, locker verbundenen Gruppen von Mitgliedern und Sympathisanten. Ortsgruppen bestanden zu dieser Zeit noch nicht. Versuche zu ihrer Gründung, wie sie z.B. in Insterburg stattfanden, wurden durch die Verordnung des preußischen Innenministers vom 15. November 1922 blockiert, die die Tätigkeit der NSDAP auf dem Gebiet Preußens untersagte. Einige ostpreußische Mitglieder der Nazi-Partei, wie sie damals genannt wurde, gehörten zur Ortsgruppe München. Das Tätigkeitsverbot für die NSDAP auf preußischem Gebiet hatte zur Folge, daß sowohl ihre Mitglieder wie auch ihre Sympathisanten Mitglieder in verschiedenen völkischen Organisationen wurden, vor allem im Deutschvölkischen Schutz- und Trutzbund, dem Bund Oberland, dem Preußenbund und ebenso in paramilitärischen Organisationen wie dem Stahlhelm.

Der gescheiterte Putsch Hitlers in München vom 9. November 1923 und die daraus resultierenden Maßnahmen der einzelnen Landesregierungen haben die Tätigkeit der NSDAP weitgehend lahmgelegt.

Nach der Abschaffung des Tätigkeitsverbots der NSDAP in Preußen am 12. Dezember 1924 und der Entlassung Hitlers aus der Festung Landsberg am 20. Dezember des selben Jahres erfolgte der Aufbau der Hitlerpartei, die sogenannte „Neugründung". Am 26. Februar 1925 verkündete Hitler die „Grundsätzlichen Richtlinien für die Neuaufstellung der NSDAP", in denen er organisatorische Fragen, die Mitgliedschaft, die Schaffung und die

Aufgaben der SA sowie die Methoden des politischen Kampfes und der Agitation behandelte. Seit dieser Zeit begannen die ostpreußischen Mitglieder der NSDAP darüber nachzudenken, wie sie ihre Tätigkeit institutionalisieren könnten. Schon am 1. März 1925 entstand offiziell die Ortsgruppe in Königsberg. Kurze Zeit später veröffentlichte die Königsberger Ortsgruppe in der „Königsberger Allgemeinen Zeitung" eine Anzeige, in der sie alle Parteimitglieder aufforderte, ihre Adressen zu übermitteln. Darauf meldete sich eine Gruppe aus Insterburg sowie einzelne Mitglieder aus verschiedenen Orten der Provinz, aber ebenso eine ganze Gruppe aus Tilsit.[6]

Die erwähnten Richtlinien sahen eine Aufteilung des Reichsgebiets in Parteibezirke (Gaue) vor, die den Grenzen der Reichstagswahlkreise entsprechen sollten. Einer dieser Parteibezirke sollte der Gau Ostpreußen sein. Der Leiter jedes Parteibezirks wurde anfangs als „Gauführer der NSDAP", später als „Gauleiter" bezeichnet und von Hitler persönlich bestätigt.

Die Initiative zur Gründung des Gaus Ostpreußen der NSDAP ging von der Ortsgruppe Königsberg aus. Am 5. April 1925 wurde in Insterburg eine Versammlung alter Parteimitglieder einberufen und der Gau Ostpreußen der NSDAP gegründet. Aber erst ein halbes Jahr später ernannte die Reichsleitung Bruno Gustav Scherwitz zum Gauleiter. Diese Ernennung erwies sich als Fehlschlag. Die Tätigkeit der NSDAP begann zu erlahmen, und am 17. August 1927 wurde Scherwitz als Gauleiter abberufen. Erneut verging ein halbes Jahr, bis man sich auf der Königsberger Gautagung am 18. März 1928 in Gegenwart des Reichsorganisationsleiters Gregor Strasser erneut mit der Besetzung des Gauleiterpostens beschäftigte. Damals wurde auch die Mitgliederzahl der NSDAP überprüft. Es zeigte sich, daß sie insgesamt 249 Mitglieder zählte. Auf der Versammlung schlug Strasser vor, Erich Koch mit der Funktion des Gauleiters zu betrauen.[7]

Diese Entscheidung fiel kurz vor den Reichstagswahlen vom 20. Mai 1928, in denen die NSDAP in Ostpreußen eine vernichtende Niederlage erlitt. Auf ihre Liste entfielen lediglich 0,8 % der Stimmen. Die Provinz war der einzige Wahlbezirk des Reiches, in dem die NSDAP weniger als ein Prozent der Stimmen erhielt.

---

[6] Koziełło-Poklewski, Bohdan: Przyczynki do początków partii hitlerowskiej w Prusach Wschodnich. In: Studia nad faszyzmem i zbrodniami hitlerowskimi XI (1987), S. 280.
[7] Koziełło-Poklewski (wie Anm. 6), S. 283.

Ungeachtet der auf der Konferenz am 18. März in Königsberg gefällten Entscheidung zog sich die Angelegenheit der Besetzung des Gauleiteramtes von Ostpreußen in die Länge. Erst auf der NSDAP-Führertagung in München fiel am 28. August die endgültige Entscheidung, Erich Koch diese Funktion zu übertragen. Seitdem überschlugen sich die Ereignisse: Am 3. September bestätigte Hitler Koch als Gauleiter Ostpreußens, am 15. September traf Koch in Königsberg ein und schon am nächsten Tag fand in Gerdauen der erste Gauparteitag in der Geschichte der ostpreußischen NSDAP statt, zusammen mit einem Appell der ostpreußischen SA. Parallel zu den Propagandaaktionen entwickelte sich die organisatorische Arbeit: Koch rief am 1. Dezember 1928 die Nationalsozialistische Frauenschaft ins Leben und am 16. Dezember die Hitlerjugend.[8] Bereits nach vier Monaten zeigte die unaufhörliche Propagandatätigkeit sichtbare Resultate. Zwischen September 1928 und Januar 1929 vervierfachte sich die Zahl der eingetragenen Parteimitglieder. Vor allem gelang es, die schon seit einiger Zeit bestehenden, aber passiven oder zerfallenden Ortsgruppen zu reaktivieren.

Nationalismus, Xenophobie und der mit ihr verbundene Antisemitismus, die in der Propaganda der NSDAP Ostpreußens bedient wurden und im übrigen zu den festen Bestandteilen ihrer Ideologie zählten, waren in Verbindung mit dem in der Provinz weit verbreiteten Gefühl der Isolation, der Vernachlässigung und des Verrats durch Berlin im politischen Leben nichts Neues. Bevor die NSDAP zwischen 1928 und 1932 die bürgerlichen Parteien aus der politischen Landschaft verdrängte, dominierten hier die Deutschnationale Volkspartei und die mit ihr verbundenen Organisationen – der Landwirtschaftsverband Ostpreußen, die Landwirtschaftskammer und der Heimatbund Ostpreußen. Die konservative, antirepublikanische DNVP bediente sich in ihrer Propaganda sämtlicher Ressentiments, darunter ebenfalls des Antisemitismus, der auch der katholischen Zentrumspartei nicht fremd war. In den ersten zehn Jahren der Weimarer Republik war die DNVP die stärkste politische Kraft in Ostpreußen. Rechts von ihr waren viele politische und paramilitärische Gruppierungen angesiedelt. Die Propaganda der NSDAP traf also auf einen in hohem Maße vorbereiteten Nährboden.

Das Sprungbrett für zukünftige Wahlerfolge der NSDAP in Ostpreußen war die Beteiligung der Partei an der gesamtdeutschen Kampagne der radi-

---

[8] Koziełło-Poklewski (wie Anm. 6), S. 285.

kalen Rechten gegen den Young-Plan, dem man die Schuld für die „Versklavung des Deutschen Reiches" zuschrieb. Einen Monat, nachdem Vertreter der Reichsregierung den Young-Plan zur Neuregelung der deutschen Reparationsleistungen unterzeichnet hatten, wurde am 9. Juli 1929 auf Initiative des damaligen Vorsitzenden der DNVP, Alfred Hugenberg, unter Mitwirkung des Stahlhelms und anderer Organisationen der radikalen Rechten der Reichsausschuß für ein Volksbegehren gegen den Young-Plan ins Leben gerufen. Das Gesetz, das man auf diesem Wege einführen wollte, sah die Streichung aller Reparationsleistungen Deutschlands vor, ebenso wie die Bestrafung derjenigen als Verräter, die den Plan unterschrieben hatten. Der Initiative endete in einem Fiasko. Dennoch weckte die von der NSDAP in Ostpreußen lautstark geführte Kampagne das Interesse der Öffentlichkeit an einer Partei, die in dieser Provinz noch in den Kinderschuhen steckte. In der krisenhaften Situation der ostpreußischen Landwirtschaft, die 1929, ähnlich wie schon 1928, staatliche Hilfe in Anspruch nehmen mußte, stieß das Argument auf offene Ohren, der Young-Plan ruiniere Deutschland und beseitige damit auch die Grundlage für die finanzielle Unterstützung der Landwirtschaft.[9]

Einen weiteren Erfolg, der ebenfalls dieser Propaganda zuzuschreiben war, erzielte die NSDAP, als es ihr gelang, bei den Wahlen zum Provinziallandtag am 17. November 1929 4,3 % der gültigen Stimmen zu erzielen und überdies die Zahl ihrer Sitze in den Kreistagen zu verdoppeln. Auf die NSDAP entfielen 39.716 Wählerstimmen, die ihr zu vier Mandaten verhalfen. Zwar verschoben sich durch die vier Mandate im Provinziallandtag nicht die politischen Kräfteverhältnisse in der Provinz (die DNVP hatte 27 Mandate und die SPD 23), aber dies ändert nichts an der Tatsache, daß sich im Laufe eines Jahres die Zahl derjenigen Wähler verfünffachte, die ihre Stimme den Nationalsozialisten gaben. Die NSDAP erhielt damit eine Bühne für ihre Propaganda. Während der Sitzung des Provinziallandtags im März 1930 nutzte sie diese Bühne für demagogische und populistische Anträge, mit denen sie die politischen und wirtschaftlichen Probleme der Provinz gegen die Reichsregierung und die preußische Regierung ausspielte und sich auf diese Weise als einzige Kraft präsentierte, die für die Interessen Ostpreußens kämpfte. Unter diesen Anträgen befand sich die Forderung nach Einstellung jeglicher Zwangsverfahren gegen Unternehmen (dies

---

[9] Koziełło-Poklewski, Bohdan: Narodowosocjalistyczna Niemiecka Partia Robotnicza w Prusach Wschodnich 1921-1933. Olsztyn 1995, S. 24.

betraf hauptsächlich Zwangsversteigerungen von Bauernhöfen) sowie die Reduzierung von Steuern und anderen finanziellen Lasten, solange die Wirtschaft der Provinz sich nicht erholt habe. In ähnlicher Weise hatte schon etwas früher Heinrich Himmler in seinem Referat „Der Todeskampf der Landwirtschaft – Ostpreußens Schicksalskampf" gegenüber ostpreußischen Bauern behauptet, Ostpreußen sei vom Reich abgetrennt, von Feinden umzingelt und in Berlin unbeliebt. Jeder der Herren aus Berlin werde den Bauern versprechen, alles für Ostpreußen zu tun, aber warum unternähmen sie nichts gegen den Niedergang der ostpreußischen Landwirtschaft?[10] Die Früchte dieser Agitation erntete die NSDAP vor dem Hintergrund der fortschreitenden Wirtschaftskrise der Provinz und der politischen Krise des Staates bei den eingangs erwähnten Wahlen vom 14. September 1930, als sie 22,8 % der gültigen Stimmen erhielt und damit zur stärksten Partei in Ostpreußen wurde.

Ihre politische Position in Ostpreußen nutzte die NSDAP für die weitere Agitation, indem sie sich zusammen mit der DNVP und der Deutschen Volkspartei dem im Februar 1931 vom Stahlhelm initiierten Volksbegehren zur vorzeitigen Auflösung des im Mai 1928 gewählten preußischen Landtag anschloß. Diese Kampagne richtete sich gegen die in Preußen regierende Koalition unter Leitung des Sozialdemokraten Otto Braun. Die Tage zwischen dem 8. und 12. April wurden zum Zeitraum für das Sammeln der Unterschriften bestimmt. Wie schon bei dem Kampf gegen den Young-Plan instrumentalisierte die NSDAP in Ostpreußen in ihrer Agitation die Krise der ostpreußischen Landwirtschaft, um der Regierung Preußens mangelnde Fürsorge für diesen wichtigsten Sektor der ostpreußischen Wirtschaft vorzuwerfen. Die Agitation blieb nicht ohne Folgen. In Ostpreußen unterstützten 37,8 % der Stimmberechtigten das Volksbegehren mit ihrer Unterschrift. Nur Pommern (44 %) übertraf Ostpreußen im gesamten preußischen Staat. Da der Landtag den Auflösungsantrag zurückwies, wurde ein Volksentscheid angeordnet. Die Beteiligung lag insgesamt bei wenig mehr als einem Drittel der Wahlberechtigten (39,2 %) – in Ostpreußen dagegen bei 51,2 %. Die Provinz wurde erneut u.a. von Pommern übertroffen, wo die Beteiligung 57,5 % betrug. In ganz Preußen unterstützten den Antrag auf Auflösung des Landtags 36,8 % der Wähler, in Ostpreußen jedoch 47 % und in Pommern 53,8 %. Die Ergebnisse dieses Re-

---

[10] Koziełło-Poklewski, Bohdan: Uwagi o organizacji partii hitlerowskiej w Olsztynie. In: Komunikaty Mazursko-Warmińskie (1992) Nr. 2, S. 157-158.

ferendums belegen, daß die Hälfte der erwachsenen Einwohner Ostpreußens antirepublikanisch gesonnen war.[11]

Die politische Einstellung der Bevölkerung Ostpreußens wurde in hohem Maße von der wirtschaftlichen Situation der Provinz und insbesondere der Landwirtschaft bestimmt. Erinnert sei daran, daß noch 1933 57 % der Provinzeinwohner auf dem Lande lebten. Die Krise der Landwirtschaft betraf nicht nur die Bauern, sondern beinahe in gleichem Maße unmittelbar alle Branchen, die für den Bedarf der Landwirtschaft arbeiteten oder ihre Produkte verarbeiteten, wie z.b. die Kaufleute und Handwerker der ostpreußischen Kleinstädte. Für den ostpreußischen Landwirt barg die wachsende Überschuldung seines Hofes bei nicht ausreichenden staatlichen Finanzhilfen die Gefahr der Zwangsversteigerung, nachdem der Gerichtsvollzieher bereits das bewegliche Vermögen beschlagnahmt hatte. Die Bedrohung war real, und sie zeichnete sich mit jedem Tag deutlicher ab. Besonders auffällig ist, daß die Zahl der zwangsversteigerten Bauernhöfe zwischen 1929 und 1932 anstieg – betroffen waren jedoch vor allem Höfe mit geringer Flächenausstattung. Zwangsversteigert wurden bäuerliche Wirtschaften mit weniger als 100 ha Nutzfläche, nicht aber die Güter der Großgrundbesitzer. Letztere profitierten dagegen von der Finanzhilfe des Staates im Rahmen der Ostpreußenhilfe und später der Osthilfe.[12] Es waren diese von der Krise bedrängten und in ihrer Existenz bedrohten ostpreußischen Landwirte, die in zunehmendem Maße der NS-Propaganda verfielen. In einer der Meldungen der Gauleitung in Königsberg vom 28. Januar 1929 wurde festgestellt, daß die Idee des Nationalsozialismus unter den ostpreußischen Bauern verstärkt Widerhall fanden.[13]

Die NS-Propaganda fiel insbesondere dort auf fruchtbaren Boden, wo in der Landwirtschaft bäuerliche Familienbetriebe dominierten. Dies war nicht nur der Tatsache geschuldet, daß die Bauern von der Agrarkrise und der Überschuldung betroffen waren, sondern auch, weil sie der Ansicht waren, daß sich die Großgrundbesitzer in einer vergleichsweise besseren Situation befanden und bei der Zuteilung von Fördermitteln aus staatlichen Programmen zur Sanierung der Wirtschaft bevorzugt wurden. Über diese

---

[11] Koziełło-Poklewski (wie Anm. 9), S. 25.
[12] Schulz, Gerhard: Staatliche Stützungsmaßnahmen in den deutschen Ostgebieten. In: Staat, Wirtschaft und Politik in der Weimarer Republik. Festschrift für Heinrich Brüning. Hrsg. von Ferdinand A. Hermens und Theodor Schieder. Berlin 1967, S. 193-194.
[13] GStA PK GA, C 53 a (1).

Finanzmittel verfügten die von der DNVP dominierten landwirtschaftlichen Organisationen.

Dies hatte für die DNVP weitreichende Konsequenzen, wie die Ergebnisse der Reichstagswahlen verdeutlichen. 38,7 % der gültigen Stimmen erhielt die Partei bei den Wahlen vom 7. Dezember 1924. Bei den Wahlen vom 20. Mai 1928 waren es noch 31,4 %, bei den Wahlen am 14. September 1930 19,5 %, aber bei den Wahlen am 31. Juli 1932 nur noch 9,4 %.[14] Nicht ohne Einfluß auf die Wahlerfolge der NSDAP in Ostpreußen nach 1928 war die Stimmabgabe der Jungwähler. Bauernsöhne, Handwerksgesellen, Kaufmannslehrlinge sowie junge Land- und Waldarbeiter fanden auf dem Dorfe keine Anstellung mehr. Die Weltwirtschaftskrise versperrte ihnen andererseits den Weg in die Fabriken der Industriereviere Mittel- und Westdeutschlands. Außerdem ist zu berücksichtigen, daß sich aus dieser Bevölkerungsgruppe die 20.542 Menschen rekrutierten, die noch 1929 aus Ostpreußen nach Mittel- und Westdeutschland abwanderten. 1930 fiel diese Zahl auf 4.119, und schon 1931 verließ niemand mehr die Provinz – stattdessen kehrten 3.870 Menschen nach Ostpreußen zurück, weil sie in den industriellen Zentren keine Arbeit mehr fanden.[15] Es ist kein Zufall, daß gerade in denjenigen Regierungsbezirken – Königsberg, Gumbinnen und Allenstein – aus denen in den Jahren zuvor die meisten jungen Leute abgewandert waren, die NSDAP die besten Wahlergebnisse erzielte. Diese Gruppe stellte zudem die zahlenmäßig stärkste Gruppe sowohl unter den Mitgliedern der ostpreußischen NSDAP, wie vor allem unter den SA-Mitgliedern.

Die Wahlerfolge der Partei Hitlers in Ostpreußen waren in der Tat schockierend. Bereits erwähnt wurden die Ergebnisse der Reichstagswahlen vom 14. September 1930. Die NSDAP verlor bei den fünf überregionalen Wahlen des Jahres 1932 nur bei der letzten Wahl am 6. November 1932 Wählerstimmen. Bei allen anderen Wahlen war sie erfolgreich. Auch im ersten Wahlgang der Reichspräsidentenwahlen entfielen am 13. März 1932 auf den Kandidaten der NSDAP, Adolf Hitler, 34,5 % der gültigen Stimmen. Im zweiten Wahlgang erhielt Hitler in Ostpreußen 43,8 % der gültigen

---

[14] Hertz-Eichenrode, Dieter: Die Wende zum Nationalsozialismus im südlichen Ostpreußen 1930-1932. Zugleich ein Beitrag zur Geschichte des Masurentums. In: Olsztyńskie Studia Niemcoznawcze I (1986), S. 72-73.
[15] Statistisches Handbuch für die Provinz Ostpreußen. Leipzig-Schloßberg 1938, S. 64.

Stimmen. Am 24. April 1932 erhielt die NSDAP bei den Wahlen zum preußischen Landtag 45,6 % der gültigen Stimmen und bei den Reichstagswahlen am 31. Juli 1932 47,1 %. Sie war demnach nicht weit von der absoluten Mehrheit entfernt. Die absolute Mehrheit erreichte sie in den Regierungsbezirken Allenstein mit 53 % und Gumbinnen mit 52 %.[16]

Die geschickte Propaganda der NSDAP wurde bereits erwähnt. Ihren Einfluß illustriert ein Beispiel: Von großer Bedeutung für die Mobilisierung der ostpreußischen Bauern durch die NSDAP war es, daß die Nationalsozialisten die Mehrheit und damit die Führung in der ostpreußischen Landwirtschaftskammer erhielten. Diese war ein Organ der landwirtschaftlichen Selbstverwaltung, die alle Bereich des Agrarsektors erfaßte und von den Großgrundbesitzern dominiert wurde. Alle ostpreußischen Landwirte waren verpflichtet, Beiträge an die Landwirtschaftskammer zu zahlen. In der Zeit der Krise waren die Beiträge eine nicht unbedeutende Belastung. Nachdem sie die Mehrheit in der Landwirtschaftskammer erhalten hatten, setzten die Nationalsozialisten einen Antrag durch, der die Mitgliedsbeiträge um ein Drittel herabsetzte und, wenig später, einen weiteren Antrag, der es ermöglichte, Geldzahlungen durch Naturalleistungen zu ersetzen. Ende 1932 traten die Nationalsozialisten überdies mit einem Antrag hervor, der zur Entlastung bäuerlicher Familienbetriebe eine Obergrenze ihrer Schuldenbelastung festlegte. Die Schulden durften 80 Prozent des Betriebswertes nicht überschreiten, alle darüber hinaus reichenden Verpflichtungen sollten getilgt werden. Der Zinssatz durfte dagegen drei Prozent pro Jahr nicht überschreiten.[17] Natürlich mußte alle aus diesen Regelungen folgenden Belastungen der Staatshaushalt tragen.

All diese demagogischen und populistischen Forderungen, deren Realisierungskosten immerhin das Reich oder der preußische Staat tragen sollten, nicht aber die NSDAP, erhielten Zustimmung nicht nur von den Bauern Ostpreußens, sondern auch von Vertretern des ostpreußischen Adels. Wurden nun der eingangs zitierte masurische Bauer Willi Neuhöfer und Alexander Fürst Dohna, die für die NSDAP gestimmt hatten, in ihren Erwartungen enttäuscht, daß diese Partei nach ihrer Machtübernahme die wirtschaftlichen und politischen Verhältnisse in Ostpreußen stabilisieren würde?

---

[16] Hertz-Eichenrode (wie Anm. 14).
[17] Koziełło-Poklewski (wie Anm. 9), S. 24.

Eines der ersten, die Landwirtschaft betreffenden Gesetze, das von der NS-Regierung am 14. Februar 1933 erlassen wurde, enthielt ein Verbot der Zwangsversteigerung von Bauernhöfen (Vollstreckungsschutzgesetz). Vier Monate später, am 1. Juni 1933, wurde das „Gesetz zur Regelung der landwirtschaftlichen Schuldverhältnisse" beschlossen.[18] Die Auswirkungen dieser Gesetze auf das Bewußtsein der ostpreußischen Bauern, die bisher mit der ständigen Gefahr einer Zwangsversteigerung ihrer überschuldeten Betriebe leben mußten, kann kaum überschätzt werden. Dies hielt auch der polnische Konsul in Allenstein in einem Bericht fest:

Die wirtschaftliche Reorganisation, die von der neuen Reichsregierung eingeführt wurde, bezieht sich vor allem auf die Vorbereitung gesunder Grundlagen in der Landwirtschaft und vermochte bereits gewisse zusätzliche Ergebnisse zu erzielen. Das Gesetz zur Entschuldung, mit dem übertriebene Zinssätze abgeschafft wurde, die Landwirte zuvor den Kreditinstitutionen zahlen mußten, sowie die Beschränkung der Zwangsversteigerung landwirtschaftlicher Betriebe haben dazu beigetragen, die Zahlungsverhältnisse in der Landwirtschaft zu normalisieren. Bei der Preisregulierung für landwirtschaftliche Produkte sind ebenfalls erfreuliche Resultate erzielt worden. Die von oben festgesetzten Preise für Roggen und Weizen ermöglichen ebenso wie die Verordnung zum Milchhandel, die u.a. Preise für die Produzenten und den Zwischenhandel festlegt, den Landwirten bis zu einem gewissen Grade eine feste Kalkulation ihrer Produktion [...].[19]

Der ostpreußische Bauer fühlte sich als vollberechtigtes Mitglied der Volksgemeinschaft, mehr sogar – als unentbehrliches Mitglied der Gemeinschaft. In diesem Gefühl bestärkte ihn die Fürsorge, die er von Seiten der Regierung an seinem Arbeitsplatz erfuhr. Diese Fürsorge war durchaus meßbar. Ihm wurde nicht nur die Sorge um seinen Arbeitsplatz abgenommen, sondern auch um den Absatz seiner Produkte. Dafür sorgten spezialisierte Genossenschaften. Tag für Tag sah er in seinem Dorf und in der näheren Umgebung, wie durch die finanzielle Hilfe des Staates viele Kilometer Straßen gebaut wurden, hunderte neuer Wohnungen und Wirtschaftsgebäude entstanden und außerdem durch die Verbesserung des Bodens tausende Hektar Wiesen, Weide- und Ackerland gewonnen wurden.

---

[18] Rühle, Gerd: Das Dritte Reich. Dokumentarische Darstellung des Aufbaus der Nation. Das erste Jahr 1933. Berlin 1934, S. 138 und 142f.
[19] Archiwum Akt Nowych w Warszawie, Konsulat RP w Kwidzynie – 8 a, Blatt 8-22: Bericht des Konsulats der Republik Polen in Allenstein vom 26.3.1934.

Und wie sah und beurteilte Alexander Fürst zu Dohna die wirtschaftliche Situation? Er schreibt in seinen Erinnerungen:

Zwar war auch die Land- und Forstwirtschaft straff organisiert, aber da die Kreis- und Ortsbauernführer oft selbst Bauern und Landwirte waren, wurden wir einigermaßen in Ruhe gelassen. Die bereits von der Regierung Brüning eingeleitete Osthilfe für die Landwirtschaft wurde verstärkt und dies wirkte sich auch auf Schlobitten günstig aus. Plötzlich waren Überschüsse vorhanden, mit denen lang zurückgestellte Projekte wie der Bau und Umbau von Arbeitshäusern, die Drainage oder die Modernisierung des Inventars durchgeführt werden konnten. Es waren Investitionen von Millionenhöhe, verbunden mit sehr viel zusätzlicher Arbeit [...]. Einen erheblichen Fortschritt brachte es, als wir 1933 mit Hilfe des Reichsarbeitsdienstes Teile des Waldes entwässern und Holzfuhrwege anlegen konnten. Wegen des nassen Bodens konnte das Holz früher nur bei Frost abgefahren werden. Jetzt war dies auch im Sommer möglich.'[20]

Es überrascht daher nicht, daß der polnische Generalkonsul in Königsberg in seiner Beurteilung von drei Jahren NS-Herrschaft in Ostpreußen schrieb:

Die Regierung ist in Ostpreußen, wie in allen anderen Provinzen des Reiches, stark, entschieden, ehrgeizig und unerschrocken. Sie war in der Lage, jegliche sichtbar werdende Oppositionsbewegung zu bekämpfen und zu vernichten. Die Bevölkerung Ostpreußens ist überzeugt, daß nicht einmal im Keim eine andere Macht existiert, die sich dem gegenwärtigen Regime entgegenzustellen wagt, oder etwa seine Dauerhaftigkeit in Frage stellen würde. Sogar der Gedanke daran, daß die derzeitige Regierung und der Kanzler durch andere ersetzt werden könnte, ist für die Einwohner Ostpreußens ein vollkommen irrealer Gedanke. In ihren Bemühungen, ihre Autorität zu stärken und zu verbreitern, kann die Regierung in Ostpreußen ständige Fortschritte vorweisen [...].[21]

Zum Schluß einige Bemerkungen zu den Menschen, denen die NSDAP in Ostpreußen ihre Wahlsiege verdankte. Aus den Angaben der Parteistatistik geht hervor, daß es am 1. Januar 1935 in Ostpreußen 86.281 NSDAP-Mitglieder gab. Bei der Machtübernahme zählte der Gau Ostpreußen 27.526 Mitglieder, 33,8 % des Standes vom 1. Januar 1935. 2.799 davon waren „Alte Kämpfer", die der Partei schon vor dem 14.September 1930 beigetreten waren, d. h. vor dem ersten spektakulären Wahlsieg der

---

[20] Dohna (wie Anm. 3), S. 133 und 179.
[21] Archiwum Państwowe w Gdańsku 259, Blatt 116-129: Bericht des Generalkonsulats der Republik Polen in Königsberg vom 31.10.1935.

NSDAP, der damals als politisches Erdbeben bezeichnet wurde. Diese „Alten Kämpfer" bildeten die Elite der NSDAP. Es waren dies ideologisch motivierte Menschen, unter ihnen befanden sich keine Karrieristen, da sie der Partei zu einer Zeit beigetreten waren, als sie noch keinerlei politischen Erfolge vorzuweisen hatte, sondern ihre Tätigkeit im Gegenteil verschiedenen Beschränkungen unterlag. Wer also waren die ostpreußischen „Alten Kämpfer"?

Zu ihnen zählten 2.599 Männer und 200 Frauen. Sie stammten aus verschiedenen sozialen und beruflichen Milieus. Es waren 562 Arbeiter, 604 Angestellte, 610 Selbständige, unter ihnen 272 Handwerker, 268 Kaufleute und 70 Vertreter freier Berufe. Unter den 211 Beamten befanden sich 166 Verwaltungsbeamte und 45 Lehrer. 507 „Alte Kämpfer" waren Landwirte. Keiner Berufsgruppe zuordnen ließen sich u. a. die Vertreter der Geistlichkeit und der Armee, die mit 114 Personen unter den „Alten Kämpfern" vertreten waren. Aus der sogenannten zweiten Berufsgruppe, zu der Selbständige ohne Beruf (Rentner und Pensionäre) sowie Familienangehörige ohne Beruf (Hausfrauen, Studenten, Schüler) zählten, waren insgesamt 191 „Alte Kämpfer" (45 Rentner und Pensionäre, 111 Hausfrauen sowie 35 Schüler und Studenten). Sie galten zwar als alte Parteimitglieder, aber ihr Lebensalter war eher gering. Drei von vier „Alten Kämpfern" hatten das 40. Lebensjahr noch nicht vollendet.

Während die Reichsleitung die Loyalität der „Alten Kämpfer" nicht in Zweifel zog, so schätzte sie die ideologische Zuverlässigkeit derjenigen weniger positiv ein, die der Partei zwischen Mitte September 1930 und dem 30. Januar 1933 beigetreten waren. Diese hingegen stellten am 30. Januar 1933 in Ostpreußen 89,8 % der Mitglieder. Charakteristische Elemente der Mitgliederentwicklung der NSDAP in Ostpreußen waren in der Zeit zwischen Mitte September 1930 und Ende Januar 1933 die mehr als verdoppelte Zahl der Arbeiter unter den Parteimitgliedern, die mehr als Verzehnfachung der Zahl der Landwirte und die beinahe um das 23-fache gestiegene Zahl der Hausfrauen.

Im Vergleich zu dem Ausgangsjahr kann man ohne Zweifel einen gewaltigen Zuwachs der Mitgliederzahlen der NSDAP in Ostpreußen im Zeitraum von Ende 1928 bis zur Machtergreifung feststellen. In der Summe verlief die Entwicklung jedoch nicht proportional zu den Wahlerfolgen der Partei in der Provinz. Schließlich machten die Parteimitglieder kaum 1,2 % der Gesamtbevölkerung Ostpreußens aus – aus der Perspektive der Wahlerfolge betrachtet, waren es nicht einmal 1,9 % der Wahlberechtigten. In Ostpreußen entfiel auf 84,8 statistische Einwohner ein Parteimitglied (im Reich auf 76,8). Aber in Ostpreußen wie im Reich war die Zahl derjenigen Wahlberechtigten, die auf ein Parteimitglied entfielen, fast identisch – in Ostpreußen 53,8, im Reich 53,2. Dieses bemerkenswerte Mißverhältnis verweist einerseits auf die unbestreitbare Aktivität der Propaganda und Agitation der Parteimitglieder sowie auf die Empfänglichkeit der Provinzeinwohner für das Einwirken der NSDAP-Propaganda. Andererseits läßt sich schlußfolgern, daß die Einwohner Ostpreußens passive Anhänger der Nationalsozialisten waren. Für die Propaganda der NSDAP waren sie aufgeschlossen, deshalb stimmten sie bei den Wahlen für ihre Liste – einer aktiven Mitgliedschaft standen sie hingegen skeptisch gegenüber.[22]

Aus dem Polnischen von Christian Pletzing

---

[22] Kozieło-Poklewski (wie Anm. 9), S. 138f.

Erich Koch – Gauleiter von Ostpreußen

RALF MEINDL

Die Geschichte Ostpreußens im „Dritten Reich" bildet bis heute ein Desiderat der historischen Forschung. Ebenso ist es um unser Wissen um die handelnden Personen bestellt. In einer der wenigen Studien zu dieser Zeit befand Christian Tilitzki 1991, bisher hätten „allein die monströsen Züge der Figur Erich Kochs alle Mitstreiter in den Schatten"[1] gestellt. Daran hat sich seither wenig geändert, obwohl in den vergangenen Jahren einige verdienstvolle Detailstudien erschienen sind.[2]

Wer aber war dieser Erich Koch? Er war Gauleiter der NSDAP, Oberpräsident der Provinz und Reichskommissar der Ukraine, und in diesen Funktionen hat er in fast alle einschlägigen Geschichtsbücher Eingang gefunden. Dennoch – so wenig über die letzten zwölf Jahre des „deutschen Ostpreußen" bekannt ist, so wenig ist auch über Erich Koch bekannt. Die Vertriebenen erinnern sich an ihn als denjenigen, der die Schuld an ihrem Leid trug, ähnlich die Jäger des Bernsteinzimmers, die vergeblich nach seinem geheimen Wissen fahndeten. Ansonsten ist er in der Öffentlichkeit vergessen. Selbst biographische Nachschlagewerke widmen ihm meist nur einen kurzen Eintrag, in vielen fehlt er völlig.[3]

Seinen Zeitgenossen war der größte Territorialherr Hitlers zwar präsent, doch sie beurteilten ihn so gegensätzlich, daß ihre Aussagen eher Rätsel aufgaben, als daß sie erhellend wirken. Hans Joachim Iwand, ein führender Theologe der Bekennenden Kirche Ostpreußens, äußerte 1933 überrascht: „Diese Begegnung mit Koch war mir ganz außerordentlich eindrucksvoll, er [...] geht immer auf die zentralen Dinge des Christenlebens ein und ist

---

[1] Tilitzki, Christian: Alltag in Ostpreußen 1940-1945. Die geheimen Lageberichte der Königsberger Justiz 1940-1945. Leer 1991, S. 9.

[2] Schüler-Springorum, Stefanie: Die jüdische Minderheit in Königsberg/Preußen, 1871-1945. Göttingen 1996. Kossert, Andreas: Preußen, Deutsche oder Polen? Die Masuren im Spannungsfeld des ethnischen Nationalismus 1870-1956. Wiesbaden 2001.

[3] Vgl. Die braune Elite. 2 Bände. Hrsg. von Roland Smelser, Enrico Syring und Rainer Zitelmann. 4. Auflage, Darmstadt 1999. Selbst die „Altpreußischen Biographien" nahmen erst in ihren fünften Band eine Kurzbiographie Kochs auf. Vgl. Altpreußische Biographie. Hrsg. im Auftrag der historischen Kommission für ost- und westpreußische Landesforschung von Klaus Bürger. Band V, 1. Lieferung; Marburg/Lahn 2000, S. 1619f.

darin so unmittelbar empfindend, daß uns dieses hier immer wieder wie ein Wunder vorkommt."[4]

Etwas mehr als zehn Jahre später schrieb der „Höhere SS- und Polizeiführer" Danzigs an seinen Königsberger Kollegen: „Ein Mann wie Koch gehörte längst möglichst hoch und sichtbar aufgehängt, denn was wir diesem größenwahnsinnigen Kaffer zu verdanken haben, das hat ja jeder Ostsoldat in den letzten Monaten ab Januar zur Genüge kennengelernt."[5]

Während des Zweiten Weltkrieges wurde in den Besatzungsbehörden die Anekdote kolportiert, Stalin habe den höchsten sowjetischen Orden für den deutschen Verwaltungsführer der Ukraine reserviert, da der durch seine Politik den russischen Soldaten jeden Tag zeige, wofür sie kämpften.[6] Der Historiker Gerald Reitlinger konstatierte 1959, noch nicht einmal die schamlosesten NS-Apologeten hätten ein gutes Wort für den vormaligen Gauleiter gefunden,[7] während der ehemalige Hochkommissar für Danzig Carl Jakob Burckhardt nur kurze Zeit später urteilte, Koch sei „intelligenter und politisch erfahrener als viele seiner Kollegen" gewesen und habe sich zumindest bis Kriegsbeginn „eine gewisse Freiheit des Urteils bewahrt".[8] In der Erinnerung der Bekennenden Kirche wurde Koch schließlich noch 1976 als „praecipuum membrum" geführt.[9]

Wie kam es nun zu diesen unterschiedlichen Bewertungen? Was für ein Mensch verbarg sich hinter ihnen? Erich Koch, geboren am 19. Juni 1896 in Elberfeld, war ein typischer „Alter Kämpfer" der NSDAP. Obwohl Sohn einer Arbeiterfamilie, fühlte er sich doch dem kleinbürgerlichen Milieu zugehörig.[10] Das war nicht nur seiner streng protestantischen Erzie-

---

[4] Iwand, Hans Joachim: Nachgelassene Werke, Band 6: Briefe an Rudolf Hermann. München 1964, S. 251, Brief vom 9.9.1933.

[5] Bundesarchiv Berlin, BDC, PK Koch, Hildebrandt an Ebrecht, 13.7.1944.

[6] Kleist, Peter: Zwischen Hitler und Stalin 1939-1945. Bonn 1950, S. 190f.

[7] Reitlinger, Gerald: Last of the War Criminals. The Mystery of Erich Koch. In: Commentary (1959), S. 31-42, hier S. 42.

[8] Burckhardt, Carl Jacob: Meine Danziger Mission 1937-1939. München 1960, S. 317.

[9] Koschorke, Manfred: Noch einmal: Erich Koch, Gauleiter und Oberpräsident in Ostpreußen und praecipuum membrum (herausragendes Mitglied) der evangelischen Kirche Ostpreußens. In: Geschichte der Bekennenden Kirche in Ostpreußen 1933-1945: Allein das Wort hat's getan. Hrsg. von Manfred Koschorke. Göttingen 1976, S. 505-513.

[10] Die folgenden Ausführungen sind Ergebnisse meiner Forschungen im Rahmen meines Dissertationsprojekts zur Biographie Erich Kochs. Die Angaben zu seiner Person stützen sich vor

hung geschuldet, sondern auch seinem Aufstieg zum Betriebsassistenten der Reichsbahn. Er war damit einer jener sozialen Aufsteiger, deren Unzufriedenheit sich nicht aus sozialer Deklassierung, sondern aus enttäuschten Aufstiegshoffnungen nährte – der Wunsch des jungen Mannes, Medizin zu studieren, hatte sich aufgrund der finanziellen Situation der Familie zerschlagen. Durch den Ersten Weltkrieg politisiert, entwickelte Koch einen diffusen „Gefühlssozialismus", dem allerdings weder ein humanistisches Menschenbild noch eine elaborierte Weltanschauung zugrunde lag, sondern der einzig und allein seine persönlichen Frustrationen ausdrückte. In einem Staat, in dem nicht Herkunft, Vermögen und ererbte Privilegien über den Werdegang des Einzelnen entschieden, sondern persönliche Leistung, hätte auch er den ihm zustehenden Platz in der Gesellschaft erreichen können, dessen war er sich sicher.[11]

Es gelang Koch allerdings nicht, mehr als diese vagen Grundpositionen zu formulieren. Er begab sich daher auf die Suche nach einer geistigen Heimat, nach politischen Mentoren. Verwandte Geister fand der Kriegsheimkehrer im Freikorpsmilieu, für das er in Oberschlesien und im „Ruhrkampf" tätig wurde. Richtig heimisch wurde er jedoch erst in der NSDAP, der er sich bereits 1921 anschloß. Es war dabei zum einen die charismatische Führergestalt Adolf Hitlers, die ihn anzog, zum anderen der „nationale Sozialismus" Gregor Strassers, des zweiten Mannes der Partei. Diese Ideologie war nun keineswegs eine egalitäre Gesellschaftsutopie marxistischer Prägung, sondern eine streng hierarchische Gemeinschaftsvorstellung, in der jedem Mitglied ein bestimmter Platz aufgrund seiner Leistung zukommen sollte[12] – Strasser hatte damit quasi die unausgegorenen Gedanken Erich Kochs ausformuliert. Er wurde dadurch zum „Freund und Lehrer"[13] des jungen Elberfelder Aktivisten.

---

allem auf die Auswertung der Bestände des Bundesarchivs Berlin (ehemals Berlin Document Center, OPG und PK Koch), des Bundesarchivs Koblenz (Z 42 IV 1909-1909g, Entnazifizierungsakten Koch) und des Instituts des nationalen Gedenkens (IPN) in Warschau (SWWW 742-768A, Prozeßakten Koch).

[11] Sieminski, Mieczysław: Interview mit Erich Koch (1986). Transkription von Christian Rohrer. Manuskript im Besitz des Verfassers, S. 2-5.

[12] Kissenkoetter, Udo: Gregor Straßer und die NSDAP. Stuttgart 1978, S. 22-27. Stachura, Peter D.: Gregor Strasser and the Rise of Nazism. London 1983, S. 41ff., 51ff., 60. Schildt, Gerhard: Die Arbeitsgemeinschaft Nord-West. Freiburg 1966, S. 72-75, 79.

[13] Sieminski (wie Anm. 11), S. 44.

Als Parteigänger Strassers machte Erich Koch im Ruhrgebiet schnell Karriere und stieg bis zum stellvertretenden Gauleiter auf. Aufgrund seines politischen Engagements verlor er allerdings 1926 seine Stelle bei der Reichsbahn und betätigte sich fortan als Berufspolitiker. Da die NSDAP aber nur wenige hochrangige Funktionäre bezahlen konnte, war er auf einen erfolgreichen Verlauf seiner politischen Karriere angewiesen – er mußte selbst Gauleiter werden. In dem mit fähigen Funktionären gut bestückten und stets von Intrigen beherrschten Gau Ruhr war das nicht einfach. Koch versuchte zwar im Sommer 1928, den bisherigen Gauleiter zu stürzen, er unterlag aber und mußte den Gau verlassen.[14]

Jetzt zahlte sich für den geschaßten Funktionär die Freundschaft zum „Reichsorganisationsleiter" Gregor Strasser aus. Strasser beherrschte die Personalpolitik der NSDAP und konnte daher seinem in Not geratenen Parteigänger das angestrebte Amt als Gauleiter vermitteln. Nach Ostpreußen schickte er den Rheinländer, denn dort steckte die Partei nicht nur noch in den Kinderschuhen, dort lagen auch die Zustände derartig im Argen, daß die wenigen Hitleranhänger in München um die Entsendung eines energischen Führers ersucht hatten. Der formalen Ernennung Kochs zum Gauleiter Ostpreußens stand daher nichts mehr im Wege, Hitler nahm sie am 3. September 1928 vor.[15]

Der neue Mann wurde den Erwartungen gerecht. Schon am Tag nach seiner Ankunft in Ostpreußen, dem 15. September 1928, hielt Koch den ersten Gauparteitag ab und erließ neue Organisationsrichtlinien. In den folgenden Wochen und Monaten organisierte er eine Unzahl von Veranstaltungen, mit denen er um neue Mitglieder und Sympathisanten warb. Damit war er sehr erfolgreich. Bis zum Januar 1930 stieg die Zahl der ostpreußischen Parteigenossen von etwa 200 auf 8.334, statt vier Ortsgruppen gab es jetzt 211[16], außerdem waren zahlreiche Nebenorganisationen der

---

[14] Klein, Ulrich: „Mekka des deutschen Sozialismus" oder „Kloake der Bewegung"? Der Aufstieg der NSDAP in Wuppertal 1920 bis 1934. In: Über allem die Partei. Schule Kunst Musik in Wuppertal 1933-1945. Hrsg. von Klaus Goebel. Oberhausen 1987, S. 105-149, hier S. 126f.

[15] Hüttenberger, Peter: Die Gauleiter. Studie zum Wandel des Machtgefüges in der NSDAP. Stuttgart 1969, S. 24.

[16] Geheimes Staatsarchiv Preußischer Kulturbesitz Berlin, XX. Hauptabteilung, Repositur 240, Nr. 9a, Blatt 1-3, Lagebericht Januar 1930; Vgl. Koziełło-Poklewski, Bohdan: Aus den Forschungen über die territoriale Struktur der NSDAP in Ostpreußen in den Jahren 1921-1933. In: Polnische Weststudien (1985), S. 275-286.

Partei gegründet worden, darunter die NS-Frauenschaft, der NS-Studentenbund und ein Bauern- und Siedlerbund. Dieser Aufschwung war vor allem dem persönlichen Einsatz des Gauleiters zu verdanken, der sich bis zur völligen Erschöpfung verausgabte. Er stellte sein Leben so vollständig in den Dienst der „Bewegung", daß für ihn ebenso wie für Hitler eine „Substanzlosigkeit der Privatperson"[17] festgestellt werden kann, und das im wahrsten Sinne des Wortes. Abgesehen von einigen Marginalien – er war verheiratet, hätte gerne Kinder gehabt, und er mochte Jazz – ist über den privaten Erich Koch nichts in Erfahrung zu bringen.

In den Jahren 1931 und 1932 begann der Gauleiter auch damit, zwei sehr unterschiedliche Kreise von Mitarbeitern um sich herum aufzubauen. Zum einen war das der Führungsstab der Partei mit seinem Stellvertreter Ferdinand Großherr und dem Gauorganisationsleiter Paul Dargel. Diese Männer zeichneten sich weniger durch eigenes Format denn durch besondere Loyalität ihrem Gauführer gegenüber aus. Sie bildeten die Hausmacht, auf die er sich in den zahlreichen Machtkämpfen, in die er immer wieder verwickelt wurde, stützen konnte. Sie waren es auch, die die Alltagsarbeit in der Parteiorganisation verrichteten, aus der sich Koch ab 1933 mehr und mehr zurückzog. Die meisten Funktionäre dieses Kreises blieben auf ihre Parteiaufgaben beschränkt, einige jedoch, allen voran Dargel, erhielten im „Dritten Reich" wirtschafts- und besatzungspolitische Sonderaufgaben.[18]

Die zweite Gruppe bildete ein loser Zirkel von Intellektuellen um den späteren Widerstandskämpfer Fritz Dietlof von der Schulenburg und den späteren Rektor der Albertina, Hans Bernhard von Grünberg. Die meisten Mitglieder dieses sogenannten „Königsberger Kreises" waren zur NSDAP gestoßen, weil sie ähnlich wie Koch im „nationalen Sozialismus" Gregor Strassers eine zu ihren eigenen, eher konservativen Ideen passende Ideologie gefunden hatten. Für sie war die Person des Gauleiters nur von sekundärer Bedeutung, er sollte ein Verwaltungsführer sein, der ihre Pläne durchsetzte. Tiefere Verehrung empfanden sie für ihn nicht.[19]

---

[17] Kershaw, Ian: Hitler 1889-1936. Stuttgart 1998, S. 22.
[18] Meindl, Ralf: Erich Koch. Ein nationalsozialistischer Unterführer. Magisterarbeit, Freiburg 1999, S. 52f.
[19] Vgl. Heinemann, Ulrich: Ein konservativer Rebell. Fritz-Dietlof Graf von der Schulenburg und der 20. Juli. Berlin 1990, S. 24. Tilitzki, (wie Anm. 1), S. 16.

Für Koch jedoch waren gerade diese Männer ein großer Gewinn. Nicht nur, daß sie die „Hitler-Bewegung" unter den ostpreußischen Honoratioren „salonfähig" machen konnten, als ausgebildete Verwaltungsbeamte stellten sie auch ein Reservoir von Fachkräften dar, das es dem ostpreußischen Parteiführer nach der Machtübernahme ermöglichte, schnell und reibungslos die Verwaltungsstrukturen der Provinz zu durchdringen. Positiv wirkte sich auch aus, daß einige Mitglieder dieses Kreises sich bereits in den zwanziger Jahren intensiv mit Konzepten für eine Infrastrukturreform in Ostpreußen beschäftigt hatten.[20] Koch, ab Juni 1933 Oberpräsident der Provinz, konnte daher sofort nach seinem Amtsantritt mit fertigen Programmen zum Wirtschaftsaufbau aufwarten und dadurch ein enormes politisches Kapital akkumulieren, denn die Bekämpfung der Arbeitslosigkeit war das erste zentrale und für das Überleben des Regimes wichtigste Projekt des „Dritten Reiches". In Ostpreußen konnte dank der planerischen Vorarbeit sofort und medienwirksam damit begonnen werden. Die Provinz und mit ihr der Gauleiter rückten damit in den Fokus des Interesses. Der „Völkische Beobachter" berichtete täglich triumphierend über die Fortschritte der „Arbeitsschlacht" im bisherigen „Armenhaus Preußens", das nun als Vorreiter des Reiches gefeiert wurde.[21]

Gutgeschrieben wurden die Erfolge dem Gauleiter, sowohl die ersten Notstandsmaßnahmen als auch der danach einsetzende strukturelle Wirtschaftsaufbau. Obwohl die Pläne dazu nicht von ihm stammten und er zur hauptsächlich von den Landesplanern um Hans Bernhard von Grünberg geleisteten Arbeit in erster Linie seine Durchsetzungskraft und seine Kontakte nach Berlin, vor allem zu Göring und Hitler, beigesteuert hatte, war er es, der die Lorbeeren erntete. Der ehemalige Handelsschüler galt deshalb in

---

[20] Vgl. Richter, Friedrich: Industriepolitik im agrarischen Osten. Ein Beitrag zur Geschichte Ostpreußens zwischen den Weltkriegen. Bericht und Dokumentation. Wiesbaden 1984, S. 37. Grünberg, Hans Bernhard von: Zur Theorie der Landarbeitskrise. Systematische Untersuchung über die Ursachen der Landflucht, besonders aus Norddeutschland. Königsberg 1929. Bethke, Hermann; Grünberg, Hans Bernhard von: Entschuldung und Neubau der deutschen Wirtschaft. Berlin 1932. Grünberg, Hans Bernhard von: Die weltanschaulichen Grundlagen des Ostpreußenplanes. In: Nationalsozialistische Monatshefte (1934), S. 903-906.
[21] Vgl. Völkischer Beobachter 13.7.-1.8.1933, 12.8.1933, 16.8.1933, 20.8.1933.

der NS-Führung als Wirtschaftsfachmann und wurde 1937 sogar als Nachfolger des Wirtschaftsministers Hjalmar Schacht gehandelt.[22]

Weitaus weniger Freunde machte sich Koch mit dem Versuch, eine eigene „Ostideologie" zu etablieren. Auch diese Theorie stammte nicht aus seiner Feder, ihr Urheber war der Schriftsteller Otto Weber-Krohse, der sich wiederum stark an den Ideen des völkischen Theoretikers Arthur Moeller van den Bruck orientierte. In die Öffentlichkeit getragen wurden diese Thesen aber in Büchern und Aufsätzen, die unter dem prominenteren Namen des Gauleiters erschienen.[23] Das war allerdings auch notwendig, denn die hier geäußerten Gedanken paßten wenig zu den Vorstellungen Hitlers, Himmlers und des Parteiideologen Rosenberg. Hier war nicht von „Lebensraum im Osten" und von slawischen „Untermenschen" die Rede, sondern davon, daß die „jungen Völker des Ostens", also die Deutschen und die Slawen, zusammenarbeiten sollten. Gerade die „Blutsvermischung" zwischen Preußen und Slawen, die in Ostpreußen immer wieder stattgefunden habe, sei ein Jungbrunnen für das deutsche Volk gewesen.[24] Ostpreußen, so folgerten Koch und Weber-Krohse daraus, müsse daher wie schon zu Zeiten der „großen Könige" Friedrich II. und Friedrich Wilhelm I. und während der Befreiungskriege 1813 zum Ausgangspunkt der Erneuerung Deutschlands werden, diesmal in einem „national-sozialistischen" Sinne.[25]

Mit dieser Wendung wurden zwei Ziele verfolgt: Zum einen sollten Forderungen nach besonderen materiellen Zuwendungen des Reichs an die angeblich bedrohte Provinz auch ideologisch begründet werden, zum anderen wollte der Strasser-Anhänger Koch der Staats- und Parteiführung in Berlin und München deutlich machen, daß es jetzt gelte, den in der

---

[22] Die Tagebücher von Joseph Goebbels. Sämtliche Fragmente. Hrsg. von Elke Fröhlich im Auftrag des Instituts für Zeitgeschichte und in Verbindung mit dem Bundesarchiv. Teil I: Aufzeichnungen 1924-1941. Band 3: 1.1.1937-31.12.1939. München 1987, S. 318, 29.10.1937.
[23] Koch, Erich: Die Außenpolitik der Frontkämpfer. In: Der Nahe Osten (1933), S. 549-552. Ders.: Aufbau im Osten. Breslau 1934. Ders.: Ostpreußen, Preußen, Osten. In: Der deutsche Student (Januar 1934), S. 1-11. Ders.: Ostpreußens politische Brückenlage. In: Volk und Reich (1934), S. 754-756. Ders.: Ostpreußens Stellung im osteuropäischen Raum. In: Nationalsozialistische Monatshefte (1934), S. 882-886.
[24] Koch, Aufbau (wie Anm. 23), S. 82.
[25] Neben den in Anm. 23 angegebenen Veröffentlichungen Kochs vor allem: Weber-Krohse, Otto: Ritterorden, Preußen und Reich. Eine einfache und doch revolutionäre Darstellung der Preußischen Geschichte. Berlin 1935, S. 75, 86-89.

„Kampfzeit" propagierten „nationalen Sozialismus" durchzusetzen. Die von ihm in Ostpreußen begonnenen Notstands- und Infrastrukturmaßnahmen, die stark staatlich gelenkt waren und zu einem nicht unerheblichen Teil auf „Gemeinschaftsarbeit" basierten, wollte er als ersten Schritt zu diesem „Sozialismus" betrachtet wissen.

Es ist verständlich, daß der Gauleiter aus der abgelegenen Provinz mit diesen Vorstellungen bei weiten Teilen der Parteiführerschaft alles andere als Begeisterung auslöste. Gerade bei den Ideologen wie Himmler, Rosenberg und „Reichsbauernführer" Darré eckte er darüber hinaus mit seiner Haltung zur Religion an. Den Katholizismus des Ermlandes beargwöhnte er zwar, in der evangelischen Kirche engagierte er sich jedoch. Er ließ sich sogar zum Präses der Provinzialsynode wählen.[26]

Auch hier klangen persönliches Interesse und Machttechnik zusammen. Koch war tatsächlich stark protestantisch geprägt und zeigte auch deshalb ein starkes Interesse an der Kirche. Andererseits wollte er sie als deutsche Nationalkirche zu einem ähnlich starken Block wie den „ultramontanen" Katholizismus aufbauen, quasi als spirituelles Äquivalent zum säkularen „nationalen Sozialismus".[27] Hinzu kam, daß ein kirchliches Engagement den „wilden Sozialisten" in der konservativen und weitgehend protestantischen Provinz akzeptabler erscheinen ließ.

Koch zeigte in diesen Punkten eine auch für einen Gauleiter außergewöhnlich große Unabhängigkeit von Hitler, die seiner Karriere aber nicht schadete. Von 1926 bis 1945 war er fast ständig in Machkämpfe und Intrigen verstrickt, mit Goebbels, Göring, Himmler, Darré und Rosenberg ebenso wie mit der ostpreußischen SA oder dem Reichsinnenministerium. Aber obwohl er nicht immer Sieger blieb, verstand er es doch geschickt, seine Machtposition stets weiter auszubauen.[28] In der Phase der nationalsozialistischen Expansion konnte er dann den Lohn für seine bisherigen treuen Dienste für Führer und Volk einheimsen. Die Eingliederung des Memellandes in die Provinz Ostpreußen im März 1939 bildete den Auftakt, sie war aus historischer Sicht allerdings auch naheliegend.

---

[26] Lenkitsch, Wilhelm: Die Vorgeschichte des Kirchenkampfes in Ostpreußen. In: Geschichte (wie Anm. 9), S. 22-56, hier S. 51.
[27] IPN Warschau (wie Anm. 10), SWWW 746, Blatt 32f., Lebenslauf Kochs.
[28] Vgl. Meindl, Erich Koch (wie Anm. 18).

Nach dem Sieg über Polen wurde das Gebiet um Ciechanów als „Regierungsbezirk Zichenau" an Ostpreußen angegliedert. Diese Maßnahme konnte mit historischen Fakten nicht begründet werden und war Teil der Lebensraumpolitik der NS-Führung.[29] Von einer Zusammenarbeit mit Slawen wollte Koch jetzt nichts mehr wissen, vielmehr stach er sogar die Siedlungsbemühungen der SS aus, um „Zichenau" ganz nach seinen Vorstellungen mit ostpreußischen Bauernsöhnen besiedeln zu können.

Ähnlich verhielt es sich mit dem „Bezirk Białystok", einem Gebiet von der Größe der alten Provinz Ostpreußen, das ihm 1941 persönlich unterstellt wurde. Auch hier sollten Deutsche angesiedelt werden, zugleich diente das Gebiet aber auch als Landbrücke in Kochs größtes Verwaltungsgebiet, das „Reichskommissariat Ukraine". Daß ihm die „Kornkammer" der Sowjetunion, die gemäß den Wirtschaftsplanungen ganz Europa ernähren sollte, anvertraut wurde, zeigt deutlich die Wertschätzung, die der ostpreußische Gauleiter in der Führungsspitze des Reiches, vor allem bei Hitler, Bormann und dem „Wirtschaftsdiktator" Göring, genoß.[30] Dieses Vertrauen hielt an, obwohl er durch seine brutale Unterdrückungs- und Ausbeutungspolitik die ursprünglich deutschfreundlichen Ukrainer zu erbitterten Gegnern der Besatzer machte und dadurch die Partisanenbewegung stark zunahm. Im Herbst 1944 übertrug Hitler seinem Paladin auch noch die Verwaltung der noch in deutscher Hand befindlichen Teile des Baltikums.[31]

In dieser Zeit stand der ostpreußische Parteiführer auch in der Heimat zum letzten Mal im Brennpunkt der Ereignisse. Da sein Gau im Sommer 1944 als erster Reichsteil Gefahr lief, von der Roten Armee überrannt zu werden, inszenierte Koch eine „Levée en masse". Bereits Anfang Juli ließ er große Teile der Bevölkerung zum Bau der „Ostpreußenschutzstellung" an der Grenze der Provinz einziehen. Außerdem gehörte er zu denjenigen, die die Aufstellung des „Volkssturms" anregten.[32] Im „Vorposten" Ost-

---

[29] Vgl. Meindl, Ralf: Die Politik des ostpreußischen Gauleiters Erich Koch in den annektierten polnischen Gebieten als Ausdruck nationalsozialistischer Zielvorstellungen. In: Niemcy i Polska w trudnych latach 1933-1990. Deutschland und Polen in schweren Zeiten 1933-1990. Hrsg. von Bernd Martin und Arkadiusz Stempin. Poznań 2004, S. 87-115

[30] Kershaw, Ian: Hitler 1936-1945. Stuttgart 2000, S. 548f.

[31] Bundesarchiv Berlin, R 6/222, Lammers an Rosenberg, 21.9.1944.

[32] Nolzen, Armin: Die NSDAP, der Krieg und die deutsche Gesellschaft. In: Die deutsche Kriegsgesellschaft 1939 bis 1945. Erster Halbband: Politisierung, Vernichtung, Überleben. Hrsg. von Jörg Echternkamp. München 2004, S. 99-194, hier S. 178-181.

preußen kam diese Miliz zuerst zum Einsatz, hier wurde sie am 18. Oktober 1944, dem Jahrestag der Völkerschlacht von Leipzig, von Heinrich Himmler im Beisein Erich Kochs vereidigt.[33]

Der Gauleiter bezeichnete seine Formation als „Erstes Bataillon Garde des Führers" und wollte mit ihr erneut ein Beispiel für das gesamte Reich liefern.[34] Falls die Wehrmacht versage, so tönte er, wolle er die Provinz mit dem „Volkssturm" allein verteidigen. Bei Ankunft der Roten Armee erwiesen sich seine Worte allerdings als hohle Phrasen. Der Volkssturm wurde angesichts der sowjetischen Übermacht in allen Belangen ebenso schnell überrannt wie die regulären Truppen. Ihr Führer, der als „Reichsverteidigungskommissar" den Beitrag der zivilen Behörden zu den Verteidigungsmaßnahmen zu verantworten hatte, versagte angesichts der russischen Angriffe völlig. Weder im Oktober 1944 noch im Januar 1945 gelang es ihm oder seinen Dienststellen, die Zivilbevölkerung rechtzeitig in Sicherheit zu bringen. Hunderttausende flohen unter erbärmlichsten Bedingungen gen Westen, Zehntausende kamen dabei um.[35] Koch hingegen hatte seine Ehefrau bereits Ende Januar mit einem Schiff in Sicherheit gebracht. Er selbst setzte sich erst am 24. April aus Pillau ab, einen Tag, bevor die Stadt von der Roten Armee erobert wurde.[36] In Schleswig-Holstein lebte er unter dem Decknamen „Rolf Berger", bis er im Mai 1949 verhaftet und an Polen ausgeliefert wurde. Dort wurde er zehn Jahre später wegen seiner Beteiligung am Massenmord an der polnischen Zivilbevölkerung zum Tode verurteilt, wegen seines Gesundheitszustandes aber nicht hingerichtet. Ohne daß sich bei ihm auch nur Anzeichen von Reue oder Einsicht gezeigt hätten, lebte er noch fast 37 Jahre im Gefängnis von Barczewo (Wartenburg), bis er am 12. November 1986 starb.

Es war Kochs Politik in der Ukraine und seine Rolle bei der Flucht der ostpreußischen Bevölkerung, die die gespaltene Bewertung seiner Person

---

[33] Seidler, Franz W.: „Deutscher Volkssturm". Das letzte Aufgebot 1944/45. München 1989, S. 379-385.
[34] Preußische Zeitung Nr. 303, 14.11.1944.
[35] Schwendemann, Heinrich: Der deutsche Zusammenbruch im Osten 1944/45. In: Kriegsende 1945. Verbrechen, Katastrophen, Befreiungen in nationaler und internationaler Perspektive. Hrsg. von Bernd-A. Rusinek. Göttingen 2004, S. 125-150.
[36] Kabath, Rudolf; Forstmeier, Friedrich: Die Rolle der Seebrückenköpfe beim Kampf um Ostpreußen 1944-1945. In: Abwehrkämpfe am Nordflügel der Ostfront 1944-1945. Herausgegeben von Hans Meier-Welcker. Stuttgart 1963, S. 215-451, hier S. 403.

bewirkte. Seitens der SS und vieler anderer Offiziere und Verwaltungsbeamter wurde er für die deutsche Niederlage im Osten verantwortlich gemacht, die Zivilisten erinnerten sich an ihn als denjenigen, der für ihr Leid während der Flucht und letztlich für den Verlust Ostpreußen verantwortlich war. Zeitgenössische positive Eindrücke wie die des Theologen Iwand verblaßten dagegen. Carl Jakob Burckhardt war als Schweizer weder von Kochs Ukrainepolitik noch von Flucht oder Vertreibung direkt betroffen. Ihm fiel ein positiveres Urteil leicht. Geradezu entsetzt zeigten sich jedoch die Chronisten der Bekennenden Kirche Ostpreußens von der „erschütternde[n] Kurve", die Kochs „Weg" genommen habe, sie sei „für die Verführungen dieser Zeit kennzeichnend".[37]

Generell erschöpfen sich positive Aussagen über den langjährigen Gauleiter und Oberpräsidenten meist in der floskelhaften Bemerkung, er habe in den Friedensjahren des „Dritten Reiches" *auch* viel Gutes für die Provinz getan. Meist wurde dann der Wirtschaftsaufbau genannt, der von Koch aber nur adaptiert und durchgesetzt worden war. An eine genuin ihm zuzuschreibende schöpferische Leistung konnte sich kein Zeitzeuge erinnern.[38] Von der monströsen Figur Erich Kochs bleibt bei näherer Betrachtung nur die leere Hülle eines zwar energischen und durchsetzungsfähigen, aber auch charakter- und ideenlosen Paladins, der die wenigen positiven Ansätze seines Wirkens bedenkenlos opferte, um seinem „Führer" in die Hybris und in den Untergang zu folgen.

---

[37] Koschorke, Einführung. In: Geschichte (wie Anm. 9), S. 21.
[38] Zahlreiche Aussagen dieser Art finden sich in den Entnazifizierungsakten Kochs im Bundesarchiv Koblenz (wie Anm. 10).

Die Albertus-Universität Königsberg im Umbruch von 1932 bis 1934*

CHRISTIAN TILITZKI

Vor langer Zeit zollte „Der Spiegel" dem Autor eines historischen Werkes einmal höchstes Lob mit der Formulierung, er habe eine Legende in tausende von Kurzgeschichten aufgelöst. Für den Zeithistoriker, der das wenig beackerte Feld ostpreußischer Geschichte nach 1933 im allgemeinen und das der Königsberger Universitätsgeschichte im besonderen betritt, enthält dieses Lob eine Empfehlung zur Nachahmung. Denn es kann seinen wissenschaftlichen Ehrgeiz schließlich kaum reizen, ein noch relativ unerforschtes Terrain der Wissenschaftsgeschichte nur so weit zu vermessen, daß es in hinlänglich bekannte Muster zur Erklärung der NS-Herrschaft paßt, die es letztlich nur durch einige „regionale Besonderheiten" illustrierend zu bestätigen gelte.

Wollte man es sich so einfach machen, stünden für die Geschichte der Königsberger Albertus-Universität solche Muster oder besser „Legenden" genug zur Verfügung. Die wirkungsmächtigste darunter ist jene, die uns weismachen möchte, daß die älteste preußische Hochschule wegen ihrer exponierten geographischen Lage in einer vom Versailler Diktat besonders betroffenen Grenzprovinz eine spezifische geistige Affinität zu jener Weltanschauung besessen hätte, deren Exponenten am entschiedensten eine Grenzrevision im Osten forderten – der nationalsozialistischen nämlich. Daraus ist dann leicht zu folgern, daß die Dozenten und Studenten der Albertina radikaler als die Akademiker sonst im Reich sich als „geistige Wegbereiter" der NS-Machtergreifung verstanden und sich entsprechend politisch-publizistisch engagiert haben.[1]

* Die Studie ist hervorgegangen aus einem Forschungsprojekt zur Geschichte der Albertus-Universität Königsberg/Pr. (1914-1945), das von der Fritz Thyssen Stiftung unterstützt wurde, der ich dafür sehr zu Dank verpflichtet bin. – Einige der am häufigsten benutzten Abkürzungen sind: Albertus-Universität Königsberg (AUK); Bundesarchiv Berlin Lichterfelde (BABL), Gesetz zur Wiederherstellung des Berufsbeamtentums vom 7.4.1933 (BBG), Deutsche Demokratische Partei (DDP); Deutsche Volkspartei (DVP) Geheimes Staatsarchiv Preußischer Kulturbesitz Berlin Dahlem (GStA), Handelshochschule Königsberg (HHK), Jahrbuch für die Geschichte Mittel- und Ostdeutschlands (JGMOD), Königsberger Allgemeine Zeitung (KAZ), Königsberger Hartungsche Zeitung (KHZ), Königsberger Tageblatt (KT), Nationalsozialistischer Deutscher Studentenbund (NSDStB), Politisches Archiv des Auswärti-

Das klingt plausibel, hält aber empirischer Überprüfung nicht stand. Die Resultate dieser Überprüfung anhand einer Geschichte der Albertus-Universität in der Weimarer Republik können und sollen an dieser Stelle nicht ausgebreitet werden. Aber im Titel dieses Beitrags wird ein zeitlicher Rahmen abgesteckt, der das letzte Jahr der Weimarer Republik und das Jahr Zwei des „Tausendjährigen Reiches" umfaßt. Um also den politisch-weltanschaulichen Standort der Albertina im vielfach so genannten „Entscheidungsjahr" 1932 zu bestimmen, ist es daher unerläßlich, die Universitätsgeschichte seit 1918 wenigstens in groben Zügen zu referieren.

Um gleich mit einer These zu beginnen: Die „Insellage" Ostpreußens, die Grenzland-Atmosphäre in der Provinz, die „Frontlage" gegenüber Polen und Litauen infolge der territorialen Veränderungen seit 1919: dies hat die Ausbildung von extremen politischen Dispositionen unter Dozenten und Studenten in Königsberg *nicht* begünstigt. Im Gegenteil: Man könnte etwas pointiert sogar behaupten: die Albertina hat sich nach 1919 zu einer Weimarer Modelluniversität entwickelt. Der Einfluß der liberalen bzw. sozialdemokratischen Hausherren im preußischen Kultusministerium bewirkte im berufungspolitischen Zusammenspiel mit dem vernunftrepublikanischen Potential der Universität, daß der Lehrkörper in seinem politisch-weltanschaulichen Erscheinungsbild eher dem liberaler Neugründungen in Frankfurt, Hamburg und Köln glich als den deutschnational bis völkisch dominierten Dozentenschaften in Erlangen, Jena, Greifswald oder Tübingen.

---

gen Amtes in Berlin (PA AA), Preuß. Ministerium für Wissenschaft, Kunst und Volksbildung (PrMWKV), Reichswirtschaftsministerium (RWMin.), Reichsministerium für Wissenschaft, Erziehung und Volksbildung (REM).
[1] Dazu Tilitzki, Christian: Aspekte der Königsberger Universitätsgeschichte im Dritten Reich. In: JGMOD 46 (2000), S. 233-269.

Die Rechts- und Staatswissenschaftliche Fakultät und die Handelshochschule

Am deutlichsten fällt der Befund für die Rechts- und Staatswissenschaftliche Fakultät aus.[2] Unter den Juristen stand der mit einer US-Amerikanerin verheiratete Herbert Kraus, der Inhaber des völkerrechtlichen Lehrstuhls, der linksliberalen DDP nahe, ebenso wie der 1917 berufene, 1919 nach Halle gewechselte Staats- und Verwaltungsrechtler Kurt Wolzendorff, ein Otto von Gierke verpflichteter, „genossenschaftlich" orientierter Anti-Etatist. Kraus' zeitweiliger Vertreter Ernst Wolgast verfocht noch 1932, mitten in den Debatten um die „Diktatur des Reichspräsidenten", die Ansicht, daß der demokratische Rechtsstaat wohl das tauglichste Instrument sei, um die europäischen Nationen nicht in „plutokratische" oder „bolschewistische Klassenherrschaft" abgleiten zu lassen. Auch Walter Schätzel (1930-1942), wie Wolgast im Umfeld des Kieler Völkerbund-Enthusiasten und Pazifisten Walther Schücking wissenschaftlich sozialisiert, vertrat wie Kraus eine – gerade bezogen auf die ostpreußischen Grenzfragen – betont „internationalistische" Linie. Mustert man die übrigen Lehrer des öffentlichen Rechts nach ihrem parteipolitischen Bekenntnis oder nach ihren publizistisch-politischen Wortmeldungen, verläßt man kaum den Boden der „Weimarer Koalition", also jenem staatstragenden Zusammenschluß aus den Gründungsmonaten der Republik, der Sozialdemokraten, Deutsche Demokraten und katholisches Zentrum umfaßte und im Verlauf der zwanziger Jahre um die rechtsliberale Partei des Reichskanzlers und Außenministers Gustav Stresemann, die DVP, erweitert worden ist.

Der letzte vor 1933 berufene Inhaber des Völkerrechts-Lehrstuhls, Albert Hensel, hatte seine Erfahrungen als DVP-Abgeordneter im Bonner Stadtparlament gemacht. Otto Schreiber, der in Königsberg ein Institut für Luftrecht aufbaute, war vor seiner Berufung Reichsgeschäftsführer der DDP. Der Romanist Fritz Litten zählte zum engsten Kreis der Königsberger DVP-Granden um den Verleger Alexander Wyneken und dessen „Königsberger Allgemeine Zeitung", ebenso der Handelsrechtler Julius von Gierke (1906-1919). Der Strafrechtler Alexander zu Dohna ergriff zusam-

---

[2] Ausführlicher mit Quellennachweisen vgl. Tilitzki, Christian: Professoren und Politik: Die Hochschullehrer der Albertus-Universität zu Königsberg/Pr. in der Weimarer Republik (1918-1933). In: 450 Jahre Universität Königberg. Beiträge zur Wissenschaftsgeschichte des Preußenlandes. Hrsg. von Bernhart Jähnig. Marburg 2001, S. 131-178.

men mit Wyneken und seinen Kollegen, dem Geographen Max Friederichsen und dem Historiker Albert Brackmann, kurz nach dem 9. November 1918 die Initiative zur Gründung des ostpreußischen Landesverbandes der DVP und zog anschließend für die Partei in die verfassungsgebende Weimarer Nationalversammlung ein. Der Staats- und Verwaltungsrecht lehrende Ludwig Waldecker vertrat bis zum Schluß, in der Beurteilung des durch Papens staatsstreichartigen „Preußenschlag" am 20. Juli 1932 ausgelösten Verfahrens Preußen contra Reich vor dem Staatsgerichtshof, in seinen Veröffentlichungen sozialdemokratische Positionen. Es ist in diesem Kontext auch relevant, welche Berufungswünsche der Fakultät nicht erfüllt wurden, um die politischen Präferenzen in der Fakultät zu würdigen: Gern hätte man Walter Jellinek (DVP), Hermann Heller (SPD) und den von „nationalen" Münchner Studenten heftig befehdeten Hans Nawiasky am Pregel gesehen – alle drei übrigens, wie Hensel, jüdischer Herkunft –, während man den Breslauer Zivilisten Georg Buch just in dem Augenblick wie eine heiße Kartoffel fallen ließ als ruchbar wurde, daß er sich in einer völkischen Postille antijüdisch hatte vernehmen lassen.

Bei den Nationalökonomen sah es ähnlich aus. Beherrschende Figur dort war zwischen 1922 und 1926 Fritz Karl Mann. Mann, ebenfalls jüdischer Abstammung, war wie sein Kieler Lehrer Bernhard Harms von der pazifierenden Wirkung weltwirtschaftlicher Vernetzung, heute würde man sagen: Globalisierung, zutiefst überzeugt und zählte als Initiator der „alle Kreise" Königsbergs ansprechenden „Auslandsvorträge" der Universität zu den frühesten Warnern vor der NSDAP. Auch mit Manns Nachfolgern, Oswald Schneider (1933 entlassen), einem engen Mitarbeiter Stresemanns, und Wilhelm Vleugels blieben die Wirtschaftswissenschaftler im weltanschaulichen Kraftfeld des Weimarer Liberalismus.

Dort sind auch die vor 1918 berufenen Ordinarien Otto Gerlach (1893-1923) und Manns Vorgänger Albert Hesse (1908-1922) anzusiedeln, beide ebenso nationalliberal wie „kathedersozialistisch" gesonnen. Gerlachs Nachfolger wiederum, Karl Teschemacher (1923-1927), hätte sich zu wilhelminischer Zeit fast die akademische Karriere verdorben, als er kurzzeitig der SPD beitrat. Gleichwohl hielt er, wie auch sein Freund Konrad Haenisch, der erste sozialdemokratische preußische Kultusminister, nach 1918 unbeirrt am „deutschen Sozialismus" der „Ideen von 1914" seines Lehrers Plenge fest.

Bezeichnenderweise verwaltete der einzige Deutschnationale unter den beamteten Professoren, der DNVP-Reichstagsabgeordnete Wilhelm Dietrich Preyer, nur ein Extraordinariat, und der monarchistisch gesonnene, im Rahmen des „Herrenklubs" politisch aktive ehemalige ostpreußische Oberpräsident Adolf von Batocki lehrte nur als Honorarprofessor.

1932, am Vorabend der NS-Machtergreifung, lehrten in der Fakultät, deren Angehörige sich qua Profession am intensivsten mit der Politik beschäftigten, kein aktiver Gegner der Weimarer Republik – Preyer ausgenommen. Auch Hensel, der sich mit Carl Schmitt einig wissende Verfechter eines Verfassungsmodells, das immerhin die machtpolitischen Gewichte vom Parlament auf den Reichspräsidenten als den „Hüter der Verfassung" verschob, wollte sich, wie er 1933 schrieb, das rassenpolitische Dogma NSDAP keineswegs zu eigen machen, so daß der von ihm intendierte Verfassungsumbau natürlich nicht gleichbedeutend war mit einer staatsrechtlichen Wegbereitung Hitlers.[3]

Springt man von 1932 ins erste Jahr der NS-Herrschaft und fragt nach den personalpolitischen Folgen von „Säuberung" und „Gleichschaltung", so verwundert es nicht, wenn gerade diese Fakultät, wo sich die prorepublikanischen Kräfte konzentrierten, auch am stärksten von der NS-Hochschulpolitik getroffen wurde. 1934 waren Vleugels, Schneider, Hensel und der als „Reaktionär" diffamierte Preyer beurlaubt, entlassen oder versetzt; wenige Monate später folgten ihnen die Strafrechtler Wilhelm Sauer und Ottokar Tesar sowie der Romanist Erich Genzmer; der katholische Rechtshistoriker Hermann Nottarp wich rechtzeitig nach Würzburg aus. Selbst der hoffnungsfroh von der Partei begrüßte Neuzugang, der auf das Studium der sowjetrussischen Planwirtschaft konzentrierte Nationalökonom Paul Berkenkopf, mußte 1934 seinen Lehrstuhl wieder räumen, stigmatisiert als „Liberaler". Mit Ausnahme des Staatsrechtlers Ernst von Hippel (1929-1940), der sich mehr und mehr der Anthroposophie verschrieb und so in die „innere Emigration" abtauchte, war die „Weimarer Fakultät" zwei Jahre nach den ersten personalpolitischen Weichenstellungen des Ministeriums Rust rückstandslos abgewickelt.

---

[3] Vgl. Tilitzki, Christian: Die Beurlaubung des Staatsrechtslehrers Albert Hensel im Jahr 1933. Ein Beitrag zur Geschichte der Königsberger Universität. In: Mendelssohn-Studien 12 (2001), S. 243-261.

Durch Honorarprofessuren und Lehraufträge war die Fakultät vielfach mit der Königsberger Handelshochschule verbunden.[4] Als kleinste Einrichtung ihrer Art, erst 1915 gegründet, stand sie Mitte der zwanziger Jahre zur Disposition. Preußisches Wissenschaftsministerium und Handelsministerium prüften, ob entweder vollständige Auflösung oder partielle Eingliederung in die Rechts- und Staatswissenschaftliche Fakultät in Frage kämen.[5] Doch abgesehen vom Behauptungswillen des Lehrkörpers und der Studenten sowie dem überparteilichen politischen Widerstand gegen jede Schwächung dieses „Kulturfaktors im Osten des Reiches", sahen linksliberale und sozialdemokratische Kreise Königsbergs in dieser Hochschule eine „Pflegestätte republikanischer Ideen und Ideale", die, ausgebaut und mit Promotionsrecht versehen, eine „starke Stütze der Republik" werden könne, ein Gegengewicht zur Albertina, die bei diesen Fürsprechern als „Hort schlimmer Reaktion" galt.[6] Tatsächlich entschied man sich in Berlin 1929 in diesem Sinne, was eine entsprechende Personalpolitik zur Folge hatte, auf die dann 1933 eine absehbar scharfe Reaktion erfolgte, als von sieben ordentlichen Professoren drei, von drei beamteten Extraordinarien zwei nach Maßgabe des Gesetzes zur Wiederherstellung des Berufsbeamtentums entlassen wurden. Betroffen war der nicht habilitierte langjährige Rektor Bruno Rogowsky,[7] der, wie es in einem Untersuchungsbericht über seine „Ver-

---

[4] Zur Geschichte der HHK vgl. Urbschat, Fritz: Die Geschichte der Handelshochschule Königsberg/Pr. Würzburg 1962. Diese Darstellung ist für den hochschul- und wissenschaftspolitischen Kontext nicht sehr ergiebig, wohl auch, weil Urbschat, wie er im Vorwort vermerkt, davon überzeugt war, mit den 1945 in Pommern der Roten Armee in die Hände gefallenen, dorthin ausgelagerten HHK-Akten seien überhaupt alle Akten „durchweg vernichtet". Mit Hilfe der Ministerialüberlieferung und anhand der Berichterstattung in der Lokalpresse läßt sich jedoch der Kriegsverlust mindestens für die Zeit bis 1933/34 ausgleichen. Zu den Entlassungen gem. BBG notiert Urbschat, S. 66, nur beiläufig die Namen der Betroffenen, schweigt sich aber die amtlichen Begründungen aus, wie er überhaupt das weltanschaulich-politische Profil der Dozenten vor 1933 nicht einmal anhand ihrer Publikationen zu rekonstruieren versucht.

[5] Dazu das 1927 vom Preußischen Ministerium für Handel und Gewerbe (PrMHG) in Auftrag gegebene Gutachten des Kölner Betriebswirtschaftlers Eugen Schmalenbach in: GStA, I. HA, Rep. 120 E, Tit. XIII 3 Nr. 6, Bd. VI, unpag. Es empfahl die Eingliederung in die Universität, um so, verschmolzen mit dem Institut für ostdeutsche Wirtschaft, ein „Institut für Ostwirtschaft" zu schaffen, als „akademischen Mittelpunkt für die Randstaaten".

[6] GStA, I. HA, Rep. 120 E, Tit. XIII 3, Nr. 6, Bd. 6; aus einem Schreiben der Königsberger Ullstein-Korrespondentin Paula Steiner (DDP) vom 11.4.1928 an PrMHG. Gegen die Beeinträchtigung des „Kulturfaktors" der ostpreußische DDP-Vorsitzende Günter Grzimek an Handelsminister Schreiber vom 3.5.1926. In: GStA, I. HA, Rep. 120 E XIII 3 Nr. 6, Bd. 5.

[7] BABL, R 4901/R 306, Personalakte Rogowsky: geb. 18.11.1890 Osterode/Ostpr. als Sohn eines Seminarlehrers, Schulbesuch Gymnasium Osterode bis Obersekunda, 1909-1911 kauf-

fehlungen" vor der NS-Machtergreifung hieß, zwar eher ein „unpolitischer Mensch" gewesen, aber doch der Versuchung erlegen sei, den Zielen der Landesregierung Otto Brauns (SPD) entgegenzukommen, um eine „mehr vom republikanischen Geist durchwehte Anstalt zu schaffen". Darum habe er sich 1931/32 dem wachsenden Einfluß des NS-Studentenbundes an der HHK entgegengestellt, ohne sich indes bei Disziplinarmaßnahmen gegen dessen Rädelsführer hervorzutun.[8] Mit Rogowsky traf die Entlassung Arthur Feiler, einen habilitierten Wirtschaftsjournalisten von der Frankfurter Zeitung, wo er innerhalb der Redaktion „am weitesten links" (Gillessen) stand. Er war zum Sommersemester 1932 als Nachfolger des ans Kieler Weltwirtschaftsinstitut berufenen Andreas Predöhl nach Königsberg gekommen – selbst gegen Rogowskys Rat, vom Handelsministerium protegiert, von der Studentenschaft mit wütenden Protesten empfangen.[9] Ferner

männische Lehre in Danzig, 1912-1914 HHS Köln, von Kurt Wiedenfeld und Julius Hirsch (von 1916 bis 1923 auch Staatssekretär im RWMin!) stark beeinflußt, 1916 Dipl. Kfm., Abitur nachgeholt in Berlin 1919. Seit August 1914 Kriegsfreiwilliger, 1915 felddienstunfähig, 1916 wiss. Hilfsreferent im Generalstab, dort Untersuchungen über Rohstoffverhältnisse und Außenhandel der Feindbundstaaten bzw. der Neutralen. Für Hirsch im Kriegsernährungsamt tätig (Fischwirtschaft), Preisreferent im Reichskommissariat für Fischversorgung, 1920 Dr. rer. pol. in Gießen: Organisation der deutschen Fischwirtschaft. Ab Oktober 1919 Referent für Fragen der kaufmännischen Organisation und der Preise der weiterverarbeitenden Industrie im RWMin., seit 1924 Leiter Betriebswirtschaftliches Seminar HHK, WS 1928/29 Übernahme des Rektorats an Stelle des verstorbenen Bruno Pfeifer (geb. 1869), der die HHK seit 1915 geleitet hatte.

[8] BABL, R 4901/ R 306; darin Untersuchungsbericht des Staatskommissars für die HHK (Kurator der Albertina, Friedrich Hoffmann) vom 17.9.1933.

[9] A. Feiler, jüdischer Herkunft, geb. 1879 in Breslau, seit 1903 in der Handelsredaktion der Frankfurter Zeitung (FZ), 1910 ebd. politische Redaktion, 1919 Verfasser des Abschnitts „Wirtschaft" im DDP-Parteiprogramm. 1928 Habilitation an der Universität Frankfurt. Er plädierte für eine sozialdemokratische Korrektur der Marktwirtschaft, was ihn in der „manchesterlichen" Redaktion der FZ zum Linksaußen stempelte. Sein Reisebericht: Das Experiment des Bolschewismus, Frankfurt 1929, erlebte bis 1931 sechs Auflagen und empfahl ihn als Rußland-Kenner für eine Königsberger Berufung. Über Feiler, der 1933 in die USA emigrierte und 1942 in New York starb, vgl. Gillessen, Günther: Auf verlorenem Posten. Die Frankfurter Zeitung im Dritten Reich. Berlin 1986, S. 39-43 und Artikel Feiler von Mongiovi, Gary. In: Biographisches Handbuch der deutschsprachigen wirtschaftwissenschaftlichen Emigration nach 1933. Hrsg. von Harald Hagemann und Claus-Dieter Krohn. München 1999, Bd. 1, S. 148-150. – Zu den studentischen Protesten gegen Feiler im Frühjahr und Sommer 1932 vgl. die Presseartikel: Tumult in der Handelshochschule. In: Ostpreußische Zeitung Nr. 113, 23.4.1932; Studenten appellieren an den Landtag. Um den akademischen Frieden an der Handelshochschule. In: ebd., Nr. 127, 7.5.1932, sowie der Hinweis Kurator Hoffmanns (s. Anm. 8) auf die „Feiler-raus-Rufe" während der Versailles-Feier der HHK am 28.6.1932, mit denen NS-Studenten die Veranstaltung gestört hätten. Hoffmann bescheinigte auch, daß Rogowsky sich nachweislich gegen die Berufung gewehrt habe, was seiner pauschalen Behauptung

räumten ihre Lehrstühle der Direktor des Betriebswirtschaftlichen Seminars für Verkehrswesen, der wegen seiner „sozialistischen Vergangenheit" (Schreyer) entlassene Friedrich Kürbs,[10] der mit Feiler das volkswirtschaftliche Seminar leitende Ordinarius Herbert Schack,[11] und der sozialdemo-

---

Glaubwürdigkeit verleihe, in schweren Kämpfen mit dem Handelsministerium sich erfolgreich gegen die dort betriebene „Verjudung der Handels-Hochschule" gestemmt zu haben (wie Anm. 8).

[10] F. Kürbs, geb. 1889 in Hannover, Oberrealschule Köln bis 1905, Studium an der Handelshochschule Köln, 1915/16 Kriegsdienst, schwer verwundet 1916 entlassen, Studium an der HHS Köln bei Julius Hirsch und Eugen Schmalenbach, Promotion ebd. 1920: Der deutsche Speditionsverkehr nach Frankreich. Referent im RWMin. (wohl vermittelt durch Julius Hirsch (s. Anm. 7, dem er 1931 auch seine Königsberger Habilitationsschrift widmete; aus dieser Zeit vermutlich gut bekannt mit Rogowsky) und im Statistischen Reichsamt. Veröffentlichte: Die osteuropäischen Staaten – Polen, Litauen, Lettland, Estland – als Staats- und Wirtschaftskörper. Stuttgart 1931 (= Habilschrift HHK 1930). Emigrierte 1937 nach Peru, dort Wirtschaftsberater der Regierung, Leiter des Statistischen Dienstes und von 1938 bis 1949 Professor an der Universität Lima, 1950 Rückkehr nach Deutschland, Anstellung am Statistischen Landesamt Berlin (West), das er ab 1954 leitete; gestorben 1956. Vgl. den Artikel von Schreyer, Markus: Kürbs. In: Hagemann/Krohn, Biographisches Handbuch (wie Anm. 9), S. 340-342.

[11] H. Schack, geb. 28.10.1893 als Sohn eines Pfarrers in Eisenberg/Krs. Heiligenbeil, Schulbesuch in Braunsberg bis zum Abitur 1914, SS 1914 Beginn des Studiums, August 1914 Kriegsfreiwilliger, Fronteinsatz bis Januar 1918, als Leutnant wegen eines Herzleidens in die Heimat versetzt, Studium Philosophie und Germanistik, Promotion bei Goedeckemeyer: Die transzendentale Apperzeption bei Kant als formales und reales Grundprinzip (1919). Anstellung bei der Schutzpolizei Königsberg, 1921 Oberleutnant, Fortsetzung des Studiums, nationalökonomische Promotion: Das Geltungsproblem des sozialen Werturteils (1922), 1923 plm. Assistent am Staatswissenschaftlichen Seminar der ALBERTINA, 1924 Habilitation: Der Begriff des Wirtschaftsmenschen, 1926 VWL-Lehrstuhl an der HHK. GStA, I. HA, Rep. 76Va, Sek. 11, Tit. IV, Nr. 23 Bd. I, Bl. 237; Habilitation Schack 16.7.1924. 1931/32 Rektor der HHK. Eifriger DVP-Propagandist, Kandidat der gemeinsamen Liste von DVP und Volkskonservativer Vereinigung zur Reichstagswahl im September 1930. Als kleine, aber doch demonstrative politische Geste vermerkt die KHZ Nr. 307, 7.8.1932, in ihrem Bericht über einen Vortrag „Erlebnisse auf einer Autoreise nach Dorpat", den Schack als Vorsitzender des Ostdeutschen Automobilclubs hielt, daß er als Gäste den am 1. August 1932 nur knapp einem NS-Mordanschlag entkommenen Königsberger Regierungspräsidenten Max von Bahrfeld (DVP) und den sowjetrussischen Generalkonsul begrüßt habe. Obwohl auch die Tatsache, daß Schack einem aufwendigem Lebensstil huldigte, und seine finanziellen Bedrängnisse zu juristischen zu werden drohten, bei der Entlassung eine Rolle spielte, fiel er 1933 dem BBG als Mann des „Systems" zum Opfer, der sich u. a. nicht gescheut hatte, 1929 auf der Ostmarkenkundgebung „Deutscher Studenten jüdischen Glaubens" die Festrede zu halten, vgl. KAZ Nr. 22, 14.1.1929. – Schack, der sich nach der Entlassung auf seine philosophischen Anfänge wie auf seine Herkunft aus dem evangelischen Pfarrhaus besann (Selbsterkenntnis – Gotteserkenntnis. Warum Christentum? Leipzig 1936), lehrte nach 1945 lange an der FU Berlin, wo er sich als Marxismus-Kritiker profilierte.

kratisch orientierte Extraordinarius für Slawische Sprachen und Wirtschaft der slawischen Völker, Eugen Haeusler.[12]

Mit der Entfernung von Kürbs, Feiler und Haeusler, sowie mit der in den Details nicht aufzuklärenden Ausschaltung des Lehrbeauftragten Aleksej Il'ic Markov,[13] endete schlagartig der von Rogowsky über Jahre hinweg zäh und unbeirrbar betriebene Ausbau der HHK zu einem Mittelpunkt wissenschaftlich-wirtschaftlicher Beziehungen zur Sowjetunion, und aus der Handelshochschule wurde nach 1933 ein etwas überdimensioniertes Seminar für Betriebswirtschaftslehre. Die siebenwöchige „Professoren-

---

[12] Vgl. Meldung über Habilitation Haeusler: Der Kaufmann in der russischen Literatur. In: KAZ Nr. 503, 26.10.1930. Haeusler geb. 1895 Knyszyn/Białystok, Vater: Fabrikant, 1914 Studium Warschau, interniert, 1918/20 HHK, 1928 an der Albertina Dr. rer. pol.: Methoden der Beaufsichtigung und Beeinflussung der nationalisierten Betriebe im Sowjet-Staat (Arbeiter- und Bauern-Inspektion). Königsberg 1927, seit 1923 Assistent am betriebswirtschaftlichen Seminar der Handelshochschule, Lehrauftrag für slavische Sprachen und Wirtschaft, 1930 Dr. phil. AUK: Vladimir Korolenko und sein Werk. Königsberg 1930, 1931 b. ao. Prof. HHK; seine Habilschrift, die in den letzten Passagen Verständnis für die bolschewistische „Kritik am kapitalistischen Regime" bekundet und milde eine nur „zuweilen grausame Liquidation des Kaufmannstandes" rügt, erschien 1935 bei Gräfe und Unzer, auf dem Titelblatt vermerkend „ao. Professor i. R." – Nach 1945 ordentlicher Prof. für russische Sprache und Literatur an der Universität Halle, SED-Mitglied, gest. 1977.

[13] Markov, vermutlich russischer Emigrant, arbeitete seit 1922 am „Wirtschaftsinstitut für Rußland und die Oststaaten", das von der Direktion der Königsberger Ostmesse als Informationszentrale eingerichtet wurde, um die deutsch-russischen Handelsbeziehungen zu erleichtern. Hier erschienen im großen Umfang auch Übersetzungen deutscher wie sowjetischer amtlicher Nachrichten, Ex- und Import-Bestimmungen, Gesetze usw., von Markov u. a.: Der gewerbliche Rechtsschutz in der Union der Sozialistischen Sowjetrepubliken, nach dem russischen amtlichen Text verdeutscht. Königsberg 1924. Von Markov auch: Rasputin und die um ihn. Ein Beitrag zur Geschichte der letzten Romanows. Königsberg 1928. Recht früh, noch bevor der Osteuropa-Historiker Martin Winkler von Königsberg aus eine erste große Forschungsreise antreten durfte, sprach Markov über seine „Reiseeindrücke aus der Sowjetunion", und zwar vor der Ortsgruppe Tragheim der DDP, in: KHZ Nr. 23, 28.1.1924. Ein Jahr später referierte er wieder über seine „Eindrücke in Rußland", auf der Monatsversammlung des Gewerkschaftsbundes der Angestellten, in: KHZ Nr. 74, 13.2.1925. Markov griff nicht nur mit seinem Rasputin-Essay weit über sein engeres ökonomisches Fachgebiet hinaus, wie ein Vortrag im Deutsch-Russischen Club belegt, wo er „Die proletarische Kunst im neuen Rußland" vorstellte, vgl. KT Nr. 52, 21.2.1929. Seit 1925 bot er an der HHK regelmäßig Lehrveranstaltungen über „Das Wirtschaftssystem der Sowjetunion", „Die Organisation des Handels und der Handelsfinanzen in Sowjetrußland" usw. an. Wie aus Kurator Hoffmanns Untersuchungsbericht (s. Anm. 8) hervorgeht, soll Rogowsky versucht haben, dem nicht habilitierten Markov den Professorentitel zu verschaffen, was aber vom Senat der HHK „abgeschmettert" worden sei; unstreitig sei Markov wegen seiner „bedeutenden Beziehungen nach Rußland" aber „wertvoll" für die HHK gewesen.

Reise", die unter Rogowskys Leitung im Sommer und Herbst 1931 zustande kam und die von Moskau in die Wolgarepublik, von dort über Stalingrad in den Kaukasus, auf die Krim und in die Ukraine führte, war aber bereits der Gipfel- und Wendepunkt für das Projekt „Rußlandkunde" an der Handelshochschule. Obwohl kein Teilnehmer prosowjetischer Sympathien verdächtig war, dürften bei Reiseantritt zwar alle im „Geist von Rapallo" davon überzeugt gewesen sein, mit Stalins Reich pragmatische Beziehungen vor allem zum Nutzen der ostpreußischen Wirtschaft pflegen und diese zukünftig noch intensiver gestalten zu können. Nach der Rückkehr ließ Rogowskys Reisebericht aber nicht nur zwischen den Zeilen den skeptischen Vorbehalt einfließen, ob man sich über die Möglichkeiten „normaler" Beziehungen zu Moskau nicht vielleicht Illusionen hingebe. Diese Zweifel erstreckten sich auf den von Rogowsky fortlaufend thematisierten Widerspruch zwischen dem propagandistischen Lobpreis der Kollektivwirtschaft und den vorgefundenen Realitäten von Ineffizienz und Mangel. Sie wurden aber vor allem genährt von den Skrupeln über die hohen „menschlichen Kosten". Tiefe Verunsicherung signalisieren jene Passagen, in denen es heißt, das Sowjet-Regime realisiere den Fünf-Jahres-Plan „ohne Rücksicht auf die lebende", d. h. auf die ältere Generation. Auch kritische Hinweise auf sporadische Einblicke in die Realität des Terrors finden sich, wenn der Reisebericht erwähnt, welche grausamen Details man im deutschen Konsulat in Kiew über die Deportation männlicher „Kulaken" und den gewalttätigen Widerstand ihrer Frauen gegen die „Kommissare" erfahren habe. In Samara, an der Wolga, waren die Professoren Augenzeugen der „Ausschiffung" von „Kulaken": Von dort seien sie in die „nördlichen Kurorte", also in die Einöden des Gulag-Systems abtransportiert worden. In der deutschen Wolgarepublik gelang es zwar, mit soeben zwangskollektivierten Bauern ins Gespräch zu kommen, doch auf Fragen nach Bewertungen des neuen Wirtschaftssystems zogen es die meisten vor, auszuweichen und zu behaupten, sie verstünden nicht: „Niemand weiß, wer Agent der GPU ist und wer unter Umständen seinen Abtransport in irgendeinen entlegenen Landesteil veranlassen kann."[14]

---

[14] GStA, I. HA, Rep. 120 E XIII 1 Nr. 15; Reisebericht Rogowsky vom 22.12.1931 (33 Bl.). Mit 4.000 RM subventioniert, brachen die Professoren Rogowsky, Hessenland, Hummel, Predöhl, Haeusler und Scheu am 20. August 1931 auf, Ende September trennte man sich in Charkow, von wo Haeusler und Rogowsky nochmals nach Moskau fuhren, während Hummel, Predöhl und Scheu noch einen Abstecher nach Leningrad unternahmen, wo sie den Hafen

Etwa gleichzeitig mit dieser ernüchternden Reise stießen auch die ehrgeizigen wissenschafts- und kulturpolitischen Pläne der Universität an ihre von Moskau gesetzten Grenzen. Denn die Agrarwissenschaftler, im Rahmen der Deutsch-Russischen Saatgutgesellschaft (DRUSAG), die seit 1926 Kollektivwirtschaften in Südrußland betrieb, durchaus als Avantgarde wissenschaftlich-wirtschaftlicher Kooperationsprojekte anzusehen, konnten im Herbst 1931 ihr an der Albertina nahezu schlüsselfertiges „Sonderseminar" für sowjetische Agronomen nicht eröffnen, da Moskau sich weigerte, den vereinbarten Kostenanteil zu übernehmen.[15]

Man kann also angesichts solcher Rückschläge in der Endphase der Weimarer Republik nicht behaupten, *allein* die NS-Machtübernahme und speziell die im weitesten Sinne die staatswissenschaftlichen Disziplinen betreffenden „Säuberungen" hätten die besonders eng geknüpfte Beziehungen des Wissenschaftsstandorts Königsberg zur Sowjetunion zerstört. Denn dafür stand die Rußlandforschung dort zu eindeutig hinter dem Osteuropa-Institut in Breslau und den Berliner Institutionen zurück (daran änderte zuletzt auch der Ausbau der Handelshochschule nichts mehr).[16]

---

und die Putilow-Werke besichtigten, um am 3. Oktober wieder nach Königsberg zurückzukehren.

[15] Umfangreiches Material dazu im PA AA, R 64023. Das Seminar sollte, wie es am 24.1.1933 in einem Schreiben der DRUSAG an das AA hieß, in erster Linie den Zweck verfolgen, russischen Studenten die Kenntnis deutscher Landmaschinen und deutscher Viehzucht zu vermitteln, damit nicht nur der ostpreußische Export davon profitieren sollte (ebd., R 64026).

[16] Zwischen 1918 und 1934 entstanden an der Albertus-Universität kaum dreißig Dissertationen zu russischen/sowjetischen Themen, in Breslau und Berlin dagegen das drei- bzw. fünffache an Arbeiten. Das mit großen Hoffnungen 1920 eröffnete Institut für Rußlandkunde, gebildet aus dem slavistischen Seminar des kulturpolitisch gänzlich uninteressierten und inaktiven Philologen Paul Rost und dem Seminar für russische Volkswirtschaft des 1919 neu berufenen Extraordinarius Preyer, charakterisierte Kurator Hoffmann 1933 als „leblos"; es habe nur gute Räumlichkeiten und dank Martin Winklers Initiative auch sehr gute Buchbestände aufzuweisen. GStA, I. HA, Rep. 76Va, Sek. 11, Tit IV, Nr. 21, Bd. XXXIV, Bl. 297-311; Kurator an PrMWKV (Gerullis) vom 19.6.1933. Zur Geschichte der Königsberger Rußlandkunde/Slavistik vgl. Schaller, Helmut W.: Die Geschichte der Slawischen und Baltischen Philologie an der Albertus-Universität Königsberg. In: Zeitschrift für Ostforschung 40 (1991), S. 321-354 und Camphausen, Gabriele: Die wissenschaftliche historische Rußlandforschung in Deutschland 1892-1933. In: Forschungen zur osteuropäischen Geschichte 42 (1989), 7-108, dort S. 77-80; dies.: Die wissenschaftliche historische Rußlandforschung im Dritten Reich. Frankfurt/M. 1990. Zu Recht sehr kritisch zu Schaller jetzt Bott, Marie-Luise: „Die vorhandene philologische Grundlage bewahren". Zur Resistenz des Berliner Slavischen Instituts gegen einen semantischen Umbau des Faches 1933-1945. In: Resonanzkonstellationen. Die illusionäre Autonomie der Kulturwissenschaften. Hrsg. von Georg Bollenbeck und Clemens Knobloch. Heidelberg 2004, S. 133-161, hier zit. S. 133-135.

Aber unbestreitbar ging diese bescheidene, 1931/32 von den sich verschlechternden außenpolitischen Beziehungen zur Sowjetunion in Mitleidenschaft gezogene Infrastruktur nach dem 30. Januar 1933 endgültig zu Bruch. Selbstverständlich blieben davon die anderen Einrichtungen, die dem öffentlichen Gespräch über die Sowjetunion, der Vermittlung ihrer „proletarischen Kultur" wie dem wissenschaftlich-ökonomischen Austausch dienten, nicht verschont. Der 1926 gegründete, bis 1930 sehr rührige „Deutsch-Russische Club", die Ortsgruppe Ostpreußen der Deutschen Gesellschaft zum Studium Osteuropas,[17] die Staatswissenschaftliche Vereinigung, das Rußlandinstitut der Ostmesse und der freilich schon vor 1933 angeschlagene Goethebund fielen der „NS-Hochschulrevolution" mittelbar zum Opfer, ebenso die publizistischen Plattformen der Berichterstattung und Diskussion über sowjetische Verhältnisse, vor allem die Ende 1933 eingestellte Hartungsche Zeitung.

Die Theologische Fakultät

In der kleinen Theologischen Fakultät bildeten die politischen Präferenzen kein ähnlich scharfes Relief aus, aber vom Weimarer Personaltableau blieb 1933/34, im Wirbel der NS-Machtübernahme so wenig übrig wie bei den Juristen und Ökonomen.[18] Einer groben Einteilung folgend, kann man in dieser Fakultät bis 1933 zwei Lager ausmachen: einerseits die Verfechter eines liberalen Kulturprotestantismus wie den Kirchenhistoriker Leopold Zscharnack, den sich anti-antisemitisch artikulierenden Alttestamentler Max Löhr (1929 abgelöst von Martin Noth) und den regelmäßig die Spalten der rechtsliberalen Königsberger Allgemeinen Zeitung mit Betrachtungen zur „Lebenshilfe" füllenden Praktischen Theologen Alfred Uckeley, andererseits die ab 1929 an Einfluß gewinnenden Protagonisten einer von jungkonservativen Sympathien nicht freien „Luther-Renaissance" wie Julius

---

[17] Zur Gründungsversammlung war der Berliner Osteuropahistoriker Otto Hoetzsch angereist, der einen „Rußlandvortrag" hielt; Bericht in der KAZ Nr. 79, 17.2.1926; Vortragsveranstaltungen sind in der Presse bis Sommer 1932 nachweisbar. – Der Slavist Reinhold Trautmann (1921-1926 AUK) und Martin Winkler sympathisierten zudem mit der prosowjetischen „Gesellschaft der Freunde des Neuen Rußland", die aber, da in der Presse nicht nachweisbar, wohl keine Ortsgruppe in Königsberg bildete und dort nicht zu Vortragsveranstaltungen einlud.

[18] Dazu Tilitzki, Professoren (wie Anm. 2).

Schniewind, Hans-Joachim Iwand, Fritz Blanke (1929 nach Zürich berufen) und der durch Karl Barth einst in Glaubensnöte gestürzte, durch Lu-
ther, ihm nahegebracht von Emanuel Hirsch und Karl Holl, aber „gerettete" Ernst Vogelsang.

Keines der beiden Lager, weder das „kulturprotestantische" noch das
„neulutherische", lieferte Beiträge zur Demontage der Republik oder zur
Depotenzierung ihrer Verfassungsideale. Was uns bei den, vereinfacht gesprochen, „Jungkonservativen" wie Schniewind und Iwand begegnet, ist ein
dezidierter Anti-Individualismus, wobei der Übergang von der evangelischen „Gemeinschaft der Gläubigen" zur „Volksgemeinschaft" wie zur
Stellungnahme gegen ihre Feinde, dem „atomisierenden" Kapitalismus wie
dem „kollektivistischen" Bolschewismus, fließend war, aber nicht über-
gangslos zum Nationalsozialismus führte. Diese von der „Volksnomostheo-
logie" nicht unbeeindruckte Wertschätzung der Gemeinschaft und des
Volkes setzte besonders bei Iwand einen kämpferischen Anti-Bolsche-
wismus frei, der seine kulturpolitischen Ziele aber an außenpolitischen
Perspektiven der Wilhelmstraße orientierte. Gerade in der Endphase der
Republik hatten Schniewind und Iwand ihre „verständigungspolitischen"
Pläne ansatzweise realisiert. Beide wollten in Königsberg, angebunden an
die Universität, ein internationales Bildungszentrum nach dem Muster an-
gelsächsischer Colleges schaffen. Es sollte junge Deutsche mit den Angehörigen anderer Nationen zur „Gemeinschaft" verbinden. Und in die Füh-
rungspositionen ihrer Heimatländern einrückend, könnten die ausländisch-
„zwischeneuropäischen" Absolventen dann im Sinne verbesserter bilatera-
ler Beziehungen wirken. Diese kulturpolitische Variante einer zwischen
Deutschland und seine osteuropäischen Nachbarn zu fördernden „Ent-
spannungspolitik" hatte zudem die Eindämmung bolschewistischer Desta-
bilisierungsversuche zwischen Dorpat und Bukarest zum Ziel. Solche Politik „überstaatlichen Charakters", wie Iwand das nannte, mußte nach dem
30. Januar 1933 bald in eine Sackgasse geraten, so daß die Versetzung ihrer
Verfechter geradezu automatisch erfolgte. Mit der Berufung des systematischen Theologen Hans Michael Müller (zum WS. 1934/35), einem Berater
von „Reichsbischof" Ludwig Müller, des nicht habilitierten praktischen
Theologen Erich Engelhardt, des an „arischer Geistesgeschichte" interes-
sierten Neutestamentler Carl Schneider und des Kirchenhistorikers Hans
Koch, der sich Mühe gab, Repräsentanten der emigrierten russisch-
orthodoxen Kirche in eine ökumenische Anti-Moskau-Front einzubinden,

kamen die der NSDAP zu dieser Zeit noch als Bündnispartner wertvollen „Deutschen Christen" und deren Sympathisanten von außen in eine Fakultät, die ab 1936 so ausgedünnt wurde, daß sie 1939 nur noch wie ein vergrößertes Seminar wirkte.

Die Medizinische Fakultät

Am Anfang der „modernen", im Zeichen der Expansion und der Spezialisierung stehenden Geschichte der Medizinischen Fakultät, dem letzten Drittel des 19. Jahrhunderts, stand eine ausgesprochen linksliberale Orientierung ihrer Ordinarien. Schon wegen des stets starken jüdischen Anteils unter den Mitgliedern des Lehrkörpers – bis 1914 waren die Lehrstuhlinhaber in den Fächern Physiologie (Ludimar Hermann), Pharmakologie (Max Jaffé/Alexander Ellinger) und Innere Medizin (Ludwig Lichtheim) jüdischer Herkunft[19] – hat sich dies bis in die Zeit des Ersten Weltkriegs hinein wenig geändert. Nach Kriegsausbruch 1914 gab es jedoch keinen Grund mehr, diese Fakultät als „jüdische Hochschule" zu diffamieren, da schlagartig der Zustrom ostjüdischer Studenten aufhörte, die bis dahin sechzig Prozent der Doktoranden gestellt hatten. Mit der Zusammensetzung der Studentenschaft änderte sich die politische Ausrichtung der Professoren. Die Berufung des Chirurgen Martin Kirschner (1916-1927), einem Schwiegersohn des alldeutschen Generallandschaftsdirektors Wolfgang Kapp, des deutschnationalen Internisten Max Matthes (1917-1930) und des DNVP-nahen Pathologen Curt Kaiserling (1913-1935) verschoben sich die Gewichte nach rechts, obwohl primär die starke völkische Ausrichtung der Medizin*studenten* in den ersten Jahren der Weimarer Republik der Fakultät den Ruf eintrugen, ein Hort deutschnationaler „Reaktion" zu sein.

---

[19] Diese Zusammensetzung der Fakultät geht zurück auf den „heimlichen Kultusminister" Preußens, den Ministerialdirektor Friedrich Althoff, der von 1882 bis 1907 die Weichen der Hochschulpolitik stellte. Von Widerständen in der Fakultät ließ er sich dabei offensichtlich nicht beeindrucken, wie ein Brandbrief des Anatomen Ludwig Stieda zeigt, der, da auch der Ophtalmologe Julius Jacobson jüdischer Herkunft war, dringend vor der Berufung Lichtheims warnte, da es nicht zweckmäßig sei, das „jüdische Element" in der Fakultät zu stärken: von 28 Dozenten seien neun Juden – „die getauften nicht mitgerechnet, denn die getauften Juden sind eben doch nur getaufte!" GStA, VI. HA, Nl. Althoff, B Nr. 181, Bd. II, Bl. 38-39; L. Stieda an Althoff vom 14.1.1888.

Stellt man hingegen auf die ermittelbaren Parteimitgliedschaften des Lehrkörpers ab, dominierte auch hier die rechtsliberale DVP, ohne daß ihr jedoch mit einer nennenswerten Zahl von DDP-Anhängern ein linkslibera-les Korrektiv erwachsen wäre. Trotzdem fand bis 1936 ein großes Revire-ment statt, allerdings – und dies gilt es im Unterschied zu den anderen Fakultäten festzuhalten – fast ausschließlich als Folge von Emeritierungen (vierzig Prozent der Ordinariate betreffend), die Nachwuchskräften zugute kamen, für deren Berufung neben leistungsbezogenen Kriterien in jedem Fall auch politisches Engagement ausschlaggebend war. Aktivisten natio-nalsozialistischer Umgestaltung wie den Rassenbiologen Lothar Loeffler und den nicht habilitierten Dozentenschaftsführer Bruno zu Jeddeloh re-krutierte die Fakultät jedoch nicht aus den eigenen Reihen.

Von den rassenideologisch induzierten Entlassungen der „ersten Welle" 1933/34 war diese Fakultät am stärksten betroffen, und zwar im „Mittel-bau" der nicht beamteten Professoren, der Privatdozenten und Assistenz-ärzte. An der Nervenklinik wurden Lucie Jessner[20] und Karl Friedländer[21] entlassen, an der Augenklinik Margarete Simkovits und Heinz Rubenstein,[22] an der Poliklinik Hans Landecker,[23] an der Kinderklinik Lucie Hoenig[24]

---

[20] L. Jessner, geb. Ney, 1896 in Frankfurt/M., seit 1930 verheiratet mit dem Intendanten des Königsberger Schauspielhauses Fritz Jessner (1925-1933). Vgl. International Biographical Dictionary of Central European Emigrés 1933-1945. Vol. II/1. Hrsg. von Herbert A. Strauss und Werner Röder. München usw. 1983, S. 569 f., dort die Angabe, sie sei von 1928 bis 1933 Assistentin an der Universitäts-Nervenklinik der AUK gewesen, nach der Promotion 1926 (die aber im Hochschulschriften-Verzeichnis fehlt; promoviert wurde eine Lucie Pollnow 1930, mit einer Veröffentlichung aus dem Jahre 1927). Ney, vermutlich geschiedene Pollnow, ver-heiratete Jessner emigrierte 1933 in die Schweiz, 1938 in die USA, dort seit 1963 Prof. für Psychiatrie an der Georgetown University Medical Center.
[21] K. Friedländer, Promotion AUK 21.12.1933.
[22] M. Simkovits, geb. Less, geb. 28.2.1903 Heiligenbeil, Jüdin, Abitur 1921 in Königsberg an der Hindenburg ORS, Studium der Medizin AUK, dort 1927 Staatsexamen, 1928 Approba-tion, 1930 Hilfsassistentin Innere Abteilung KHS der Jüdischen Gemeinde in Berlin, 1929 ophtalmologische Promotion bei Artur Birch-Hirschfeld, ab September 1930 Assistentin des Königsberger Augenarztes Leo Pollnow, 1931 plm. Assistentin an der Universitäts-Augenkli-nik, zum 31.7.1933 entlassen, ebenso wie der aplm. Assistent Heinz Rubenstein (Promotion Breslau Oktober 1932); vgl. BABL, R 4901/1885, Universitäts-Augenklinik (1916-1935), unpag.; Mitteilung über Entlassung von Assistenten vom 20.7.1933.
[23] BABL, R 4901/1884; Medizinische Poliklinik (1924–1935), unpag; Mitteilung vom 7.7.1933 zur Durchführung des BBG: Der aplm. Assistent Landecker sei gem. § 3 zum 31.7.1933 gekündigt worden. Landecker war 1931 an der AUK promoviert worden.
[24] L. Hoenig, Promotion AUK 1929.

und am Hygienischen Institut der Oberassistent Willy Hirsch[25]. Der SPD-Medizinalstadtrat Franz Janowski verlor seinen Lehrauftrag für soziale Fürsorge.[26] Die Lehrberechtigung wurden den älteren außerplanmäßigen Professoren Selly Askanazy (Innere Medizin), Ralph/Raphael Sokolowsky (HNO), Theodor Cohn (Urologie) und Rudolf Cohn (Pharmakologie) entzogen.[27] Als einziger Ordinarius war Walther Berg betroffen, Abteilungsvorstand des Anatomischen Instituts, der aber als Kriegsteilnehmer von der Ausnahmeregelung des Gesetzes zur Wiederherstellung des Berufsbeamtentums profitierte, ebenso wie Otto Klieneberger (Nervenklinik),[28] der am Städtischen Krankenhaus allerdings schon am 1. April 1933 beurlaubte und Ende 1933 nach § 6 entlassene Pädiater Curt Falkenheim, Leo Borchardt sowie Georg Lepehne (beide Innere Medizin), deren venia legendi Ende 1935 erlosch.[29]

Die personelle „Erneuerung" ging mit einer ideologisch induzierten „Ergänzung" des Fächerangebots und der Lehrinhalte einher. Es schlug die

---

[25] W. Hirsch, ophtalmologische Promotion AUK 20.2.1926.

[26] GStA, I. HA, Sek. 76Va, Sek. 11, Tit. IV, Nr. 20, Bd. XV, Bl. 44; Kurator Hoffmann an PrMWKV: Janowski sei als Stadtrat zum 1.7.1933 in den Ruhestand versetzt worden, damit werde auch „Neuordnung" seines Lehrauftrags erforderlich.

[27] R. Cohn, geb. 1862 in Schneidemühl, 1892 Habilitation AUK, lange zionistisch engagiert, wanderte nach Palästina aus. Th. Cohn, geb. 1867 Krisanowitz/O.S., Promotion AUK 1891, politisch unermüdlich aktiv für die in Ostpreußen lebenden „heimattreuen Oberschlesier", zugleich aber gem. BBG belastet mit der Mitgliedschaft in der linksliberalen Staatspartei (DDP-Nachfolgepartei) und im Reichsbanner, starb am 31.12.1934 in Königsberg, eine Todesanzeige erschien am 2.1.1935 im KT. Sokolowsky, geb. 1874 in Kowno, ao. Prof. AUK 1923, als „Volljude" und als Sympathisant des Reichsbanners entlassen, ist mit einer eigenen Arztpraxis noch Anfang 1938 nachzuweisen (in der im „Studenten der Ostmark" vom 15.2.1938, S. 245, publizierten Liste „Jüdische Ärzte" in Königsberg), ebenso wie Borchardt und Klieneberger. Askanazy, geb. 1866 in Stallupönen, Habilitation AUK 1897, 1902 getauft, nb. ao. Prof. 1921. Zur Biographie: Professor Aschkanazy 60 Jahre, in: KAZ Nr. 416, 6.9.1926.

[28] Klieneberger, geb. 1879 Frankfurt/M., Privatdozent AUK 1912, 1916 nb. ao. Prof. ebd., 1923 Lehrauftrag für Kriminalpsychopathologie, Oberarzt Psychiatrische Klinik, 1938 ohne Frau und Kinder nach Großbritannien emigriert, von da nach Bolivien, gest. 1954; vgl. zur Mediziner-Familie Klieneberger Die Juden der Frankfurter Universität. Hrsg. von Renate Heuer und Siegbert Wolf. Frankfurt/New York 1997, S. 218 f.

[29] Falkenheim, geb. 1893 im Seebad Cranz, Sohn Hugo Falkenheims, gehörte von 1920 bis 1932 der Kantloge des B'nai Brith an, war damit als „jüdischer Freimaurer" leicht zu stigmatisieren; er wanderte 1937 in die USA aus. Borchardt, verheiratet mit einer „Arierin", betrieb bis Ende 1938 eine Arztpraxis, zog nach von Königsberg nach Tirol, wo er bis 1945 unauffällig auf dem Land lebte. Lepehne, geb. 1887 in Ortelsburg, 1910 Promotion an der AUK, seit 1914 Militärarzt, 1921 Habilitation AUK; über sein Schicksal nach 1936 ist nichts bekannt.

Stunde der „Rassenhygieniker", die eine weitgehende Indienstnahme medizinisch-naturwissenschaftlicher Disziplinen im Sinne der sozial-, gesundheits- und bevölkerungspolitischen Umgestaltung des deutschen „Volkskörpers" anstrebten. Wie an allen anderen Medizinischen Fakultäten des Reiches, setzte auch an der Albertina ein planlos wirkender, hektischer Aktionismus ein, um jene mitunter recht eigenwillig interpretierten rassenpolitischen Ziele der NS-Regierung in Forschung und Ausbildung durchzusetzen, wie sie bereits im Juli 1933 mit dem Gesetz über die Verhütung erbkranken Nachwuchses kodifiziert wurden. Einer der wenigen „alten Kämpfer" in der Fakultät, der Kirschner-Schüler Hans Kurtzahn, als habilitierter Chirurg nicht gerade mit den biologisch-genetischen Grundlagen der „Rassenhygiene" vertraut,[30] bot sich Anfang April 1933 Bildungsminister Rust persönlich an, um dem eklatanten Mangel an „Schulung in Fragen von Volkstum und Rassenbiologie" endlich abzuhelfen und die „Hörer aller Fakultäten" im Sommersemester mit einer Vorlesung zu „Volk und Rasse" zu erfreuen.[31] Kurtzahn, nach eigener Einschätzung in der Fakultät wegen seines NS-Engagements weder vor noch nach 1933 (von da ab als Vertrauensmann der Partei wirkend) sonderlich beliebt, konnte jedoch das Ministerium von seiner Qualifikation nicht überzeugen und verlor endgültig den Rückhalt der Partei, als seine langjährige Mitgliedschaft in einer Freimaurerloge bekannt wurde.[32]

---

[30] H. Kurtzahn, geb. 1890 Königsberg, 1910 Abitur Oberrealschule auf der Burg. Promotion AUK 1917. August 1914 Kriegsfreiwilliger, EK I, als Abteilungsarzt im August 1918 verwundet, bis Ende April 1919 Arzt im Ostpreußischen Freiwilligenkorps, ab Mai 1919 Einwohnerwehr Königsberg, 1920-1929 Assistenzarzt Chirurgische Klinik. Spezielle Kenntnisse der Röntgendiagnostik, Radiumtherapie bei inoperablen malignen Tumoren. Habilitation AUK 1923, nb. ao. Prof. ebd. 1928 (BABL, R 4901/1878, Bl. 3-6 und GStA, I. HA, Rep. 76Va, Sek. 11, Tit. IV, Nr. 24, Bd. IV, Bl. 232-34). – Förderndes Mitglied der SS seit April 1931, NSDAP 1.12.1931, Aufbau des NS-Ärztebundes in Ostpreußen mit eigenen Mitteln finanziert, ab März 1932 Leiter des Gauamtes für Volksgesundheit in der ostpreußischen Gauleitung, Gauobmann des NS-Ärztebundes (BABL, R 21alt/ 10011, Bl. 5694 und DH, ZB 2, 2000, A. 14 = REM-PA Kurtzahn).
[31] GStA, I. HA, Rep. 76Va, Sek. 11, Tit. IV, Nr. 20, Bd. XV, Bl. 42; Kurtzahn an Rust vom 4.4.1933.
[32] Kurtzahn wurde all seiner Parteiposten im März 1934 entsetzt, da bekannt wurde, daß er von 1919 bis 1931 Freimaurer in der Königsberger Loge zu den drei Weltkugeln war. Kurtzahn versicherte, Gauleiter Koch habe dies schon bei Aufnahme in die Partei 1931 gewußt; in Konflikt mit der Loge sei er 1930 wegen seiner NS-Aktivitäten geraten (Erklärung vom 13.12.1935 in BABL, ZB 2, 2000, A. 14 = REM-PA Kurtzahn). – Das PrMWK erbat erst am 20.5.1933, am 2.5. nochmals gedrängt von der Kreisleitung des Königsberger NS-Studentenbundes, den Chirurgen mit der Vorlesung über „Volk und Rasse" zu beauftragen, eine Stel-

Christian Tilitzki

Besser fundiert war im Vergleich damit ein von Dekan Ziesemer in Abstimmung mit den Medizinern unternommener Vorstoß der Philosophischen Fakultät vom Juli 1933: Um der staats- und volkspolitischen Wünsche willen erheischten „Probleme der Rassenkunde gebieterisch nach vertiefter wissenschaftlicher Behandlung"; verschiedene Forschungszweige müßten sich daher zum Ziele „ganzheitlich erschöpfender Synthese" zusammenfinden – medizinisch-naturwissenschaftlich basierte Anthropologie, Eugenik und Rassenhygiene zählten ebenso dazu wie Geschichte, Sprachforschung, Heimatkunde, Vorgeschichte und Volkskunde; Impulse dafür hätten von einer an der Albertina neu einzurichtenden Professur für Rassenkunde auszugehen, für die man unico loco Hans F. K. Günther vorschlage.

Für die Königsberger Grenzlanduniversität müsse gefordert werden, Rassenkunde im kulturhistorischen und völkischen Sinne zu lehren. Günthers Name sei insoweit Programm. Es fehle aber ein „Institut für physische Anthropologie der menschlichen Erblehre, das die Unterstützung rassenkundlicher Forschung von der medizinisch-naturwissenschaftlichen Seite gewähre. Darum seien die einzelnen Ansätze, die es an der Albertina schon gebe (Heimatkunde, Rassenhygiene, Erbbiologie, Volkskunde, Vorgeschichte) noch nicht zum „zielbewußten Zusammenschluß" gelangt. „Mit wärmster Befürwortung" reichte Kurator Hoffmann diese Demarche ans Ministerium weiter.[33]

Da Rust und die neue Beamtenriege in der Hochschulabteilung seines Ministeriums aber gar nicht daran dachten, an der Albertina ein interdisziplinäres Zentrum für Rassenforschung zu gründen, stieß die Medizinische Fakultät auch mit dieser Initiative ins Leere, obwohl Dekan Bürgers auf die kräftigen Anstrengungen hinwies, die dazu geführt hätten, daß die Alber-

---

lungnahme der Fakultät zu Kurtzahns Vorlesungsangebot, so daß das Sommersemester verging, bevor die vermutlich negative Antwort in Berlin einging (GStA, I. HA, Rep. 76Va, Sek. 11, Tit. IV, Nr. 20, Bd. XV, Bl. 41, 43).
[33] GStA, I. HA, Rep. 76Va, Sek. 11, Tit. IV, Nr. 20, Bd. XV, Bl. 127-130; Ziesemer an PrMWKV vom 13.7.1933 – In seiner Denkschrift zur Umstrukturierung der Albertina vom 19.6.1933 (ebd. Nr. 21, Bd. XXXIV, Bl. 297-311) dokumentierte der Kurator, daß er den „Rassen-Günther" offenbar nur vom Hörensagen kannte: für das Ordinariat für Rassenkunde müsse man „Erich Günther" gewinnen! Tatsächlich hatte Günther sich nicht abgeneigt gezeigt, von Jena nach Königsberg zu wechseln, wie Ministerialdirektor Gerullis bereit am 21.6.1933 Ziesemer mitteilte. Am 11.7. wurden sogar Reisekosten für den zu Verhandlungen nach Berlin geeilten Günther angewiesen (ebd. Bl. 133, 146).

58

tina auf rassenkundlichem Gebiet schon lange hinter den Hochschulen in Litauen und Polen zurückgeblieben sei.[34]

Es dauerte ein ganzes Jahr, bevor die Philosophische Fakultät ihren Vorschlag wiederholte – nachdem die Bemühungen um Günther mit einem Fehlschlag endeten. Die Mediziner überließen das Antragsverfahren nunmehr ganz der Nachbarfakultät, wo man an „Synthetikern" festhielt, und den Breslauer Anthropologen Egon von Eickstedt, der die medizinische mit der vorgeschichtlich-biologischen „Betrachtungsweise" verbinde, sowie den jungen Hamburger Meister der „anthropologisch-heimatkundlichen Methode", Friedrich Keiter, auf die Vorschlagsliste setzte, die mit dem Eugen Fischer-Schüler Lothar Loeffler einen Nur-Mediziner mit „genetischer Durchbildung" abgeschlagen tertio loco nannte, da er keine Neigungen zu kulturgeschichtlich-geisteswissenschaftlicher Transformation der Erbbiologie zeige.[35] Trotzdem wurde Loeffler zum Wintersemester 1934/35 auf einen neuen Lehrstuhl für Rassenbiologie berufen, der bis 1936 in der Philosophischen Fakultät blieb.[36]

Die Mediziner hatten hingegen mit weiteren Anpassungsinitiativen zunächst Pech. Einen Lehrauftrag für „Heereshygiene" lehnte das Reichsministerium für Wissenschaft, Erziehung und Volksbildung ab, ebenso, vor Loefflers Eintreffen, das Angebot des Internisten Leo Borchardt, eine rassenhygienische Vorlesung zu übernehmen.[37] Ein Lehrauftrag für Luft-

---

[34] GStA, I. HA, Rep. 76Va, Sek. 11, Tit. IV, Nr. 20, Bd. XV, Bl. 131; Bürgers an PrMWKV vom 14.7.1933.

[35] Ebd., Nr. 21, Bd. XXXV, Bl. 45-49; PhilFak. an REM vom 30.7.1934, Liste Lehrstuhl für Rassenkunde. Keiter habe mit einer anthropologischen Bestandsaufnahme auf der Halbinsel Schwansen und an der Schlei (1931) Heimatforschung im besten Sinne geleistet und eine der besten rassenkundlichen Darstellungen vorgelegt, die es in Deutschland gäbe. Eine Studie über rußlanddeutsche Mennoniten, als „Kulaken" aus der UdSSR vertrieben und in norddeutschen Lagern auf ihre Auswanderung in die USA wartend, sei im Druck.

[36] Ebd., Bl. 57; Berufungsvereinbarung mit Loeffler zum 1.10.1934. Loefflers Lehrstuhl zählte auch nach der Gründung der Naturwissenschaftlichen Fakultät weiter zu deren Etat (L. wurde aus dem 1935 von Willy Zielstorff geräumten Ordinariat für Agrikulturchemie finanziert), während sein Rassenbiologisches Institut zur Medizinischen Fakultät gehörte.

[37] GStA, I. HA, Rep. 76Va, Sek. 11, Tit. IV, Nr. 20, Bd. XV, Bl. 141; Borchardt an Dekan der Medizinischen Fakultät vom 16.10.1934: Beschwerde über verweigerte Genehmigung, über Rassenhygiene zu lesen, „[Ich] bin begeisterter Anhänger des Gesetzes zur Verhütung erbkranken Nachwuchses und langjähriger Verfechter der Idee, Erbgesunde zu bevorzugen und Erbkranke von der Fortpflanzung auszuschließen und mich mit allen Kräften dafür einsetzen würde, diesem Gedanken des neuen Staates [bei] meinen Hörern zu besserem Verständnis zu

fahrtmedizin wurde wohl nur deshalb genehmigt, weil Görings Ministerium hinter dem Antrag stand.[38] Unterstützt vom ostpreußischen NS-Ärztebund, der das „Volksgut" vor dem „Krüppeltum" bewahrt wissen wollte, erhielt man erst 1935 den im Sommer 1933 beantragten neuen Lehrstuhl für Orthopädie.[39]

Verglichen mit anderen Medizinischen Fakultäten fiel diese an der Albertina in den ersten beiden Jahren seit dem 30. Januar 1933 erreichte Ausrichtung an Vorgaben nationalsozialistischer „Biopolitik" also wesentlich moderater aus als in Berlin, Leipzig, München oder Jena, wo sich die Rassenhygiene im Lehrbetrieb ihrer wichtigsten Referenzfächer wie Anthropologie, Psychiatrie und Genetik seit etwa 1920 etablierte.[40] An der Albertina hingegen lassen sich vor 1933 nur einige wenige Dissertationen von angehenden Gynäkologen, Hygienikern und Psychiatern mit einschlägigen ras-

---

verhelfen". Unterzeichnet: „Mit deutschem Gruß". Der Dozentenschaftsführer zu Jeddeloh hatte am 12.9. Einspruch erhoben, der Rektor folgte ihm, der Kurator notierte, politische Bedenken könnten eigentlich nicht erhoben werden, außer daß B. „Nicht-Arier" sei (ebd., Bl. 143-144) – das war natürlich der Ablehnungsgrund! Eine Parallele ergibt sich aus der Geschichte der Implementierung des Faches an der Hamburger Universität: Dort trat der Anatom Heinrich Poll in den 1920er Jahren für rassenhygienische Ideen ein, wurde aber 1933 wegen „‚nichtarischer' Abstammung" in den Ruhestand versetzt. Sein Mitstreiter, Wilhelm Weygandt, Ordinarius für Psychiatrie, dachte bereits um 1900 über die gesellschaftspolitische Nutzanwendung der Eugenik nach, beklagte zu Weimarer Zeiten den gesetzgeberisch-eugenischen Rückstand Deutschlands im Vergleich zu den USA und wollte 1933 mit einem erweiterten Indikationskatalog noch über die im Gesetz zur Verhütung erbkranken Nachwuchses normierten Sterilisationstatbestände hinausgehen – als ehemaliges Mitglied der DDP wurde er jedoch ein Opfer des Gesetzes zur Wiederherstellung des Berufsbeamtentums! Dazu van den Bussche, Hendrik u.a.: Die Medizinische Fakultät und das Universitätskrankenhaus Eppendorf. In: Hochschulalltag im „Dritten Reich". Die Hamburger Universität 1933-1945. Hrsg. von Eckart Krause u.a. Berlin/Hamburg 1991, Bd. III, S. 1259-1384, hier zit. S. 1304-1306, 1316-1322.

[38] GStA, I. HA, Rep. 76Va, Sek. 11, Tit. IV, Nr. 20, Bd. XV, Bl. 134-135; RMin. f. Luftfahrt an REM vom 20.9.1934, genehmigt für WS. 1934/35.

[39] GStA, I. HA, Rep. 76Va, Sek. 11, Tit. IV, Nr. 20, Bd. XV, Bl. 71-77 Deutsche Orthopädische Gesellschaft (Gocht) vom 18.4.1934 an PrMWKV betr. Errichtung orthopädischer Lehrstühle und Rep. 76/889, Bl. 10, 49; berufen wurde zum 1.4.1935 Lothar Kreuz.

[40] Eingangs eigener frühere Forschungen zusammenfassend: Schmuhl, Hans-Walter: Grenzüberschreitungen. Das Kaiser-Wilhelm-Institut für Anthropologie, menschliche Erblehre und Eugenik 1927-1945. Göttingen 2005, S. 24-31. Zu Jena: Zimmermann, Susanne: Die medizinische Fakultät der Universität Jena während der Zeit des Nationalsozialismus (Habilitationsschrift 1993), Kurzfassung in: „Kämpferische Wissenschaft". Studien zur Universität Jena im Nationalsozialismus. Hrsg. von Uwe Hoßfeld u.a. Köln usw. 2003, S. 401-436.

senhygienischer Thematik nachweisen.[41] Auch drängte es den Gerichtsmediziner Martin Nippe, an seinem Institut psychopathologische Fehlentwicklungen in der Gesellschaft, die sich in der „Überhandnahme des Verbrechertums" zeigten, frühzeitig zu erkennen, um zunächst die „rationelle Verbrechensbekämpfung" der Polizei zu erleichtern, langfristig aber vielleicht auch andere Präventionswege zu beschreiten.[42] Den nach 1925 lauter werdenden Forderungen nach einem Lehrstuhl für Rassenhygiene gab die Berliner Wissenschaftsverwaltung indes nicht nach.

Die Philosophische Fakultät

Die Philosophische Fakultät der Albertina hat in den letzten Jahren wohl die größte wissenschaftshistorische Aufmerksamkeit auf sich gezogen. Hier, so wird argumentiert, habe sich Anfang der dreißiger Jahre unter der Ägide des Historikers Hans Rothfels eine Schülergruppe gebildet, nach und nach verstärkt durch Geographen, Agrarwissenschaftler, Nationalökonomen und Soziologen, die, eingebunden in den auf Revision des Versailler Vertrages gerichteten „Grenzkampf" in den Ostprovinzen und in enger Kooperation mit Kollegen in Berlin und Breslau ein ethnisch zentriertes, auf das „Volk" konzentriertes Forschungsparadigma ausbildete, das seine praktische Anwendung schließlich in jener bevölkerungspolitischen „Neuordnung des Ostraums" gefunden habe, die ab 1939 von Planern und Exekutoren des Reichssicherheitshauptamtes in Angriff genommen wurde.[43]

---

[41] Unter den gut tausend medizinischen Dissertationen, die das Hochschulschriftenverzeichnis für die Königsberger Fakultät zwischen 1919 und 1933 ausweist, lassen sich zehn diesem Themenfeld zuordnen, darunter die wichtigsten: Stengel, Walter: Die künstliche Sterilisierung der Frau, vom psychiatrischen Standpunkt. 1921; Malbin, Israel: Historische Betrachtungen zur Frage der Vernichtung lebensunwerten Lebens. 1922; Alterthum, Erich, Eugenik und Schwangerschaft. 1925; Kohls, Erna: Über die Sterilisation zur Verhütung geistig minderwertiger Nachkommen. 1926; Bessin, Alfred: Ein Beitrag zur Vererbungslehre. 1927; Hirschfeld, Alfred: Die Bedeutung der Eugenik vom psychiatrisch-neurologischen Standpunkt für Eheschließung und Schwangerschaft. 1927; Svenson, Oskar: Zur Frage der erblichen Belastung bei chronischen Alkoholisten. 1928; Janz, Hans-Werner: Psychobiologische Untersuchungen an Ehefrauen chronischer Alkoholiker. 1932.
[42] BABL, R 4901/1890, Bl. 164-166; Nippe an PrMWKV vom 25.5.1927.
[43] Dazu meine Sammelrezension Vordenker der Vernichtung? Neue Beiträge zur Kontroverse über „Ostforschung" und Politik im Dritten Reich. In: JGMOD 47 (2001), S. 301-318. Bezogen auf den im Mittelpunkt dieser Debatte stehenden Historiker Hans Rothfels vgl. jetzt die

Bevor wir auf dieses Konstrukt kurz eingehen, wollen wir uns diese Fakultät und die dort vorherrschenden weltanschaulich-politischen Dispositionen vergegenwärtigen. Soweit die Mitgliedschaft in einer Partei dafür einen ersten, wichtigen Anhaltspunkt liefert, ist feszuustellen, daß 1932 lediglich ein Ordinarius, der Geograph Arved Schultz, der NSDAP angehörte. Außer einigen Deutschnationalen wie Friedrich Baethgen (Mediävistik), Wilhelm Stolze (Mittlere und Neuere Geschichte), Eilhard Alfred Mitscherlich (Agrarwissenschaft), Erich Przybyllok (Astronomie) und Walther Ziesemer (Deutsche Philologie),[44] läßt sich wie bei den Juristen eine relativ starke liberale Fraktion (die Philosophen/Pädagogen Albert Goedeckemeyer, Hans Heyse, Otto Schultze, der Kunsthistoriker Wilhelm Worringer, der Klassische Archäologe Guido von Kaschnitz-Weinberg, der Anglist Theodor Spira, der Indologe Helmuth von Glasenapp) und, für das protestantische Königsberg durchaus beachtlich, eine katholisch-zentrumsverbundene Gruppe (die Germanisten Gottfried Weber und Paul Hankamer, der Orientalist Joseph Schacht) ausmachen. Unter den jüngeren Dozenten neigten, wie Rothfels, mehrere einem „Jungkonservatismus" zu, der sich parteipolitisch noch am ehesten der von der Hugenberg-DNVP abgespaltenen, in schroffer Abwehrstellung zur NSDAP befindlichen, 1932 freilich schon marginalisierten „Volkskonservativen Vereinigung" von Westarp und Treviranus zuordnen läßt.

Obwohl die Fakultät demnach politisch heterogener zusammengesetzt war als ihre Nachbarinnen, sind die personalpolitischen Konsequenzen der Umwälzung doch beachtlich. Neben den Opfern der Rassengesetzgebung, den bis 1935 entlassenen Ordinarien Rothfels, Richard Gans, Walter Kaufmann (beide Physik), Gabriel Szegö (Mathematik), Friedrich A. Paneth (Chemie), Walter Wreszinski (Ägyptologie) und Paul Maas (Klassische Philologie), dem Assistenten Richard Brauer (Mathematik) sowie dem Ho-

---

Beiträge in dem Sammelband Hans Rothfels und die deutsche Zeitgeschichte. Hrsg. von Johannes Hürter und Hans Woller. München 2005, dort besonders Neugebauer, Wolfgang: Hans Rothfels und Ostmitteleuropa, S. 39-62.

[44] Neben den Genannten unterschrieben den deutschnational inspirierten Aufruf der „Hochschullehrer für eine überparteiliche Staatsführung" zur Wahl Franz von Papens am 6.11.1932 noch die Geologen Karl Andrée und Otto Pratje, die Chemiker Fritz Eisenlohr und Hans-Adolf Sonn, der Romanist Arthur Franz, der Physiker Richard Gans, der Pädagoge Otto Schultze, die Agrarwissenschaftler Wilhelm Grimmer, Johannes Rothe und Willy Zielstorff, der Zoologe Otto Koehler, die Historiker Rothfels und Oscar Leuze sowie der Gräzist Paul Maas (KAZ vom 29.10.1932), von denen niemand der DNVP angehörte.

norarprofessor Felix Perles (Neuhebräisch und Aramäisch)[45] sind die politisch mißliebigen Ordinarien Kurt Reidemeister (Mathematik), Hankamer, Spira, Schacht, Weber, Schultze, Rost und Goedeckemeyer sowie eine Anzahl Nicht-Ordinarien wie der Osteuropahistoriker Martin Winkler, der Neuhistoriker Rudolf Craemer, der Chemiker Theo Lieser oder der Neugermanist Erich Jenisch nach und nach versetzt oder entlassen worden oder mußten sich im Unterrichtsbetrieb und den Fakultätsgeschäften eine kalte Ausschaltung gefallen lassen.[46] 1940 waren, aufgeteilt nun auf die

---

[45] Perles, geb. 1874, starb am 15. Oktober 1933 in Königsberg, vgl. Perles, Hedwig: Verzeichnis der von Felix Perles veröffentlichten Schriften. In: Monatsschrift für Geschichte und Wissenschaft des Judentums N. F. 45 (1937), S. 369-389, Wreszinski (geb. 1880) am 9. April 1935 ebd. (vgl. Todesanzeige W. W., „Universitätsprofessor i. R." In: KAZ Nr. 168/69, 10.4.1935). Der nach § 3 BBG entlassene Physiker Gans (geb. 1880), „arisch verheiratet", ging 1936 nach Argentinien, wo er schon von 1912 bis 1925 Professor in Buenos Aires gewesen war. Sein Kollege Kaufmann (1871-1947) emigrierte nicht und überlebte in Freiburg die NS-Herrschaft, sein Sohn hingegen, so berichtete er Kurator Hoffmann, sei 1941 in Litauen von der SS erschlagen worden, ein anderer sei in Theresienstadt 1942 verhungert (GStA, XX. HA, Rep. 99c/49; Schreiben vom 8.1.1947). Szegö war 1934 zu Gastvorlesungen in die USA beurlaubt worden und teilte dem Kurator im März 1935 mit, dort bleiben zu wollen (GStA, Rep. 76/891, Bl. 7). Paneth (1887-1958) emigrierte 1933, Maas (1880-1964) und Rothfels folgten ihm 1939 nach Großbritannien, Brauer (1901-1977) ging 1933 in die USA.

[46] Der als Sozialist verdächtigte Reidemeister wurde 1934 nach Marburg versetzt. Der als stark christlich gebunden geltende Spira (Quäker) konnte bis 1940 verheimlichen, „halbjüdischer" Abstammung zu sein, wurde nach der Entdeckung aber sofort entlassen. Schacht hielt sich seit 1934 häufig fern von Königsberg zu Studien im Orient auf und lief in Kairo wahrscheinlich schon lange vor Kriegsausbruch zu den Briten über. Hankamer brachte Anfang 1935 eine Studentenkampagne zu Fall (s. u.). Der gleichfalls katholische Weber (1897-1981) wurde eher widerwillig geduldet, bis er 1937 einer Lehrstuhlvertretung nach Köln folgte. Der Slavist Paul Rost (1869-1938) reichte „wunschgemäß" seinen vorzeitigen Emeritierungsantrag zum 30.9.1933 ein (wie der Mineraloge Schloßmacher Gerullis sichtlich zufrieden meldete; GStA, I. HA, Rep. 76Va, Sek. 11, Tit. IV, Nr. 21, Bd. XXXIV, Bl. 143, Schreiben vom 24.6.1933). Als „erwünscht" hatte auch Kurator Hoffmann gegenüber Gerullis eine „Beurlaubung oder Emeritierung" des für die Neuanfang in der Ostforschung „vollkommen ungeeignet[en]" Rost bezeichnet (ebd., Bl. 297-311; Denkschrift vom 19.6.1933). Der für liberal gehaltene Pädagoge Schultze (1872-1950) mußte 1934 einer Versetzung nach Halle folgen, kam 1935 zurück und ließ sich pensionieren. Der linksliberale Goedeckemeyer (1873-1945) wurde nur geduldet, weil im Philosophischen Seminar der Nationalsozialist Heyse die „Führung" übernommen und den älteren, 1938 emeritierten Ordinarius neutralisiert habe (Kurator Hoffmann, Denkschrift, s.o.). Winkler (1893-1982), nicht zu Unrecht und nicht nur vom neuen Dekan Bolko von Richthofen des „Probolschewismus" gezogen, Ende 1934 als Leiter des Rußlandinstituts entlassen, folgte 1935 einem Ruf nach Wien. – Lieser, geb. 1900, 1930 für organische Chemie habilitiert, wurden propolnische und pazifistische Äußerungen vorgeworfen, trotzdem wehrte der Kurator ab: § 4 BBG sei deswegen auf ihn nicht anwendbar. Lieser erhielt 1934 auch noch einen Lehrauftrag für Chemie der Kohlehydrate, gab dann aber zum WS 1934/35 dem anhaltenden Druck aus Studenten- und Kollegenkreis nach (GStA, I. HA, Rep. 76Va, Sek. 11, Tit. IV, Nr.

Philosophische und 1936 aus dieser ausgegliederte Naturwissenschaftliche Fakultät, nur noch die Hälfte der vor 1933 berufenen Ordinarien in ihrem Amt: zwölf ihrer Kollegen waren aus politischen/rassischen Gründen entlassen worden, drei (Heyse, Kaschnitz-Weinberg und Weber) wurden mehr weggedrängt als wegberufen, fünf schieden altersbedingt oder durch Tod aus.

Der Anpassungsprozeß der Forschungs- und Lehrinhalte, der sich in der ungeteilten Fakultät markanter in den geistes- als in den naturwissenschaftlichen Disziplinen vollzog, bietet selbst aus der Distanz von siebzig Jahren ein konfuses Bild. Das rührt vor allem aus der wissenschaftspolitischen Konzeptionslosigkeit der NS-Kultusbürokratie, die in den extrem ideologiehaltigen historisch-philologischen Fächern eine exakte weltanschauliche Grenzziehung nicht gestattete. Daraus resultierte eine weitgehende, oft auf Unkenntnis, Mißverstehen oder Gleichgültigkeit beruhende Toleranz gegenüber Weltanschauungen, die viele Berührungsflächen mit der nationalsozialistischen aufwiesen, hinter denen aber prinzipielle Differenzen nur temporär verborgen blieben. So verwundert es nicht, wenn nicht nur für die Zeitgenossen auf den ersten Blick die Grenzen verschwimmen zwischen Adolf Hitlers „Bewegung", dem zahlreiche Gruppierungen umfassenden Lager der „Konservativen Revolution", den Deutschnationalen und auch dem Rechtsliberalismus. Auf einem für die Freund-Feind-Unterscheidung so bedeutsamen Turnierplatz wie „Versailles und seine ostpolitischen Folgen" ist eine Partei an der Albertina und im weiteren akademischen Milieu Königsbergs zwischen 1932 und 1934 ideologisch *nicht* tonangebend - die NSDAP. Nicht nur das Organ der Studentenschaft, der „Student der Ostmark", den Mitglieder desNationalsozialistischen Deutschen Studentenbundes redaktionell stark beeinflußten, wurde von der Ostideologie Arthur Moeller van den Brucks infiltriert. Vermittelt, variiert und modifiziert von Moellers Nachlaßverwalter, dem Publizisten und Dichter

---

25, Bd. VIII, Bl. 94-135). – Jenisch (1893-1966), 1934 – 1938 aplm. Assistent am Deutschen Seminar, 1934–WS 1938/39 beauftragter Dozent an der HHK, 1939 aus politischen Gründen entlassen. Craemer (1903-1941), 1932 von Rothfels habilitiert, im „Jungnationalen Bund" aktiv, war, da er seinem Lehrer auch 1933 die Treue hielt, trotzdem weniger ein Opfer der „Anti-Rothfels-Fronde" der Königsberger und Danziger NSDAP als Opfer seiner „reaktionären" Ansichten respektive der Verbindungen zu Adel, Kirche und Militär; 1937 verließ er auf mehr oder weniger sanften Druck die Hochschullaufbahn. Vgl. Roth, Karl-Heinz: Intelligenz und Sozialpolitik im „Dritten Reich". Eine historisch-methodische Studie am Beispiel des Arbeitswissenschaftlichen Instituts der Deutschen Arbeitsfront. München usw. 1993, S. 153-160.

Hans Schwarz, dessen Zeitschrift „Der Nahe Osten" als weltanschaulicher Ideengeber für akademische Kreise seit Ende der 1920er Jahre kaum zu überschätzen ist, ist ein preußisch akzentuierter, mitunter agrarromantisch ausufernder Sozialismus bestimmend, eine anti-westliche Negation parlamentarischer Demokratie und des Nationalstaates, die Favorisierung einer die Versailler Unordnung überwindenden „föderalistischen" deutschen Außenpolitik für Zwischeneuropa und eine Zurückweisung jeder ethnischen, auf das vermeintlich objektive Kriterium der Rasse fixierten Definition des Volksbegriffs.[47] Diese Ideologie des „Nahen Ostens", die eindeutig nicht „völkisch" im rassenideologischen, für mächtige Fraktionen in der NSDAP maßgebenden Sinne war, machte, aktualisierend formuliert, die Königsberger „Leitkultur" bis 1934 aus. Nicht von ungefähr finden wir Funktionsträger und Publizisten, die mit identischen Inhalten in verschiedenen Organisationen, in der NSDAP wie im Bund Deutscher Osten oder im Verein für das Deutschtum im Ausland aktiv waren, die vor der konservativen Königlich Deutschen Gesellschaft wie vor dem Nationalsozialistischen Deutschen Studentenbund ihre Vorträge hielten, und die in weltanschaulich erheblich differierenden Organen, vom „Nahen Osten", diversen „jungnationalen" Periodika bis zum NS-Parteiblatt „Preußische Zeitung", präsent waren.

Kaum jemand verkörpert diese Doppelidentität als Nationalsozialist und preußischer Sozialist besser als Otto Weber-Krohse, der Schriftleiter der „Preußischen Zeitung" und zugleich fleißiger Beiträger in Schwarz' „Nahem Osten" war und, als 1936 kaltgestellter Funktionär, die Dozentur an der Albertina anstrebte.[48] Dabei steht außer Frage, daß die ostpreußische NSDAP in dieser Symbiose der nehmende Teil war – was nichts schlagender beweist als die Tatsache, daß Gauleiter Erich Koch 1933/34 nicht *eine* programmatische Rede hielt, die nicht aus Weber-Krohses Feder stammte, ebenso wie seine Sammlung von Reden und Aufsätzen, die 1934 unter dem

[47] Grunewald, Michel: Die jungkonservative Zeitschrift ‚Der Nahe Osten' und ihr Kampf für „Reichseuropa" (1928-1936). In: Le discours européen dans les revues allemandes (1933-1939)/Der Europadiskurs in den deutschen Zeitschriften (1933-1939). Hrsg. von dems. und Hans Manfred Bock. Frankfurt/M. 1999, S. 265-309.

[48] Weber-Krohse promovierte 1937 bei Baethgen und Rothfels' Nachfolger Kleo Pleyer mit einer Arbeit über Bismarcks Botschafter in St. Petersburg, Hans Lothar von Schweinitz, und er schrieb bis 1939, betreut von Kurt von Raumer, an einer Habilitation über August Dönhoff und seine Zeit (1797-1874). Vgl. Tilitzki, Christian: Das „Alte Preußen" gegen die Moderne: Otto Weber-Krohse und Marion Gräfin Dönhoff. In: JGMOD 49 (2003), S. 301-323.

Titel „Aufbau im Osten" erschien und in der kaum ein Schlagwort aus dem Arsenal von Moeller und Schwarz fehlte, das diesem Ghostwriter nicht zuzuordnen ist. Ähnlich wie Weber-Krohse wandelten die Funktionäre des NS-Studentenbundes wie Siegfried Drescher, Siegfried Wolff und Herbert Weber in ihrer für ein breites Publikum gedachten Propaganda wie in ihrer internen Schulungsarbeit auf den Spuren Moellers, der im „Studenten der Ostmark" mit den von Schwarz edierten und redigierten Nachlaß-Veröffentlichungen öfter an prominenter Stelle zu Wort kam. Schwarz war im Sommer 1932 der Festredner auf dem 15. Deutschen Studententag. Er sollte am 24. Februar 1933 auch anstelle Spenglers eine Vortragsreihe über „Preußens Aufgabe im Osten" abschließen. Und es kann ebensowenig erstaunen, wenn bald darauf eine sich zaghaft kristallisierende NS-Gruppe in der Fakultät, gebildet um den Geographen Arved Schultz, den Geologen Karl Beurlen, den Mineralogen Karl Schloßmacher und den Philosophen Heyse, der bis 1932 noch dem „Dritten Humanismus" Werner Jaegers anhing, den keiner slawischen Sprache mächtigen, nicht promovierten Publizisten Schwarz allen Ernstes als Kandidaten für einen neu einzurichtenden „osthistorischen" Lehrstuhl vorschlug, für den die Fakultätsmehrheit unter Führung Baethgens allein den seit langem in der deutsch-polnischen Wissenschaftskonkurrenz bewährten jungen Privatdozenten Erich Maschke ins Auge gefaßt hatte.

Ob der Kreis um Heyse auch die Idee ausbrütete, einen Parteigänger des „Nationalbolschewisten" Ernst Niekisch, Friedrich Merkenschlager, den Leiter des Botanischen Labors der Biologischen Reichsanstalt, 1934 als Nachfolger des Botanikers Carl Mez ins Spiel zu bringen, geht aus den Akten nicht hervor. Dokumentiert ist hingegen die Alarmstimmung im Hause des sich für die NS-Hochschulrevolution zuständig fühlenden Führerstellvertreters Rudolf Heß, der das Rust-Ministerium davor warnte, diesen Mann, der ein „scharfer und aggressiver Gegner des nationalsozialistischen Rassestandpunkts" sei, ein „Schädling" erster Ordnung, nach Königsberg zu berufen.[49] Die seit 1935 publizistisch im Auftrag von Rosen-

---

[49] GStA, I. HA, Rep. 76Va, Sek. 11, Tit. IV, Nr. 21, Bd. XXXV, Bl. 4; Stellvertreter des Führers an REM (Vahlen) vom 29.6.1934. Aufschlußreich für die ideologische Aufladung agrarwissenschaftlicher Forschung ist Merkenschlagers Denkschrift: Agrikulturbotanik im deutschen Osten (1931). In: BABL, R 3602/301. Programmatisch ist die zusammen mit dem Anthropologen Karl Saller verfaßte Schrift: Vineta. Eine deutsche Biologie von Osten her geschrieben, 1935 im Breslauer Stammverlag (W. G. Korn) des Moeller-Schwarz-Kreises publiziert.

berg, Darré und Himmler attackierte und als ebenso pro-bolschewistisch verfemte wie mit der NS-Rassenlehre für unvereinbar erklärte „Ostideologie" schien 1933/34 offenbar Richtlinien einer als genuin nationalsozialistisch aufgefaßten hochschulpolitischen Umwälzung zu geben.

Als langfristig ebenso irrig sollte sich die Annahme erweisen, gerade an der Albertina werde Rust die Front gegen Polens „Westforschung" verstärken, mit neuen Kräften und üppigeren Etats, um die Abwehr wissenschaftlich drapierter polnischer Rechtfertigungen der in Versailles auf Kosten der preußischen Ostprovinzen diktierten Grenzen des Warschauer Staates zu optimieren. Tatsächlich erhielt die Fakultät nun zwar den Lehrstuhl für Vorgeschichte, den ihr die Weimarer Kultusminister Becker und Grimme versagt hatten.[50] Doch schon die immer wieder erneuerte Forderung, nach dem Ausscheiden Rosts ein slawistisches Ordinariat zu errichten, stieß bei Rust auf taube Ohren. Da half auch nicht die Standardwarnung, man bedürfe dieses Lehrstuhls, um endlich, in Kooperation mit Ziesemers Institut für Heimatkunde, effektiv in den „Grenzkampf in Masuren" einzugreifen, wo polnische Wissenschaftler 1933 mit Volkskundestudien und Dialektaufnahmen beschäftigt seien, und um den „völkischen Kampf" in Pommerellen und Westpreußen zu stärken, wo die „Geländearbeit" des Baltischen Instituts in Thorn jene vermeintlichen Tatsachen erhebe, mit denen die polnische Kulturpropaganda die „Weltmeinung" beeinflusse.[51]

Um die eigene Position in dieser Wissenschaftskonkurrenz zu verbessern, beantragte Ziesemer ein polnisches Lektorat in der Fakultät, wollte hingegen das der Pastorenausbildung dienende polnische wie das litauische

---

[50] GStA, I. HA, Rep. 76Va, Sek. 11, Tit. IV, Nr. 21, Bd. XXXIV, Bl. 201-208; Vorschlagsliste für den vorgeschichtlichen Lehrstuhl vom 8.8.1933. Dekan Ziesemer begrüßte die Neubesetzung mit Freude und Dankbarkeit angesichts polnischer Anstrengungen, die zur Bekämpfung des Deutschtums benutzt werden. Es sei eine besondere Aufgabe nationalpolitische Art in Ostpreußen, den Nachwuchs zu tief begründetem Volksbewußtsein zu erziehen. An diesem Lehrstuhl müßten die wissenschaftlichen Waffen zum Kampf gegen eine tendenziöse feindliche Propaganda geschmiedet werden. Vom Bewerber müsse daher Vertrautheit mit der Vorgeschichte Polens und der „Ostländer" verlangt werden. Die Kampfstellung des Lehrstuhls erfordere, daß er gegnerische Angriffe abweise, bei der studentischen Jugend und in der Bevölkerung Verständnis für die nationale und kulturpolitische Bedeutung der Vorgeschichte wecke. In dieser Hinsicht habe sich der neben Ernst Wahle an erster Stelle gewünschte vom Richthofen ausgezeichnet, der polnisch spreche und politisch gefärbten polnischen Vorgeschichtsthesen schon energisch entgegengetreten sei.
[51] GStA, I. HA, Rep. 76Va, Sek. 11, Tit. IV, Nr. 21, Bd. XXXV, Bl. 26-30; Dekan vom Richthofen an PrMWKV vom 18.12.1933.

Lektorat in der Theologischen Fakultät streichen lassen, weil diese „Stolpersteine bei der Eindeutschung Masurens" und Teilen des Memellandes seien.[52] Das Reichsministerium gewährte aber bis 1935 weder das planmäßige polnische Lektorat noch das von Ziesemer ebenfalls beantragte zweite Lektorat für Russisch.[53] Mit dem russischen Lektorat sollte der Ausfall Eugen Haeuslers wettgemacht werden, da die Teilnehmerzahl im Kurs „Russisch für Anfänger" von vierundzwanzig im Wintersemester 1932/33 auf für eine Ostuniversität blamable zwei Studenten im Sommersemester 1934 gesunken war.[54]

Dieser Hörerschwund bei den Slawisten nach 1933 war durchaus symptomatisch. Die Verweigerung des planmäßigen polnischen Lektorats, das lange Gezerre um das zweite russische wie um das litauische Lektorat, die Mißachtung des wieder und wieder erneuerten Antrags, ein slavistisches Ordinariat und dazu wenigstens ein Extraordinariat für osteuropäische Geschichte einzurichten,[55] die bald stornierte Offerte eines Lehrstuhls für

---

[52] BABL, R 4901/1883, Bl. 3 f., 65 f.; Dekan Ziesemer an PrMWKV vom 3.8.1933 und 23.11.1933. Dagegen Dekan Schniewind am 9.12.1933: Bei allem Verständnis für das Ziel der raschen Eindeutschung Masurens sei doch eine schnelle Veränderung der kirchlichen Einrichtungen nicht möglich; nur die pflegliche Behandlung religiösen Empfindens der Bevölkerung, ihres Bedürfnisses nach Gottesdiensten in masurischer (polnischer) Sprache werde das „langsame Aussterben des Masurischen" bewirken (Bl. 67). Gerullis hielt dagegen, das Verschwinden der litauischen Sprache südlich der Memel dürfe nicht mit kirchlicher Hilfe hinausgezögert werden (Bl. 68; 21.1.1934), ebenso Ziesemer (Bl. 70, 1934) gegen das „künstliche Aufhalten des Dialektschwundes".

[53] Ebd., Bl. 3. f., 9, 55, 72; genehmigt wurde nur ein aplm. Lektorat; nach dem Versagen von Dr. Walter Müller, 1891 geb. in Dorpat, Lehrer in Königsberg, übernahm die 1911 in Thorn geborene, 1920 mit ihrer Familie ausgewiesene Helene Quillus den Posten, den sie sich mit Heinz Schulz, geb. 1913 in Łódź, teilte. Martin Winkler lobte beide für gute Dienste in der politischen Schulung, was sie für den kulturpropagandistischen Einsatz in Polen qualifiziere (ebd., Bl. 169; Schreiben vom 16.7.1934).

[54] GStA, I. HA, Rep. 76Va, Sek. 11, Tit. IV, Nr. 21, Bd. XXXV, Bl. 21; Kurator an PrMWKV vom 17.8.1934.

[55] GStA, I. HA, Rep. 76Va, Sek. 11, Tit. IV, Nr. 21, Bd. XXXV, Bl. 26-30; Vorschlagsliste Ordinariat Slavistik vom 18.12.1933 (primo et unico loco: Gerhard Gesemann/Prag, der im SS 1933 zu Gastvorlesungen an der AUK war). – Die Besetzung des litauischen Lektorats verzögerte Gerullis, weil auf dem Höhepunkt des deutsch-litauischer Konflikts (Stichwort: „Kowno-Urteil") verhindern wollte, daß ein „Nationallitauer" die Stelle erhielt. Zum WS 1935/36 übernahm Viktor Falkenhahn das Lektorat, der sich in seinem Bewerbungsschreiben rühmte, Neuhebräisch und Jiddisch bei Ostjuden in Litauen gelernt zu haben (zu denen er Kontakt hielt und mit denen er freundschaftlich verbunden war – was er natürlich verschwieg!); BABL, R 4901, 1883, Bl. 250; Falkenhan, Vita vom 29.8.1935. – Das Extraordinariat für die Geschichte Osteuropas wurde erst 1941 gewährt und mit dem kriegsbedingt

ostdeutsche Geschichte, die den Weggang des Polenkenners Erich Maschke nach Jena auslöste, das Unvermögen, einen Nachfolger für Rothfels zu finden, der in der Lage gewesen wäre, seinen durch einen hochqualifizierten Schülerkreis bearbeiteten, um die Nationalitäts- und Minderheitenfragen Ostmitteleuropas kreisenden Forschungsschwerpunkt zu übernehmen – das war keine zufälligen Ungeschicklichkeiten der neuen Administration zuzuschreibende Kette hochschulpolitischer Fehlentscheidungen, das hatte System spätestens seit Januar 1934, als der deutsch-polnische Nichtangriffsvertrag die Geschäftsgrundlage der überkommenen „revisionistischen" Weimarer Ostforschung zerstörte. Die „Neuorganisation der Ostwissenschaften im Zeichen der deutsch-polnischen Annäherung" (Burkert) gebot nicht den von Kurator Hoffman in seiner Denkschrift vom Juni 1933 enthusiastisch geforderten, von den meisten Dozenten auch erwarteten Ausbau des (Ost-) Wissenschaftsstandorts Königsberg, sondern dessen Abbau, wie er in der Philosophischen Fakultät und am Institut für Osteuropäische Wirtschaft bis 1939 Schritt für Schritt ins Werk gesetzt wurde.[56]

Folgerungen

Die NS-Machtergreifung an der Albertus-Universität verlief insgesamt in eigentümlich unentschlossener Weise. Man kann mit guten Gründen die These vertreten, daß sie erst Anfang 1935 stattfand, mit dem Wechsel des Rektorats von Heyse zu dem aus ostpreußisch-litauischer Familie stammenden Baltisten Georg Gerullis,[57] oder, auch dieser Ansicht wäre Plausi-

---

anderweitig verwendeten Werner Philipp besetzt. – Anstelle des slavistischen Ordinariats bekam die AUK nur ein Extraordinariat, vertretungsweise zum WS 1935/36 mit Karl Heinrich Meyer (Münster) besetzt, der zum WS 1936/37 berufen wurde. Dafür ging Gerullis zum SS 1937 wieder zurück nach Berlin, nahm seinen Lehrstuhl für Baltistik aber an die Friedrich-Wilhelms-Universität mit, so daß eine weitere Schwächung der Königsberger Ostkompetenz eintrat.

[56] Tilitzki, Vordenker (wie Anm. 43) und Martin Burkert: Die Ostwissenschaften im Dritten Reich. Teil I: 1933-1939. Wiesbaden 2000, S. 232-291, 355-398.

[57] Aufschlußreich Gerullis' autobiographische Notiz, „Muttersprache und Zweisprachigkeit in einem preußisch-litauischen Dorf" (1932), wieder in: Ulla Lachauer: Land der vielen Himmel. Memelländischer Bilderbogen. Die Fotosammlung Walter Engelhardt. Berlin 1992, S. 101-103. Gerullis, geb. 1888, folgte, nach Studium, Promotion, Habilitation und kurzer Privatdozentenzeit an der Albertina, 1922 einem Ruf nach Leipzig, wechselte 1933 von dort ins Ministerium Rust, wo er als Ministerialdirektor in der Hochschulabteilung eine Schlüsselposition bei der „Säuberung" der preußischen Universitäten einnahm, doch schon im November 1933 wieder

bilität nicht abzusprechen, sogar erst 1937, als mit dem Nationalökonomen Hans Bernhard von Grünberg ein „alter Kämpfer" und „Gefolgsmann" des Gauleiters das Amt des Rektors übernahm, das er dann bis 1945 verwaltete. Aber – dies sei in Parenthese hinzugefügt – auch von Grünbergs Personalpolitik ließ *keinesfalls* nationalsozialistische Stringenz erkennen.

Wir müssen diese Frage hier nicht entscheiden, können aber mit Sicherheit feststellen, daß der seit Beginn des Wintersemesters 1933/34 amtierende Heyse aus NS-Sicht eine hochschulpolitische Enttäuschung war. Der NS-Dozentenbund hat Heyse rückblickend ein denkbar schlechtes Zeugnis ausgestellt, und man war froh, ihn aus dem doch für politisch so wichtig eingeschätzten Königsberg zum Wintersemester 1936/37 nach Göttingen wechseln zu sehen. Als desaströs wurde Heyses Wirken deswegen beurteilt, weil er ideologisch einen von ihm existenzphilosophisch variierten „preußischen Sozialismus" kreierte, der zu viele weltanschauliche und damit personalpolitische Kompromisse zuließ. Nur darum konnte sich in seiner Amtszeit eine starke, wenn letztlich auch unterliegende Fronde aus jüngeren Dozenten und Studenten bilden, die gegen die Entlassung von Rothfels protestierte und sich dabei erlaubte, die hochschulpolitische Bedeutung der „Rassenfrage" in Abrede zu stellen, eine Tendenz, die im Wirken des höchsten Verwaltungsbeamten, des Kurators Friedrich Hoffmann (1923-1945) eine Parallele fand, der sich ungeachtet der Regelungen des Gesetzes zur Wiederherstellung des Berufsbeamtentums für „national zuverlässige" jüdische Dozenten wie Hensel, Gans und Rothfels einsetzte. Darum war es auch möglich, daß Hankamer bis zum Wintersemester 1934/35 seine eindeutig anti-nationalsozialistischen Auffassungen von deutscher Geistes- und Literaturgeschichte lehren konnte, bevor er, mit einiger Übertreibung zwar, aber nach engen NS-Maßstäben durchaus zu Recht, als Vertreter der „katholischen Aktion" öffentlich angeprangert und zur Demission gezwungen wurde.[58] Und nur darum vermochte unter Rektor Heyse Schniewind als theologischer Dekan den Umbau der Fakultät im Sinne der „Deutschen Christen" ebenso zu verzögern wie der Schweizer Staatsbürger und Nicht-Parteigenosse Hans Oppikofer als juristischer Dekan offensichtlich bemüht war, ausgerechnet Gauleiter Kochs hochschulpolitischen Bera-

ins Lehramt und damit an die Albertina zurückkehrte, deren Rektor er vom SS 1935 bis zum SS 1937 war.
[58] Kunigk, Helmut: Paul Hankamer und sein Königsberger Schülerkreis (1932-1936). In: Das Preußenland als Forschungsaufgabe. Festschrift für Udo Arnold zum 60. Geburtstag. Hrsg. von Bernhart Jähnig und Georg Michels. Lüneburg 2000, S. 761-782.

ter von Grünberg auf ein Lehramt an die Königsberger Handelshochschule abzuschieben.

Diese Fehlentwicklungen und Widerstände sind keine Königsberger Besonderheiten, da, wie erwähnt, die NSDAP nicht zuletzt wegen des Fehlens eines eigenen konsistenten wissenschaftspolitischen Konzepts an allen Hochschulen schnell an die Grenzen ihrer Möglichkeiten einer „Gleichschaltung" stieß. Aber als Königsberger Besonderheiten gilt es doch hervorzuheben:

1. Die wesentlichen Impulse für den nationalsozialistischen Umbau der Albertina kamen *nicht* aus der Dozentenschaft, die weltanschaulich zu nachhaltig durch die Berufungspolitik der Minister Becker und Grimme geprägt worden war.

2. Deshalb waren – vor allem in der Juristischen und Theologischen Fakultät – extrem scharfe personalpolitische Schnitte erforderlich, die auf eine fast vollständige Entfernung der vor 1933 berufenen oder habilitierten Hochschullehrer hinauslief. Die „Nazifizierung" der Universität mußte deshalb zwangsläufig auswärtigen Kräften übertragen werden. Würde man hingegen nur auf den relativ kleinen Kreis rassenideologisch bedingt entlassener Dozenten abstellen, entstünde leicht der falsche Eindruck, eine bereits vor 1933 virulente Anpassungsbereitschaft habe den Lehrkörper der Albertina davor bewahrt, der NS-Gleichschaltungspolitik allzu große Opfer bringen zu müssen.[59] Nicht zu vernachlässigen ist auch, daß die Gleich-

---

[59] Selbst über das Ausmaß der Entlassungen nach dem Gesetz zur Wiederherstellung des Berufsbeamtentums schwanken die Angaben. Die Liste von Peter Kröner: Vor fünfzig Jahren. Die Emigration deutschsprachiger Wissenschaftler 1933-1939. Münster 1983, erfaßt nur jene, die Deutschland verlassen haben, daher fehlen etwa Eugen Haeusler oder Leo Borchardt; aber auch Emigranten wie Feiler, Kürbs und Curt Falkenheim bleiben unberücksichtigt. Hingegen dokumentiert Gerstengarbe, Sybille: Die erste Entlassungswelle von Hochschullehrern deutscher Hochschulen aufgrund des Gesetzes zur Wiederherstellung des Berufsbeamtentums vom 7.4.1933. In: Berichte zur Wissenschaftsgeschichte 17 (1994), S. 17-39, die Feiler, „Kürbe" (sic), Haeusler und Rogowsky aufnimmt, nur die 1933 erfolgten Entlassungen (wenn auch unvollständig, da etwa den medizinischen Mittelbau nicht erfassend), nicht aber die weitere „Abwicklung", so daß sich nur ein sehr unscharfes Bild von den Folgen dieser personalpolitischen Maßnahmen gewinnen läßt. Unzuverlässig und unvollständig auch die Angaben bei Gause, Fritz: Die Geschichte der Stadt Königsberg in Preußen. Köln/Wien 1971, Bd. III, S. 140 und Schüler-Springorum, Stefanie: Die jüdische Minderheit in Königsberg/Preußen, 1871-1945. Göttingen 1996, S. 221 f., 301 f. (gestützt auf GStA, I. HA, Rep. 76 Va, Sek. 11, Tit. IV, Nr. 37: Entlassungen nach BBG 1933/34).

schaltung des Bildungswesens nicht auf die Albertina beschränkt blieb. Am Beispiel der personell mit ihr eng verflochtenen Handelshochschule wurde dies gezeigt. Ungeklärt ist, in welchem Umfang auch die Staatliche Kunsthochschule betroffen war.[60] Von der nahen katholischen Hochschule, der Staatlichen Akademie in Braunsberg, ist immerhin bekannt, daß der Honorarprofessor Ernst Dubowy sein Lehramt verlor.[61] Die 1933 zur Hochschule für Lehrerbildung herabgestufte Pädagogische Akademie in Elbing büßte neben ihrem Direktor Otto Haase den Professor für Bildende Kunst Hans Haffenrichter, die Dozenten für Praktische Pädagogik Johannes Kretschmann und Paul Merkel ein, ferner Wilhelm Oppermann (Geschichte/ Staatsbürgerkunde), Elisabeth Siegel (Theoretische Pädagogik), Helene Ziegert (Biologie), Emil Gossow (Leibesübungen) und den Vorstandsvorsitzenden des Bundes religiöser Sozialisten Karl O. Thieme (Geschichte/ Staatsbürgerkunde), der 1935 in die Schweiz emigrierte.[62]

---

[60] Dazu nur die Erwähnung des „Neuaufbaus" unter dem zum Direktor berufenen „Heimatstil"-Architekten Kurt Frick bei Krüger, Günter: Die Königsberger Kunstschulen. In: Preußen als Hochschullandschaft im 19./20 Jahrhundert. Hrsg. von Udo Arnold. Lüneburg 1992, S. 87-104, hier zit. S. 98. Ebd. S. 101 f. der Hinweis auf die politisch bedingte Entlassung des Direktors der Königsberger Kunst- und Gewerkschule, Edmund May. May (1876-1956) war Leiter des Architekturbüros von Alfred Messel, bevor er 1915 seinen Königsberger Direktorposten übernahm. Seine Personalakte ist im BABL überliefert (R 4901/M 19). Dort ebenfalls erhalten die Personalakte von Marie Gosse (R 4901/G 243), aus der hervorgeht, daß diese Pädagogin, seit 1912 Leiterin der Ostpreußischen Mädchen-Gewerbeschule und in Personalunion seit 1930 des Berufspädagogischen Instituts in Königsberg, 1933 als Sympathisantin des angeblich kommunistischen Architekten Hanns Hopp (nach dessen Entwürfen das neue, im Bauhaus-Stil konzipierte Gebäude der Gewerbeschule 1928-30 errichtet worden war) und als Pazifistin anonym und öffentlich denunziert, 1934 in den Ruhestand versetzt wurde.

[61] Erfaßt von Gerstengarbe, Entlassungswelle (wie Anm. 57), S. 26; diese auf § 6 BBG gestützte Entlassung (=Versetzung in den Ruhestand zur „Vereinfachung der Verwaltung") nicht erwähnt bei Reifferscheid, Gerhard: Das Bistum Ermland und das Dritte Reich. Köln/Wien 1975, S. 34-77, der ansonsten die politischen Auswirkungen der NS-Machtergreifung an der Akademie präzise beschreibt. – Dubowy, geb. 1891, 1914 in Breslau promoviert, vertrat die Homiletik an der Akademie.

[62] Angaben nach Hesse, Alexander: Die Professoren und Dozenten der Preußischen Pädagogischen Akademien und Hochschulen für Lehrerbildung (1933-1945). Weinheim 1995: Haase, hochdekorierter Jagdflieger der Richthofen-Staffel im Ersten Weltkrieg und auch von 1939 an wieder als Fliegeroffizier aktiv, wurde „als der SPD nahestehend" im April 1933 beurlaubt, im Oktober gem. § 5 BBG in das Amt eines Lehrers versetzt. Haffenrichter war „angeblich zeitweise Sympathisant der KPD" und wurde daher gem. § 2 BBG entlassen. Kretschmann, im Nebenamt Schulrat im Kreis Elbing-Land, mußte eine Herabstufung nach § 5 BBG hinnehmen. Merkel, ein Gefolgsmann Haases, mußte, obwohl Anfang 1933 in die NSDAP eingetreten, aufgrund §§ 2 und 4 BBG (KPD-Sympathisant, politisch unzuverlässig) gehen. Professor

3. Wegen der dichten Vernetzung der Albertina mit dem allgemeinen Bildungs- und Vortragswesen Königsbergs, das bestritten wurde von – um nur eine Auswahl zu geben – der Volkshochschule, der Physikalisch-Ökonomischen Gesellschaft, der Geographischen Gesellschaft, dem Preußischen Botanischen Verein, dem Verein für Heilkunde, der Altertumsgesellschaft Prussia, dem Deutsch-Russischen Klub, dem Goethebund, der Historischen Kommission für Ost- und Westpreußen, der Königlich Deutschen Gesellschaft, dem Universitätsbund, der Königsberger Gelehrten Gesellschaft und der Staatswissenschaftlichen Vereinigung, ist zu beachten, daß die universitäre Umwälzung zusammen mit den organisatorisch-personellen Veränderungen im außeruniversitären Bereich einen Strukturwandel der Öffentlichkeit bewirkte. Die öffentliche Präsenz der Hochschullehrer ging zurück: sei es, weil bislang so aktiv um die Popularisierung ihrer Disziplin bemühte Dozenten wie Rothfels oder Wreszinski ihr Amt verloren, sei es, weil eine Reihe von Vereinen 1933 ihre Arbeit aufgaben, etwa der Deutsch-Russische Klub usw. (s. o.), sei es, weil sie vollständig in NS-Regie übergingen wie die Volkshochschule. Für die ab 1933 eingeschränkte Möglichkeit, Wissenschaft in einem außeruniversitären Resonanzraum zu vermitteln, ist auch in Rechnung zu stellen, daß die Lokalpresse ihre Berichterstattung über das Hochschulwesen ausdünnte, die Beiträge von Dozenten seltener wurden und das für die Pressepräsenz der Albertina wich-

---

Oppermann, im April 1933 beurlaubt, stufte § 5 BBG zum Studienrat herab. Siegel hatte ihre Göttinger Promotion bei Herman Nohl dem „Wesen der Revolutionspädagogik" (1931) gewidmet und wurde von Haase 1932 nach Elbing gezogen, wo sie gem. § 6 BBG am 5.4.1934 in den Ruhestand versetzt wurde. Ziegert, im April beurlaubt, im November 1933 in das Amt einer Studienrätin versetzt (§ 5 BBG). Nach demselben Muster erfolgte die Versetzung Gossows als Oberturnlehrer nach Berlin. Thieme, ein Schüler und Doktorand des 1933 ebenfalls entlassenen Leipziger Pazifisten Hans Driesch, war seit 1924 SPD-Mitglied, zudem im Reichsbanner Schwarz-Rot-Gold, deswegen im April 1933 beurlaubt und am 5.11.1933 gem. § 4 BBG entlassen. Zu den Opfern interner Querelen, die sich aus der unruhigen Amtszeit des im April 1933 zum kommissarischen Nachfolger Haases ernannten Volkskundlers Karl Plenzat, der binnen eines Jahres die meisten Kollegen und Studenten gegen sich aufbrachte, abgesetzt wurde und dann bis 1937 als Lehrbeauftragter an der Albertina unterkam, zählen die Psychologin Hildegard Hetzer (1934 gem. §§ 5 und 6 BBG in den Ruhestand versetzt) und der Dozent für Bildende Kunst Wilhelm Noack, im Oktober gem. § 5 BBG („gerüchteweise wegen früherer Logenzugehörigkeit") versetzt. – Völlig unverständlich ist, warum Hans-Werner Hoppe in seinem Beitrag: Die Pädagogische Akademie Elbing 1926-1945. In: Arnold, Preußen als Hochschullandschaft (wie Anm. 60), S. 143-150, diese tiefgehende Zäsur übergeht, obwohl seit dem ersten Erscheinen der heimatkundlichen „Elbing-Kreis-Hefte" (1958) dort mehrere Beiträge zur Elbinger Hochschule erschienen waren, die erst Hesse systematisch auswertete.

tigste Organ, die Königsberger Hartungsche Zeitung, 1933 ihr Erscheinen einstellen mußte.

4. Ideologisch war die erste Phase der „NS-Hochschulrevolution" weitgehend von jungkonservativen, mit den rassenpolitischen Passagen des NS-Parteiprogramms inkompatiblen Vorstellungen geprägt – nämlich der 1934/35 offiziell immer unnachsichtiger kritisierten und schließlich nahezu indizierten „Ostideologie". Nach dem sogenannten „Röhm-Putsch" begann der lange Zeit auf den linken Strasser-Flügel der NSDAP fixierte und daher für die Ideale des „preußischen Sozialismus" offene ostpreußische Gauleiter Koch damit, sich gerade von den außenpolitischen föderalistischen Neuordnungsideen zu distanzieren. Nach dem 30. Juni 1934 verlor Kochs ostpolitischer Stichwortgeber Weber-Krohse sein Amt als Schriftleiter der Parteizeitung. Die Anfang 1935 erfolgte Ablösung Heyses als Rektor signalisierte, daß auch der akademische Einfluß dieser ostpolitischen Option abzunehmen begann. Es kann nicht deutlich genug gesagt werden, daß die jüngst wieder einmal mit großem Aplomb vorgetragene Ansicht, wonach es „keinen grundsätzlichen Dissens zwischen den volkstumspolitischen Vorstellungen der Ostforschung und denen der NS-Führung" gegeben haben soll (Hans-Erich Volkmann)[63] die Wirklichkeit auf den Kopf stellt. 1933/34, als man in Berlin Königsbergs ostpolitische Berufungswünsche nicht erfüllte, zeichnete sich bereits ab, daß man für stark von jungkonservativen Ostideen geprägte Wissenschaftler wie etwa Maschke, Craemer, Theodor Oberländer, die Brüder Gustav und Werner Giere keine Verwendung hatte.[64] Und das zu einem Zeitpunkt, wo im internen NS-„Auslese"-Prozeß noch gar nicht geklärt war, welche Leitlinien die praktische Politik gegenüber den osteuropäischen Nachbarn bestimmen sollten. Wie erheblich hier die Differenzen waren, kann man noch im erbitterten Denkschriften-Krieg zwischen dem für begrenzte Autonomielösungen eintretenden Alfred Rosenberg als dem Minister für die besetzten Ostgebiete und Erich Koch, seinem ihm untergebenen, auf brutale imperialistische Ausbeutung setzenden Reichskommissar für die Ukraine studieren.

Die 1942/43 immer noch nicht eingeebneten ideologischen Frontstellungen auf der höchsten Parteiebene sind zehn Jahre zuvor, im Prozeß der Machtverfestigung der NSDAP, noch wesentlich deutlicher zu erkennen.

---

[63] Dazu Tilitzki, Vordenker (wie Anm. 43), S. 316.
[64] Dazu Burkert, Ostwissenschaften (wie Anm. 56).

Der erst Ende der dreißiger Jahre auch institutionell gefestigte Lebensraum-Imperialismus wurde 1934 etwa von dem damals noch als Leiter des Außenpolitischen Amtes der Partei sprechenden Rosenberg und seinen Beratern vehement abgelehnt. Bei den in der Schulungsarbeit engagierten, „ostideologisch" infizierten NS-Studentenfunktionären galten die „Kategorien des Nationalstaates" für genauso überholt wie das für ihre föderalistisch-integrativen Visionen kontraproduktive staatsbürgerliche Abstammungsprinzip. Statt „Blut" und „Rasse" sollte das „Bekenntnis" über die staatsbürgerliche Zugehörigkeit entscheiden.

5. Mit Blick auf diese mitunter rhetorisch zwar verdeckten, trotzdem aber manifesten prinzipiellen weltanschaulichen Gegensätze auf ostpolitischem Gebiet verwundert es nicht, wenn die neuen Machthaber dort mit der größten Zustimmung rechnen konnten, wo das NSDAP-Programm gar keine Urheberrechte anmelden durfte: bei jenen gesellschaftspolitischen Reformvorstellungen, die unter dem Etikett der „Rassenhygiene" firmierten. Die zumeist kulturkritisch unterlegten Ideen vom Umbau einer zivilisatorisch „degenerierten" Gesellschaft fanden – wie jüngere Untersuchungen gezeigt haben – vor 1933 unter Sozialisten und Kommunisten ebenso starken Anhang wie unter Zionisten.[65] Entsprechend bunt war auch das Spektrum der Königsberger Dozenten, die sich für eine erbbiologisch fundierte Sozialreform einsetzte. Der linksliberale Philosoph Goedeckemeyer zählte genauso dazu wie der wegen seiner jüdischen Abstammung bald entlassene Internist Leo Borchardt und der rechtsliberale Zoologe Otto Koehler, der vielfach die mit den Einsichten der noch jungen Verhaltensforschung legitimierte Kulturkritik des auch mit Koehlers Hilfe nach Königsberg berufenen Konrad Lorenz vorwegnahm. Vor diesem Hintergrund gelang die personalpolitische „Nazifizierung" der Medizinischen Fakultät im Vergleich mit ihren Nachbarfakultäten fast reibungslos, was wiederum das universitätspolitische Gewicht der Mediziner unter der Führung des 1934 nach Königsberg berufenen „Rassebiologen" Lothar Loeffler erhöhte.

---

[65] Schmuhl, Grenzüberschreitungen (wie Anm. 40), S. 24: Nach 1918 „schien die Argumentation der Rassenhygieniker zwingend – sie wurde gleichermaßen von Kriegstreibern wie von Pazifisten, von Alldeutschen, Liberalen und Sozialisten, Protestanten und Katholiken aufgegriffen". Über die zionistische Rezeption vgl. Prestel, Claudia: Bevölkerungspolitik in der jüdischen Gemeinschaft in der Weimarer Republik – Ausdruck jüdischer Identität? In: Zeitschrift für Geschichtswissenschaft 41 (1993), S. 687-715.

6. Über die bildungs- und wissenschaftspolitische Rolle der Universität bestand zwischen dem Führungspersonal in Königsberg und dem Berliner Ministerium nicht nur 1933/34 der denkbar größte Dissens. Öffentlich diskutierte Erwartungen, Rust möge die Albertina zur „Reichsuniversität" erheben und mindestens zwei Ostsemester als Pflichtsemester einführen, um mit dem Hochschulstandort Königsberg die Provinz Ostpreußen kulturpolitisch zu stärken, erfüllten sich nicht. Die in einer Denkschrift des Kurators Hoffmann Mitte 1933 dokumentierten Pläne für einen mehr als großzügigen, interdisziplinär orientierten Ausbau der Grenzlanduniversität zu einem Zentrum ostwissenschaftlichen Studiums kollidierten mit der ministeriellen Untätigkeit auf diesem Sektor. Man kann hier Helmut Heibers Fazit der Königsberger Universitätsgeschichte im Dritten Reich durchaus beipflichten: Nicht nur an den nach 1933 ständig sinkenden Königsberger Studentenzahlen sei abzulesen, daß die Nationalsozialisten, die die Stärkung der Albertina als „Ost-Universität" so lauthals propagiert hätten, „hinter den Erfolgen der Weimarer Zeit teilweise sogar zurückgeblieben seien".[66] In allen „ostrelevanten" Fächern begann nach 1934 der kontinuierliche institutionelle und personelle *Ab*bau, gipfelnd 1937 in der Versetzung Theodor Oberländers, des Direktors des Instituts für osteuropäische Wirtschaft. Durch außeruniversitäre Einrichtungen, etwa den wenigen von der Nordostdeutschen Forschungsgemeinschaft geförderten winzigen Institutionen (darunter Theodor Schieders Landesstelle für Nachkriegsgeschichte Ostpreußens) konnte dieser Verlust nicht einmal ansatzweise kompensiert werden. Wenn man die Anfang 1934 mit Rothfels' endgültiger Entfernung einsetzende ostwissenschaftliche Entmächtigung der Albertina bis 1937 verfolgt, so erscheint es nicht einmal gewagt zu behaupten, daß mit der NS-Machtergreifung ein Prozeß geistiger Verwestlichung der ostpreußischen Alma mater seinen Ausgang nahm.

---

[66] Heiber, Helmut: Universität untern Hakenkreuz. Tl. 11/2: Die Kapitulation der Hohen Schulen. Das Jahr 1933 und seine Themen. München 1994, S.314-338, hier. zit. S. 314.

Vom Wachstum der Erich-Koch-Stiftung. Ein nationalsozialistischer Mischkonzern und die „Arisierung" der „Ersten Ostpreußischen Bettfedernfabrik"

I.

Die „Erste Ostpreußische Bettfedernfabrik" produzierte in Insterburg Textilwaren. Sie wurde 1900 von Isaak Klimowski gegründet und war profitabel, auch zu Zeiten des „Dritten Reiches". – Die „Erich-Koch-Stiftung" war eine Stiftung des NSDAP-Gauleiters und Oberpräsidenten von Ostpreußen mit gemeinnützigen Zielen im nationalsozialistischen Sinne. Sie entwickelte sich nach 1933 zu einem gigantischen Mischkonzern mit ungeheurem Vermögenswert. – Die Erich-Koch-Stiftung war Teil des nationalsozialistischen Ostpreußens. Sie gewährte ihrem Stifter materielle und immaterielle Vorteile und zementierte seine Position an der Spitze Ostpreußens. Sie profitierte vom Raub- und Vernichtungskrieg, den das „Dritte Reich" seit 1939 im Osten Europas führte. – Die Erste Ostpreußische Bettfedernfabrik war Teil der Erich-Koch-Stiftung.

Jede einzelne dieser Aussagen darf als wahr gelten. Dennoch sind hier voreilige logische Kausalverknüpfungen und Beurteilungen der Erich-Koch-Stiftung unangebracht. Bisherigen Darstellungen zufolge scheint das Urteil über sie freilich bereits gesprochen zu sein. Schon bald nach 1945 berichteten zwei Publikationen[1] sehr konkret über die Erich-Koch-Stiftung. Sie knüpften an wahre Gegebenheiten an, betrachteten jedoch die Stiftung einseitig unter den Aspekten der Korruption und Kriminalität, von sachlichen Unrichtigkeiten ganz abgesehen.[2] Unlängst stützte sich Frank Bajohrs Darstellung über Korruption im „Dritten Reich" neben zuverlässigem

---

[1] Die beiden Publikationen sind die anonyme Artikelserie „Erich-Koch-Stiftung. Geschichte eines genialen Raubzuges mit und ohne Moral", publiziert im Ostpreußenblatt vom 15.1.1953 bis 15.4.1953, jeweils S. 3 bzw. S. 4, sowie Wolff, Paul: Ohne Maske. Ein Tatsachenbericht. Hamburg 1948, dort vor allem S. 59-62.
[2] Paul Wolff wurde nach dem mißlungenen Versuch, Koch 1935 in der „Oberpräsidentenkrise" stürzen zu helfen, jahrelang von Koch und dessen Zuarbeitern drangsaliert und schikaniert. „Ohne Maske" ist vor diesem Hintergrund als Abrechnung mit Koch und keinesfalls als „Tatsachenbericht" zu begreifen, vgl. Rohrer, Christian: Nationalsozialistische Macht in Ostpreußen. München 2006, S. 323-369 und S. 385-389 (Colloquia Baltica 7/8).

Quellenmaterial auch auf diese Publikationen. Und so diente Bajohr die Erich-Koch-Stiftung als Beleg für exorbitante Korruption im nationalsozialistischen Ostpreußen, für Kochs persönliche Vorteilsnahme, für Provinznepotismus und nationalsozialistische Günstlingswirtschaft.[3] Diese Einschätzung entspricht sicherlich der herrschenden Meinung zur Erich-Koch-Stiftung.

Nun muß diese Meinung durchaus nicht völlig falsch sein – verkürzt aber ist sie allemal. Nur selten wurde bisher ein anderes Bild der Erich-Koch-Stiftung gezeichnet. Friedrich Richter, von 1935 bis 1939 mit wirtschaftlichen Fragen Ostpreußens dort bzw. im Reichswirtschaftsministerium befaßt, betrachtete die Stiftung nur im Hinblick auf die wirtschaftliche Entwicklung Ostpreußens. Angesichts der wenigen Quellen zur Stiftung und zu ihren Unternehmen enthielt er sich einer umfassenden Einschätzung.[4] Differenziert beurteilte Christian Tilitzki die Erich-Koch-Stiftung, der in Erinnerungsberichten „regelmäßig ein vernichtendes Zeugnis" ausgestellt worden sei. Ihr habe ein wirtschaftskriminelles Image nicht zu Unrecht angehaftet, doch sei dieses nach 1945 wohl auch zur Entlastung des Umfeldes Kochs gepflegt worden. Dabei habe die Stiftung durchaus auch Leistungen im sozialen Bereich erbracht.[5]

Insgesamt kennzeichnen vier zentrale Schwachpunkte die spärlichen Forschungsbeiträge zur Erich-Koch-Stiftung: 1) Quellen zur Stiftung selbst sind rar. Daher stützen sich manche Beiträge zu sehr auf zweifelhafte Zeitzeugenberichte. 2) Es mangelt an zuverlässigem Quellenmaterial zu den Unternehmen der Stiftung. 3) Ohne zeitlich differenzierte Betrachtung konnte die Stiftungsentwicklung nicht angemessen in ihre geschichtlichen Bezüge eingebettet werden. 4) Die Erich-Koch-Stiftung wurde oft einseitig dargestellt und dann abschließend beurteilt.

---

[3] Vgl. Bajohr, Frank: Parvenüs und Profiteure. Frankfurt a.M. 2001, S. 8 und S. 40-42. Solide ist: Weinert, Rainer: „Die Sauberkeit der Verwaltung im Kriege". Der Rechnungshof des Deutschen Reiches 1938-1946. Opladen 1993, S. 124-127.

[4] Vgl. Richter, Friedrich: Industriepolitik im agrarischen Osten. Ein Beitrag zur Geschichte Ostpreußens zwischen den Weltkriegen. Bericht und Dokumentation. Wiesbaden 1984, S. 271-278, sowie ders.: Beiträge zur Industrie- und Handwerksgeschichte Ostpreußens 1919-1939. Stuttgart 1988, S. 300-301.

[5] Vgl. Tilitzki, Christian: Alltag in Ostpreußen 1940-1945. Die geheimen Lageberichte der Königsberger Justiz 1940-1945. Leer 1991, S. 15-16.

Hieraus sind die notwendigen Schlüsse zu ziehen. An eine abschließende Beschreibung und Beurteilung der Erich-Koch-Stiftung ist derzeit nicht zu denken – zu groß sind hierfür die Lücken an Quellen und Forschungsergebnissen. Es gilt daher, schrittweise vorzugehen und Teilbereiche der Stiftung zu beleuchten. Vielleicht nicht zur Erich-Koch-Stiftung selbst, mit Sicherheit aber zu ihren Unternehmen gibt es noch ungenutztes Quellenmaterial. Für die Erste Ostpreußische Bettfedernfabrik liegen dem Verfasser erstmals eingesehene Quellendokumente vor. Von dieser Grundlage ausgehend, in Auseinandersetzung mit den beschriebenen früheren Darstellungen sowie unter Nutzung aktueller Forschungserträge[6] können neue Erkenntnisse über die Erich-Koch-Stiftung gewonnen werden. Ziel dieser Studie ist eine Darstellung, wie die Entwicklung des nationalsozialistischen Ostpreußen, das Wachstum der Erich-Koch-Stiftung und die Erste Ostpreußische Bettfedernfabrik wechselseitig miteinander verwoben waren. Hierfür wird zunächst die Geschichte der Erich-Koch-Stiftung vor 1938 beschrieben. Dann ist zu zeigen, wie aus der Ersten Ostpreußischen Bettfedernfabrik ein Unternehmen der Erich-Koch-Stiftung wurde. Der Schwerpunkt soll insgesamt auf der Vorkriegszeit liegen, ohne dabei die weitere Entwicklung der Bettfedernfabrik und der Stiftung außer Acht zu lassen.

II.

Die Erich-Koch-Stiftung, die ihren Sitz in Königsberg (Preußen) hatte, wurde am 27. Dezember 1933 gegründet und am 16. Juni 1934 vom Preußischen Innenminister genehmigt. Ihr Stifter, Erich Koch (1896-1986), war seit 1928 Gauleiter der NSDAP und seit 1933 zudem Oberpräsident Ostpreußens. Unter seiner Führung hatte die NSDAP in der agrarisch geprägten preußischen Provinz, die durch den polnischen Korridor vom westlich gelegenen Teil des Deutschen Reiches getrennt war, seit 1930 ungewöhnlich gute Wahlergebnisse erzielt. Eine der Grundlagen hierfür war das Gauorgan „Preußische Zeitung", die in Kochs Ende 1930 gegründetem

---

[6] Die o.g. Dissertation des Verfassers geht als einzige umfangreiche Studie mit soliden Nachweisen auf die Erich-Koch-Stiftung ein. Einen brauchbaren Überblick über die allgemeine Geschichte des nationalsozialistischen Ostpreußen bietet Kossert, Andreas: Ostpreußen. Geschichte und Mythos. München 2005, S. 274-330.

„Sturmverlag" erschien. Diese Zeitung wurde gerade anfangs auch durch Anzeigen, Spenden oder geldwerte Leistungen vieler ostpreußischer Nationalsozialisten finanziert. Laut Gründungsurkunde der Erich-Koch-Stiftung wollte Koch die große Unterstützung in der „Kampfzeit" an die ostpreußischen Nationalsozialisten in Form dieser Stiftung zurückgeben. Er brachte seine Anteile am Sturmverlag, dessen Gewinne ihm als Eigentümer zuflossen[7], in die Erich-Koch-Stiftung ein und behielt sich vor, weitere Vermögenswerte in diese Stiftung zu überführen.[8]

Die Aufgabe der Stiftung war ihrer Gründungsurkunde zufolge die Heranbildung eines Geschlechtes, das den Anforderungen gewachsen sei, die die schwierige Lage Ostpreußens stelle. Die „Erziehung, Förderung und Ausbildung von Nationalsozialisten, insbesondere für die Aufgaben Ostpreußens", wurde als Zweck der Stiftung definiert. Dabei sollten vor allem die Führerschulen der NSDAP mit Stiftungseinkünften bedacht werden. Vier Fünftel dieser Einkünfte waren abzüglich möglicher Steuern und Unkosten für solche Zwecke zu verwenden, der Rest sollte angespart werden. Bis zu seinem Lebensende war Koch als Stifter alleiniger Vorstand der Stiftung. Der Vorstand verfügte, von einem Verwaltungsrat hierbei nur beraten, über das Stiftungsvermögen faktisch alleine.[9]

Jenseits aller „hehren" Ziele lag dieser Stiftungsgründung ein ganz konkreter Anlaß zugrunde. Gegen Ende 1933 arbeitete der Reichsleiter für die Presse, Max Amann, mit Billigung Hitlers an der Neuordnung der Gau-

---

[7] Vgl. Rohrer (wie Anm. 2), S. 277.

[8] Mit der Preußischen Zeitung wurden möglicherweise auch 80.000 Reichsmark in die Stiftung übertragen, die Koch offenbar von Preußen als Entschädigung für frühere Verbote der Preußischen Zeitung erhalten hatte, vgl. das Schreiben Steins an Rudat vom 9.11.1937. Bundesarchiv Koblenz, Z 42 IV/1909d, Bl. 373.

[9] Vgl. die Gründungsurkunde der Erich-Koch-Stiftung vom 27.12.1933. Bundesarchiv Koblenz, Z 42 IV/1909e, Bl. 40-42, Zitat Bl. 40. Lebte der Stifter nicht mehr, sollte der Vorstand aus dem Gauleiter des Gaues Ostpreußen, dem Oberpräsidenten der Provinz sowie dem/den Geschäftsführer(n) des Sturmverlages bestehen. Vom Vorstand wurden die Mitglieder des Verwaltungsrates für drei Jahre bestellt, wobei alle Stiftungsämter ehrenamtlich zu versehen waren. Dieser Rat sollte mindestens einmal jährlich zusammentreten und den Vorstand hinsichtlich der Verteilung der Stiftungseinkünfte beraten. Änderungen der Satzung bedurften der Genehmigung des Preußischen Staatsministeriums oder, falls dieses nicht zuständig war, des Regierungspräsidenten in Königsberg. Koch übertrug 1943 seine Stiftung (außer deren Kunstwerten) der Gauselbstverwaltung Ostpreußen, wobei die Satzung in einigen Punkten an die damalige Situation der Stiftung angepaßt wurde, vgl. die geänderte Satzung der Erich-Koch-Stiftung vom 1.7.1943. Bundesarchiv Koblenz, Z 42 IV/1909e, Bl. 43-46.

presse. Wesentlicher Teil seines Zentralisierungsvorhabens war dabei ein strenges Kontrollregime über die Verlage der Gauzeitungen und deren Gewinne. Amanns Pläne wurden realisiert, mit Ausnahmen allerdings – die Gauleiter Koch und Josef Bürckel (Gau Rheinpfalz), deren „Grenzland-gaue" vom Versailler Vertrag ganz unmittelbar betroffen waren, durften ihre Gauzeitungen statt in den Eher-Verlag in Stiftungen überführen. Und so entstanden im „Bollwerk des Westens" die „Josef-Bürckel-Stiftung" und im „Bollwerk des Ostens" die „Erich-Koch-Stiftung".[10]

Anders als viele Gauverlage arbeitete die „Preußische Zeitung" vermut-lich schon zur Zeit der „Machtübernahme" nicht mehr defizitär, als sie mit einer Auflage von 31.500 Exemplaren zu den großen NS-Tageszeitungen gehörte.[11] Die Zeitung erhöhte ihre Auflage in den Folgejahren enorm, von rund 40.000 (Anfang 1934) über 69.000 (1937) bis hin zu rund 74.800 (1939). Vermittels des Sturmverlags sog die Erich-Koch-Stiftung jedoch schon Anfang 1934 rasch weitere Zeitungen bzw. deren Verlage und Druk-kereien auf, so als zweites Stiftungsobjekt das populäre liberale „Königs-berger Tageblatt". Die im Sturmverlag produzierte Gesamtauflage stieg von 71.660 Exemplaren (1934) über etwa 130.000 Exemplare (1937) auf rund 178.800 Exemplare im März 1939 an.

Doch auch außerhalb des Sturmverlags verleibte sich die Erich-Koch-Stiftung im Laufe der Jahre viele Zeitungen bzw. deren Verlage und Druk-kereien ein, z.B. die auflagenstarke „Königsberger Allgemeine Zeitung". Bereits 1939 produzierten Unternehmen der Erich-Koch-Stiftung wahr-scheinlich deutlich mehr als die Hälfte der gesamten ostpreußischen Tages-presse. Bei der Überführung von Verlagen und Druckereien in die Stiftung wurde ein Teil ihrer Zeitungen fusioniert und so die Gesamtzahl der ost-preußischen Tageszeitungen verringert. Darüber hinaus versammelte die

---

[10] Vgl. Hale, Oron J.: The Captive Press in the Third Reich. Princeton, New Jersey 1964, S. 99. Diese Privilegien für Koch und Bürckel waren auf 30 (!) Jahre befristet. Vgl. auch Gause, Fritz: Die Geschichte der Stadt Königsberg in Preußen. Bd. 3. Köln/Wien 1971, S. 136-137, Frei, Norbert: Nationalsozialistische Eroberung der Provinzpresse. Gleichschaltung, Selbstan-passung und Resistenz in Bayern. Stuttgart 1980, S. 148, dort auch Fußnote 315, sowie Mein-zer, Lothar: Stationen und Strukturen der nationalsozialistischen Machtergreifung: Ludwigsha-fen am Rhein und die Pfalz in den ersten Jahren des Dritten Reiches. Ludwigshafen a.Rh. 1983, S. 60-78.
[11] Vgl. Stein, Peter: Die NS-Gaupresse 1925-1933. Forschungsbericht – Quellenkritik – neue Bestandsaufnahme. München/New York/London u.a. 1987, S. 271-274, Frei (wie Anm. 10), S. 146-147, dort die Fußnoten 306 und 310, sowie Hale (wie Anm. 10), S. 94-98.

Erich-Koch-Stiftung weitere Verlage und Druckereien unter ihrem Dach, die auch andere Publikationsformen hervorbrachten, so etwa programmatische Schriften des Königsberger Oberpräsidiums. Im Zeitablauf waren von den Zeitungsverlagen und Druckereien, die 1945 zur Erich-Koch-Stiftung gehörten, die Mehrzahl bereits bis 1937 und der Großteil bis September 1939 dorthin überführt worden. Nach Kriegsbeginn kamen auch Zeitungen aus dem als „Regierungsbezirk Zichenau" an Ostpreußen angeschlossenen Gebiet und dem „Bezirk Białystok" in die Stiftung.

Der Konzentrationsprozeß in der Presselandschaft insbesondere in der Mitte der 1930er Jahre beschränkte sich nicht auf Ostpreußen, wo die Bevölkerung im Reichsvergleich am schlechtesten mit Zeitungen versorgt war.[12] Auch die angewendeten Druckmittel (u.a. der Entzug von Krediten und von Druckaufträgen für amtliche Nachrichten, Druck auf Abonnenten und Inserenten) sind in ähnlicher Weise bei Pressekämpfen in anderen Gauen des Deutschen Reiches zu beobachten.[13] Eine wichtige Rolle spielten zudem im gesamten Deutschen Reich die Amann-Verordnungen vom April 1935. Sie richteten sich gegen noch bestehende bürgerlich-nationale Zeitungen und konzentrierten den in wirtschaftlicher Hinsicht überdehnten Zeitungsmarkt. Diese Anordnungen halfen auch der Erich-Koch-Stiftung, sich früher bürgerlich-nationale Zeitungen einzuverleiben.[14] Die Umgestaltung und Konzentration der Presselandschaft erfolgte also reichsweit, in Ostpreußen allerdings zu einem erheblichen Teil unter Beteiligung und zum Vorteil der Erich-Koch-Stiftung.

---

[12] Dies ist für 1937 nachgewiesen. Genauere, auch zeitlich differenzierte Informationen über die Verlage und Druckereien in der Erich-Koch-Stiftung bei Rohrer (wie Anm. 2), S. 401-408. Vgl. auch Handbuch der deutschen Tagespresse. Hrsg. vom Institut für Zeitungswissenschaft an der Universität Berlin. 7. Aufl. Leipzig 1944, S. 166-172. Über die 1945 in der Stiftung gewesenen Verlage und Druckereien und über alle übrigen Unternehmen der Erich-Koch-Stiftung informiert eine Übersicht Karl Friedrichs vom 17.12.1945. Bundesarchiv Koblenz, Z 42 IV/1909e, Bl. 52.

[13] Vgl. Frei (wie Anm. 10), S. 136-142 und S. 231-233, sowie Rohrer (wie Anm. 2), S. 404-405.

[14] Vgl. hierzu zeitgenössisch Hartmann, Franz: Die statistische und geschichtliche Entwicklung der NS-Presse. 1926-1936. München 1936, S. 398, Frei, Norbert/Johannes Schmitz: Journalismus im Dritten Reich. 3., überarb. Aufl. München 1999, S. 37-38, sowie Frei (wie Anm. 10), S. 123-142. Auch die Sopade befaßte sich 1936 ausführlich mit der nationalsozialistischen Zeitungspolitik, vgl. Deutschland-Berichte der Sozialdemokratischen Partei Deutschlands (Sopade). 1934-1940. Dritter Jahrgang: 1936. Frankfurt a.M. 1980, S. 777-825.

Worin lag nun die Bedeutung dessen? Gewiß, wer Verlage und Drucke-reien besaß, konnte deren Vermögenswerte verbuchen und über eine statt-liche Anzahl von Stellen in diesen Unternehmen verfügen. Darüber hinaus aber vereinigte die Stiftung mehr und mehr Unternehmen in sich, die ganz wesentlich Einfluß auf die Kommunikation und die öffentliche Meinung Ostpreußens und darüber hinaus nahmen. Dies war auch unter den Bedin-gungen des „Dritten Reiches" wichtig, denn so wenig es eine freie Presse gab, so wenig gab es gerade in den ersten Jahren nach der „Machtergrei-fung" deren totale Lenkung. Die „linke" Presse war ausgeschaltet, noch nicht aber andere, gewiß schon massiv bedrängte nicht-nationalsozia-listische Zeitungen. Zudem spiegelten die verschiedenen nationalsozialisti-schen Presseerzeugnisse unverkennbar Partikularinteressen innerhalb des „Dritten Reiches" wider.[15] Und es gab mithin eine öffentliche Kommunika-tion und öffentliche Meinung, auf deren Ausrichtung nationalsozialistische Politiker achteten – nicht zuletzt auch Erich Koch. So drängten er und sei-ne Anhänger nicht zufällig darauf, einige Zeitungen mit agrarisch-nationaler Ausrichtung stillzulegen oder in die Erich-Koch-Stiftung zu überführen. Denn damit wurden Zeitungen getroffen, die die Landesbauernschaft Ost-preußens in schweren Auseinandersetzungen mit der Gau- und Provinz-führung unterstützt hatten, und Kommunikationsmöglichkeiten jenes agra-rischen Milieus vermindert.[16] Allein das katholische Milieu im Ermland konnte seine Strukturen kirchlicher Kommunikation einigermaßen bewah-ren, obgleich auch dieses Milieu seit Mitte der 1930er Jahre Schritt um Schritt dem Druck der Nationalsozialisten nachgeben mußte.[17]

Insgesamt kamen Zeitungen in die Erich-Koch-Stiftung, die vor 1933 von deutschnational bis liberal eine politisch breite Leserklientel bedient hatten.[18] Sie boten vor allem Koch eine Bühne zur symbolischen Selbstdar-

---

[15] Vgl. Frei/Schmitz (wie Anm. 14), S. 39-82 und S. 96-107, sowie Hüttenberger, Peter: Die Gauleiter. Studie zum Wandel des Machtgefüges in der NSDAP. Stuttgart 1969, S. 65. Vgl. auch Zeck, Mario: Das Schwarze Korps. Geschichte und Gestalt des Organs der Reichsfüh-rung SS. Tübingen 2002.

[16] Vgl. Rohrer (wie Anm. 2), S. 276-278 sowie S. 294-297.

[17] Vgl. Reifferscheid, Gerhard: Das Bistum Ermland und das Dritte Reich. Köln/Wien 1975, S. XIX, S. 98 und S. 165-166, allgemein auch Koszyk, Kurt: Deutsche Presse 1914-1945. Ge-schichte der deutsche Presse. Teil III. Berlin 1972, S. 399-403, sowie Frei/Schmitz (wie Anm. 14), S. 64-68.

[18] Vgl. Jahrbuch der Tagespresse. Hrsg. vom Deutschen Institut für Zeitungskunde. 3. Aufl. Berlin 1930, S. 130-135.

stellung[19], was freilich auch Kritik oder Desinteresse der Leser hervorrufen konnte. In den Tageszeitungen der Erich-Koch-Stiftung fanden sich daher zunehmend auch Inhalte fernab von rein politischer Propaganda, die die Zeitungen für breitere Schichten lesbar machten.[20] Es kennzeichnet ganz allgemein die über Presse, Radio und Film vermittelte NS-Propaganda seit etwa 1935, daß politisch-ideologische Indoktrination mehr und mehr mit Elementen vorgeblich unpolitischer Unterhaltung gemischt wurde. Am Ziel der Propagandamaßnahmen änderte das freilich nichts, nämlich das NS-Regime zu stabilisieren und die „Volksgemeinschaft" auf kommende Entwicklungen vorzubereiten.

Nun sollte man nicht noch nachträglich dem propagandistisch vermittelten ‚schönen Schein' des Nationalsozialismus erliegen, denn innere Krisensymptome bis hin zum Widerstand zeigen die begrenzte Reichweite aller Propaganda an.[21] Doch es wäre ein unzutreffender Umkehrschluß, den Verlagsprodukten der Erich-Koch-Stiftung jede Wirkung abzusprechen. Ein Stimmungsbericht der Sopade vom September 1938 jedenfalls berichtete von einer „ganz einseitig nationalsozialistischen politischen Unterrichtung der Bevölkerung"[22] in allen Teilen der Provinz. Gegen diese Unterrichtung vermochten diesem Bericht zufolge selbst in den großen Städten andere Informationen nicht durchzudringen.

Das Aufsaugen von Verlagen und Druckereien in die Erich-Koch-Stiftung war für die Stiftungsentwicklung von spezifischer Bedeutung. Der Anteil nationalsozialistischer Zeitungen am Tageszeitungsmarkt in Ostpreußen war im Reichsvergleich sehr hoch, etwa in Pommern, Schlesien

---

[19] So beim Gauparteitag 1938, bei dem neben der „Lichtgestalt" Koch auch seine Stiftung als Ausweis von Wohltätigkeit und Gemeinnützigkeit in die Berichterstattung gerückt wurde, vgl. das Königsberger Tageblatt vom 18.6.1938, S. 11. Genaueres hierzu bei Rohrer (wie Anm. 2), S. 451-460.

[20] Das zeigt z.B. die Durchsicht der Beilagen zur Preußischen Zeitung im Jahr 1937. Ein Hinweis hierauf im Handbuch der deutschen Tagespresse. Hrsg. vom Deutschen Institut für Zeitungskunde. 6. Aufl. Berlin 1937, S. 130.

[21] Vgl. Reichel, Peter: Der schöne Schein des Dritten Reiches. Faszination und Gewalt des Faschismus. München/Wien 1991, S. 157-207, Maase, Kaspar: Grenzenloses Vergnügen. Der Aufstieg der Massenkultur 1850-1970. Frankfurt a.M. 1997, S. 197-206, sowie Bohse, Jörg: Inszenierte Kriegsbegeisterung und ohnmächtiger Friedenswille. Meinungslenkung und Propaganda im Nationalsozialismus. Stuttgart 1998, S. 57-72.

[22] Deutschland-Berichte der Sozialdemokratischen Partei Deutschlands (Sopade). 1934-1940. Fünfter Jahrgang: 1938. Frankfurt a.M. 1980, S. 938.

oder auch Württemberg aber vergleichbar oder höher. Ab 1937 machten auch alle Gauverlage Gewinne, die sie als Grundstock für weitere Expansionsbestrebungen nutzten.[23] Genau dieser Mechanismus jedoch verlieh der Erich-Koch-Stiftung unter den gegebenen Bedingungen eine besondere Eigendynamik. Dies beschrieb Karl Friedrich, der Wirtschaftsprüfer der Stiftung, so: Aus den Gewinnen der „Preußischen Zeitung" konnten neue Unternehmen erworben werden, die selbständige Gesellschaften waren und bei denen die Erich-Koch-Stiftung allein oder mehrheitlich Gesellschafterin wurde. Diese neuen Gesellschaften erwarben ihrerseits Industriebetriebe, die angeblich verschuldet bzw. „abgewirtschaftet" waren. Gewinne dieser Gesellschaften wiederum wurden sodann in den Erwerb neuer Unternehmen investiert.[24] Wahrscheinlich funktionierte dieser tendenziell expansive Mechanismus tatsächlich in dieser Form. Doch war er vermutlich nicht mehr als eine notwendige Bedingung für das Wachstum der Stiftung. Es gilt daher nun, weitere zentrale Elemente der Stiftungsdynamik im Zusammenhang zu beleuchten.

Investitionskapital konnte Koch in seinen Eigenschaften als Gauleiter und Oberpräsident beschaffen.[25] Doch besteht auch kein Zweifel, daß die Erich-Koch-Stiftung von Beginn an Gewinne erwirtschaftete.[26] Sie war, durchaus im Sinne des Stiftungszweckes, schon früh in der Lage, Parteimitgliedern mit Finanzmitteln beizuspringen[27], und baute Mitte der 1930er Jahre aus Überschüssen Siedlungen in Elbing, Braunsberg, Insterburg und Wehlau.[28]

---

[23] Vgl. Hale (wie Anm. 10), S. 107, S. 237-238 (dort auch Fußnote 8) sowie S. 314.

[24] Vgl. die Beschreibung der Entwicklung der Erich-Koch-Stiftung von Friedrich vom 17.12.1945. Bundesarchiv Koblenz, Z 42 IV/1909e, Bl. 35.

[25] Abgesehen von gewöhnlichen Finanzierungsmethoden, etwa über Sparkassen, zeigt das schon die Tatsache, daß er sich von einem geschäftlichen Vertrauensmann nicht-etatisierte, eigentlich der Provinzialverwaltung zustehende Mittel in fünf- bis sechsstelliger Höhe ausschütten lassen konnte, vgl. das Schreiben Steins an Rudat vom 9.11.1937. Bundesarchiv Koblenz, Z 42 IV/1909d, Bl. 366-367 sowie Bl. 380-385.

[26] Ein klarer Hinweis hierauf im Brief von der Schulenburgs an Koch vom 31.12.1935, publiziert bei Heinemann, Ulrich: Ein konservativer Rebell. Fritz-Dietlof Graf von der Schulenburg und der 20. Juli. Berlin 1990, S. 189.

[27] Vgl. die Schreiben Schlegels an Will vom 7.5.1935 (Bl. 191) sowie Wills an das Heimstättenamt der NSDAP und der DAF vom 21.5.1935 (Bl. 195), beide in: Geheimes Staatsarchiv Preußischer Kulturbesitz, XX. HA Rep. 240, Nr. C 58.

[28] Vgl. die undatierte Aussage von Goerges (vermutlich 1949). Bundesarchiv Koblenz, Z 42 IV/1909d, Bl. 242, sowie Tilitzki (wie Anm. 5), S. 15-16.

Günstige rechtliche Bedingungen dienten dem Wachstum der Erich-Koch-Stiftung zudem. Kochs Oberpräsidentenamt war Voraussetzung für die Errichtung der Stiftung als rechtsfähige Stiftung bürgerlichen Rechts, die anders als eine nicht-rechtsfähige Stiftung Vermögen tragen konnte. Und während von Gauleitern gegründete Stiftungen der Finanzkontrolle des Reichsschatzmeisters der NSDAP unterlagen, so war dies nicht der Fall, wenn Gauleiter den gleichen Stiftungsakt z.B. als Oberpräsident vollzogen.[29] Hier lag der zentrale Punkt, nämlich daß die Stiftungsgewinne unkontrolliert blieben. Reichsschatzmeister Schwarz bemängelte 1942 mit Bezug auf die Erich-Koch-Stiftung, es seien „solche Gründungen nachweisbar nur deshalb erfolgt, um die dadurch erlangten Geldmittel und ihre Verwendung meiner Kontrolle zu entziehen."[30] Und auch auf staatlicher Ebene wurde die Erich-Koch-Stiftung nicht kontrolliert: Die Aufsicht über eine Stiftung ging in einer preußischen Provinz bei Überschreiten eines einzigen Regierungsbezirkes vom entsprechenden Regierungspräsidenten auf den Oberpräsidenten über, hier also auf Koch selbst. Immerhin wäre noch der Reichs- bzw. Preußische Innenminister zu einer Kontrolle befugt gewesen, doch fand eine solche faktisch nicht statt[31]. Schließlich versagte auch der Reichsrechnungshof als Kontrollorgan, waren doch nach Schwarz' Erkenntnissen die „Geschäftsgebahrung und die Verwendung der Erträgnisse dieser Stiftung auch der Kontrolle des Rechnungshofes des Deutschen Reiches entzogen"[32].

Steuerliche Sonderkonditionen hatte die Erich-Koch-Stiftung offenbar nicht. Als gemeinnützig anerkannte Stiftung war sie steuerfrei. Die einzelnen Stiftungsunternehmen in den Bezirken des Oberfinanzpräsidiums Ostpreußens dagegen mußten Körperschafts- und Umsatzsteuern abführen, zudem Kapitalertragssteuern im Falle der Ausschüttung von Gewinnen an die Erich-Koch-Stiftung.[33] Über die Wahl der Rechtsform ihrer Unterneh-

---

[29] Vgl. das Schreiben Schwarz' an Bormann vom 21.7.1942. Bundesarchiv Berlin-Lichterfelde, R 2/31096, Bl. 48, sowie den Vermerk Dr. Klopfers vom 22.6.1942. Bundesarchiv Berlin-Lichterfelde, R 1501/12713, Bl. 7.

[30] Schreiben Schwarz' an Bormann vom 21.7.1942. Bundesarchiv Berlin-Lichterfelde, R 2/31096, Bl. 47.

[31] Vgl. den Vermerk Klopfers vom 22.6.1942. Bundesarchiv Berlin-Lichterfelde, R 1501/127213, Bl. 7.

[32] Schreiben Schwarz' an Bormann vom 21.7.1942. Bundesarchiv Berlin-Lichterfelde, R 2/31096, Bl. 48. Vgl. auch Weinert (wie Anm. 3), S. 20-40 sowie S. 124-127.

[33] Vgl. die Aussage Zerahns von 1949. Bundesarchiv Koblenz, Z 42 IV/1909e, Bl. 104.

men aber konnte die Führung der Erich-Koch-Stiftung deren Wachstum erleichtern. Bei dieser Führung spielte neben Koch in den ersten Jahren zunächst der Unternehmer Richard Goerges, nach der Mitte der 1930er Jahre dann mehr und mehr Dr. Bruno Dzubba eine zentrale Rolle. Diesem oblag wie auch Karl Friedrich als Wirtschaftsprüfer formal nur die Finanzkontrolle der Erich-Koch-Stiftung. Doch Dzubba führte in der Regel und auch mit erheblichem Druck die Verhandlungen mit Unternehmen, die der Stiftung zugeführt werden sollten.[34] Dabei wurden offenbar alle Stiftungsunternehmen in der Rechtsform der „GmbH" organisiert. Diese Rechtsform verlangte nur ein geringes Mindestkapital, brachte wegen der eigenen Rechtspersönlichkeit der GmbH keine persönliche Haftung mit sich, enthob die Mehrheitsgesellschafter von der Rechenschaftspflicht gegenüber weiteren Gesellschaftern und erlaubte das unternehmerische Risiko recht leicht den Gläubigern aufzubürden. Zudem konnten vermittels der GmbH die Identität der Inhaber und steuerpflichtige Gewinne (durch geschicktes Verschieben innerhalb mehrerer GmbH) verschleiert werden. Es ist vor diesem Hintergrund wahrscheinlich kein Zufall, daß der Erich-Koch-Stiftung bestehende Unternehmen nicht direkt, sondern über Auffanggesellschaften mit GmbH-Rechtsform zugeführt wurden.[35]

Nun soll keineswegs der Eindruck entstehen, als hätte die Erich-Koch-Stiftung seit Ende 1933 problemlos und unter allerlei günstigen Bedingungen expandieren können. Vielmehr war sie Teil eines Spaltungsprozesses, der seine Wurzeln um 1931 hatte und sich nach der „Machtübernahme" von der ostpreußischen NSDAP auf die gesamte Provinz ausweitete – die schon erwähnte Einverleibung von Presseorganen, die zuvor die oppositionelle Landesbauernschaft unterstützt hatten, zeigt eine Rolle der Erich-Koch-Stiftung bei diesem Prozeß. Hintergrund dieses sehr vielschichtigen und sich zunehmend vertiefenden Spaltungsprozesses waren im Wesentlichen Auseinandersetzungen zwischen der von Koch geführten Politischen Organisation der NSDAP mit der SA, mit dem agrarpolitischen Apparat bzw. der Landesbauernschaft sowie ab 1934 mit der SS/Gestapo. Die sich unterhalb Hitlers entfaltende Polykratie rivalisierender Unterführer in und

---

[34] Über die für die Stiftungsführung zentralen Personen informiert genauer Rohrer (wie Anm. 2), S. 417-418, S. 569 und S. 573. Siehe auch Tilitzki (wie Anm. 5), S. 15.
[35] Vgl. Stupp, Matthias: GmbH-Recht im Nationalsozialismus. Anschauungen des Nationalsozialismus zur Haftungsbeschränkung, Juristischen Person, Kapitalgesellschaft und Treupflicht. Untersuchungen zum Referentenentwurf 1939 zu einem neuen GmbH-Gesetz. Berlin 2002, S. 22-36, S. 47-48, S. 88-115, S. 209-217 sowie S. 236-239.

zwischen Partei und Staat beförderte diesen Spaltungsprozeß. Persönliche, organisatorische und Kompetenzstreitigkeiten sowie Korruptionsvorwürfe vermischten sich in auch eigendynamischer Weise mit grundsätzlichen ideologisch-programmatischen Differenzen.

Für diesen Prozeß, aber auch für die Erich-Koch-Stiftung war nicht zuletzt die wirtschaftspolitische Ausrichtung von großer Bedeutung, die Koch und seine Anhänger vor allem in den ersten Jahren nach der „Machtübernahme" propagierten. Der so genannte „Ostpreußenplan" war der Versuch, die jahrzehntealten wirtschaftlichen Kernprobleme der Provinz zu lösen. Die Förderung und Neuansiedlung von Industrie und Gewerbe sowie die Stabilisierung der Landwirtschaft sollten der einseitig agrarisch ausgerichteten Provinz eine gemischte, weniger krisenanfällige Wirtschaftsstruktur geben. Eine entsprechende Raumplanung sollte das Stadt-Land-Gefälle vermindern. Zugleich sollte durch die Ansiedlung von anderthalb Millionen Menschen der Abwanderung begegnet werden, was wiederum eine aktive Wohnungsbau- und Siedlungspolitik erforderte. Materielle Unterstützung sollte schließlich von Seiten des Reiches wie Preußens geleistet werden, begründet vor allem mit dem Hinweis auf die „Sonderlage" Ostpreußens, die der Korridor geschaffen hatte.[36]

Dieser Plan, der letztlich nur ansatzweise umgesetzt wurde, fand jedoch nicht nur Zuspruch, sondern auch massive Ablehnung, so etwa in den Kreisen von Bauern und Großgrundbesitzern, die ab Herbst 1933 in der Landesbauernschaft (Reichsnährstand) zusammengefaßt waren. Für diese Kreise war Koch, der sich als „nationaler Sozialist" eher an das politische Weltbild Gregor Straßers als an jenes Hitlers anlehnte, ohnehin ein „Nationalbolschewist". Ihm trauten sie sogar nach sowjetischem Vorbild die Zerschlagung des „freien Bauerntums" zu. Koch und seine Unterstützer wiederum nutzten im Sommer 1933 die unter massiver staatlicher Unterstützung erreichte Beseitigung der Arbeitslosigkeit in Ostpreußen, um im Schatten dieses Koch zugeschriebenen Erfolges die dortigen agrarischen Kreise mit aller Härte zu bekämpfen. Dieser Kampf wiederum war 1934

---

[36] Vgl. Grünberg, Hans Bernhard von: Die Hauptgrundsätze des Ostpreußenplanes. In: Das nationalsozialistische Ostpreußen. Königsberg 1934, S. 7-42, Richter, Friedrich: Aspekte der Industrieentwicklung in Ostpreußen zwischen den Weltkriegen. In: Politik im Zeichen von Parteien, Wirtschaft und Verwaltung im Preußenland der Jahre 1918-1939. Hrsg. von Udo Arnold. Lüneburg 1986, S. 154-156, sowie ders., Industriepolitik (wie Anm. 4), S. 59-61.

einer der Gründe, mit denen SS und Gestapo gegen Koch vorgingen.[37] Der innerostpreußische Spaltungsprozeß kulminierte Ende 1935 in der „Oberpräsidentenkrise", in der SS und Gestapo mit Unterstützung früherer, nur scheinbar befriedeter Gegner Koch aus seinen Ämtern zu stürzen versuchten. Viele Vorwürfe, wie etwa die Förderung von Korruption oder auch Rechtsbeugung, wurden Koch gemacht. Ihm wurde aber auch die Erich-Koch-Stiftung und sein Besitz von Zeitungen vorgehalten.[38] Doch offenbar waren für Hitler die in Teilen sicherlich zutreffenden Vorwürfe gegen Koch nicht maßgebend. Zwar ließ er den von Göring vom Amt des Oberpräsidenten suspendierten Gauleiter einen Monat lang im Ungewissen. Im Dezember 1935 jedoch setzte Hitler Koch kraft „Führerentscheid" wieder in dessen Oberpräsidentenamt ein.[39]

Die Erich-Koch-Stiftung war durchaus schon vor der Oberpräsidentenkrise an Unternehmen jenseits von Verlagen und Druckereien interessiert.[40] Doch nachdem Koch die Oberpräsidentenkrise politisch überlebt und durch Hitlers Entscheidung die größtmögliche Unterstützung im „Führerstaat" erhalten hatte, war er als Gauleiter und Oberpräsident auf Jahre hinaus unangefochten. Vor diesem Hintergrund nahm die Erich-Koch-Stiftung schon bald nach 1935 immer schneller immer mehr Unternehmen in sich auf. In dieser Zeit endet auch die parallele Entwicklung mit der „Josef-Bürckel-Stiftung". Auch Bürckel hatte sein Privileg, seine Gauzeitung in eine Stiftung zu überführen, zur Schaffung eines Presseimperiums genutzt. Doch offenbar wurden die Stiftungsgewinne im Wesentlichen für Partei- und soziale Zwecke verwendet.[41] Die Erich-Koch-Stiftung dagegen über-

---

[37] Zu diesem komplexen Spaltungsprozeß hin zur Oberpräsidentenkrise vgl. Rohrer (wie Anm. 2), S. 153-322.

[38] Vgl. das Schreiben Wachlins an das Reichsrevisionsamt der NSDAP vom 6.12.1935. Bundesarchiv Berlin-Lichterfelde, BDC, SS Erich von dem Bach-Zelewski (1.3.1899), Bl. 26256-26257.

[39] Zur Oberpräsidentenkrise vgl. Rohrer (wie Anm. 2), S. 323-369.

[40] Dies zeigt etwa Kochs gescheiterter Versuch, die Anteilsmehrheit der sehr gewinnträchtigen „Deutschen Briefkastenreklame GmbH" der Erich-Koch-Stiftung zuzuführen, vgl. Kaienburg, Hermann: Die Wirtschaft der SS. Berlin 2003, S. 212-215. Das von Kaienburg hierzu angeführte Aktenmaterial (Bundesarchiv Berlin-Lichterfelde, NS 3/1013 sowie NS 3/1016) ist reichhaltig und verdiente eine nähere Betrachtung.

[41] Vgl. Meinzer (wie Anm. 10), S. 78-83, sowie Muskalla, Dieter: NS-Politik an der Saar unter Josef Bürckel. Gleichschaltung – Neuordnung – Verwaltung. Saarbrücken 1995, S. 552, dort auch Fußnote 6.

sprang nun die Branche der Verlage und Druckereien und diversifizierte sich zu einem Mischkonzern, der in vielen Wirtschaftszweigen tätig war.

Diese Entwicklung der Erich-Koch-Stiftung folgte dabei der allgemeinen wirtschaftlichen Entwicklung des Deutschen Reiches. Dessen Wirtschaftssystem war weder freie Marktwirtschaft noch Zentralverwaltungswirtschaft, sondern eine Art Mischsystem, in das mit differenzierten Lenkungsmaßnahmen eingegriffen wurde, in der Industrie und im Agrarbereich, bei Löhnen und Preisen, beim Verbrauch und bei Rohstoffkontingentierungen. Hitlers geheime Denkschrift vom August 1936 forderte unmißverständlich, binnen vier Jahren eine kriegsfähige Wirtschaft und eine einsatzfähige deutsche Armee aufzubauen. Görings Vierjahresplan-Behörde war gewissermaßen der Organisation gewordene Ausdruck des beschleunigten, rohstoffintensiven Kurses von Aufrüstung und Autarkie. Vor allem die Wehrmacht entwickelte riesige Bedarfe, was den Unternehmen der deutschen Wirtschaft und insbesondere der Großwirtschaft Aufträge und exzellente Gewinnaussichten bescherte.[42]

In Ostpreußen wurde um 1936/1937 der Versuch unternommen, den „Ostpreußenplan" in den neuen Rahmen der Vierjahresplan-Behörde einzupassen. Unter Hinweis auf die „Sonderlage" wurden wie gehabt Fördermaßnahmen wie finanzielle Unterstützungen, bevorzugte Auftragsvergaben und Kontingentzuweisungen verlangt, ob nun im industriellen oder landwirtschaftlichen Bereich, ob bei der Infrastruktur oder im kulturellen Bereich.[43] Institutionell durch den „Ostpreußenausschuß" gestärkt,[44] war in

---

[42] Vgl. Herbst, Ludolf: Das nationalsozialistische Deutschland 1933-1945. Die Entfesselung der Gewalt. Rassismus und Krieg. Frankfurt a.M. 1996, S. 160-164, Ambrosius, Gerold: Von Kriegswirtschaft zu Kriegswirtschaft (1914-1945). In: Deutsche Wirtschaftsgeschichte. Ein Jahrtausend im Überblick. Hrsg. von Michael North. München 2000, S. 282-350, dort vor allem S. 326-336, Petzina, Dieter: Autarkiepolitik im Dritten Reich. Der nationalsozialistische Vierjahresplan. Stuttgart 1968, S. 57-115 und S. 153-177, zudem Deist, Wilhelm: Die Aufrüstung der Wehrmacht (S. 371-532, dort vor allem S. 415-441) sowie Volkmann, Hans-Erich: Die NS-Wirtschaft in Vorbereitung des Krieges (S. 177-368, dort vor allem S. 264-284 und S. 303-310), beide in: Deist, Wilhelm/Manfred Messerschmidt/Hans-Erich Volkmann u.a.: Ursachen und Voraussetzungen der deutschen Kriegspolitik. Stuttgart 1979.

[43] Vgl. Ostpreußenprogramm: Denkschrift zu den Beschlüssen des Ostpreußenausschuß in der Sitzung vom 27. Oktober 1936. Vorgelegt durch den Oberpräsidenten der Provinz Ostpreußen. Königsberg 1936, Belser, Ernst: Ostpreußen und der Vierjahresplan. In: Geographischer Anzeiger 38 (1937), S. 565-566, sowie Wohlfahrt, Kurt: Ostpreußen und der Vierjahresplan. In: Der Deutsche Verwaltungsbeamte 4 (1937), S. 281-283. Vgl. zudem Richter, Industriepolitik (wie Anm. 4), S. 62-63 und S. 205-206.

Ostpreußen seit 1933 eine bis dahin ungekannte wirtschaftliche Förderung der Provinz angelaufen. Der Wohnungs- bzw. Siedlungsbau[45] war hier einer der Motoren, mehr aber noch die zunehmenden Bedarfe der Wehrmacht im Wehrkreis I (Ostpreußen). Bei allen politischen Differenzen mit der Gau- und Provinzführung und insbesondere mit Gauleiter Koch – für die Wehrmacht war eine wirtschaftliche Stärkung Ostpreußens ebenso wichtig wie für die Gau- und Provinzführung. Dies zeigte sich in Denkschriften, aber auch ganz konkret, etwa bei der Ingangsetzung von Unternehmen.[46] Die Wehrmacht habe, da dies Voraussetzung der militärischen Erstarkung sei, „größtes Interesse an einer blühenden Wirtschaft Ostpreußens"[47], so Keitel vom Reichskriegsministerium im Mai 1936.

Unter diesen Bedingungen wurden um 1937 aus ganz verschiedenen Branchen wie der Textilindustrie und der Ernährungswirtschaft Unternehmen in die Erich-Koch-Stiftung überführt.[48] Die Stiftungsunternehmen konnte dabei auf vielfältige Vorzugsbehandlungen bauen, die auf den Einflußchancen Kochs als Gauleiter und Oberpräsident gründeten: günstiger Erwerb von Gebäuden und Grundstücken, Einfluß auf Preise, Vorteile bei Kontingenten, Auftragsvergaben, Finanzmitteln etc. Solche Privilegien und der Versuch, mit der Errichtung moderner Großbetriebe die Industrialisierung voranzutreiben, stieß dabei schon rasch auf den Widerstand jener, die wie das Landesgewerbeamt und die Landesplanung den „Ostpreußenplan" ernst nahmen und an einer ausgewogenen Wirtschaftsstruktur Ostpreußens mit lebensfähigem mittelständischem Gewerbe arbeiteten. Offenbar hielt der Expansionsdrang der Erich-Koch-Stiftung, der jedes erfolgreiche Un-

---

[44] Dieser diente als Koordinierungsdrehscheibe zwischen dem Königsberger Oberpräsidium und wichtigen Reichsstellen, vgl. Richter, Industriepolitik (wie Anm. 4), S. 61-62.

[45] Vgl. Grünberg, Hans-Bernhard von: Das neue Ostpreußen. Rechenschaft über den Aufbau der Provinz. Königsberg 1938, S. 80-90, Ostpreußenprogramm (wie Anm. 43), S. 5, sowie Marianne Goerlitz: Das ostpreußische Wohnungsbauprogramm der Jahre 1935-1939 und seine Finanzierung. Diss. Königsberg/Pr. 1944.

[46] Vgl. das Schreiben von Brauchitschs an den Reichswehrminister vom 29.9.1934. Bundesarchiv-Militärarchiv Freiburg, RH 1/55, sowie das Schreiben des Reichs- und Preußischen Wirtschaftsministers an den Reichskriegsminister vom 5.8.1935. Bundesarchiv-Militärarchiv Freiburg, RW 19/1749, Bl. 25. Vgl. zudem Burk, Kurt: Planungen und Maßnahmen der Reichswehr zur Sicherung der deutschen Ostgrenzen. In: Militärgeschichtliche Mitteilungen 48 (1990), S. 41-64, dort vor allem S. 60-61, sowie Richter, Industriepolitik (wie Anm. 4), S. 44.

[47] Schreiben Keitels an die Wehrwirtschaftsinspektion Königsberg vom 28.5.1936. Bundesarchiv-Militärarchiv Freiburg, RW 19/1744, Bl. 84. Vgl. auch den Bericht der Wehrwirtschaftsinspektion I vom November 1937. Bundesarchiv-Militärarchiv Freiburg, RW 19/33, Bl. 27.

[48] Zu diesen Unternehmen vgl. Rohrer (wie Anm. 2), S. 415-418.

ternehmen der Provinz zu erfassen drohte, bereits Mitte der 1930er Jahre manchen Unternehmer davon ab, selbst in Ostpreußen tätig zu werden.[49]

Am Wachstum der Erich-Koch-Stiftung, die von Ende 1937 bis September 1939 weitere Unternehmen in sich aufnahm,[50] änderte dies freilich nichts. Dabei ist ein Muster unübersehbar: Immer vermochte die Stiftung allgemeine Entwicklungen im politischen und wirtschaftlichen Bereich zu ihrem spezifischen Vorteil zu nutzen. Diesem Muster begegnet man ein weiteres Mal bei der Überführung der Ersten Ostpreußischen Bettfedernfabrik in die Stiftung.

III.

Die Geschichte der Ersten Ostpreußischen Bettfedernfabrik,[51] die hier nur dank einer Reihe glücklicher Fügungen beschrieben werden kann,[52] führt ins 19. Jahrhundert zurück. Damals wurde dem jüdischen Händler Moses Klimowski samt Familie im Kreis Insterburg die preußische Staatsangehörigkeit verliehen. Er stammte ursprünglich aus Wistiten in Rußland (heute

---

[49] Vgl. hierzu die Darstellung Fremereys von 1966 (S. 272-273) und Fromms von 1960 (S. 274-276), beide publiziert bei Richter, Industriepolitik (wie Anm. 4), zudem die Erklärung Zanders vom 2.9.1949. Bundesarchiv Koblenz, Z 42 IV/1909d, Bl. 78, und die Erklärung Knauts vom 17.8.1949. Bundesarchiv Koblenz, Z 42 IV/1909b, Bl. 176.

[50] Vgl. Rohrer (wie Anm. 2), S. 433-434.

[51] Zur Geschichte der Ersten Ostpreußischen Bettfedernfabrik liegen nur wenige Informationen an entlegenen Orten und ohne Darlegung des Zusammenhanges mit der Erich-Koch-Stiftung vor, vgl. Schülin, Fritz: Brombach. 786-1972. Beiträge zur Orts-, Landschafts- und Siedlungsgeschichte. Brombach 1972, S. 879-880, Insterburg im Bild. Hrsg. von Gerhard Ulrich. 4. Auflage. Krefeld 1988, S. 170, sowie den Artikel „Zum Thema ... Bettfedern ...". In: Insterburger Brief 41 (1989), S. 168-171. Vgl. auch aus der Badischen Zeitung vom 31.8.2000, Regionalteil Lörrach, den Artikel „Am Kriegsende auf dem Abstellgleis".

[52] Die Suche nach neuem Quellenmaterial zur Erich-Koch-Stiftung führte den Verfasser im Rahmen seines Dissertationsprojektes bis in den Nordosten Polens. Eine Verkettung von Zufällen führte dazu, daß er solches Material, nämlich jenes zur Ersten Ostpreußischen Bettfedernfabrik, fand – wenige Schritte von seinem Wohnort entfernt im Staatsarchiv Freiburg. Dieser Fund führte zur „Oberbadischen Bettfedernfabrik" (OBB) in Lörrach, deren Geschäftsführer, Herr Erich Schweigert, weitere wichtige Quellen bereitstellte. Für die mehrjährige, vertrauensvolle Zusammenarbeit sei ihm an dieser Stelle herzlich gedankt. Die Quellendokumente aus der OBB gehören zu einem ungeordneten Konvolut im dortigen Firmenarchiv und werden hier entsprechend zitiert.

Vištytis/Litauen), das nahe der ostpreußischen Grenze lag.[53] Sein Nachkomme Isaak Klimowski gründete im Jahre 1900 in Insterburg die „Erste Ostpreußische Bettfedernfabrik", die nach dem Tod des Gründers bis 1927 in den Besitz seines Sohnes Jakob gelangte.[54] Jakob Klimowski (1893-1982), der gelernter Kaufmann war und von 1913 bis 1919 in Ostpreußen in der Armee gedient hatte,[55] führte nun die „Erste Ostpreußische Bettfedernfabrik Jakob Klimowski-Insterburg". Dieses Unternehmen, eine Personengesellschaft (offene Handelsgesellschaft)[56] mit Hauptbüro in Berlin, verarbeitete in Insterburg Rohfedern zu Bettfedern und Daunen. Es lieferte diese Produkte ins gesamte Deutsche Reich.[57]

Diese in dürren Worten skizzierte Unternehmensgeschichte ist vor dem Hintergrund der Geschichte der Juden in Deutschland zu sehen. Wie viele andere Familien auch, kamen die Klimowskis in der Zeit der Judenemanzipation vom Osten her nach Ostpreußen. Vor allem im letzten Drittel des 19. Jahrhunderts ließen sich in Insterburg und in anderen ostpreußischen Städten zunehmend Juden nieder. Ihr Anteil nahm dabei allerdings relativ zur enorm anwachsenden deutschen Bevölkerung ab. Die Garnisonsstadt und „Reiter- und Turnierstadt des Ostens" Insterburg war 1910 mit 31.624 Einwohnern zur viertgrößten Stadt Ostpreußens aufgestiegen. Sie war vollständig von ländlichen Gebieten mit bäuerlichem und Großgrundbesitz umgeben.[58] Nun war Ostpreußen wie schon erwähnt im Industrialisie-

---

[53] Vgl. die Naturalisations-Urkunde für Moses Zankelowitz Klimowski vom 15.9.1874. Firmenarchiv OBB.

[54] Vgl. die Gewerbeanmeldung bei der Stadt Insterburg vom 17.6.1900, die Urkunde des Notars Siehr vom 17.5.1922 sowie die Urkunde des Notars Krause vom 20.4.1927, alle in: Firmenarchiv OBB.

[55] Vgl. den Militärpaß Jakob Klimowskis. Firmenarchiv OBB.

[56] Vgl. die Urkunde des Notars Siehr vom 17.5.1922. Firmenarchiv OBB.

[57] Vgl. Schülin (wie Anm. 51), S. 879, sowie den Artikel „Zum Thema ... Bettfedern ..." (wie Anm. 51), S. 171. Im Jahre 1929 zog die Firma innerhalb Insterburgs in neue, größere Produktionsstätten.

[58] Vgl. Hartmann, Stefan: Demographie und Statistik der Juden in Ostpreußen im 19. Jahrhundert. In: Zur Geschichte und Kultur der Juden in Ost- und Westpreußen. Hrsg. von Michael Brocke/Margret Heitmann/Harald Lordick. Hildesheim/Zürich/New York 2000, S. 319-341, dort vor allem S. 339-341, zudem Tebarth, Hans-Jakob: Technischer Fortschritt und sozialer Wandel in deutschen Ostprovinzen. Ostpreußen, Westpreußen und Schlesien im Zeitalter der Industrialisierung. Berlin 1991, dort vor allem S. 48-57, S. 124-126 sowie S. 159-163. Zur Stadt Insterburg liegen Informationen nur unzureichend vor, vgl. Deutsches Städtebuch. Handbuch städtischer Geschichte. Bd. 1. Hrsg. von Erich Keyser. Stuttgart/Berlin 1939, S. 65-67, Zander, Horst F.: Mit klingendem Spiel. Insterburg 1919-1939. Eine ostpreußi-

rungsprozeß im 19. Jahrhundert weit zurückgefallen. Innerhalb der Wirtschaftszweige jedoch war gerade die Textilindustrie stark vertreten, die u.a. in Insterburg einen Produktionsschwerpunkt hatte.[59] Ihr Umfang lag freilich weit hinter jenem von ausgeprägten Textilregionen wie Sachsen oder Süddeutschland, wobei jüdische Unternehmer in dieser Branche hier wie dort stark vertreten waren.[60]

Als Jakob Klimowski die Erste Ostpreußische Bettfedernfabrik in der Weimarer Republik übernahm, erfolgte dies bereits in einem anderen Umfeld, als es noch sein Vater erlebt hatte. Nach der traumatisierenden Invasion Ostpreußens durch russische Truppen, nach dem Ersten Weltkrieg und dem Versailler Vertrag verschlechterte sich in Ostpreußen das politische Klima für Minderheiten enorm. Dies galt nicht zuletzt für die 8.838 Juden (1933), deren Anteil sich an der Provinzbevölkerung (1933: 2,33 Mio.) mit rund 0,4 % im Reichsvergleich gering ausnahm; in Insterburg kamen auf 41.230 Einwohner 273 Juden.[61] Selbst im gegenüber der übrigen Provinz fortschrittlicheren Königsberg löste sich das tolerante liberalbürgerliche Milieu der Kaiserzeit auf, in dem Antisemitismus kaum Anklang gefunden hatte.[62] Vielmehr nahm der Antisemitismus in der ganzen

---

sche Garnison zwischen den beiden Weltkriegen. Seesen 1981, S. 11-21, sowie Barran, Fritz R.: Städteatlas Ostpreußen. Leer 1988, S. 84-86.

[59] Vgl. Fuchs, Konrad: Jüdisches Wirtschaftsleben in Ost- und Westpreußen. In: Zur Geschichte und Kultur der Juden in Ost- und Westpreußen. Hrsg. von Michael Brocke/ Margret Heitmann/Harald Lordick. Hildesheim/Zürich/New York 2000, S. 359-374, dort vor allem S. 360-361.

[60] Vgl. Walter, Rolf: Jüdische Unternehmer in der deutschen Textilindustrie bis 1932 (S. 132-152) sowie allgemein Mosse, Werner E.: Jewish Entrepreneurship in Germany 1820-1935 (S. 54-66), beide in: Jüdische Unternehmer in Deutschland im 19. und 20. Jahrhundert. Hrsg. von Werner E. Mosse/Hans Pohl. Stuttgart 1992. Siehe zudem Münzel, Martin: Jüdische Unternehmer in der Wirtschaftselite Südwestdeutschlands zwischen den 1920er und den 1950er Jahren. In: Jüdische Unternehmer und Führungskräfte in Südwestdeutschland 1800-1950. Die Herausbildung einer Wirtschaftselite und ihre Zerstörung durch die Nationalsozialisten. Hrsg. vom Haus der Geschichte Baden-Württemberg. Berlin/Wien 2004, S. 167-191, dort vor allem S. 173-174.

[61] Vgl. Statistisches Handbuch für die Provinz Ostpreußen 1938. Ein Wegweiser durch Verwaltung, Bevölkerung und Wirtschaftsentwicklung seit der Machtübernahme 1933-1937. Hrsg. vom Statistischen Amt der Provinz Ostpreußen. Schloßberg (Pillkallen)/Leipzig 1938, S. 38-39.

[62] Vgl. Schüler-Springorum, Stefanie: Die Jüdische Gemeinde Königsberg 1871-1945. In: Zur Geschichte und Kultur der Juden in Ost- und Westpreußen. Hrsg. von Michael Brocke/ Margret Heitmann/Harald Lordick. Hildesheim/Zürich/New York 2000, S. 166-179, sowie dies.: Die jüdische Minderheit in Königsberg/Preußen 1871-1945. Göttingen 1996, S. 162.

Provinz zu. Dazu leisteten nicht zuletzt Parteien und Verbände ihren Beitrag, die miteinander das agrarisch-protestantische und das damit weitgehend identische national-konservative Milieu sowie politisch noch radikalere Bevölkerungsteile Ostpreußens abdeckten: so der Stahlhelm, der Landwirtschaftsverband Ostpreußen als regionaler Ableger des Reichslandbundes, die weit rechts stehende DNVP und seit 1929/1930 auch die NSDAP.[63]

Vor diesem Hintergrund lange bestehender, nun aber völkisch-biologistisch aufgeladener Vorbehalte gegen Juden setzte mit der Regierung Hitler auch der Prozeß der „Arisierung" ein - die staatlich betriebene und von politischen, wirtschaftlichen sowie gesellschaftlichen Kräften unterstützte Verdrängung der jüdischen Bevölkerung aus dem Wirtschaftssystem des Deutschen Reiches. Antisemitismus war jetzt Staatsdoktrin, die „Arisierung" wurde zur Rückholung von deutschem Kapital verbrämt, das Juden zuvor angeblich geraubt hatten.[64] Dabei gab es allerdings aus nationalsozialistischer Warte einen Zielkonflikt: Zwar entsprachen „Arisierungen" dem programmatischen Antisemitismus der NSDAP, doch drohte das Vorgehen gegen „jüdische Unternehmen" die schon vor 1933 eingetretene Erholung der deutschen Wirtschaft zu gefährden. Auf diese Erholung aber war

---

Vgl. zudem Thiem, Sabine: Kontroverse in Königsberg. Jüdische Nationalitäten in Ostpreußen und in der Weimarer Republik. In: Nordost-Archiv N.F. 7 (1998), S. 368-375, sowie Traba, Robert: Kriegssyndrom in Ostpreußen. Ein Beitrag zum kollektiven Bewußtsein der Weimarer Republik. In: Kriegserlebnis und Legendenbildung. Das Bild des „modernen" Krieges in Literatur, Theater, Photographie und Film. Hrsg. von Thomas Schneider. Bd. 1. Osnabrück 1999, S. 399-413.

[63] Vgl. Schüler-Springorum, Jüdische Minderheit (wie Anm. 62), S. 227-228, Reif, Heinz: Antisemitismus in den Agrarverbänden Ostelbiens in der Weimarer Republik. In: Ostelbische Agrargesellschaft im Kaiserreich und in der Weimarer Republik. Agrarkrise – junkerliche Interessenpolitik – Modernisierungsstrategien. Hrsg. von Heinz Reif. Berlin 1994, S. 401-411, Hertz-Eichenrode, Dieter: Politik und Landwirtschaft in Ostpreußen 1919-1930. Untersuchung eines Strukturproblems in der Weimarer Republik. Köln/Opladen 1969, S. 65-85, sowie Pyta, Wolfram: Dorfgemeinschaft und Parteipolitik 1918-1933. Die Verschränkung von Milieu und Parteien in den protestantischen Landgebieten Deutschlands in der Weimarer Republik. Düsseldorf 1996.

[64] Zur „Arisierung" vgl. vor allem Genschel, Helmut: Die Verdrängung der Juden aus der Wirtschaft im Dritten Reich. Berlin/Frankfurt a.M./Zürich 1966, Barkai, Avraham: Vom Boykott zur „Entjudung". Der wirtschaftliche Existenzkampf der Juden im Dritten Reich 1933-1943. Frankfurt a.M. 1987, Bajohr, Frank: „Arisierung" in Hamburg. Die Verdrängung der jüdischen Unternehmer 1933-1945. Hamburg 1997, sowie „Arisierung" im Nationalsozialismus. Volksgemeinschaft, Raub und Gedächtnis. Hrsg. von Irmtraud Wojak/Peter Hayes. Frankfurt a.M. 2000.

die Regierung Hitler angewiesen, aus Gründen der eigenen Stabilisierung ebenso wie der Realisierung des geplanten Aufrüstungskurses. Ein Beschluß des Reichskabinetts vom Juli 1933, der im Kern bis 1938 gültig war, sah entsprechend vor, daß die „Entjudung" hinter der Ingangsetzung der deutschen Wirtschaft zurückstehen solle.[65]

Über die Praxis von „Arisierungen" sagt dies freilich nichts aus. Jakob Klimowskis Erste Ostpreußische Bettfedernfabrik geriet, kaum war Gauleiter Koch im Juni 1933 als Oberpräsident an die Spitze des preußischen Instanzenzuges der Provinz getreten, in den beschriebenen Zielkonflikt. Klimowskis Unternehmen war mittlerweile die bedeutendste Bettfedernfabrik im deutschen Osten mit reichsweit anerkanntem Namen. Sie hatte selbst in den Jahren der tiefen Wirtschaftskrise mit sechsstelligen Summen in Maschinen und Gebäude investiert und an Mengenausstoß, Umsatz und Wert zugelegt. Für die Herstellung der Bettfedern und Daunen aus Rohfedern war sie weitgehend auf Rohstoffimporte angewiesen. Nur 1 % der Rohstoffe kamen aus Ostpreußen, 4 % aus dem übrigen Deutschen Reich, der Rest aber aus dem Ausland (vor allem Amerika, Dänemark, Holland, Jugoslawien, Litauen, Polen, Rumänien). Hierfür benötigte das Unternehmen zunehmend Devisen, die von der Insterburger Zweigstelle der Industrie- und Handelskammer für Ost- und Westpreußen und des Landesfinanzamtes gewährt wurden. Die veredelte Ware ging vollständig an den Großhandel. 10 % der Waren wurden in Ostpreußen abgesetzt, 80 % in Danzig und im übrigen Deutschen Reich, der Rest im Ausland (vor allem in der Schweiz und in Amerika, zudem in Dänemark). Im Betrieb selbst arbeiteten nur „arische" Arbeiter und Angestellte. Ihre Zahl betrug in der ersten Jahreshälfte 1933 noch 71, doch stieg die Belegschaft (Angestellte, Arbeiter, Reisevertreter) bis Mitte September 1933 auf rund 100 stark an.[66]

---

[65] Vgl. Genschel (wie Anm. 64), S. 78-87. Vgl. zudem Buchheim, Christoph: Zur Natur des Wirtschaftsaufschwungs in der NS-Zeit. In: Zerrissene Zwischenkriegszeit. Wirtschaftshistorische Beiträge. Hrsg. von Christoph Buchheim/Michael Hutter/Harold James. Baden-Baden 1994, S. 97-119.

[66] Vgl. den Fragebogen des Messeamts Königsberg vom Sommer 1933, das Schreiben Klimowskis an das Reichswirtschaftsministerium vom 19.9.1933 sowie das Schreiben der Industrie- und Handelskammer für Ost- und Westpreußen (Bezirksgeschäftsstelle Insterburg) an den Präsidenten des Landesfinanzamts Ostpreußen (Stelle für Devisenbewirtschaftung) vom 6.9.1933, alle in: Firmenarchiv OBB, Mappe „Umstellung".

Dieser starke Aufwuchs an Personal war auch politisch bedingt und verweist auf die ambivalente Position der Ersten Ostpreußischen Bettfedernfabrik und ihres Leiters Klimowski. Dieser hatte schon im Juli 1933 in enger Abstimmung mit dem Insterburger Arbeitsamt befristet Arbeitskräfte eingestellt. Damit unterstützte er ganz bewußt die unter Kochs Führung betriebene Arbeitsbeschaffung und den „Ostpreußenplan".[67] Zugleich aber weckte die erfolgreiche Bettfederfabrik, die umgehend von der Fach- und der Provinzpresse als Bestandteil der ostpreußischen Industrialisierungspläne präsentiert wurde,[68] Begehrlichkeiten. Und so wurde Klimowski im Spätsommer 1933 bedrängt, das Unternehmen zu verkaufen oder wenigstens in eine Gesellschaft mit mehrheitlich „arischen" Kapitalgebern zu überführen. Diesem Drängen, in dem das Oberpräsidium in Königsberg, der NSDAP-Verband „Nationalsozialistische Betriebszellenorganisation", der Regierungspräsident Gumbinnens, der Insterburger Oberbürgermeister ebenso wie leitende Angestellte der Bettfedernfabrik selbst zusammenspielten, gab Klimowski scheinbar nach. Er führte jedoch zugleich die negativen Folgen etwa für die Auslandsbeziehungen ins Feld, die bei einer raschen Umstellung das Unternehmen und damit auch das Gelingen des „Ostpreußenplans" gefährden könnten, und verschleppte die Umstellung durch juristische Prüfungen. Die weiteren Hintergründe sind unklar, doch jedenfalls ließ der Druck auf Klimowski im Herbst 1933 soweit nach, daß die Erste Ostpreußische Bettfedernfabrik in seiner Hand blieb.[69]

Bis 1938 produzierte das Unternehmen nun im Wesentlichen unbehelligt. Ganz allgemein hatte die Textilindustrie in den 1920er Jahren stagniert und war bereits 1928 eine Krise geraten, die in der Weltwirtschaftskrise Mitte 1932 zum Tiefpunkt führte und erst 1933 endete. Nach der „Machtübernahme" der Nationalsozialisten erholte sie sich spürbar ab 1934, verlor

---

[67] Vgl. das Schreiben Klimowskis an das Arbeitsamt Insterburg vom 29.7.1933. Firmenarchiv OBB.

[68] So in einer Falschmeldung der „Textil-Zeitung" vom 20.7.1933, Titelseite („Ostpreußens Industrialisierung. Insterburg das Zentrum der ostpreußischen Textilindustrie"), die von der ostpreußischen Tagespresse übernommen wurde und gegen die Klimowski sich vehement wehrte, vgl. etwa seine Schreiben an Koch vom 20.7.1933 sowie an die Ostpreußische Zeitung vom 19.7.1933, beide in: Firmenarchiv OBB.

[69] Reichliches Material hierzu findet sich in der Mappe „Umstellung" im Firmenarchiv der OBB; siehe dort vor allem die Schreiben zwischen Padeffke und Klimowski vom 31.7.1933 und vom 2.8.1933, das Schreiben Klimowskis an das Reichswirtschaftsministerium vom 19.9.1933, das Schreiben Klimowskis an Karp vom 11.9.1933 sowie das Schreiben Klimowskis an das Reichswirtschaftsministerium vom 2.10.1933.

von Mitte 1935 bis 1937 wieder etwas an Schwung, um dann ab 1938 erneut aufzublühen. Die Textilindustrie war dabei in vieler Hinsicht ein Experimentierfeld, auf dem das NS-Regime zuerst jene eigentümliche Mischung aus privatwirtschaftlicher Freiheit und staatlicher Lenkung bzw. Intervention praktizierte, die im Laufe der 1930er Jahre auf die gesamte deutsche Wirtschaft übertragen wurde. Die Regulierung der Textilindustrie hinderte dabei viele ihrer Unternehmen nicht, Gewinne einzufahren. Dies hing keineswegs nur am Kriterium der Rüstungsrelevanz, vielmehr boten der Export, die Substitution von Rohstoffen sowie die Rohstoffpreise Ansatzpunkte für profitables Wirtschaften. Das NS-Regime war von seinem Ziel einer autarken Wirtschaft, das Teil der längst geplanten, rassenideologisch begründeten Eroberung von „Lebensraum im Osten" war, weit entfernt, auch in der Textilindustrie. Rohstoffe mußten dort noch 1939 zu etwa 70% aus dem Ausland bezogen werden.[70]

Vermutlich war in diesen ersten Jahren des NS-Regimes auch die Erste Ostpreußische Bettfedernfabrik profitabel. Die Tatsache aber, daß Klimowski bis 1938 seine Söhne bereits zu Verwandten in den USA gegeben hatte,[71] verweist darauf, daß sich ab 1933 im „Dritten Reich" die Situation für Juden zunehmend und mit radikalisierenden Schüben verschlechterte. Als Anfang 1938 das NS-Regime samt beschleunigtem Aufrüstungskurs völlig stabilisiert war und der „Anschluß" Österreichs mit umfangreichen „Arisierungen" einherging, erfuhren diese insgesamt eine neue Qualität. Göring, der Chef der Vierjahresplan-Behörde, erließ im April 1938 Gesetze zur „endgültigen Ausschaltung" der Juden aus dem Wirtschaftsleben. Jüdische Vermögen waren nun anzumelden, Veräußerungen oder Verpachtun-

---

[70] Ausführlicher hierzu Lindner, Stephan H.: Den Faden verloren. Die westdeutsche und die französische Textilindustrie auf dem Rückzug (1930/45-1990). München 2001, S. 29-39, sowie Höschle, Gerd: Die deutsche Textilindustrie zwischen 1933 und 1939. Staatsinterventionismus und ökonomische Rationalität. Stuttgart 2004, passim, zusammenfassend S. 315-322. Belastbare Informationen zur Entwicklung der Ersten Ostpreußischen Bettfedernfabrik zwischen 1933 und 1938 liegen nicht vor, ebensowenig zur Entwicklung der Bettfedernindustrie insgesamt. Aus der Rückschau zeichnete ihr Branchenverband einige Entwicklungslinien der Bettfedernindustrie während der NS-Zeit nach: Auf dem Weg mit Federn und Daunen. Festschrift der Arbeitsgemeinschaft der Deutschen Bettfedern-Industrie. Hrsg. von der Arbeitsgemeinschaft der Deutschen Bettfedern-Industrie. Gottlieben 1966, S. 47-56. Die Oberbadische Bettfedernfabrik, das Nachfolgeunternehmen der Ersten Ostpreußischen Bettfedernfabrik, war Mitglied dieses Verbandes.
[71] Vgl. den Artikel „Berliner Rescuers" von Louis K. Maling, einem der drei Söhne Jakob Klimowskis, publiziert in: Berlin aktuell vom Juni 2004, Nr. 73.

gen von „jüdischen Betrieben" zu genehmigen. Nach der „Reichskristallnacht" folgte der Übergang zu „Zwangsarisierungen". Gegen geringste Summen wurden Juden nun weitgehend ihrer Grundstücke und Vermögen beraubt, sie wurden aus ihren Berufen und Unternehmen verdrängt, letztere liquidiert oder „arisiert". Allerdings waren auch ohne gesetzliche Grundlagen bis Juli 1938 schon etwa 80 % aller „jüdischen Unternehmen" geschlossen oder „arisiert" worden. Dies war die Folge eines sehr komplexen Prozesses, in dem unterschiedlichste Kalküle und Motive vieler Akteure aus Politik, Wirtschaft und Gesellschaft zusammenspielten – der ideologisch von den Nationalsozialisten propagierte Antisemitismus war hierbei nur ein Element, neben das andere wie z.B. die schiere materielle Vorteilsnahme traten. Die gesetzliche Radikalisierung bei „Arisierungen" endete schließlich 1941 bzw. 1943 damit, daß das Vermögen deportierter oder getöteter Juden an das Reich fiel.[72]

Dieser Prozeß der „Arisierungen" läßt sich ab 1933 auch in Ostpreußen beobachten, in den Städten und in den ländlichen Gegenden etwa des Ermlandes oder Masurens gleichermaßen. Er betraf dabei mitunter große Unternehmen, meist aber den gewerblichen Mittelstand.[73] Auch die Erste Ostpreußische Bettfedernfabrik wurde „arisiert", so wie es vielen anderen

---

[72] Vgl. Genschel (wie Anm. 64), S. 139-159, S. 186-189 sowie S. 249-255, Bajohr, Frank: Verfolgung aus gesellschaftsgeschichtlicher Perspektive. Die wirtschaftliche Existenzvernichtung der Juden und die deutsche Gesellschaft. In: Geschichte und Gesellschaft 26 (2000), S. 629-652, dort vor allem S. 631-642, ders: „Arisierung" als gesellschaftlicher Prozeß. Verhalten, Strategien und Handlungsspielräume jüdischer Eigentümer und „arischer" Erwerber. In: „Arisierung" im Nationalsozialismus. Volksgemeinschaft, Raub und Gedächtnis. Hrsg. von Irmtraud Wojak/Peter Hayes. Frankfurt a.M. 2000, S. 15-30, sowie Barkai (wie Anm. 64), S. 166-203.

[73] Vgl. Genschel (wie Anm. 64), S. 135, Fußnote 78, Richter, Beiträge (wie Anm. 4), S. 310, und Schüler-Springorum, Jüdische Minderheit (wie Anm. 62), S. 322-323. Vgl. zudem Sommerfeld, Aloys: Juden im Ermland (S. 41-65, dort vor allem S. 56), Kossert, Andreas: Aus der Geschichte der jüdischen Gemeinde zu Johannisburg/Ostpreußen (S. 68-86, dort vor allem S. 76-77), sowie ders.: Die jüdische Gemeinde Ortelsburg. Ein Beitrag zur Geschichte der Juden in Masuren (S. 87-124, dort vor allem S. 112 und S. 120), alle in: Zur Geschichte und Kultur der Juden in Ost- und Westpreußen. Hrsg. von Michael Brocke/Margret Heitmann/Harald Lordick. Hildesheim/Zürich/New York 2000. Der Sicherheitsdienst der SS in Ostpreußen kritisierte jedoch 1937 die noch unzureichende „Arisierung" etwa in der Textilbranche, vgl. Die Judenpolitik des SD 1935 bis 1938. Eine Dokumentation. Hrsg. von Michael Wildt. München 1995, S. 50-51.

Textilunternehmen im Deutschen Reich erging.[74] Dabei wurde sie allerdings nicht in staatlichen Besitz oder, was vielfach vorkam, in die Hände eines Günstlings der NSDAP gebracht. Sie wurde vielmehr direkt unter das Dach der Erich-Koch-Stiftung gezogen. Entgegen der Ansicht eines Vorstandes der Deutschen Bank, die wie die beiden anderen Großbanken (Commerzbank, Dresdner Bank) bei „Arisierungen" häufig mitverdiente, war die Erich-Koch-Stiftung keineswegs zum Zwecke von „Arisierungen" gegründet worden.[75] Aber die Stiftung konnte hierfür eingesetzt werden, und sie wurde es auch.

Im Frühjahr 1938 wurde Jakob Klimowski vom ostpreußischen Gauwirtschaftsapparat aufgefordert, sein Unternehmen unverzüglich an einen „Arier" zu veräußern. Eine Weigerung würde als Wirtschaftssabotage betrachtet und mit der Einweisung in ein Konzentrationslager bestraft. Nachdem im Sommer 1938 Verhandlungen mit einem Käufer erfolgreich abgeschlossen und in Berlin bereits der Kaufvertrag unterzeichnet worden waren, schaltete sich jedoch der Gauwirtschaftsapparat in Ostpreußen erneut ein. Er erklärte den Vertrag für nichtig – eine Treuhandgesellschaft in Ostpreußen werde als Käufer bevorzugt. Offenbar hatte sich die Führung der Erich-Koch-Stiftung inzwischen für Klimowskis Betrieb interessiert und entsprechend interveniert. Rasch wurden nun die rechtlichen Grundlagen für die Überführung des Unternehmens in die Stiftung geschaffen: Am 25. Oktober 1938 wurde als Auffanggesellschaft die „Erste Ostpreußische Bettfedernfabrik GmbH" gegründet, an der die „Deutsche Allgemeine

---

[74] Zur Entwicklung von „Arisierungen" in der Textilbranche vgl. Höschle (wie Anm. 70), S. 305-310, für eine aktuelle Lokalstudie siehe Fengler, Silke: „Arisierungen" in der Aachener Textilindustrie (1933-1942). In: Geschichte im Westen 19 (2004), S. 149-177.

[75] Vgl. die Notiz aus der geschäftlichen Korrespondenz des Generalsekretariats Dr. Kimmichs vom 21.11.1938. Bundesarchiv Berlin-Lichterfelde, R 8119 F/24.235, Bl. 177. Hier ist davon die Rede, daß es für die regionale „Überleitung jüdischer Betriebe" in „arischen" Besitz Gesellschaften und einige Stiftungen – wie die Erich-Koch-Stiftung – gebe, die allein für die Beschleunigung dieser Maßnahmen gegründet worden seien. Unzutreffend daher auch die entsprechende Information bei Bajohr, Frank: Interessenkartell, personale Netzwerke und Kompetenzausweitung: Die Beteiligten bei der „Arisierung" und Konfiszierung jüdischen Vermögens. In: Karrieren im Nationalsozialismus. Funktionseliten zwischen Mitwirkung und Distanz. Hrsg. von Gerhard Hirschfeld/Tobias Jersack. Frankfurt a.M./New York 2004, S. 48. Vgl. auch James, Harold: Die Deutsche Bank und die „Arisierung". München 2001, S. 51-67, sowie Ziegler, Dieter: Die deutschen Großbanken im „Altreich" 1933-1939. In: Die politische Ökonomie des Holocaust. Zur wirtschaftlichen Logik von Verfolgung und „Wiedergutmachung". Hrsg. von Dieter Ziegler. Wien/München 2001, S. 117-147, dort vor allem S. 141-145.

Treuhand GmbH" fast 94 % (75.000 Reichsmark) des Gesellschaftskapitals hielt.[76] Diese Wirtschaftsprüfungsgesellschaft aber war das von Dzubba und Friedrich geleitete Unternehmen, das kurze Zeit zuvor in die Erich-Koch-Stiftung gekommen war und die Stiftung selbst sowie deren Unternehmen prüfte.[77]

Unter dem Druck der Umstände willigte Klimowski in ein „Verkaufsangebot" ein. Dieses sah den Verkauf des Geschäftsbetriebes und der Grundstücke seines Unternehmens an die genannte Auffanggesellschaft zum Gegenwert von etwas mehr als einer halben Million Reichsmark vor; abzüglich Hypotheken und sonstiger Lasten waren noch rund 325.000 Reichsmark zu bezahlen.[78] Dieses „Angebot" wurde am 9. November 1938 von der Ersten Ostpreußischen Bettfederfabrik GmbH angenommen, die Auflassung der Grundstücke folgte am 21. Dezember 1938. Zum 1. Januar 1939 galt der Betrieb als „arisiert", und am 25. Januar 1939 wurde die GmbH als Eigentümerin der Insterburger Unternehmensgrundstücke eingetragen.[79] Die vereinbarten Kaufpreise lagen vermutlich deutlich unter den tatsächlichen Werten, und Klimowski soll vom Gegenwert auch nur einen Bruchteil (umgerechnet 4.000 englische Pfund) erhalten haben.[80]

---

[76] Vgl. das Schreiben Goetschels an das Badische Ministerium für kontrollierte Vermögen vom 24.4.1947 sowie das Telegramm Klimowskis vom 25.7.1946, beide in: Staatsarchiv Freiburg, F 200/7, Nr. 452. Klimowski kannte den Hintergrund dieser Vorgänge, daß nämlich die Auffanggesellschaft den Zweck hatte, bei der „Arisierung" die Identität des Käufers Koch bzw. der Erich-Koch-Stiftung zu verschleiern.

[77] Vgl. die Übersicht Friedrichs über die Erich-Koch-Stiftung vom 17.12.1945. Bundesarchiv Koblenz, Z 42 IV/1909e, Bl. 34, sowie das Schreiben Steins an Rudat vom 9.11.1937. Bundesarchiv Koblenz, Z 42 IV/1909d, Bl. 379-380. Koch hatte dieses Unternehmen als „Münchner Allgemeine Treuhandgesellschaft" aufgekauft.

[78] Vgl. das Protokoll der Verhandlung Klimowskis mit dem Notar Hartmann vom 28.10.1938. Firmenarchiv OBB.

[79] Vgl. die notarielle Urkunde (gezeichnet von Klimowski, Gehrmann und Hartmann) vom 21.12.1938 und den Bescheid des Amtsgerichts Insterburg vom 3.2.1939, beide in: Firmenarchiv OBB. Vgl. auch das Schreiben des Finanzamts Lörrach an die Oberfinanzdirektion Freiburgs vom 21.10.1953. Staatsarchiv Freiburg, F 200/7, Nr. 3967, zudem die Vereinbarung Klimowskis mit der Ersten Ostpreußischen Bettfedernfabrik GmbH in Brombach vom 7.6.1948 sowie das Schreiben Gehrmanns an den Bürgermeister Brombachs vom 25.3.1946, beide in: Staatsarchiv Freiburg, F 200/7, Nr. 452, und den Grunderwerbsteuerbescheid des Finanzamts Insterburg vom 9.2.1939. Firmenarchiv OBB.

[80] Vgl. die Verhandlung zwischen Klimowski (vertreten durch Goebel) und der Ersten Ostpreußischen Bettfedern GmbH (vertreten durch Gehrmann) vom 17.6.1948. Staatsarchiv Freiburg, F 200/7, Nr. 452.

Neuer Geschäftsführer der Bettfedernfabrik, nunmehr eine Kapitalgesellschaft, wurde August Gehrmann, der auch für die Erste Ostpreußische Bettfedernfabrik GmbH Klimowskis „Verkaufsangebot" angenommen hatte. Gehrmann war gelernter Schlosser und bisher technischer Betriebsleiter der Bettfedernfabrik gewesen. Er gehörte zu jenen, die Klimowski bereits 1933 zur Abgabe des Unternehmens zu drängen versucht hatten, und war damals von Klimowski kurzzeitig entlassen, aber offensichtlich wieder eingestellt worden.[81] Einer unsicheren Quelle zufolge soll Gehrmann für das Einfädeln dieser „Arisierung" 15.000 Reichsmark Provision von der Erich-Koch-Stiftung erhalten haben.[82]

Der Ablauf bei der „Arisierung" der Bettfedernfabrik begann mit der Einschaltung des Gauwirtschaftsapparats recht typisch.[83] Allgemein spielten bei „Arisierungen" eine ganze Reihe von Organisationen und Personen zusammen, ob nun im Wege formaler Organisation oder informaler Netzwerke: Wirtschaftsverbände, die Deutsche Arbeitsfront, Regierungs- und Verwaltungsstellen, Industrie- und Handelskammern, die Justiz, Gestapo und SS/SD, Treuhänder, Vermittler, Abwickler, Banken, im landwirtschaftlichen Bereich[84] zudem die Landesbauernführungen.[85] Dieses Zusammen-

---

[81] Vgl. die notarielle Urkunde (gezeichnet von Gehrmann und vom Notar Dommasch) vom 9.11.1938 sowie das Schreiben Klimowskis an das Reichswirtschaftsministerium vom 19.9.1933, beide in: Firmenarchiv OBB.

[82] Vgl. das Schreiben Sorgers an das Finanzministerium Württemberg-Badens vom 6.8.1953. Staatsarchiv Freiburg, F 200/7, Nr. 3967. Dieser Quelle zufolge soll der Verkaufspreis für Klimowskis Bettfedernfabrik sogar rd. 770.000 Reichsmark betragen haben. Dies sei ein angemessener Preis für die Sachwerte gewesen, doch seien damit nicht, wie erforderlich, die im Produkt liegenden Verdienstmöglichkeiten einkalkuliert worden.

[83] Allerdings war in Ostpreußen nicht der DAF-Führer und Gauwirtschaftsberater Magunia, sondern der stellvertretende Gauwirtschaftsberater Schulz-Röwer an „Arisierungen" maßgeblich beteiligt, vgl. das Schreiben Schulz-Röwers an den Landrat Braunsbergs vom 26.9.1938. Wojewodschaftsarchiv Allenstein/Polen, Sign. 10/136. Siehe auch Propp, Arthur: November, 1938 in Königsberg. In: Midstream 33 (1987), S. 49-54, dort vor allem S. 52-53, sowie Schüler-Springorum, Jüdische Minderheit (wie Anm. 62), S. 350.

[84] Für Ostpreußen vgl. das Schreiben Bethkes an den Landrat Braunsbergs vom 20.12.1938. Wojewodschaftsarchiv Allenstein/Polen, Sign. 10/136, zudem Verse-Herrmann, Angela: Die „Arisierung" in der Land- und Forstwirtschaft 1938-1942. Stuttgart 1997, S. 66, S. 74-77, S. 110, S. 182 sowie S. 197.

[85] Vgl. Laak, Dirk van: Die Mitwirkenden bei der „Arisierung". Dargestellt am Beispiel der rheinisch-westfälischen Industrieregion 1933-1940. In: Die Deutschen und die Judenverfolgung im Dritten Reich. Hrsg. von Ursula Büttner. Neuaufl. Frankfurt a.M. 2003, S. 273-304, dort vor allem S. 284-292, sowie Bajohr, Interessenkartell (wie Anm. 75), S. 45-55.

spiel ist auch in Ostpreußen zu beobachten.[86] Bei der „Arisierung" der Ersten Ostpreußischen Bettfederfabrik jedoch scheint die Erich-Koch-Stiftung rasch den Ablauf an sich gezogen zu haben. Hier wie auch sonst war es für die Stiftung typisch, daß sie mit nur wenigen Personen in Erscheinung trat. Sie war in der Regel über loyale Geschäftsführer mit ihren Unternehmen verbunden, während bei der Stiftung selbst außer Koch, Goerges, Dzubba und Friedrich niemand zu erkennen ist, der einen tief gehenden Einblick in Stiftungsinterna gehabt hätte. Dies steht im krassen Gegensatz dazu, daß Koch ansonsten über ein umfangreiches, vielfältig verflochtenes und gut gepflegtes Kontakt- und Beziehungsnetzwerk mit Funktionären und sonstigen Zuarbeitern verbunden war. Dieses Netzwerk gründete auf Reziprozität und stützte alle Beteiligten, solange die Loyalität gegenüber Koch als unangefochtenem Führer Ostpreußens außer Frage stand.[87]

Was passierte nun mit Jakob Klimowski? Zwei Tage nach der Annahme des „Verkaufsangebots", am 11. November 1938, wurde er ins Konzentrationslager Sachsenhausen bei Berlin verbracht, aus dem er am 2. Dezember 1938 entlassen wurde.[88] Vermutlich hatte dies weniger in der „Arisierung" seines Unternehmens als vielmehr in den umfangreichen, auch Ostpreußen erfassenden Verhaftungen im Zusammenhang mit der „Reichskristallnacht" vom 9./10. November 1938 seine Ursache.[89] Unmittelbar nach der Entlassung aus dem Konzentrationslager betrieb Klimowski seine Ausreise, und noch in der ersten Jahrehälfte 1939 fanden er und seine Familie in London/Großbritannien eine vorübergehende Heimat.[90] Zu jener Zeit hat-

---

[86] Vgl. das Schreiben des Regierungspräsidenten Königsbergs an die Landräte und Oberbürgermeister des Regierungsbezirks Königsberg vom 6.8.1938, die Niederschrift einer Landratskonferenz vom 20.1.1939 und das Schreiben des Braunsberger Landrates an den dortigen Bürgermeister vom 19.1.1939, alle in: Wojewodschaftsarchiv Allenstein/Polen, Sign. 10/136. Vgl. auch Matzerath, Horst: Bürokratie und Judenverfolgung. In: Die Deutschen und die Judenverfolgung im Dritten Reich. Hrsg. von Ursula Büttner. Neuaufl. Frankfurt a.M. 2003, S. 142-143.
[87] Vgl. Rohrer (wie Anm. 2), S. 417-418, zudem dort auch S. 461-489.
[88] Vgl. den Entlassungsschein der Kommandantur des KZ Sachsenhausen vom 2.12.1938. Firmenarchiv OBB. Klimowski soll sogar u.a. nach massivem Druck Kochs, der angeblich die Geschäftsbeziehungen der Bettfedernfabrik gefährdet sah, vom Lagerkommandanten des KZ Sachsenhausen freigelassen worden sein, so jedenfalls Maling (wie Anm. 71).
[89] Vgl. Propp (wie Anm. 83), S. 52-53, sowie Schüler-Springorum, Jüdische Minderheit (wie Anm. 62), S. 348-353.
[90] Vgl. das Schreiben des US-Konsulats in Berlin vom 19.12.1938, das Schreiben des British Passport Control Office an Klimowski und seine Familie vom 20.2.1939 sowie das Schreiben

te die massive Abwanderung von Juden aus Ostpreußen bereits ihren Höhepunkt überschritten. Allein in Königsberg sank ihre Zahl von 3.170 (1933) über 2.086 (Oktober 1938) auf nur noch 1.586 im Mai 1939.[91] Dabei dürfte Klimowski bei seiner Auswanderung sein Eigentum weitestgehend eingebüßt haben. Denn unter ungeheuerlichen gesetzlichen Bestimmungen wie der „Reichsfluchtsteuer" und exorbitanten Abgaben für den Vermögenstransfer ins Ausland mußten auswandernde Juden regelmäßig weit über 90 % ihres Gesamtvermögens an das Deutsche Reich abführen.[92]

Mit der Einverleibung der Bettfedernfabrik Klimowskis war das Wachstum der Erich-Koch-Stiftung längst noch nicht zum Abschluß gekommen. Im Gegenteil: Auch nach 1938 konnte sich die Stiftung gleichsam im Schatten übergeordneter politischer und wirtschaftlicher Entwicklungen ausdehnen. Dieser Schatten aber nahm riesige Ausmaße an, denn er wurde schon bald vom Raub- und Vernichtungsfeldzug gegen die Staaten und Bevölkerungen Osteuropas geworfen. Zuvor schon war das Memelgebiet im März 1939 nach massivem Druck auf Litauen wieder an die Provinz Ostpreußen angegliedert worden. Von dort kamen vermutlich zwischen 1939 und 1941 vier Unternehmen zur Erich-Koch-Stiftung.[93] Ab dem 1. September 1939 fiel die Erich-Koch-Stiftung jeweils rasch nach den deutschen Truppen in besetzte Gebiete ein. Als Ausgleich für die Abgabe des Regierungsbezirkes Westpreußen an den neuen „Reichsgau Danzig-Westpreußen" wurde Ostpreußen an der Südgrenze (Regierungsbezirk Zichenau) sowie an der Ostgrenze (Suwałki-Gebiet) insgesamt um etwa ein Drittel vergrößert. Nach dem Überfall auf die Sowjetunion ernannte Hitler Koch im August 1941

---

aus der Ersten Ostpreußischen Bettfedernfabrik GmbH an Klimowski vom 29.7.1939, alle in: Firmenarchiv OBB. Vgl. zudem Maling (wie Anm. 71).

[91] Vgl. Schüler-Springorum, Jüdische Minderheit (wie Anm. 62), S. 296-319 sowie S. 367.

[92] Vgl. das Schreiben Klimowskis an Gehrmann vom 15.5.1946. Staatsarchiv Freiburg, F 200/7, Nr. 452, sowie Genschel (wie Anm. 64), S. 261-262. Klimowski verfügte nach seiner Ausreise offenbar noch über Restguthaben und Vermögenswerte wie etwa Wertpapiere, die jedoch 1940 bzw. 1942 zugunsten des Deutschen Reiches beschlagnahmt wurden, vgl. das Schreiben Balogs an Klimowski vom 12.9.1945. Firmenarchiv OBB.

[93] Vgl. Rohrer (wie Anm. 2), S. 497-532, dort vor allem S. 528-529. Vgl. auch allgemein Tauber, Joachim: Das Dritte Reich und Litauen 1933-1940. In: Zwischen Lübeck und Novgorod. Wirtschaft, Politik und Kultur im Ostseeraum vom frühen Mittelalter bis ins 20. Jahrhundert. Hrsg. von Ortwin Pelc/Gertrud Pickhan. Lüneburg 1996, S. 477-497, Tauber, Joachim: Das Memelgebiet in der deutschen und litauischen Historiographie. In: Nordost-Archiv N.F. 10 (2001), S. 11-44, sowie Žukas, Julius: Soziale und wirtschaftliche Entwicklung Klaipėdas/Memels von 1900 bis 1945. In: Nordost-Archiv N.F. X (2001), S. 75-115.

zum „Chef der Zivilverwaltung" für den südöstlich von Ostpreußen gelegenen Bezirk Białystok, einen Monat später zudem zum „Reichskommissar für die Ukraine". Während die Bevölkerungen dieser Gebiete in teilweise grausamster Weise geschunden wurden, wuchs die Zahl der Stiftungsunternehmen insbesondere im Regierungsbezirk Zichenau und im Bezirk Białystok in fast schon exponentieller Weise.[94] Auch Koch nutzte die Stiftung nun in großem Stil zur persönlichen Bereicherung und für einen ausschweifenden Lebensstil,[95] so etwa bei riesigen Gütern, die in die Erich-Koch-Stiftung gebracht worden waren und von Koch als Residenzen genutzt wurden.[96] Es darf jedoch nicht verschwiegen werden, daß die Stiftung ab 1943 auch sogenannte „Kriegspatenkinder" finanziell unterstützte, deren Väter im Krieg gefallen waren.[97]

Über die Erste Ostpreußische Bettfedernfabrik GmbH in der Erich-Koch-Stiftung ist fast nichts bekannt, wie auch die Stiftungsgeschichte im Zweiten Weltkrieg noch in weiten Teilen im Dunkeln liegt. Klar ist, daß die Bettfedernfabrik in die deutsche Kriegswirtschaft einbezogen wurde. So

---

[94] Zur Erich-Koch-Stiftung in den besetzten Gebieten liegen derzeit nur wenige Informationen vor. Auch der allgemeine Forschungsstand zu diesen Gebieten ist ausgesprochen dürftig. Weiterführend sind: Bömelburg, Hans-Jürgen: Die deutsche Besatzungspolitik in Polen 1939 bis 1945. In: Die polnische Heimatarmee. Geschichte und Mythos der Armia Krajowa seit dem Zweiten Weltkrieg. Hrsg. von Bernhard Chiari. München 2003, S. 51-86, Madajczyk, Czesław: Die Okkupationspolitik Nazideutschlands in Polen 1939-1945. Berlin 1987, Oldenhage, Klaus: Die Verwaltung der besetzten Gebiete. In: Deutsche Verwaltungsgeschichte. Bd. 4. Hrsg. von Kurt G.A. Jeserich/Hans Pohl/Georg-Christoph von Unruh. Stuttgart 1985, S. 1132-1167, dort vor allem S. 1163-1166, Górczyńska-Przybyłowicz, Bożena: Życie gospodarczo-społeczne na ziemiach polskich włączonych do Prus Wschodnich w okresie okupacji Hitlerowskiej. Ciechanów 1989, Meindl, Ralf: Die Politik des ostpreußischen Gauleiters Koch in den annektierten polnischen Gebieten als Ausdruck nationalsozialistischer Zielvorstellungen. In: Deutschland und Polen in schweren Zeiten 1933-1990. Alte Konflikte – neue Sichtweisen. Hrsg. von Bernd Martin/Arkadiusz Stempin. Poznań 2004, S. 101-115, sowie Grabowski, Jan/Grabowski, Zbigniew R.: Germans in the Eyes of the Gestapo: The Ciechanow District, 1939-1945. In: Contemporary History 13 (2004), S. 21-43. Zum „Reichskommissariat Ukraine" vgl. Lower, Wendy: Nazi Empire-Building and the Holocaust in Ukraine. Chapel Hill, North Carolina 2005, sowie Ukraine. The Challenges of World War II. Hrsg. von Taras Hunczak/Dmytro Shtohryn. Lanham/Boulder/New York u.a. 2003.
[95] Vgl. Rebentisch, Dieter: Führerstaat und Verwaltung im Zweiten Weltkrieg. Verfassungsentwicklung und Verwaltungspolitik 1939-1945. Stuttgart 1989, S. 305-313, Madajczyk (wie Anm. 94), S. 30-45, sowie Tilitzki (wie Anm. 5), S. 43-51.
[96] Vgl. Rohrer (wie Anm. 2), S. 438-440, sowie Bajohr, Parvenüs (wie Anm. 3), S. 70.
[97] Vgl. den Vermerk Kochs vom 13.4.1945. Geheimes Staatsarchiv Preußischer Kulturbesitz, XX. HA Rep. 100 A, Nr. 318 (Handakten Hoffmann), sowie Tilitzki (wie Anm. 5), S. 16.

erhielt sie ihren Rohstoff nur noch aus dem Inland und aus wirtschaftlich eng an das „Großdeutsche Reich" gebundenen Ländern, nämlich aus den besetzen, in Teilen von Koch geführten Gebieten Polens und der Ukraine, aus der Sowjetunion sowie aus Rumänien und Ungarn. Dabei arbeitete sie mit dem Wirtschaftsimperium der SS zusammen, z.B. mit den „Bekleidungswerken der Waffen-SS Lublin/Polen", zudem auch mit anderen Unternehmen der Erich-Koch-Stiftung wie der „Geflügelmästerei GmbH, Sichelberg" (Regierungsbezirk Zichenau).[98] Bei alledem war der Verkauf von Bettfedern nach wie vor ein gutes Geschäft. Zum Jahresabschluß 1943 wies die Erste Ostpreußische Bettfedernfabrik GmbH bei einem Buchwert von 80.000 Reichsmark einen Substanzwert von 564.751 Reichsmark und einen Ertragswert von 2,2 Mio. Reichsmark auf. Der nachhaltige Gewinn wurde auf 220.000 Reichsmark angesetzt.[99]

Die Erich-Koch-Stiftung ging mit dem „Dritten Reich" zugrunde, was auch für die meisten ihrer Unternehmen gelten dürfte – die Erste Ostpreußische Bettfedernfabrik GmbH aber überlebte und existiert unter anderem Namen noch heute! Diese bemerkenswerte deutsch-jüdische Unternehmensgeschichte verdient überliefert zu werden: Als im Juli 1944 die Rote Armee Stück um Stück die Kriegsfront in Richtung Deutsches Reich schob, betraf dies auch die Bettfedernfabrik. Sie mußte auf Anweisung des Königsberger Oberpräsidiums die Produktionsstätte in Insterburg verlassen, um Räumlichkeiten für die „Tabakwerke Grodno GmbH" aus dem Bezirk Białystok freizumachen, ebenfalls ein Unternehmen der Erich-Koch-Stiftung. Gehrmann, nach wie vor Geschäftsführer, lagerte daraufhin die Warenbestände der Bettfedernfabrik in Sachsen und Thüringen ein. Die Maschinen und sonstiges Inventar jedoch verbrachte er in einer großen Zahl von Waggons nach Baden in den äußersten Südwesten des Deutschen Reiches, zunächst nach Oberschopfheim und bald nach Lörrach (nahe Ba-

---

[98] Vgl. den Kalender mit der Auflistung der Einkäufe der Ersten Ostpreußischen Bettfedernfabrik GmbH von 1938 bis 1943. Firmenarchiv OBB. Vgl. zudem Kaienburg (wie Anm. 40), S. 936-939, sowie allgemein Herbst, Ludolf: Der Totale Krieg und die Ordnung der Wirtschaft. Die Kriegswirtschaft im Spannungsfeld von Politik, Ideologie und Propaganda 1939-1945. Stuttgart 1982.

[99] Vgl. die „Vermögensaufstellung der Erich-Koch-Stiftungsbetriebe zum 31. Dezember 1943", erstellt von der „Deutschen Allgemeinen Treuhand G.m.b.H., Königsberg (Pr.)". Geheimes Staatsarchiv Preußischer Kulturbesitz, XX. HA Rep. 100 A, Nr. 318 (Handakten Hoffmann). Der Substanzwert bezeichnet die Summe aller Vermögenswerte zu einem Bewertungsstichtag abzüglich der Schulden. Beim Ertragswert werden alle in Zukunft erwarteten Erträge des Unternehmens auf den Bewertungsstichtag abgezinst.

sel).[100] Dort bezog das Unternehmen, das nur kurzzeitig stillgelegt wurde, Räumlichkeiten des Versandhauses Wilhelm Schöpflin, zu dem schon vor 1933 gute Geschäftsbeziehungen bestanden hatten.[101]

Mit der Hilfe eines Bevollmächtigten machte Klimowski bald nach Kriegsende von London aus seine Ansprüche auf das ihm entzogene Unternehmen geltend. Auch Gehrmann, der mit Klimowski Kontakt aufgenommen hatte und trotz der schon beschriebenen Querelen 1933 und 1938[102] dessen Vertrauen besaß, unterstützte Klimowski darin.[103] Klimowski gehörte nun bald zu jenen wenigen jüdischen Unternehmern, die schon rasch nach Kriegsende aus der Emigration nach Deutschland zurückkehrten.[104] Im April 1946 wurde die „Oberbadische Bettfedernfabrik" gegründet, in die Klimowski über einen Bevollmächtigten Gesellschaftskapital einbrachte.[105] In den Folgejahren einigte sich Klimowski mit Gehrmanns Erster Ostpreußischer Bettfedernfabrik GmbH im Wege der Restitution („Wiedergutmachung") gütlich. Er erhielt die Betriebseinrichtungen samt Maschinen sowie Warenvorräte zurück und konnte diese in die Oberbadische Bettfedernfabrik einbringen. Die Erste Ostpreußische Bettfedernfabrik GmbH sollte daraufhin liquidiert werden.[106] Dies geschah

---

[100] Vgl. die Verhandlung zwischen Klimowski (vertreten durch Goebel) und der Ersten Ostpreußischen Bettfedern GmbH (vertreten durch Gehrmann) vom 17.6.1948 sowie Gehrmanns undatierter „Allgemeiner Firmenbericht" der Ersten Ostpreußischen Bettfedernfabrik GmbH (nach 1945), beide in: Staatsarchiv Freiburg, F 200/7, Nr. 452, zudem das Schreiben Balogs an Klimowski vom 12.9.1945. Firmenarchiv OBB. Vgl. auch den Artikel „Am Kriegsende auf dem Abstellgleis" (wie Anm. 51).

[101] Vgl. Schülin (wie Anm. 51), S. 879.

[102] Die Rolle Gehrmanns bleibt freilich in manchem undurchsichtig. Möglicherweise wirtschafteten er und andere beim Prozeß der „Wiedergutmachung" auch in die eigene Tasche. Reichlich Material hierzu findet sich im Staatsarchiv Freiburg, F 200/7, Nr. 3967, vgl. dort vor allem das Schreiben des Finanzamt Lörrachs an die Oberfinanzdirektion Freiburgs vom 21.10.1953. Vgl. auch die Vereinbarung Klimowskis mit der Ersten Ostpreußischen Bettfedernfabrik GmbH in Brombach vom 7.6.1948 und das Schreiben Gehrmanns an den Bürgermeister Brombachs vom 25.3.1946, beide in: Staatsarchiv Freiburg, F 200/7, Nr. 452.

[103] Vgl. das Schreiben Balogs an Klimowski vom 12.9.1945. Firmenarchiv OBB, sowie das Schreiben Gehrmanns an den Bürgermeister Brombachs vom 25.3.1946. Staatsarchiv Freiburg, F 200/7, Nr. 452.

[104] Vgl. hierzu Münzel (wie Anm. 60), S. 188-190.

[105] Vgl. das Schreiben des Finanzamts Lörrach an die Oberfinanzdirektion Freiburgs vom 21.10.1953. Staatsarchiv Freiburg, F 200/7, Nr. 3967.

[106] Diese Vereinbarung wurde am 17.6.1948 gemäß Art. 19 der Verordnung Nr. 120 über die Rückerstattung geraubter Vermögensobjekte getroffen, vgl. das Schreiben des Badischen Landgerichts (Restitutionskammer) an Gehrmann vom 25.8.1948. Firmenarchiv OBB, sowie

1949/1950 nach einer Gesellschafterversammlung, die der jetzt in Lübeck bzw. Hamburg lebende Wirtschaftsprüfer Friedrich von der Erich-Koch-Stiftung geleitet hatte. Die Oberfinanzdirektion Kiel, der die Erich-Koch-Stiftung als Fluchtvermögen der öffentlichen Hand übertragen worden war, hatte Friedrich als Treuhänder für die Stiftung und ihre Unternehmen bestellt.[107]

Bei der Oberbadischen Bettfedernfabrik war vor allem nach der Währungsreform von 1948 das Gesellschaftskapital von Klimowski (bzw. seiner Frau, die als Gesellschafterin eingetragen war) und Gehrmann sukzessive aufgestockt worden. Beide teilten daraufhin ihre Anteile, wobei Klimowski vermutlich zwei Drittel, Gehrmann ein Drittel erhielt. Gehrmann schied 1952 aus der Oberbadischen Bettfedernfabrik aus und gründete in Maulburg, unweit von Lörrach, die „Bettfedern Süd", die ebenfalls noch heute existiert. Jakob Klimowski, der später mit seiner Frau in Basel einen Wohnsitz bezog, führte die Oberbadische Bettfedernfabrik weiter. Das Unternehmen bezog in den 1960er Jahren neue Räumlichkeiten innerhalb Lörrachs und expandierte bald. Nach dem Tod Jakob Klimowskis (1982) und seiner Frau (1989) übernahm Erich Schweigert die Oberbadische Bettfedernfabrik.[108] Wie im Jahre 1900 die Erste Ostpreußische Bettfedernfabrik von Isaak Klimowski, so produziert auch heute die Oberbadische Bettfe-

---

die Verhandlung zwischen Klimowski (vertreten durch Goebel) und der Ersten Ostpreußischen Bettfedern GmbH (vertreten durch Gehrmann) vom 17.6.1948. Staatsarchiv Freiburg, F 200/7, Nr. 452. Auf den Ablauf der Restitution kann hier nicht näher eingegangen werden. Vgl. hierzu allgemein Raub und Restitution. „Arisierung" und Rückerstattung des jüdischen Eigentums in Europa. Hrsg. von Constantin Goschler/Philipp Ther. Frankfurt a.M. 2003, sowie „Arisierung" und Restitution. Die Rückerstattung jüdischen Eigentums in Deutschland und Österreich nach 1945 und 1989. Hrsg. von Constantin Goschler/Jürgen Lillteicher. Göttingen 2002.

[107] Vgl. die Aktennotiz aus der Oberfinanzdirektion Freiburg vom 10.11.1953. Staatsarchiv Freiburg, F 200/7, Nr. 3967, zudem das Schreiben des Finanzministeriums Schleswig-Holstein an das Amt für kontrollierte Vermögen vom 26.10.1949 sowie das Schreiben der Oberfinanzdirektion Kiel an das Badische Finanzministerium (Landesamt für kontrollierte Vermögen) vom 3.2.1954, beide in: Staatsarchiv Freiburg, F 200/7, Nr. 452.

[108] Vgl. das Schreiben Goebels an Gehrmann vom 4.12.1948. Firmenarchiv OBB, Mappe „Restitutionskammer", das Schreiben des Finanzamts Lörrach an die Oberfinanzdirektion Freiburgs vom 21.10.1953. Staatsarchiv Freiburg, F 200/7, Nr. 3967, sowie den Artikel „Am Kriegsende auf dem Abstellgleis" (wie Anm. 51). Vgl. auch Schülin (wie Anm. 51), S. 879-880.

dernfabrik Bettfedern und Daunen aus Rohfedern – im Jahre 2000 feierte das Unternehmen daher nicht den 54., sondern den 100. Geburtstag.[109]

IV.

Wie die skizzierte Entwicklung der Erich-Koch-Stiftung und die „Arisierung" der Ersten Ostpreußischen Bettfedernfabrik zeigte, war die Erich-Koch-Stiftung in vielfältiger Weise mit dem nationalsozialistischen Ostpreußen und dem „Dritten Reich" insgesamt verflochten. Sie war nicht einfach eine kriminelle Organisation, die am Rande des NS-Regimes ihr Sonderwesen trieb, sondern erwuchs aus der Mitte Ostpreußens und des nationalsozialistischen Deutschlands. Paul Hoffmann, der frühere Vizepräsident am Königsberger Oberpräsidium, schrieb 1953, daß die Erich-Koch-Stiftung der Strategie Kochs nicht nur zur Industrialisierung, sondern letztlich auch zur Sozialisierung Ostpreußens gedient habe.[110] Äußerungen Kochs scheinen dies zu bestätigen. Schon 1937 kolportierte Kochs geschäftlicher Mittelsmann Stein eine Aussage des Gauleiters, wonach Nationalsozialismus hauptsächlich „Geldverdienen und reich werden" sei. Koch habe zudem erklärt, er wolle nun allmählich große Betriebe in seine Stiftung eingliedern, die Nachwelt solle in 50 Jahren einmal über sein Werk sprechen. Später wolle er alle Betriebe in die Stiftung, die halbe Provinz in seinen Besitz bringen.[111]

Fünf Jahre später war er hierbei offenbar ein Stück Weges vorangekommen. Ein erheblicher Teil der Industrie Ostpreußens befinde sich in der Erich-Koch-Stiftung, aus deren Unternehmen der Stiftung fünf Mio. Reichsmark Gewinn jährlich zuflössen und auf den Koch zum Teil über ein Sonderkonto beim Oberpräsidium nach Gutdünken zugreifen könne. Zudem seien schwarze Kassen eingerichtet worden, hieß es.[112] Abgesehen

---

[109] Vgl. den Artikel „Am Kriegsende auf dem Abstellgleis" (wie Anm. 51). Die Oberbadische Bettfederfabrik präsentiert sich unter www.obb.de.

[110] Vgl. Hoffmanns Schreiben an das Ostpreußenblatt vom 6.5.1953. Geheimes Staatsarchiv Preußischer Kulturbesitz, XX. HA Rep. 100 A, Nr. 318 (Handakten Hoffmann). Nach Hoffmann sei Koch letztlich „Sozialist geblieben".

[111] Vgl. Steins Schreiben an Rudat vom 9.11.1937. Bundesarchiv Koblenz, Z 42 IV/1909d, Bl. 375-376, Zitat Bl. 375.

[112] Vgl. den Vermerk Bracks vom 22.6.1942. Bundesarchiv Berlin-Lichterfelde, R 1501/12713, Bl. 7.

davon, daß sich dies auf die Kriegszeit bezieht und nicht unbesehen auf frühere Jahre übertragen werden darf, ist es jedoch verkürzt, die Erich-Koch-Stiftung undifferenziert als Korruptionsinstrument ihres Stifters zu beschreiben. Nicht nur, daß die Stiftung auch viele andere Funktionen hatte. Ein brauchbarer Korruptionsbegriff wird wohl kaum jede Form von Patronage, für die die Stiftung ohne Zweifel eingesetzt wurde, sinnvollerweise als „Korruption" klassifizieren. Man würde überdies Schwierigkeiten bekommen, Koch als Person für die Zeit bis etwa 1938/1939 Korruption in strafrechtlich relevanter Form nachzuweisen, etwa bei einer Bereicherung. Andererseits nutzte er zweifellos zu Kriegszeiten gerade seine Stiftung für korruptives Verhalten und exorbitante Bereicherungen.[113]

Tatsache bleibt bei alledem, daß ihr Wachstum die Erich-Koch-Stiftung gegen Kriegsende zu einer wahrhaft ungeheuerlichen Größe gebracht hatte. Gemäß ihrem Wirtschaftsprüfer Friedrich umfaßte sie Ende 1943 56 Unternehmen mit insgesamt 121 Betrieben, die vornehmlich im Bereich der Verlage und Druckereien, in der Ernährungswirtschaft sowie in der Textil- und der Holzindustrie tätig waren. Zusammen sollen diese Unternehmen 1944 einen Reingewinn von 30 Mio. Reichsmark erwirtschaftet, das Gesamtvermögen der Stiftung zu Ende 1944 rund 331,7 Mio. Reichsmark betragen haben.[114] Entgegen den großangelegten Raumplanungen im Zusammenhang mit dem „Ostpreußenplan" von 1933 vertieften die Unternehmen der Erich-Koch-Stiftung in „Altostpreußen" eher die industriellen Schwerpunkte im Königsberger Gebiet und in Elbing und Tilsit. Sie verarbeiteten jedoch in Teilen durchaus in der Provinz vorhandene Rohstoffe, was einem der Grundgedanken des „Ostpreußenplans" entsprach.[115]

Im „Dritten Reich" suchte die Erich-Koch-Stiftung ihresgleichen. Dabei stand sie im Grunde in einer Linie mit Stiftungen, Vereinen oder Gesell-

---

[113] Vgl. dazu Rohrer, Christian: War Gauleiter Koch korrupt? In: Nützliche Netzwerke und korrupte Seilschaften. Hrsg. von Arne Karsten/Hillard von Thiessen. Göttingen 2006, S. 46-69.
[114] Vgl. die Übersicht über die Betriebe der Erich-Koch-Stiftung von Friedrich vom 17.12.1945. Bundesarchiv Koblenz, Z 42 IV/1909e, Bl. 51-53. Mit differenzierteren Zahlen findet sich diese Übersicht als „Vermögensaufstellung der Erich-Koch-Stiftungsbetriebe zum 31. Dezember 1943", erstellt von der „Deutschen Allgemeinen Treuhand G.m.b.H., Königsberg (Pr.)". Geheimes Staatsarchiv Preußischer Kulturbesitz, XX. HA Rep. 100 A, Nr. 318 (Handakten Hoffmann). An diesem Ort ist auch Friedrichs Vermögensaufstellung der Erich-Koch-Stiftung zum 31.12.1944 überliefert.
[115] Vgl. Rohrer (wie Anm. 2), S. 446-448.

schaften hochrangiger NS-Spitzenfunktionäre, die im nationalsozialisti-schen Sinne auf wohltätige und/oder gemeinnützige Zwecke verpflichtet waren. Nicht wenige dieser Organisationen gingen diesen Zwecken nach, doch wurden sie auch zur Patronage und zur Umgehung der Finanzkon-trolle des Reichsschatzmeisters der NSDAP genutzt.[116] Die Erich-Koch-Stiftung und ihr Gründer aber gewannen im Laufe der Jahre ein solches Eigengewicht, daß die Stiftung in den höchsten NS-Zirkeln argwöhnisch beobachtet und zugleich mit größter Vorsicht behandelt wurde. Das von Himmler geführte Reichsinnenministerium sowie das Amt des Reichs-schatzmeisters der NSDAP suchten der fehlenden Kontrolle solcher Stif-tungen entgegenzutreten und legten dieses Problem Hitler vor. Der „Füh-rer" hielt die Gauleiterstiftungen für unerwünscht. Sie sollten nach und nach auf die zu Kriegszeiten geschaffene Gauselbstverwaltung übertragen werden. Dies aber sollte „taktisch geschickt" erfolgen, indem erst alle klei-neren Stiftungen erfaßt werden sollten, um dann am Schluß die Erich-Koch-Stiftung in die Gauselbstverwaltung zu überführen.[117]

Die Erich-Koch-Stiftung, soviel kann festgehalten werden, war ein natio-nalsozialistischer Mischkonzern, der zwischen 1933 und 1945 ganz unter-schiedliche Funktionen hatte. Die Stiftung diente als großer Mantel, unter den nach dem immer gleichen Muster Unternehmen gezogen werden konnten, nämlich indem aus allgemeinen politischen und wirtschaftlichen Entwicklungen im „Dritten Reich" spezifischer Nutzen gezogen wurde. Die Geschichte der Ersten Ostpreußischen Bettfedernfabrik zeigte dies für den Bereich von „Arisierungen", die ab 1938 zum Wachstum der Stiftung beitrugen. Ähnlich profitierte die Stiftung ab 1933 vom Druck auf Zeitun-gen, seit 1936 von der intensivierten Wehr- und Rüstungswirtschaft und ab 1939 von der außenpolitisch und rasseideologisch induzierten territorialen Expansion des „Großdeutschen Reiches". In Verbindung mit rechtlich günstigen Voraussetzungen und ohne relevanten Kontrollen waren dem

---

[116] Neben der „Josef-Bürckel-Stiftung" gab es z.B. noch die „Sauckel-Marschler-Stiftung", Gauleiter Kaufmanns „Hamburger Stiftung von 1937" sowie die „Stiftung 1. September 1939" des Gauleiters Forster (Reichsgau Danzig-Westpreußen). Vgl. Klopfers Vermerk vom 22.6.1942. Bundesarchiv Berlin-Lichterfelde, R 1501/12713, Bl. 7, Hüttenberger (wie Anm. 15), S. 127, Bajohr, Frank: Gauleiter in Hamburg. Zur Person und Tätigkeit Karl Kauf-manns. In: Vierteljahreshefte für Zeitgeschichte 43 (1995), S. 267-295, dort vor allem S. 279-280, sowie ders., Parvenüs (wie Anm. 3), S. 42-45.
[117] Vgl. den Vermerk Stuckarts vom 25.5.1944. Bundesarchiv Berlin-Lichterfelde, R 1501/12713, Bl. 9.

Wachstum der Erich-Koch-Stiftung insbesondere nach der Oberpräsidentenkrise von 1935 kaum Grenzen gesetzt. Das nationalsozialistische Ostpreußen, dem aus seiner „Sonderlage" in vielerlei Hinsicht besondere Bedingungen und nicht selten erhebliche Vorteile erwuchsen, war für das Wachstum einer solchen Stiftung vermutlich besonders geeignet. Dabei war die Stiftung auch Ausdruck der Kraft, die aus der Kombination – nicht Kumulation! – von Gauleiter- und Oberpräsidentenamt entstehen konnte. Sie führte Koch materielle und immaterielle Ressourcen zu, die in verschiedenen Funktionssystemen der Gesellschaft anfielen. Deren Grenzen aber konnte die Erich-Koch-Stiftung unter den Bedingungen des nationalsozialistischen Ostpreußens übersteigen und dabei die verschiedenen Ressourcen aneinander steigern und wechselseitig vermehren. Dies wiederum stabilisierte Kochs Stellung an der Spitze Ostpreußens – und mit ihm auch seine Stiftung. Offenbar bedurfte es des Niederganges des „Dritten Reiches" insgesamt, um dieser steten Expansion und Eigendynamik ein Ende zu bereiten.

Die Jüdische Gemeinde Königsbergs während des Nationalsozialismus

STEFANIE SCHÜLER-SPRINGORUM

Für die Juden in Königsberg, so könnte man behaupten, begann das „Dritte Reich" schon im Sommer 1932: In der Nacht vom 31. Juli auf den 1. August – also in der Nacht nach den Reichstagswahlen – überfielen mehrere SA-Trupps, die sich vor allem aus Studenten zusammensetzten, quasi in einer Art Siegesfeier verschiedene Ziele in Königsberg: Dabei wurden politische Gegner – also vor allem Politiker der SPD und der KPD – aber auch Geschäfte jüdischer Inhaber und Einrichtungen der jüdischen Gemeinde angegriffen und mehrere Mordanschläge verübt, darunter auch auf eine der bekanntesten jüdischen Persönlichkeiten der Stadt, nämlich auf den Syndikus des Abwehrvereins CV, Kurt Sabatzky, der dem Anschlag nur knapp entging. In den nächsten Tagen breiteten sich pogromartige Zustände über ganz Ostpreußen aus und die Zeitungen titelten am 2. August 1932: „Blutiger Nazi-Terror in Königsberg." Schon vor 1933 konnte der Antisemitismus in Königsberg also lebensbedrohliche Realität werden.[1]

Im folgenden können die Gründe für den dramatischen Aufstieg der NSDAP in Ostpreußen nicht eingehend analysiert werden, zumal die historiographische Bearbeitung gerade der Jahre 1918 bis 1945, darauf hat jüngst Manfred Kittel noch einmal hingewiesen, für Königsberg wie für ganz Ostpreußen weiterhin ein Desiderat ist.[2] In unserem Zusammenhang ist es jedoch wichtig festzuhalten, daß dieser Aufstieg auch schon in den zwanziger Jahren immer mit massiven und tätlichen Angriffen auf Juden bzw. jüdische Institutionen einherging. Daß dies in ganz Deutschland der Fall war, wenngleich in regional durchaus unterschiedlicher Intensität, ist kürzlich in zwei eindrucksvollen Studie akribisch nachgewiesen worden.[3] In Ostpreußen war die Situation, dies belegen zahlreiche Quellen, besonders dramatisch, und zwar gerade in den kleinen Städtchen der Provinz, wo oft nur

---

[1] Vgl. Königsberger Volkszeitung vom 2. August 1932; außerdem Sabine Thiem: Kurt Sabatzky: The CV Syndikus of the Jewish Community in Königsberg during the Weimar Republic, in: Leo Baeck Institute Year Book 44 (1999), S. 191-204
[2] Vgl. Kittel, Manfred: Preußens Osten in der Zeitgeschichte, in: VfZ50 (2002), S. 435-463.
[3] Walter, Dirk: Antisemitische Kriminalität und Gewalt, Judenfeindschaft in der Weimarer Republik, Bonn 1999; Hecht, Cornelia: Deutsche Juden und Antisemitismus in der Weimarer Republik, Bonn 2003.

noch wenige jüdische Familien lebten, die diesen Angriffen schutzlos ausgeliefert waren. In Königsberg selbst waren Juden weniger direkt gefährdet, aber die nationalsozialistische Bedrohung ließ sich auch hier nur schwer übersehen, zumal die NSDAP seit 1924 in der Stadtverordnetenversammlung vertreten war und dort immer wieder antisemitische Anträge und Petitionen einbrachte. Die Jüdische Gemeinde und vor allem der schon erwähnte CV unter Sabatzky setzten sich gegen diese Angriffe durchaus zur Wehr, indem man gegen die NSDAP prozessierte oder Aufklärungsveranstaltungen für die christlichen Mitbürger abhielt, die allerdings auf immer weniger Resonanz stießen.[4]

Dabei muß auch beachtet werden, daß die einstmals so große und bedeutende Jüdische Gemeinde in Königsberg nach dem Ersten Weltkrieg stark geschwächt war. Durch die Ausweisung zahlreicher russischer Untertanen – die zur Gemeinde gezählt hatten – war die jüdische Bevölkerung stark dezimiert worden, und infolge der ökonomischen Entwicklung nach dem Krieg verarmte sie zusehends. Dies läßt sich zwar nicht mit genauen Zahlen belegen, aber die Wohlfahrtsakten der Gemeinde vermitteln ein eindrucksvolles Bild vom desaströsen Einbruch, den die Inflation auch für die finanziellen Verhältnisse der Gemeinde und ihrer Mitglieder bedeutete. So stieg seit 1920 die Zahl der Bittgesuche an die jüdischen Institutionen enorm an, die Listen der Unterstützten wurden von Jahr zu Jahr länger und sollten sich in der Folgezeit kaum noch verringern. Die Lage wurde noch dadurch erschwert, daß die einstmals reichen Wohlfahrtsvereine ihre Vermögen in der Inflation verloren hatten und gleichzeitig weniger Spenden aus einer verarmenden Bevölkerung erhielten.[5]

Dies war also die Situation am 30. Januar 1933. Die jüdische Bevölkerung Königsbergs verhielt sich zunächst, wie die Juden überall im Reich, abwartend, und einzig die in den Linksparteien aktiven Juden waren sich ihrer doppelten Gefährdung bewußt. Daß mit der nationalsozialistischen „Machtergreifung" der fanatische Rassenantisemitismus zur offiziellen Regierungspolitik wurde, war vielen vielleicht theoretisch klar, aber die Um-

---

[4] Zur Entwicklung des Verhältnisses zwischen Mehrheit und Minderheit während der Jahre der Weimarer Republik vgl. Schüler-Springorum, Stefanie: Die jüdische Minderheit in Königsberg/Pr., 1871-1945, Göttingen 1996, S. 197-235.
[5] Zur inneren Entwicklung der Jüdischen Gemeinde vgl. ebd. (wie Anm. 4), S. 235-294.

setzung seiner proklamierten Ziele erschien den meisten Juden wie Nichtjuden unwahrscheinlich.

Von der nach dem Reichstagsbrand einsetzenden Verfolgungswelle gegen die politischen Gegner der NSDAP waren jedoch nicht nur die Lokalpolitiker jüdischer Herkunft wie der (U)SPD-Führer Alfred Gottschalk oder engagierte jüdische Anwälte betroffen, die mit den Parteien der politischen Linken zusammengearbeitet hatten. Ziel der Terrorkampagne der SA waren auch im März 1933 wieder jüdische Einrichtungen und Personen in Königsberg. So wurden am 7. März auf die Alte Synagoge, einige Tage später auf einige Läden Brandanschläge verübt, Gemeindemitglieder mißhandelt und der Kinobesitzer Max Neumann brutal ermordet. Vor allem dieser Mord verfehlte nicht sein Ziel, Angst und Schrecken zu verbreiten. So bat zum Beispiel danach der schon erwähnte CV die Zentrale in Berlin um einen neuen Syndikus, da „infolge der psychischen Einstellung unserer Glaubensgenossen in der Provinz die Tätigkeit des Herrn Sabatzky wesentlich lahmgelegt würde, weil sie befürchten würden, mit Herrn Sabatzky irgendwie gesehen zu werden".[6]

Für alle, die in diesen Geschehnissen noch „Einzelaktionen" sehen wollten, wurde kurz darauf der Boykott am 1. April zum oftmals traumatischen Beginn der staatlichen Verfolgung, die nun nicht mehr gegen politische Gegner, sondern gegen die jüdische Minderheit in ihrer Gesamtheit gerichtet war. Königsberger Augenzeugen dieses Tages berichten übereinstimmend, daß in der Stadt durchaus eine latente Gewaltbereitschaft zu verspüren war. Aber die – von wenigen Ausnahmen abgesehene – mangelnde Solidarität der nichtjüdischen Nachbarn und Kollegen war die bei weitem einschneidendere Erfahrung, wie der mit einem jüdischen Sozius zusammenarbeitende christliche Anwalt Paul Ronge später erinnerte: „Die ganze menschliche Erbärmlichkeit wurde mir klar. Es war das Ende dessen, was man Zivilcourage nennen konnte, obwohl noch alles halb so schlimm war. Was hätte schon wem auch immer passieren können, wenn er zu uns gekommen wäre?"[7]

Die Abwendung der Mehrheit von der Minderheit, die rasche Entsolidarisierung und die daraus folgende soziale Isolation der jüdischen Bevölke-

---

[6] CV Königsberg an Zentrale Berlin, 24.3.1933 in: GSTAPK, XX HA, 240 B, Nr. 29e.
[7] Ronge, Paul: Im Namen der Gerechtigkeit, München 1963, S. 150.

rung war anfangs psychisch sicher noch zerstörerischer als die Maßnahmen des staatlichen Antisemitismus. Auch in Königsberg vollzog sich dieser Prozeß schnell, was angesichts der gerade beschriebenen Entwicklung in den zwanziger Jahren nicht sehr erstaunen kann. Läßt sich auch der Grad oder das Tempo der Veränderungen des sozialen Klimas kaum bemessen oder gar vergleichen, so kann man doch mit einiger Sicherheit sagen, daß das Leben für die jüdische Minderheit in Königsberg in den dreißiger Jahren auf jeden Fall weiterhin erträglicher war als in den Kleinstädten der umliegenden Provinz. Im Vergleich zu Berlin allerdings, in das immer mehr Königsberger verzogen, war der täglich praktizierte Antisemitismus in der ostpreußischen Hauptstadt auch in den ersten Jahren nach 1933 schon sehr virulent.

Dabei waren Anpöbelungen auf der Straße sicher noch leichter zu ertragen als die nun einsetzenden zahlreichen persönlichen Enttäuschungen über Bekannte, Freunde und Nachbarn, die nach 1933 den Kontakt abbrachen. Diese Erfahrungen konnten jeden treffen: Ein Schulkind, dessen früherer Lieblingslehrer plötzlich die Straßenseite wechselte oder die langjährige Freundin der Schriftstellerin Agnes Miegel, die bei einem Besuch plötzlich nicht mehr vorgelassen wurde. Besonders eindrucksvoll hat dies Ludwig Goldstein geschildert, ein ehemaliger Journalist der Hartungschen Zeitung, der sich als atheistischer Sohn eines jüdischen Vaters und einer christlichen Mutter nie als Jude gefühlt und einen dementsprechend großen nun „arisch" genannten Bekanntenkreis aufzuweisen hatte:

Man rückte ab, man zog sich zurück [...], schon die einfachste Höflichkeit [...] hielt man gegenüber einem Nichtarier für unangebracht, ja bald für ein Vergehen, das die bösesten Folgen nach sich ziehen konnte. [...] Sogar bei guten alten Bekannten [...] drückte man sich um den öffentlichen Gruß oder man grüßte grundsätzlich nicht mehr. [...] Ich habe nur ein Häuflein klein von Menschen kennen gelernt, die auch nur in Gedanken gegen den Stachel gelöckt, und fast keinen, der gegen das Ansinnen, die Freunde der vergangenen Woche in dieser Woche wie Erzfeinde zu behandeln, mit der Tat oder auch nur mit Worten angekämpft hätte. [...] Auch „bewährte" Liberale entwickelten sich fort, indem sie von sich abfielen [...], zumal wenn sie [...] endlich eine einträgliche Stellung ergattert [...] hatten.[8]

---

[8] Goldstein, Ludwig: Heimatgebunden. Aus dem Leben eines alten Königsbergers, unveröff. Ms. Königsberg, ca. 1936-1940, in: GSTPK, XX HA, Handschrift 7, S. 126f.

Daß es, wie Goldstein fortfährt, „keineswegs der einfache Mann aus dem Volke war, der zuerst Sittlichkeit und Anstand mit Füßen getreten hätte", wird auch durch die Lageberichte der Gestapo bestätigt. Bei den seltenen Beispielen solidarischen Verhaltens in der Öffentlichkeit, die in Ostpreußen zwischen 1934 und 1938 aktenkundig wurden, handelt es sich nämlich fast immer um Arbeiter und Arbeiterinnen, und auch später waren es einige wenige Bäuerinnen auf dem Lande, die es wagten, verfolgte Juden zu verstecken.[9]

Aber zurück zum Jahr 1933 und zum Boykott-Tag, der das vorläufige Ende der organisierten Ausschreitungen und den Beginn der rechtlichen Ausgrenzung der jüdischen Minderheit einläutete, mit der Schritt für Schritt die Emanzipation rückgängig und für viele der Erwerb des Lebensunterhalts unmöglich gemacht wurde. Von der rassistischen Gesetzgebung waren zuerst Anwälte und Ärzte sowie die sechzehn „nichtarischen" Dozenten der Albertina betroffen. Bezeichnenderweise galten die ersten gesetzlichen Maßnahmen also denjenigen Berufsgruppen bzw. Institutionen, in denen der Antisemitismus vor 1933 teils aus Tradition, teils aus banalem Konkurrenzneid besonders verbreitet gewesen war, so daß man hier kaum auf Gegenwehr stieß. Die Mehrheit der nichtjüdischen Akademiker trieb die Ausschaltung ihrer Kollegen mit voran und bestätigte sich und ihrer Umwelt damit, daß die antijüdische Politik nun in „zivilisierte" und „rechtmäßige" Bahnen gelenkt würde. Ein beeindruckendes Beispiel dieser Haltung boten die Königsberger Juristen ihrem Kollegen Aschkanasy, der um die hundert von ihnen schriftlich bat, sich für seine Wiederzulassung einzusetzen, und daraufhin ganze drei Antworten erhielt.[10]

Auch die meisten Angestellten „nichtjüdischer" Firmen verloren in den folgenden Monaten ihre Arbeitsplätze, ähnliches galt für Journalisten und Künstler, und nur für letztere konnte der 1933 gegründete Jüdische Kulturbund einen geringen Ausgleich bieten. Der selbständige Handel wurde zunächst nicht durch allgemeine gesetzliche Diskriminierungen, wohl aber durch eine Unmenge lokaler und regionaler Sonderbestimmungen beschränkt und durch Boykottaufrufe und Drohungen eingeschüchtert. Besonders schwierig war die Situation der Jugendlichen. Für sie war es nach 1933 fast unmöglich, noch Lehrstellen in „nichtjüdischen" Betrieben zu

---

[9] Vgl. Schüler-Springorum (wie Anm. 4), S. 309f.
[10] Vgl. Ronge (wie Anm. 7), S. 156f.

finden, oder sie wurden daraus vertrieben. So erhielt z. B. der Besitzer einer Apotheke, in der ein jüdisches Lehrmädchen arbeitete, 1933 solange Drohbriefe, bis diese die Stelle „freiwillig" aufgab.[11]

All dies hatte zur Folge, daß sich immer mehr Königsberger jüdische Familien zur Auswanderung entschlossen oder diese zumindest in Betracht zogen. Allerdings wurde dies ein immer problematischeres Unterfangen, da die deutsche Regierung die emigrationswilligen Juden zunehmend ihres Vermögens beraubte und so für viele den Start im neuen Land fast unmöglich erscheinen ließ. Dies galt umso mehr für die meist aus dem Kleinbürgertum stammenden Juden der ostpreußischen Provinz, die im Laufe der dreißiger Jahre nach Königsberg übersiedelten und häufig weniger „weltgewandt" waren als die jüdische Bevölkerung der Großstadt. So erinnert sich die aus Insterburg stammende Hella Wertheim an den Entscheidungsprozeß in ihrem Elternhaus: „Wir waren nicht begütert und hatten auch keine Beziehungen. [...] Wir hätten zum Beispiel nicht nach Amerika ausreisen können, weil wir keine Verwandten dort hatten [...], und an wen sollten wir uns wenden?"[12]

Die individuelle Entscheidung der Frage „Gehen oder Bleiben?" war von einer Vielzahl von Faktoren abhängig, wobei nicht nur die ökonomische Situation, sondern auch die persönliche Mobilität, das Alter und das Geschlecht eine Rolle spielten. So waren es zumeist die alleinstehenden Frauen, die zurückblieben, um ältere Familienangehörige nicht zu verlassen, oder weil sie sich nicht in der Lage sahen, alleine auszuwandern. Gleichzeitig wurden die Einreisemöglichkeiten nicht nur für Palästina, sondern auch für andere Länder wie England oder die USA, erschwert und durch die Ausplünderungspolitik der deutschen Regierung immer unerschwinglicher. Wer trotz verzweifelter Bemühungen kein Visum erhielt oder es nicht für nötig erachtete, sich zu bemühen, versuchte häufig, zumindest seine Kinder mit der *Jugendaliyah* nach Palästina zu schicken. Trotz aller Schwierigkeiten verringerte sich die Mitgliederzahl der Gemeinde allein in den Jahren 1937 und 1938 um jeweils fünfzehn bzw. zwölf Prozent – ein nüchtern anmu-

---

[11] Vgl. Schüler-Springorum (wie Anm. 4), S. 300-305.
[12] Wertheim, Hella/Rockel, Manfred: Immer alles geduldig getragen, Nordhorn 1992, S. 11.

tender Hinweis auf den psychischen und ökonomischen Druck, dem die jüdische Bevölkerung schon vor 1938 ausgesetzt war.[13]

Mit den Nürnberger Gesetzen von September 1935 war die Aufhebung der Emanzipation und die Ausgrenzung der jüdischen Minderheit auf gesetzlichem Wege weiter vorangetrieben worden. Die individuellen Rechte wurden nun nach der zwangsdefinierten „Rasse" gewährt bzw. beschnitten. Als besonders demütigend wurde dabei die Einführung des Straftatbestandes der sogenannten „Rassenschande" empfunden, deren publikumswirksame „Skandal"-Konnotationen von der nationalsozialistischen Propaganda weidlich ausgenutzt wurden.[14] Die nun einsetzende Diskriminierungswelle konzentrierte sich unter Federführung des „Stürmers" schon bald auf Juden, denen sogenanntes „rassenschänderisches" Verhalten vorgeworfen wurde. In Königsberg traf dies allein im Juli 1935 vier Männer, die von „einer größeren Menschenmenge" mit diffamierenden Schildern durch die Straßen der Stadt geführt und dann in „Schutzhaft" genommen wurden. Die nach Erlaß der Nürnberger Gesetze durchgeführten „Rassenschande"-Prozesse endeten alle mit drakonischen Strafen. Drei Jahre später wurden zwei weitere Prozesse gegen bekannte Gemeindemitglieder angestrengt, die mit etwas milderen Urteilen von jeweils achtzehn Monaten Gefängnis endeten. Dem Kaufmann Max Rawraway wurde beispielsweise seine langjährige nichtjüdische Verlobte zur Last gelegt, aber gleichzeitig seine Teilnahme am Ersten Weltkrieg strafmildernd angerechnet, denn das Richtergremium bestand ebenfalls aus Kriegsteilnehmern. Sein Anwalt, der schon erwähnte Paul Ronge, hat die grausame Absurdität dieses Verfahrens geschildert:

Die Richter und der Angeklagte, man gehörte zusammen, man hatte sich weit über ein Jahrzehnt als zusammengehörig betrachtet, und jetzt sollten die Herren, die da saßen, den vor ihnen stehenden Kameraden wegen etwas verurteilen, das es im Grunde doch gar nicht gab? [...] Ich glaubte, daß die Richter sich alle vor Scham in das nächste Mauseloch verkriechen müßten, aber sie verkrochen sich nicht.

---

[13] Vgl. hierzu auch allgemein Kaplan, Marion A.: Der Mut zum Überleben. Jüdische Frauen und ihre Familien in Nazideutschland, Berlin 2001.
[14] Vgl. die eindrucksvolle fotographische Dokumentation dazu bei Hesse, Klaus/Springer, Philipp: Vor aller Augen. Fotodokumente des nationalsozialistischen Terrors in der Provinz, Essen 2002.

Immerhin reichte ihr deutlich sichtbares Unbehagen zur vergleichsweise milden Strafe, die Rawraway jedoch nicht retten konnte. Von einer anderen Kammer wurde ein späteres Gnadengesuch des nierenkranken Königsberger Anwalts, trotz seines Versprechens, Deutschland sofort zu verlassen, abgelehnt, so daß ihm nach seiner Entlassung 1940 die schon vorbereitete Auswanderung nicht mehr gelang.[15]

Neben diesen oftmals tödlichen gesetzlichen Verschärfungen existierte eine ständig wachsende und bald unüberschaubare Zahl von schikanösen Verordnungen und Verboten, mit denen die jüdische Bevölkerung drangsaliert wurde. Einen Eindruck vom individuellen psychischen Leid, das diese Maßnahmen bewirkten, läßt sich stellvertretend für sicherlich viele aus Ludwig Goldsteins Erinnerungen gewinnen, der versuchte, einen Tag im Leben eines „normalen Königsberger Juden" im nationalsozialistischen Deutschland zu schildern:

Am Morgen oder am Abend [...] begann und beendete Besagter [also er selbst] sein Tagewerk mit dem Spießrutenlaufen des Zeitungslesens. Was ihm da aus der Druckerschwärze entgegensprang, war in erster Linie eine gegen ihn gerichtete Schimpfkanonade. Die wohltuend zerstreuende alte Berufsarbeit gab es nicht mehr. [...] Noch härter wurden die besseren Kreise vielleicht durch die Einschränkung ihres geistigen Lebens, und damit zusammenhängend, jeder Erholungsmöglichkeit betroffen. Wissenschaftliche Anstalten aller Art sind ihnen verschlossen samt den öffentlichen Bibliotheken. Ja selbst die billigen Leihbüchereien [...] machen sich den Spaß, das Plakat „Juden sind hier nicht erwünscht" ins Schaufenster zu hängen. [...] Man begegnet ihm in Badeanstalten wie in Konditoreien, beim Krawattenmacher wie beim Krämer, in der Konfektion wie in Kneipen jeder Gattung. Es ist kaum einer mehr unter den Kindern Israels, der sich noch in eine Gaststätte hineinwagte, und wenn er es noch so nötig hätte. [...] In Heil- und Seebädern findet er entweder keine Unterkunft, oder er unterliegt den abscheulichsten Ausnahmebestimmungen („Gurgeln für J. nur von 8–9 Uhr morgens"). [...] Man möchte so gerne „wohin" gehen. Aber wohin nur?[16]

Der einzige Zufluchtsort, der den Verfolgten geblieben war, waren die Einrichtungen der Jüdischen Gemeinde, die allerdings selbst mit vielfachen Schwierigkeiten zu kämpfen hatte: Zum einen hatte die systematische ökonomische Verdrängung und Ausplünderung zur Folge, daß sich die jüdi-

---

[15] Ronge, Gerechtigkeit (wie Anm. 7), S. 182-187, Zitat S. 185.
[16] Goldstein (wie Anm. 8), S. 682-685.

sche Bevölkerung Königsbergs zwischen Juni 1933 und Oktober 1938 um ein Drittel oder 1084 Personen verringerte, wobei zu bedenken ist, daß nicht alle sofort ins Ausland emigrierten, sondern oftmals nur in andere Städte, vor allem nach Berlin, verzogen. Umgekehrt wurde die Gemeinde zur ersten Anlaufstation für verarmte jüdische Familien aus der ostpreußischen Provinz. Die hohe Fluktuation war jedoch nur eines der ungezählten Probleme, denen sich die Königsberger Gemeinde in den folgenden Jahren ausgesetzt sah.

Die staatliche Vertreibungspolitik traf hier auf eine Bevölkerung, die, wie gezeigt, schon zu Beginn der dreißiger Jahre wirtschaftlich stark angeschlagen war. Die schon für die Weimarer Zeit konstatierte Notlage der Gemeinde, mit immer weniger Mitteln eine immer größere Zahl von Bedürftigen unterstützen zu müssen, verschärfte sich nun von Jahr zu Jahr – unter nicht zu vergleichenden äußeren Bedingungen. So war bis 1937 die Zahl der zur Gemeindesteuer veranlagten Personen auf ein Viertel der Gemeindemitglieder gesunken, während umgekehrt fast die gleiche Anzahl auf regelmäßige Zuwendungen der Wohlfahrt angewiesen war. Hinzu kam, daß die Arbeit der Gemeinde und ihrer Vereine erschwert wurde durch die Auflösung der über Jahre gewachsenen internen Strukturen und Beziehungen aufgrund von Auswanderung aus der Stadt und Zuwanderung aus der Provinz, was nicht ohne Konflikte vonstatten gehen konnte. Den neuen Anforderungen und Problemen begegnete die Gemeindeleitung mit einer Doppelstrategie: zum einen konzentrierte man sich auf die Förderung der Ausbildung und Auswanderung gerade jüngerer Menschen, zum anderen war man bemüht, den Erhalt einer lebensfähigen Infrastruktur für die aus immer mehr Bereichen Ausgeschlossenen zu sichern. So versuchte man etwa, durch Immobilienverkäufe, Stelleneinsparungen und Gehaltskürzungen Kosten zu senken, um die dringendsten Wohlfahrtsaufgaben bewältigen und neue Einrichtungen wie die Jüdische Schule finanzieren zu können.[17]

Inmitten dieser doppelgleisigen Politik zwischen pragmatischer Aufgabe und notwendigem Erhalt entwickelte sich gerade die Jüdische Schule zum letzen großen und gemeinsamen Projekt der Königsberger Juden: „Hier stand", betonte der Direktor der Schule im Rückblick, „dem allgemeinen

---

[17] Zur internen Entwicklung der Jüdischen Gemeinde zwischen 1933 und 1938 vgl. Schüler-Springorum (wie Anm. 4), S. 324-338.

Pessimismus, ja oft dem Gefühl der Verzweiflung und der Ausweglosigkeit ein Werk gegenüber, das noch einmal alle moralischen (und auch finanziellen) Kräfte der Juden in der Gemeinde zu tätiger Mitarbeit aufrief."[18] Zahlreiche Erinnerungen überlebender ehemaliger Schülerinnen und Schüler belegen, daß es den engagierten Lehrern dort tatsächlich gelang, für ihre Schützlinge so etwas wie eine kurzfristige „heile Welt" zu schaffen. Dies hatten die Kinder auch bitter nötig, denn sie waren den täglichen Anfeindungen gerade in den staatlichen und städtischen Schulen am hilflosesten ausgeliefert gewesen und konnten zudem zu Hause von ihren selbst bedrängten und nervösen Eltern oft keine beruhigende Zuwendung mehr erfahren.[19]

Die Hoffnung, jüdisches Leben in Deutschland zumindest für die nicht Auswanderungsfähigen oder -willigen in einem immer enger gesteckten Rahmen zu erhalten, wurden durch den Pogrom vom 9./10. November 1938 endgültig zerschlagen. Über dessen Verlauf existieren für Königsberg mehrere schriftliche Augenzeugenberichte, die alle einhellig dieselbe Szene als die gespenstischste dieser Nacht beschreiben: Das erste Ziel der nationalsozialistischen Schlägertrupps war die Neue Synagoge, an die das Waisenhaus, die Wohnungen des Schuldirektors Kälters, des pensionierten Kantors Wollheim sowie die improvisierten Räume der Jüdischen Schule angrenzten:

Weißgekleidete kleine Kindergestalten flohen in panischer Angst über die Straße und verschwanden in den anliegenden Gäßchen. [...] Ihr besonderes Mütchen kühlten die SS-Leute an unserem zweiten Kantor. [...] Sie jagten den alten Mann grölend über die Straßen bis zur nächsten Pregelbrücke und drohten, ihn in den Fluß zu werfen, nur das Eingreifen ihres Vorgesetzten verhinderte das.[20]

Stattdessen wurde Wollheim derart schwer mißhandelt, daß er mehrere Wochen im Krankenhaus verbrachte. Die Neue Synagoge in der Lindenstraße ging noch in derselben Nacht in Flammen auf, die kleineren Bethäuser, der Friedhof sowie zahlreiche Geschäfte jüdischer Inhaber wurden

---

[18] Kälter, David Franz: Die Jüdische Schule in Königsberg/Pr. Ein Gedanke und seine Verwirklichung, in: Bulletin des Leo Baeck Instituts 4, 1961, Nr. 14, S. 145-166.

[19] Zur spezifischen Situation der verfolgten Kinder und Jugendlichen vgl. Schüler-Springorum (wie Anm. 4), S. 338-343.

[20] Kälter, David Franz: Die „Kristallnacht" in der Provinz, in: Mitteilungsblatt der Einwanderer aus Mitteleuropa, 1963, Nr. 42/43.

verwüstet und die Insassen des Jüdischen Altersheims am nächsten Tag „mit unglaublicher Härte" vertrieben. Wie überall in Deutschland, so brachen die SA und SS-Trupps in dieser Nacht auch in Königsberg in die Privatwohnungen der jüdischen Familien ein, demolierten, plünderten und verhafteten die Väter und die älteren Söhne. Insgesamt 450 Juden wurden in den Morgenstunden in Königsberg festgenommen und zunächst auf das Polizeipräsidium gebracht, wo sich schon, so Goldstein, „eine Ehrenwache von Zuschauern und Gaffern" eingefunden hatte, um sich anzusehen, „wie hier Stunde um Stunde einer nach dem anderen" eingeliefert wurde. Da es in Ostpreußen kein Konzentrationslager mehr gab und die Fahrt durch den Korridor organisatorische Probleme aufgeworfen hätte, wurden die Juden auf das Stadtgefängnis und die alte Feuerwache in Methgethen verteilt. Dies war insofern ein Vorteil, denn dort wurden sie von älteren Gefängniswärtern bewacht, die, so das einhellige Urteil, „verhältnismäßig menschlich" waren.[21]

Alle Inhaftierten wurden in den nächsten vier Wochen entlassen, nachdem sie zuvor noch in der Haft ihren Besitz „verkauft" hatten und ein Visum zur Auswanderung vorweisen konnten. Hohe Nazifunktionäre, die Stadt Königsberg und zahlreiche Einzelpersonen erwarben auf diese Weise Geschäfte und Grundbesitz für lächerliche Summen. Wie der eifrige Zeitungsleser Goldstein feststellen konnte, waren in Königsberg bald nicht nur „1.000.000 tadellose Ziegel, eine sehr wertvolle Orgel, ein schwarzer Flügel u. v. a. annonciert, sondern auch Trauringe, Schmuck, Uhren […] noch längere Zeit unter der Hand billig zu haben, soweit es gewisse Leute nicht vorzogen, sie in ihren Geheimtresoren den Augen der Mitwelt zu entziehen."[22]

Auch ohne die traumatische KZ-Haft hatten die Ereignisse in Königsberg genügt, der jüdischen Bevölkerung jegliche Illusionen über eine mögliche Zukunft in Deutschland zu nehmen und ihre absolute Rechtlosigkeit vor Augen zu führen. So begann nun für die meisten ohnehin schon verarmten Familien ein nervenzermürbender und oft hoffnungsloser Kampf gegen die letzte „legale" Ausplünderung der Behörden und für ein Ein- oder Durchreisevisum, das kaum ein Land noch gewährte. Wie viele Königsberger Juden so vor Kriegsausbruch aus Deutschland flüchteten, ist

---

[21] Goldstein, (wie Anm. 8), S. 681; vgl. auch Schüler-Springorum (wie Anm. 4), S. 348-350.
[22] Goldstein (wie Anm. 8), S: 676f.

nicht bekannt. Seit der „Machtergreifung" 1933 war die jüdische Bevölkerung der Stadt um etwas mehr als die Hälfte zurückgegangen. Von diesen hatten sich jedoch nicht alle tatsächlich in Sicherheit bringen können, manche saßen vielmehr bei Kriegsausbruch völlig mittellos in anderen europäischen Ländern fest und wurden später von dort aus in die Todeslager deportiert. Für Königsberg meldete die Jüdische Winterhilfe im Sommer 1942, also kurz vor Beginn der Deportationen, die Zahl von 1.183 in der Stadt lebenden Jüdinnen und Juden.[23]

Nur wenige von ihnen konnten nach dem Verbot der Ausübung eines Handwerks oder Gewerbes nach 1938 ihren Lebensunterhalt als Arbeiter oder Gemeindeangestellte verdienen. Die Mehrheit lebte von verbliebenem Ersparten oder von der Gemeindewohlfahrt. Auch im Vergleich zu anderen Städten war die materielle Not in Königsberg den Unterlagen der Jüdischen Winterhilfe zufolge außerordentlich groß. Nach Kriegsbeginn wurden die jüdischen Männer, ab 1941 auch die jüdischen Frauen zur Zwangsarbeit eingezogen. Die meisten Jüdinnen und Juden mußten zehn Stunden täglich in einem Chemiebetrieb, der Seifenfabrik Gamm, arbeiten, mit dem Ziel, so eine ehemalige Gamm-Arbeiterin, „bis zum geht nicht mehr" aus ihnen herauszuholen. Die Situation der Zwangsarbeiter war sehr von der Person und der jeweiligen Stimmung der Vorarbeiter abhängig, die sich „anständig" verhalten, aber auch Juden an die Gestapo ausliefern konnten.[24]

Anfang Januar 1939 wurde die Zusammenlegung der jüdischen Bevölkerung in sogenannte „Judenhäuser" im ehemaligen Wohnbezirk um die alte Synagoge forciert, in denen in einer Wohnung meist mehrere Familien zusammengepfercht wurden. Selbst hier noch wurden Juden Opfer nachbarschaftlicher Überwachung und Denunziation: So kontrollierten christliche Bewohnerinnen des Viertels die Kochtöpfe in den „Judenhäusern", um etwaige zusätzliche Lebensmittel zu melden.

Die Reaktionen der deutschen Bevölkerung auf die Entrechtung und Ermordung der deutschen Juden sind in den letzten Jahren Gegenstand

---

[23] Vgl. Gruner, Wolf: Die Berichte über die Jüdische Winterhilfe von 1938 bis 1942, in: Jahrbuch für Antisemitismusforschung 1 (1992), S. 307-341.
[24] Vgl. hierzu sowie zum folgenden: Schüler-Springorum (wie Anm. 4), S. 351-55.

verschiedener historischer Untersuchungen und Debatten gewesen.[25] Für Königsberg existiert das eindrucksvolle Zeugnis des Jugendlichen Michael Wieck, der nach der Einführung des „Judensterns" im September 1941 ein breites Spektrum von Verhaltensweisen ihm als so öffentlich Gekennzeichneten gegenüber registrierte, das von anfänglicher Neugier, heimlicher Freundlichkeit bis hin zu physischen Attacken reichte. Neben dem täglichen Ausgeliefertsein bedeutete das Tragen des Sterns für ihn und alle anderen auch die Zerstörung der letzten Nischen, die vor allem die Jugendlichen bis dahin noch manchmal hatten nutzen können: „(Es) begann eine Zeit, in der es nun nicht mehr möglich war, so zu tun, als wenn man dazugehörte, oder anders gesagt, zeitweise zu vergessen, daß man nicht dazugehörte," beschreibt Wieck die psychologische Wirkung auf ihn als damals Dreizehnjährigen: „Es kostete große Überwindung, als Gekennzeichneter die Straße zu betreten [...], was bei einem neurotischen Menschen der Fall sein kann – alle Menschen nur im Hinblick auf sich selbst zu betrachten – bewirkte der gelbe Stern. Er nahm jede Unbefangenheit und das Gefühl, „normal" zu sein."[26]

Daß die Zahl der Selbstmorde in der jüdischen Bevölkerung nach der Einführung des Sterns und dann noch einmal mit Beginn der Deportationen anstieg, läßt sich ohne gesichertes Zahlenmaterial auch für Königsberg nur vermuten. Allein unter den Bekannten der Familie Wieck gab es mehrere, die ihrem Leben in einem letzten Akt der Selbstbestimmung vor der sicheren Ermordung ein Ende setzten.

Weder ist die exakte Zahl der aus Königsberg deportierten Juden bekannt, noch lassen sich gesicherte Aussagen über ihr genaues Schicksal an den Zielorten machen. Versucht man anhand der verfügbaren Daten eine ungefähre Schätzung, so wurden in den Jahren 1942 und 1943 mindestens tausend Juden aus Königsberg deportiert. Dabei handelte es sich vorwiegend um ältere Menschen, und zwar vor allem um alleinstehende Frauen und um ärmere Familien mit oft kleinen Kindern, für die es, wie von Hella Wertheim beschrieben, besonders schwierig gewesen war, rechtzeitig auszuwandern. Die zum Abtransport befohlenen Juden mußten sich in der

---

[25] Vgl. Bankier, David: Die öffentliche Meinung im Hitler-Staat. Die „Endlösung" und die Deutschen. Eine Berichtigung, Berlin 1995; ders. (Hg.): Probing the depths of German antisemitism. German society and the persecution of the Jews 1933-1941, New York 2000.
[26] Vgl. Wieck, Michael: Zeugnis vom Untergang Königsbergs. Ein Geltungsjude berichtet, Heidelberg 1990, S. 98ff.

Reithalle in der Wrangelstraße sammeln und von dort zum Nordbahnhof marschieren. Michael Wieck schildert die Reaktion der Königsberger Bevölkerung auf die öffentliche Verschleppung:

Den ganzen Morgen zogen die bepackten Juden zu Fuß durch die Stadt. Manche mußten nach wenigen Schritten pausieren, andere behalfen sich mit kleinen Leiterwagen [...]. Als schuldlos Verfemte gingen sie durch die Straßen, in denen, von wenigen Ausnahmen abgesehen, die ehemaligen Mitbürger, Patienten, Kunden, Freunde oder Nachbarn untätig daneben standen, zusahen oder wegsahen. Einige ganz gewiß mit bitteren Gefühlen und dem Wissen um das schlimme Unrecht und die eigene Ohnmacht. Aber an den zurückgelassenen Gütern [...] profitierte in der Regel bedenkenlos, wer Gelegenheit dazu hatte.[27]

Der größte Teil der jüdischen Erwachsenen und Kinder aus Königsberg wurde im Sommer 1942 nach Minsk und Riga verschleppt; soweit bekannt, hat keiner von ihnen überlebt. Etwas bessere Überlebenschancen hatten die meist älteren Menschen, die im August desselben Jahren nach Theresienstadt deportiert wurden und von denen einige wenige überlebten. Unklar ist jedoch, wie viele Königsberger von Theresienstadt nach Auschwitz weiterverschleppt und dort ermordet wurden. Nach Auschwitz direkt wurden in einem Sammeltransport im Rahmen der Fabrikaktion 1943 auch diejenigen deportiert, die noch eine zeitlang in „kriegswichtigen" Betrieben in Königsberg Zwangsarbeit geleistet hatten.[28]

Nach den Massendeportationen waren in Königsberg 1943 noch etwa 45 Familien übriggeblieben, in denen ein Elternteil jüdisch und die Kinder „Mischlinge" waren. Obgleich die Versorgung mit Nahrungsmitteln durch den „arischen" Familienteil halbwegs gesichert war, verschlechterten sich ihre Lebensbedingungen ständig aufgrund neuer diskriminierender Maßnahmen und Schikanen.

Man lebte „im engsten Kreis" und in ständiger Angst ein Leben, das vor allem aus Zwangsarbeit, Schlaf und dem einzigen Wunsch bestand, sobald wie möglich von „den Russen" befreit zu werden. Bei zwei Bombenangrif-

---

[27] Wieck (wie Anm. 26), S. 30f.
[28] Detaillierte Angaben zu den Königsberger Deportationen finden sich jetzt bei Alfred Gottwaldt: Zur Deportation der Juden aus Ostpreußen in den Jahren 1942 und 1943, in: NS-Gewaltherrschaft. Beiträg zur historischen Forschung und juristischen Aufarbeitung. Hrsg. von dems., Norbert Kampe, Peter Klein, Berlin 2005, S. 152-185.

fen auf Königsberg wurde die Innenstadt Ende August 1944 völlig zerstört. Unter den Toten befanden sich auch mehrere in Mischehe lebende Juden. Die Ausgebombten wurden von den Behörden in die Wohnungen anderer „Misch-Familien" eingeteilt. Die jüdischen und russischen Zwangsarbeiter mußten in den folgenden Wochen „im härtesten Arbeitseinsatz" die Produktion bei Gamm wieder aufnehmen, gleichzeitig verschlechterte sich die Ernährungslage für die „Mischfamilien" ständig. Zudem waren sie von den Auswirkungen des Krieges genauso betroffen wie die nichtjüdische Bevölkerung, konnten sich aber meist aus Angst vor den Behörden nicht zur Flucht aus der Stadt entschließen. So starben wenige Tage vor der Kapitulation bei der sowjetischen Offensive vermutlich alle zu diesem Zeitpunkt noch bei Gamm arbeitenden Juden und Zwangsarbeiterinnen.

Ende Januar wurde Königsberg von der Roten Armee eingeschlossen. Das in den folgenden Monaten völlig zusammenbrechende Leben in der Stadt hatte, neben allen kriegsbedingten Bedrohungen, für die jüdische Bevölkerung auch eine Verbesserung ihrer Lage zur Folge. Da die Verwaltung auf die Militärbehörden überging, konnten nun Juden und „Halbjuden" manchmal die volle Lebensmittelrationen erhalten. Die totale Überwachung wurde lückenhaft, man konnte sich nach Verstecken umsehen, „arische" Bekannte nahmen den Kontakt wieder auf, und je näher die Kapitulation rückte, desto freundlicher wurde die nichtjüdische Bevölkerung. Andererseits befürchteten viele Juden, noch kurz vor Schluß einem „Vollendungswahn" der nationalsozialistischen Vernichtungspolitik zum Opfer zu fallen.

Auch wenn sich diese alles andere als unbegründeten Ängste für die in Mischehen Verheirateten und ihre Kinder nicht bewahrheiten sollten, war das Leben in der mit Durchhalte- und Racheparolen aufrechterhaltenen Festung Königsberg für alle, die man zu „Feinden Deutschlands" erklären konnte, weiterhin lebensgefährlich. Nun wurden nicht mehr nur polnische Zwangsarbeiter wegen Diebstahl, sondern auch deutsche Soldaten wegen „Feigheit" und am Nordbahnhof ein im Lieper Pfarrhaus versteckter Jude aufgehängt, der sich zu seiner Familie hatte durchschlagen wollen.[29] Dem Befehl, die Spuren der deutschen Vernichtungspolitik zu verwischen, fielen in den letzten Monaten in Königsberg etwa 7.000 polnische Jüdinnen und Juden zum Opfer, die seit 1943 aus den Lagern Stutthof und Soldau zur

---

[29] Vgl. Schüler-Springorum (wie Anm. 4), S. 358-60.

Zwangsarbeit nach Königsberg und Umgebung geschickt worden waren. Einige von ihnen wurden noch im Januar 1945 in Königsberg erschossen, tausende starben auf dem Todesmarsch zur Ostseeküste bei Palmnicken oder wurden dort ermordet.[30]

Das „große Gefühl der Befreiung", auf das die überlebenden Juden so lange gewartet hatten, war in Königsberg nur von kurzer Dauer. Die sowjetischen Besatzer machten keinen Unterschied zwischen Verfolgern und Verfolgten. Im Gegenteil waren ihnen überlebende Juden besonders suspekt, da sie diese der Spitzeldienste für die Gestapo verdächtigten. Den jüdischen Offizieren der Roten Armee war der Kontakt mit deutschen Glaubensgenossen oft unangenehm, doch es gab auch die Ausnahmen jener, die sich bewußt als Juden um die Überlebenden der deutschen Vernichtungspolitik kümmerten.

Die Überlebenschancen der ohnehin schon durch jahrelange Zwangsarbeit und unzureichende Lebensmittelrationen geschwächten Juden waren noch geringer als die der übrigen deutschen Bevölkerung. Von denen, die zusammen mit etwa 110.000 Zivilisten und 30.000 Soldaten noch den Einmarsch der Roten Armee erlebt hatten, starben die meisten zusammen mit der übrigen Bevölkerung in den folgenden drei Jahren an Hunger, Erschöpfung und Krankheiten, einige fielen willkürlichen Erschießungen zum Opfer.

Im Herbst 1947 und im Frühjahr 1948 wurden die etwa 25.000 überlebenden Deutschen nach Westen evakuiert. Mit ihnen gingen die wenigen jüdischen Überlebenden. In der Stadt, die sie hinter sich ließen, sollte erst Jahrzehnte später wieder ein jüdisches, nun russisch-jüdisches Gemeinwesen entstehen, das sich heute bemüht, wieder an die 250 Jahre während Geschichte der Jüdischen Gemeinde Königsberg anzuknüpfen.

---

[30] Vgl. Kossert, Andreas: „Endlösung on the Amber Shore": The Massacre in January 1945 on the Baltic Seashore. A Repressed Chapter of East Prussian History, in: Leo Baeck Institute Year Book 49 (2004), S. 3-21; sowie als Zeitzeugenbericht: Bergau, Martin: Der Junge von der Bernsteinküste. Erlebte Zeitgeschichte 1938 - 1948, Heidelberg 1994, Bergau: Todesmarsch zur Bernsteinküste, Heidelberg 2006, sowie weiter unten den Beitrag von Bergau: Das Massaker in Palmnicken 1945. Ein Zeitzeugenbericht.

Grenzregion als Grauzone.
Heydekrug – eine Stadt an der Peripherie Ostpreußens

RUTH LEISEROWITZ

Lokale und regionale Ökonomie an der Staatsgrenze

In Grenzregionen werden räumliche Hierarchien eindrücklich wahrgenommen. Hier weitab vom Zentrum kommt es häufig dazu, daß sich Einwohner völlig abgeschnitten von der ökonomischen Dominanz sehen, sich infolge dieser Wahrnehmung nicht um Zusagen oder Zugeständnisse der Machtmitte bemühen, sondern ihre eigenen Mittel und Wege zur Durchsetzung ihrer Ansprüche realisieren. Häufig geschieht dieses aus völlig pragmatischen Erwägungen der jeweiligen Entscheider, ohne das Bewußtsein, hier könne gegen Recht verstoßen werden. Auch das Kalkül der Grenzregion als Grauzone scheint dabei nicht vordergründig in Betracht gezogen zu werden. Die räumliche Distanz zum Zentrum der Macht ist anscheinend mit abnehmender Wahrnehmung von staatlichen Ordnungszugriffen gekoppelt. Staatsmacht ist in der Grenzregion vor allem durch die Grenze selbst repräsentiert. Sie scheint wesentlich zur Ausformung eigener lokaler und regionaler Wirtschaftsformen beizutragen. Ökonomische Sonderwege hat es seit jeher an der Grenze gegeben, Radikalisierungen haben oft ihren Anfang in Grenzgebieten genommen. Das Beispiel der Arbeitsjuden von Heydekrug, ein Unterkapitel der Judenvernichtung des Zweiten Welkrieges, ist in gewisser Weise jedoch eine Unternehmung der abwegigsten Art, die unter wirtschaftlichen Erwägungen im Grenzgebiet stattfand.

Diese unbekannte Grenzepisode läßt sich in groben Zügen durch Prozeßakten, Zeugenaussagen und einige wenige Dokumente rekonstruieren.[1] Insgesamt wirft aber der Rekonstruktionsprozeß mehr Fragen auf, als er zu beantworten vermag. Die Geschichte muß mit dem Mut zur Lücke erzählt

---

[1] Vor allem die Prozeßakten des Verfahrens vor dem Landgericht Aurich 1964 gegen Dr. Werner Scheu, Karl Struve u. w. in der Zentralstelle Ludwigsburg II 207 AR-Z 162/59, Bd. 1 und 2; dazu ebenfalls: Yad Vashem TR-10/568; Justiz und NS-Verbrechen Band XX; Amsterdam 1978. Ebenfalls benutzt wurden Akten aus der Handschriftenabteilung der Bibliothek der Akademie der Wissenschaften in Vilnius (Mokslų Akademijos Biblioteka = MAB) F-170, B. 2364, 2365, 2369.

werden, da ihre Protagonisten, Deutsche, Litauer und Juden allesamt typische Bewohner der Grenzregion darstellten und ihr Verhalten eine der letzten Teilantwort auf die Leitfrage gibt, inwiefern die Juden ein bestimmender Faktor der ostpreußischen Grenze waren und wie sie von den anderen Bewohnern wahrgenommen wurden.

Zum Schauplatz selbst: Heydekrug war ein Marktflecken, Zentrum eines typischen Landkreises mit vielen kleinen Dörfern. Der Ort selbst zählte 1939 etwa 4.000 Einwohner.[2] Seit 1815 war hier der Sitz des Landratsamtes und so auch der wirtschaftliche Mittelpunkt des Kreises. Der Marktflecken an der Sziesze konnte im 19. Jahrhundert Ziegeleien und eine Dampfmühle aufweisen. Erwähnenswert waren der Fisch- und Schweinehandel. Der Ort, in dem vor allem Litauer und Deutsche lebten, lag sehr dicht an der Grenze. Hier verband sich Grenze schon sehr lange und klar mit der Vorstellung einer Scheidelinie zwischen begrenzten Territorien, Kulturen und Vorstellungswelten.[3] Nur wenige Kilometer dahinter in Richtung Nordosten befand sich beispielsweise Švėkšna, ein Stetl mit überwiegend jüdischer Bevölkerung, in dem bereits seit dem 16. Jahrhundert Juden lebten. 15 km nordwestlich von Heydekrug, 1 km hinter der preußischen Grenze, lag Žemaičių Naumiestis, ein anderes Stetl, in dem gleichfalls überwiegend Juden wohnten. An diesem Grenzabschnitt hatte nie ein kilometerlanges Niemandsland existiert. Den Bewohnern dies- und jenseits der Grenze war seit langem die Andersartigkeit der Nachbarn geläufig. Gerade darum hatten die einheimischen Kaufleute bis zur Mitte des 19. Jahrhunderts immer wieder versucht, Juden die Ansiedlung zu verwehren, da sie durch die nahe Grenze einen Zuwachs jüdischer Konkurrenten fürchteten.[4] Vereinzelte jüdische Zuwanderer gab es in Heydekrug seit 1825.[5] In der zweiten Hälfte des 19. Jahrhunderts hatte sich dann die Anzahl der jüdischen Einwohner und damit auch der Geschäfte rasant erhöht (von 111 männlichen Erwachsenen im Jahr 1858[6] auf 235 im Jahr 1905[7]). Viele von ihnen kamen aus der

---

[2] BA Ludwigsburg II 207 AR-Z 162/59, Bl. 690.

[3] Medick, Hans: Zur politischen Sozialgeschichte der Grenzen in der Neuzeit Europas. In: Sozialwissenschaftliche Informationen (1991) Heft 3, S. 157-163, hier S. 158ff.

[4] GStA, XX. HA Rep.2I, Tit. Nr. 16, Nr. 4, S. 360ff.

[5] GStA, XX. HA Rep. 77, Tit. Nr. 1021, Tilsit, No. 7 Etablissement 1812-1820, ohne Seite.

[6] GStA XX. HA Rep. 12, Abt. II Gen. Nr. 142, S. 2.

[7] Hartmann, Stefan: Demographie und Statistik der Juden in Ostpreußen im 19. Jahrhundert. In: Brocke, Michael, Margit Heitmann u. a.: Zur Geschichte und Kultur der Juden in Ost- und Westpreußen. Hildesheim 2000, S. 319-342, hier S. 340.

grenznahen Region und pflegten weiterhin Kontakte zu Verwandten und Freunden jenseits der Grenze. Allerdings waren die jüdischen Familien in Heydekrug in der Regel deutsche Staatsbürger. Sie fühlten, dachten und äußerten sich überaus patriotisch.

1923, als die litauischen Freischärler in das Memelgebiet einmarschierten, entschlossen sich verschiedene jüdische Familien in Heydekrug zum Weggang nach Deutschland oder zur Auswanderung, da sie für sich keine Perspektive unter einer litauischen Regierung sahen. Andere blieben, da sie einerseits keine Alternative für sich fanden und andererseits die litauische Zugehörigkeit des Memelgebietes für vorübergehend erachteten. In den memelländischen Landstädtchen und Kirchdörfern stellten Juden die absolute, wenn auch wohlhabende Minderheit dar. Seit 1923 lag Heydekrug nicht mehr direkt an der Grenze. Der Marktflecken hatte nun plötzlich ein litauisches Hinterland. Die litauische Regierung in Kaunas glaubte, daß in weitestem Sinn nicht nur das klein- und großlitauische Territorium, sondern auch Kulturen und Mentalitäten verwandt und nah seien, doch die Scheidelinie zwischen den Gebieten blieb klar und wurde gerade durch die ungehinderten Möglichkeiten des Hin-und-Her geradezu überdeutlich.

Im Gegensatz zu der Stadt Memel stand die Region seit 1923 vor riesigen wirtschaftlichen Problemen. Den Bauern waren durch die politische Entwicklung die deutschen Absatzmärkte weggebrochen, und die Kaufkraft sank enorm. Dadurch verstärkten sich auf dem Land rasch antilitauische Stimmungen. Kaunasser Juden, die nach Heydekrug zuzogen, verließen schon nach wenigen Jahren wieder die Stadt, da sie die Stimmung als sehr judenfeindlich einschätzten.[8] Das Verhältnis der Deutschen zu den deutschen Juden, vor allem auch unter den ehemaligen Kriegsteilnehmern des Ersten Weltkrieges, schien allerdings noch ungetrübt.[9] Auf dem Land arbeiteten meistens nichtjüdische Angestellte bei jüdischen Arbeitgebern, bis sie in der zweiten Hälfte der dreißiger Jahre immer häufiger von „Volksgenossen" deutlich aufgefordert wurden, sich andere Arbeit zu suchen. Allerdings existierten die meisten Geschäfte auf dem Land ganz gleich, ob sie von Juden, Deutschen oder Litauern geführt wurden, nur

---

[8] Ganor, Solly (Sally Genkind): Das andere Leben. Frankfurt a. M. 1997, S. 20 ff.
[9] Familienunterlagen Lax, Archiv des Vereins Juden in Ostpreußen.

knapp oberhalb der Konkursgefahr. Im November 1938 gab es im Memelgebiet außerhalb der Stadt Memel nur noch 47 jüdische Betriebe.[10]

Nach dem Novemberpogrom 1938 in Deutschland mehrten sich die
Anzeichen, daß das Memelland bald wieder deutsch besetzt werden würde.
Eine litauische Agentur berichtete: „Die Abwanderung der Juden aus dem
Memelgebiet hält an. Nachts werden oft große Möbeltransporte von Juden
an der memelländisch-litauischen Grenze beobachtet. Ein Teil der abwan-
dernden Juden läßt sich in Kreisstädten in der Nähe der memelländischen
Grenze nieder."[11]

Im November 1938 hob die litauische Regierung den Ausnahmezustand
im Memelland auf. Daraufhin entwickelten sich zahlreiche nationalsozialistische Initiativen, wodurch den jüdischen Bürgern klar wurde, daß es höchste Zeit sei, ihre Geschäfte abzuwickeln und ihre Immobilien zu verkaufen.[12] Sie siedelten zu Bekannten und Verwandten jenseits der Grenze
um.[13] Es schien, als habe der Weggang der Juden damals die deutsche Bevölkerung nur wenig beschäftigt. Sie fieberten dem deutschen Anschluß
entgegen. Viele der Juden gingen nur kurze Wege. Sie zogen vorläufig nach
Švėkšna, Žemaičių Naumiestis, Kretinga, Jurbarkas oder Tauragė. Sie hoff-
ten, daß ihr Exil nur vorübergehend sein würde. Anderen mangelte es an
Vorstellungskraft über die rasante politische Entwicklung und so blieben
sie bis zum Vorabend des 23. März 1939, dem Tag, als die deutsche Regierung den Wiederanschluß des Memellandes verkündete. Dabei waren die

---

[10] Walter, Eginhard, Konrad Zitzmann: Das Memelgebiet. Königsberg, 1939, S. 108/109.

[11] Nationalzeitung Essen 26. November 1938.

[12] Der Bürgermeister von Saugen schrieb z.B. am 2. August 1939: „Teile ich mit, daß der
Kaufmann Isidor Isaak von Saugen am 22. März 1939 nach Litauen verzog und jetzt in Tauroggen, Kestucio gatve 52 wohnhaft ist. Sein Geschäftsgrundstück hatte er im Januar 1939 an
den Raiffeisenverein Saugen verkauft." Siehe LVA (Lietuvos Valstybinis Archyvas = Litauisches Staatsarchiv) F. 1573, Ap. 6, B. 164, S. 19; Über den Besitzer des Manufakturwarenge-
schäfts Drucker lautete die Meldung des Bürgermeisters von Heydekrug am 21.8.1939: „Leo
Drucker ist ohne Abmeldung am 22.3.39 angeblich nach Litauen (wohin unbekannt) verzogen. Das Geschäft befindet sich unter der Verwaltung des Treuhänders Schlicht hier." Siehe
LVA F. 1573, Ap. 6 B. 174, S. 19; Rahel Lakowsky „ist nach Aufgabe ihres Geschäftes in der
Nacht zum 22. März 1939 ohne Abmeldung, unbekannt, wohin, verzogen." Siehe LVA F.
1573,
Ap. 6, B. 177, S. 4.

[13] Aussage Glasermeister David Ambrass. BA Ludwigsburg II 207 AR-Z 162/59, Bd. 1,
S. 106. Auch die Assistenzärzte des Krankenhauses verließen Heydekrug. Siehe BA Ludwigsburg II 207 AR-Z 162/59 (Sammelakte 101) Bd. 1, S. 7.

Anzeichen der nationalsozialistischen Gesinnung in der Bevölkerung keinesfalls zu übersehen.

Zur führenden Person der neuen Bewegung vor Ort wurde der Arzt Dr. Werner Scheu, ein Enkel des bekannten Heydekruger Landrats Dr. Hugo Scheu.[14] Im Januar 1939 stellte Werner Scheu eine berittene Staffel des Memelländischen Ordnungsdienstes (MOD) in Heydekrug auf. Diese Staffel wurde im Frühjahr 1939 als Sturm 2 der Reiterstandarte 20 in die SS überführt. Scheu wurde in der SS vereidigt, war zunächst Oberscharführer und wurde rasch zum Untersturmführer befördert. Er trat der NSDAP bei und war Ortsbauernführer und Hauptabteilungsleiter bei der Kreisbauernschaft Heydekrug. Darüber hinaus agierte er im Vorstand mehrerer ländlicher Genossenschaften und der Raiffeisenbank, in der Landwacht und in der Feuerwehr. Ebenfalls war er Beisitzer im Pachtsenat des Oberlandesgerichts Königsberg.[15] Zu einem ersten Höhepunkt anitjüdischer Handlungen kam es, als der Memelländische Ordnungsdienst die Synagoge in Brand setzte und der jüdische Friedhof zerstört wurde.[16] Der „Manchester Guardian" meldete am Tag darauf:

Excesses by Nazi storm and shock troops are reported. The synagogue at Heydekrug was „ceremoniously" burned this morning, while Brownshirts stood round it and chanted songs. Twenty Jews and Lithuanians, some of whom had been severely handled, were driven over the frontier into Lithuania by Nazis, among them three Lithuanian postal officials are in hospital. One, whose name is Jodkazis, was thrown bodily over the boundary line into Lithuania by the Nazis and suffered broken legs and a fractured skull.[17]

Damals verließen die allerletzten Juden Heydekrug. Im Sommer 1939, nachdem das Abkommen zwischen Litauen und dem Deutschen Reich über die Staatsangehörigkeit der Memelländer am 8. Juli 1939 in Kaunas abgeschlossen war, konnten die memelländischen Juden litauische Pässe

---

[14] Hugo Scheu (1845-1937) erwarb 1892 das Landgut. Er spendete Land als Standort für öffentliche Gebäude: für die Volksschule (1906), die Feuerwache (1911), den Hafen (1912), die Kirche (Fertigstellung des Baus 1926) und das Krankenhaus. Dadurch trug er wesentlich zur Ausbildung einer städtischen Infrastruktur bei.

[15] BA Ludwigsburg II 207 AR-Z 162/59 (Sammelakte 101) Bd. 1, Bl. 7.

[16] Aussage des Gendarmeriemeisters Otto Wölfer. BA Ludwigsburg II 207 AR-Z 162/59, Bd. 1, Bl. 120.

[17] Manchester Guardian 27. März 1939.

erhalten. Wie groß der Personenkreis war, der dieses Angebot in Anspruch nahm, läßt sich nicht mehr feststellen. Einige kamen jedenfalls mit neuen Paßpapieren noch einmal zurück und holten ihre transportable Habe.[18] Von Litauen aus betrieben verschiedene die Liquidation ihrer Geschäfte. Andere, die sich nicht auf einen litauischen Paß einlassen wollten, wurden dann von den Deutschen enteignet.[19] Die Perspektive einer Flucht ins Ausland bestand für die Mehrzahl nicht. Zum einen verfügten sie nicht über ausreichende finanzielle Mittel. Zum anderen gab es kein angrenzendes Land, das eine Alternative geboten hätte bzw. eine erstrebenswerte Alternative in den Augen der Juden gewesen wäre. Nach dem Frühjahr 1939 wurde auch die Ausreise per Schiff aus Litauen stark eingeschränkt. Der Kriegsausbruch 1939 verschärfte zudem das Problem der Visabeschaffung immens.

Im Juli 1940, als die Rote Armee Litauen besetzte und sofort die Grenze hermetisch abriegeln ließ, riß auch der letzte eventuelle Kontakt in das Nachbargebiet ab. Von der Sowjetisierungspolitik drang relativ wenig herüber, die Schließung der gesamten hebräischsprachigen Einrichtungen und das Verbot der zionistischen Vereinigungen wurde nur intern wahrgenommen. Inwiefern etwas von den Deportationsaktionen des 14. Juni, bei denen auch Juden aus dem Ort verschleppt wurden, in die Öffentlichkeit drang, ist fraglich. Auf alle Fälle war die Stimmung der gesamten Bevölkerung zu beiden Seiten der Grenze Ende 1940 Anfang 1941 eher gedrückt. Der Druck, der auf großen Teilen der Gesellschaft in der neuen Sowjetrepublik lastete, war enorm und konnte durch den Enthusiasmus der kommunistischen Minderheit und vieler fortschrittsbegeisterter Jugendlicher nicht aufgefangen werden. Die bevorstehende Ausreise der deutschstämmigen Minderheit und ihres Bekanntenkreises war ein weiterer Faktor, der auf eine starke Fragmentierung der Stadt- und Dorfgemeinden hindeutete. Die Hochstimmung, die im Frühjahr 1939 im Memelland geherrscht hatte, war angesichts des Kriegsbeginns im September des gleichen Jahres rasch in Ernüchterung umgeschlagen. Hatten die Bauern vorher über den Überfluß an Lebensmitteln geklagt sowie die mangelnden Möglichkeiten

---

[18] Sirovich, Livio Isaak: Ihr Lieben, schreibt mir nicht alles. Eine jüdische Familie in Litauen 1935-1941. München 2001, S. 149.

[19] „Der Jude Kaufmann Mendel Kahn ist laut Melderegister hier in Pogegen seit dem 9.7.1927 wohnhaft gewesen. Unabgemeldet ist er in der Zeit der Rückgliederung des Memellandes geflüchtet, wohin ist uns unbekannt. Das Geschäft ging in deutsche Hände über." Siehe LVA F. 1573, Ap. 6, B. 171, S. 10.

des Absatzes, mußten sich die Haushalte nun auf die Rationierung aller Güter und Kartenbewirtschaftung einstellen.

Die Rückkehr der Grenze nach 16 Jahren hatte im Jahr 1939 nicht nur politische Konsequenzen, sondern auch wirtschaftliche. Zwar war das Memelland geographisch gesehen in der Zeit der Zugehörigkeit zu Litauen Randgebiet, doch hatte es, ökonomisch gesehen, keine periphere Position eingenommen. Nun, nach dem Wiederanschluß an das Deutsche Reich, entfiel für Heydekrug das neu gewonnene Hinterland, und der Ort fand sich von neuem an der ökonomischen Peripherie wieder. Die jetzt einsetzende Entflechtung des lokalen Wirtschaftsraums brachte für beide Seiten Veränderungen. Die deutschen Betriebe benötigten dringend Saisonkräfte für die Landwirtschaft, die sie nun über die Grenze bringen lassen mußten; die litauischen und jüdischen Händler waren gezwungen, sich jetzt auf den Binnenmarkt zu orientieren. Die Angehörigen der litauisch-deutschen Minderheit begannen sich nach Möglichkeiten umzusehen, ihre Höfe und Werkstätten zu verkaufen. Die wirtschaftliche Balance in der Region, die unabhängig von der mangelnden Konjunktur geherrscht hatte, begann zu kippen. Als im Februar 1941 die Trecks der Litauendeutschen durch den Kreis Heydekrug zogen, wurde vielen, wenn auch nur im Unterbewußtsein, klar, daß sich die Einwohnerschaft an der Grenze merklich veränderte und das vielschichtige Beziehungsgeflecht in der Region ausdünnte.

Das Spannungsverhältnis von Grenzkontinuität und Grenzänderung, das sich so plötzlich löste, setzte auf der deutschen Seite ein enormes Kräftepotential frei. Nach der deutschen Besetzung des Memellandes, die damals dort „Rückgliederung" genannt wurde[20], begannen zahlreiche Eindeichungs-, Meliorations- und Straßenbauarbeiten. Außerdem wurde der Wohnungsbau zugunsten neu zugereister Beamten forciert. Der ehrgeizige Marktflecken kämpfte um seine Chance, das Stadtrecht zu erhalten.[21] Bald nach Kriegsausbruch wurden mehrere Kriegsgefangenenlager in der Nähe des Ortes angelegt, deren Insassen vorwiegend für diese Arbeiten eingesetzt wurden.[22] Im Frühsommer 1941 wurden die Kriegsgefangenlager aus Sicherheitsgründen verlegt. Gleichzeitig wurden die Männer der Region zur

---

[20] BA Ludwigsburg II 207 AR-Z 162/59, Bd. 1, Bl. 120.
[21] Verantwortliche des Ortes hatten sich mehrfach um das Stadtrecht bemüht. Ein letzter Antrag war 1926 vom Memelländischen Direktorium abgelehnt worden.
[22] z. B. Stalag 6 Luft.

Wehrmacht einberufen, so daß die Arbeiten, die vorgesehen waren, um das künftige städtische Aussehen abzurunden, zum Erliegen kamen. Die nunmehrige Genehmigung zur Verleihung des Stadtrechtes war für den Herbst 1941 vorgesehen und erfolgte am 27. September.

Nach dem Einmarsch der Wehrmacht in die Litauische Sowjetrepublik kam die Idee auf, die erforderlichen Ressourcen aus dem nahegelegenen Grenzgebiet zu beschaffen.[23] Baumaterialien und russische Lastkraftwagen wurden bereits in den ersten Kriegstagen durch Mitarbeiter der Heydekruger Verwaltung auf litauischem Gebiet requiriert.[24] Diese Beutezüge geschahen vor allem mit der Unterstützung von SS-Angehörigen, darunter Dr. Scheu. Dabei war der Übertritt über die Reichsgrenze unkompliziert, da die Zoll- und Grenzpolizeibeamten die angeordnete Grenzsperre sehr großzügig handhabten. Später wurde berichtet, daß bekannte Persönlichkeiten wie auch jede Personengruppe, bei der sich ein „Uniformträger" befand, ungehindert die Grenze passieren konnten. Trotz der befohlenen Grenzschließung war die Grenze praktisch offen. Vermutlich resultierte diese Praxis auch aus der breiten Alltagserfahrung, die man in diesem Grenzgebiet zu beiden Seiten hatte. Bis zu dem Zeitpunkt knapp zweieinhalb Jahre vorher war diese Grenze ja nicht vorhanden. Hatte die 1939 neu erfolgte Grenzziehung einerseits das mentale Resultat der Abschottung von den ungeliebten Litauern gebracht, war andererseits die längerdauernde Erfahrung, daß man den Raum „dahinter" auch kannte, nicht getilgt worden. Dazu kam die ausreichende Sprachpraxis des Litauischen, über die die meisten verfügten.

In diesem Zeitraum, den letzten Junitagen 1941, den ersten zehn Kriegstagen des Rußlandfeldzuges, erschoß das Tilsiter Einsatzkommando jüdische Männer in Gargždai und Kretinga, Darbenai und Palanga, also in Orten, die von Heydekrug nur dreißig bis vierzig Kilometer entfernt waren. Es ist davon auszugehen, daß die Einwohner davon hörten und hinter vorgehaltener Hand auch darüber diskutierten. Darüber hinaus muß eine Verständigung zwischen dem Leiter des Tilsiter Einsatzkommandos, Hans-Joachim Böhme, und der Heydekruger SS über die territoriale Aufteilung

---

23 In dem Prozeß, der 1964 stattfand, wurde der damalige komissarische Landrat Bernhard Schmidt als Urheber und treibende Kraft dieser Idee angeführt. Siehe BA Ludwigsburg II 207 AR-Z 162/59, Bl. 690 ff (Urteil vom 26.6.1964).

24 BA Ludwigsburg II 207 AR-Z 162/59 Bl. 690 ff (Urteil vom 26.6.1964).

der Zuständigkeiten innerhalb der 25-km-Zone stattgefunden haben.[25] Wie dicht waren die dienstlichen Kontakte zwischen dem damaligen SS-Sturmbannführer und Leiter der Stapostelle Tilsit, Böhme, und der Heydekruger SS, besonders auch zu Dr. Scheu? Was gab Böhme dabei intern bereits von seinem Wissen über die durchzuführenden „Sonderbehandlungen" für Juden und Kommunisten preis? Wieviel Absprache existierte zwischen Tilsitern und Heydekruger Uniformträgern? Über die Entstehung der Idee, jüdische Arbeitskräfte zu rekrutieren, wurde im Prozeß 23 Jahre später folgendes ausgesagt:

Entweder unmittelbar vor oder unmittelbar nach Beginn der Feindseligkeiten mit Rußlands kamen der Angeklagte Dr. Scheu und der kommissarische Landrat Schmidt in dessen Dienstzimmer zu einer Unterredung zusammen. Hierbei brachte Landrat Schmidt das Gespräch auf seine Idee, jüdische Zwangsarbeiter im Kreise Heydekrug einzusetzen, um die begonnenen Bauarbeiten fortzuführen. Er forderte Dr. Scheu auf, mit der Heydekruger SS bei der Heranschaffung der Juden behilflich zu sein. Dr. Scheu stimmte dem Plan grundsätzlich zu und versprach — allerdings unter dem Vorbehalt, daß er zunächst die Genehmigung seines Standartenführers [...] Struve einholen müsse, die Mitwirkung der SS bei der Heranschaffung der Arbeitskräfte. Er tat dies in der Überzeugung, daß die Fortführung der begonnenen Bauvorhaben im Interesse seines Heimatkreises liege und wahrscheinlich auch in der Erwartung, hierdurch zugleich Arbeitskräfte für die Landwirtschaft des Kreises gewinnen zu können.[26]

---

[25] Diese Frage ist, wie im übrigen viele weitere, nicht während der Prozesse vor dem Landgericht Ulm und dem Landgericht Aurich thematisiert worden .

[26] BA (Ludwigsburg) II 207 AR-Z 162/59 Bl. 690 ff (Urteil vom 26.6.1964) In der Handschriftenabteilung der Bibliothek der Akademie der Wissenschaften Vilnius befinden sich Unterlagen aus der Anfangsphase der Lager, die u. a. Verzeichnisse von Häftlingen und Bewachern enthalten. Diese Unterlagen bedürfen einer Aufarbeitung. (Einige Lager sind mehrmals aufgelistet worden, in anderen existieren Streichungen, die entschlüsselt werden müssen, ferner sind teilweise auch nichtarbeitsfähige Insassen aufgelistet worden.)

Ruth Leiserowitz

Arbeitsbeschaffung in Selbstbedienung

Am ersten Kriegswochende, vom 27.-29. Juni 1941, brach die Heydekruger SS unter der persönlichen Führung von Dr. Scheu in das litauische Grenzgebiet auf, um „Judenbeschaffungsaktionen" durchzuführen. [27] Sie fuhren in die Orte Švėkšna, Veiviržėnai, Kvėdarna und Laukuva. Während die ersten beiden Städtchen noch unter das direkte Grenzgebiet zählten, und nur etwa fünfzehn Kilometer von Heydekrug entfernt waren, betrug die Distanz zu den anderen beiden Orten bereits 30 km. An diesen Einsätzen nahm jeweils eine größere Zahl von Angehörigen des SS-Reitersturms 2/20 und des SS-Sturmbanns II/105 teil. Man war mit mehreren Lastkraftwagen unterwegs. Dr. Scheu benutzte einen offenen Personenkraftwagen, der eigentlich einem Heydekruger Kaufmann gehörte, aber vom Landratsamt beschlagnahmt und ihm zum persönlichen Gebrauch überlassen worden war.

Die Heydekruger SS unter Führung von Dr. Scheu erschien am 27. Juni mittags in Švėkšna. Dr. Scheu ließ sich von dem deutschen Ortskommandanten Gewehre und Munition aushändigen, mit denen er seine Leute bewaffnete. Mit Unterstützung litauischer Freiwilliger holten die SS-Männer alle männlichen Juden auf dem Hinterhof der Synagoge zusammen. Dort war bereits das Synagogeninventar in Brand gesteckt worden. Anschließend wurden die Juden (etwa hundert bis zweihundert) unter Schlägen in die Synagoge geführt, wobei man ihnen alle Wertsachen abnahm. Der litauische Arzt des Städtchens, Dr. Biliunas, untersuchte die Männer flüchtig auf ihre Arbeitsfähigkeit. Ein SS-Mann verzeichnete ihre Personalien. Ein litauischer Friseur schnitt den Juden ein Kreuz ins Haar und allen Männern, die Bärte oder Schnurrbärte trugen, den halben Bart ab. Die Juden mußten Turnübungen vollführen. Am Spätnachmittag erschien der kommissarische Landrat von Heydekrug Schmidt in Begleitung des Kreisbediensteten

---

[27] Während Zusammenfassungen über die Mordtaten des Tilsiter Einsatzkommandos vorliegen (siehe Tauber, Joachim: Garsden 24. Juni 1941. In: Annaberger Annalen [1997], S. 117-134; Matthäus, Jürgen: Jenseits der Grenze. Die ersten Massenerschießungen von Juden in Litauen [Juni–August 1914]. In: Zeitschrift für Geschichtswissenschaft [1996], S. 101-117; Kwiet, Konrad: Rehearsing for Murder: The Beginning of the Final Solution in Lithuania in June, 1941. In: Holocaust and Genocide Studies [1998], S. 3-26) existiert bisher keinerlei Zusammenschau der Aktionen der Heydekruger SS. Dieses wird hier unter kritischer Einbeziehung aller zur Verfügung stehenden Quellen versucht.

Schattner an der Synagoge. Dr. Scheu erstattete ihm Bericht.[28] Meier Ladon berichtete über die Aktion der Heydekruger SS in Švėksna:

Ich erinnere, wie alle Juden durch [Dr. Scheu] im Jahre 1941 in Švėksna in der Synagoge zusammengezogen wurden. Ich war einer davon. Es war an einem Freitag, um 12 Uhr mittags, als der Angeklagte mit anderen SS-Leuten kam; sie sammelten alle jüdischen Männer in der Synagoge. Alle Männer wurden in die Frauenabteilung gebracht. Dort wurden ihnen die Haare geschnitten, hier ein bißchen, dort ein bißchen, in unordentlicher Art. Den erwachsenen orthodoxen Juden wurden ihre Bärte ausgerissen. Dann wurde uns befohlen, gymnastische Übungen zu vollführen, und wer es nicht gut machte, wurde geschlagen. In jener Nacht kam Dr. Scheu zu uns und fragte nach dem Rabbiner. (Ich vergaß zu erwähnen, daß alle in unserem Besitz befindlichen Wertsachen, wie Ringe Uhren usw. uns abgenommen worden waren.) Als der Rabbiner die Treppe herunterkam, wurde ihm befohlen, unsere Haare zu brennen. Aber da es Sabbath war, lehnte der Rabbiner es erst ab. Nachdem er grausam geprügelt worden war und ihm ein Teil des Haares in die Hände gegeben [worden] war, wurde er gezwungen, das Haar zu verbrennen trotz der Heiligkeit des Sabbath. Um 5 Uhr des gleichen Tages kam Dr. Scheu wieder und befahl die Aufteilung der Leute in zwei Gruppen, und ein Teil von uns wurde in ein Arbeitslager geschickt.[29]

Am 28. Juni 1941 kamen Heydekruger SS-Leute in die grenznahe Ortschaft Veiviržėnai. Dr. Scheu ließ hier durch die SS-Männer und durch Litauer die männlichen Juden zum Marktplatz bringen. Etwa 150 von ihnen wurden festgenommen. Am Sonntag, dem 29. Juni 1941, kam das SS-Kommando mit Dr. Scheu nach Kvėderna. Auch hier wurden die Juden unter Schlägen auf dem Marktplatz zusammengetrieben, wobei diese Arbeit vor allem von Litauern ausgeführt wurde.[30] Dann nahm die SS zwanzig bis fünfzig Juden mit. Die Juden aus Kvėdarna wurden noch an demselben Tage nach Heydekrug abtransportiert. Allerdings gab es nicht genug Transportmöglichkeiten. Eine weitere Gruppe wurde am nächsten Morgen mit dem gleichen LkW abgeholt.[31]

Am selben Nachmittag fand eine Aktion nach gleichem Muster in Laukuva etwa 23 km von Kvedarna statt. In Laukuva wurden etwa fünfzig Ju-

---

[28] BA (Ludwigsburg) II 207 AR-Z 162/59 Bl. 690 ff (Urteil vom 26.6.1964).
[29] Aussage Meier Ladon, geb. 1905 in Litauen. BA Ludwigsburg II 207 AR-Z 162/59 Bd. 2 Bl. 329.
[30] Aussage I. L. Borochowitz www.shtetlinks.jewishgen.org/Kvedarna/kve-testimony.
[31] ders.

den festgenommen. Darunter waren der Kaufmann Julius Smolianski, ein gebürtiger Heydekruger, der bis 1939 dort gewohnt und ein Salamander-Schuhgeschäft besessen hatte,[32] sowie der Müller Manus Kagan, ein früherer Offizier der litauischen Armee. Kagan wurde bereits im Ort von SS-Männern schwer mißhandelt.[33] Aba Halperin, ein Jude aus Laukuva, gab später u. a. zu Protokoll:

Ich vergaß darauf hinzuweisen, daß der Angeklagte Werner Scheu uns, wenn wir auf dem Lastwagen verladen waren, um aus dem Lager herauszufahren, fragte, ob Kranke unter uns wären. Niemand antwortete. Aber wir hatten drei Kranke. Einer von ihnen hatte seinen Arm verbunden wegen Furunkeln unter dem Arm, der zweite war tuberkulosekrank und der dritte war ein junger Mann, der als Kommunist denunziert war. Als wir die kleine Stadt Sveksna [erreichten], ordnete Scheu an, die „Patienten" und den Kommunisten herunterzunehmen, und mit seinen eigenen Händen erschoß er sie auf der Stelle. Die drei Personen waren Eliah Szapiro, Abraham Gerszon und Zeli Aharonowitz.[34]

Anscheinend waren dies die ersten Juden, die von der Heydekruger SS erschossen wurden, eine Handlung, die höchstwahrscheinlich unter dem Eindruck der Aktionen des Tilsiter Einsatzkommandos stattfanden. Hier zeigt sich wieder einmal, wie rasch sich deutsche Entscheidungsträger in Litauen entschlossen, Juden zu ermorden.[35] Ein Teil der Häftlinge, die nach Heydekrug gebracht wurden, kam in eine Baracke hinter der Stadtverwaltung, die übrigen Juden kamen in ein Barackenlager an der Jahnstraße in der Nähe des Szieszeflusses.

Drei Wochen später wurde eine zweite „Judenbeschaffungsaktion" anberaumt. Sie war mit dem Ziel Žemaičių Naumiestis angesetzt. Es sollte in einen der wenigen Orte im nördlichen Grenzstreifen gehen, indem es noch nicht zu Judenmorden gekommen war. An dieser Aktion waren folgende Einheiten beteiligt: Grenzpolizei Heydekrug, Grenzpolizei Kolleschen, Rei-

---

[32] „Meyer Smolianksy ist nach Aufgabe seines Geschäfts am 22.3.1939 nach Neustadt, Klaipeda gatve 1 verzogen" hatte der Bürgermeister von Heydekrug im August 1939 vermerkt. Siehe LVA F. 1573, Ap. 6 B. 123.

[33] Aussage I. L. Borochowitz www.shtetlinks.jewishgen.org/Kvedarna/kve-testimony.

[34] Aba Halperin, 1961 39 Jahre alt, Heimatort Laukuva. BA Ludwigsburg II 207 AR-Z 162/59 Bd. 2 Bl. 319.

[35] Vgl. Dieckmann, Christoph: Überlegungen zur deutschen Besatzungsherrschaft. In: Annaberger Annalen (1997), S. 28.

ter-SS SS-Reitersturm 2/20 und 20. SS-Reiterstandarte, Allgemeine SS Sturmbann II/105.[36]

Am Morgen des 22. Juni 1941 war die Wehrmacht in Žemaičių Naumiestis einmarschiert. Dabei war es zu heftigen Schußwechseln gekommen, in dessen Folge vierzehn deutsche Soldaten fielen. Daraufhin hatte die Wehrmacht einen Großteil der jüdischen Männer verhaftet und sie in die evangelische Kirche des Ortes gesperrt. Jedoch konnte der anwesende Pfarrer die deutschen Offiziere von der Unschuld der Juden überzeugen, sodaß man sie wieder freiließ.[37] Einigen Juden gelang die Flucht aus Žemaičių Naumiestis Richtung Osten. Sie gelangten bis in das Innere der Sowjetunion. Im Städtchen war nach Besetzung durch die Deutschen eine „vorgeschobene Grenzaufsichtsstelle" der Reichsfinanzverwaltung eingerichtet worden, in der zehn bis fünfzehn Zollbedienstete Streifendienst zu versehen hatten. Sie mußten ebenfalls die in der früheren russischen Kaserne gelagerte Munition bewachen. Am Marktplatz in Naumiestis war eine Ortskommandantur eingerichtet, auf der sich die jüdischen männlichen Einwohner täglich zu melden hatten. Viele wurden zu Aufräumungs- und Straßenreinigungsarbeiten eingesetzt; andere waren in einer Feldbäckerei der Deutschen beschäftigt. Außerdem wurde ihnen befohlen, die am ersten Kampftage gefallenen Soldaten zu bestatten. Noch im Juni wurden die Juden physisch mit Tritten und Schlägen gezwungen, das Inventar der Synagoge von Schriftrollen bis zu Bänken in den Vorhof zu bringen und dort zu verbrennen. Anfang Juli wurden den Juden Wohnungen in einer bestimmten Straße zugewiesen. Sie hatten einen gelben Streifen an der Kleidung zu tragen und durften die Bürgersteige nicht mehr betreten.

Am 19. Juli 1941 mußten sich alle männlichen Juden, die vierzehn Jahre und älter waren, in der Synagoge versammeln.[38] Dort standen SS-Leute und litauische Polizisten. Alle Männer wurden auf Lastkraftwagen verladen und zu der ostwärts gelegenen Kaserne gebracht. Die Alten und Kranken, etwa siebzig Personen, wurden ausgesondert. Man brachte sie an einen anderen

---

[36] Justiz und NS-Verbrechen vol. XVII, case Nr. 511, und vol. XIX, case Nr. 554.
[37] Neishtot-Tavrig natives committee (Hrsg.), Our Town Neishtot. o. O. 1982; Yad Vashem Archives: The Koniuhovsky Collection 0-71, files 4, 16 M-1/E-1619; Rosin, Joseph: Article on Neishtot-Tavrig (Zemaiciu Naumiestis), Lithuania. In: www.shtetlinks.jewishgen.org/Naumiestis.
[38] Aussage Esriel Glock, 1961 37 Jahre alt, Heimatort Žemaičių Naumiestis. BA Ludwigsburg II 207 AR-Z 162/59 Bd. 2 Bl. 320.

Ort in der Nähe, wo sie erschossen wurden. Die Schüsse hörte man bis in die Kaserne. Der Zeuge Esriel Glock berichtete später darüber:

Wir hörten das Schießen. Ich fragte nachher den litauischen Wächter nach der Bedeutung des Schießens, und er erklärte mir mit einigem Widerstreben, was mit diesen armen Leuten geschehen war. Nach ein paar Stunden kamen die SS-Leute in die Kaserne von ihrem Tötungs-Unternehmen zurück und uns wurde auf Bitten erlaubt, uns Kleidung von Zuhause zu holen, da wir in Sommerzeug gekleidet waren. Zwei SS-Leute gingen mit mir nach Hause. Ich erhielt ein Paket Kleidung und ging zur Kaserne zurück.[39]

Am selben Tag erschienen einige Heydekruger SS-Männer in Vainutas. Dieser Ort lag zehn Kilometer östlich von Naumiestis. Mit Hilfe der Litauer im Ort trieben sie etwa 150 bis 160 Juden zusammen und sie unter Schlägen die Landstraße nach Naumiestis entlang. Auf der Höhe von Šiaudvyčiai hielt ein SS-Mann mit einem Personenkraftwagen – wahrscheinlich war es Dr. Scheu – die Gruppe an. Er wählte etwa dreißig arbeitsfähige Leute heraus; die zur Kaserne von Naumiestis getrieben wurden. Die restlichen Juden wurden am gleichen Tag bei Šiaudvyčiai erschossen. Die Schützen waren litauische Polizisten. Insgesamt wurden an diesem Tag mindestens 220 jüdische Männer dort erschossen.[40] Die ausgewählten arbeitsfähigen Personen kamen u. a. in das Lager Schillwen bei Heydekrug.[41] Damit endeten die Arbeitsbeschaffungsaktionen der Heydekruger SS. Jedoch kam es zu weiteren Grenzüberschreitungen.

Die Bevölkerung und vor allem die Verwaltung an der Peripherie hoffte auf eine Grenzänderung im Zuge der Besetzung Litauens. Doch diesmal wurde das Spannungsverhältnis von Grenzkontinuität und Grenzänderung nicht aufgelöst. Unter den sich wandelnden Machtverhältnissen wurde eine neue Qualität des ökonomischen Grenzraumes produziert. Die Heydekruger betrachteten das litauische Grenzgebiet offensichtlich als wirtschaftlichen „Ergänzungsraum".[42]

---

[39] ders.
[40] Justiz und NS-Verbrechen vol. XVII, case Nr. 511.
[41] MAB Vilnius F-170-2369 Bl. 5.
[42] Vgl. Aly, Götz: Hitlers Volksstaat. Raub, Rassenkrieg und nationaler Sozialismus. Frankfurt 2005, S. 181ff.

Vom Verhalten der Deutschen

Während im Deutschen Reich kurz darauf begonnen wurde, das „jüdische Problem" zu exportieren, importierten die Behörden hier vor Ort jüdische Arbeitskräfte. Hier in diesem Mikrokosmos an der Grenze waren alle Elemente der antijüdischen Politik (Entrechtung, Deportation, Vernichtung) auf wenige Quadratkilometer zusammengedrängt und spielte sich alles unter Personen ab, die sich zum Teil von früher her kannten.

Auf den ersten Blick herrschte im Ort kollektives Einverständnis zur Verhaltensweise gegenüber den Juden. Aber bei näherem Hinsehen lassen sich auch Strategien einzelner Personen entdecken, die sich von diesem Vorgehen distanzieren wollten. So berichteten Zeugen später:

Die in Žemaičių Naumiestis stationierten Zöllner hatten im Juli schon gerüchteweise erfahren, daß die Juden des Ortes liquidiert werden sollten. An dem Morgen, als die Heydekruger SS nach Naumiestis kam, beschlossen mehrere Zollbedienstete wegzufahren, um nicht Zeugen der Judenerschießung zu werden.[43]

Gerade in Žemaičių Naumiestis wohnten seit 1939 mehrere Juden, die früher in und um Heydekrug gelebt hatten und die jetzt erleben mußten, wie ehemalige Mitbewohner oder Geschäftspartner die Waffe gegen sie erhoben. Der Überlebende Esriel Glock berichtete, „daß sich unter den Juden, die zur Erschießung gebracht wurden, auch der Fleischer Ellert befand, der früher in Heydekrug gelebt hatte und den Dr. Scheu persönlich kannte. Trotzdem schickte er ihn zur „Exekution".[44] Der Überlebende Meier Ladon gab zu Protokoll: „Ich kenne nicht nur Dr. Scheu, sondern auch seinen Vater. Ich war Apfelhändler und kam als solcher manchmal in ihr Haus."[45]

Insgesamt waren bis Ende Juli etwa vierhundert jüdische Männer aus Litauen, darunter die Mehrheit aus dem grenznahen Gebiet, nach Heydekrug

---

[43] BA Ludwigsburg II 207 AR-Z 162/59 Bl. 690 ff (Urteil vom 26.6.1964), hier Bl. 714.
[44] Esriel Glock, 1961 37 Jahre alt, Heimatort Žemaičių Naumiestis. BA Ludwigsburg II 207 AR-Z 162/59 Bd. 2 Bl. 321.
[45] Aussage Meier Ladon, geb. 1905 in Litauen. BA Ludwigsburg II 207 AR-Z 162/59 Bd. 2 Bl. 329.

verschleppt worden.[46] Kurz nach ihrer Ankunft wurden die jüdischen Arbeitskräfte von Ärzten in Heydekrug auf ihre Arbeitsfähigkeit untersucht. Der örtliche Medizinalrat Dr. Radicke sandte dem Landrat eine Liste zu, auf der kranke und altersschwache Personen verzeichnet waren. Er empfahl, „diese Juden wieder abzuschieben".[47] Auch aus einzelnen Lagern kamen Rückmeldungen mit Auflistungen nichtarbeitsfähiger Juden und dem Vorschlag zu „deren Abtransport" [48] In den darauffolgenden Wochen empfahl der bereits erwähnte Medizinalrat wiederholt, jüdische Arbeitskräfte aus Gesundheitsgründen „abzuschieben".[49] War dem Arzt klar, daß er den Untersuchten damit schon den Totenschein unterzeichnet hatte?

Bis Februar 1942 lassen sich folgende „Judenlager", wie sie in der internen Dokumentation der SS genannt wurden, nachweisen: „Braack – Heydekrug a/Damm", dort beschäftigte die Baufirma Braack (Heinrichswalde) Arbeitskräfte zur Eindeichung[50], weiterhin Lager in Piktaten, Meischlauken, Matzstubbern, Wersmeningken und Bewern. [51] Die Stadt ließ sich Kosten für die Arbeitskräfte von verschiedenen Betrieben erstatten. Kosten über Haarschneidemaschinen und Rasiermesser für die Insassen stellte das Wasserwirtschaftsamt Heydekrug der leitenden Baufirma in Rechnung.[52]

Wie sich der Alltag in den Arbeitslagern abspielte, läßt sich nicht genau rekonstruieren. Ein Arbeitslager in Schillwen unterstand dem SS-Rottenführer Smeilus.[53] Der ehemalige Bürgermeister Weberstaedt sagte später aus, daß man ihm eines Tages eröffnet habe, die Juden kämen am nächsten Tage fort, weil sie häufig bettelten. Daraufhin sei er nach Memel zu einem SS-Führer gefahren. Bei diesem Führer habe er erreicht, daß die Juden bleiben durften. Der SS-Führer habe ihm jedoch gesagt, daß die SS die Juden bewachen müsse. Das Gespräch mit diesem SS-Führer in Memel habe im Juli oder August 1941 stattgefunden. Danach hätten SS-Männer die

---

[46] Anhand der Listen ließen sich folgende Herkunftsorte feststellen: Akmenė 1, Kaltinenai 12, Kaunas 1, Kelmė 1, Kvederna 58, Laukuva 59, Nemakščiai 1, Rietava 4, Rußland 3, Švekšna 74, Tauragė 3, Vainuta 17, Veivirženai 6, Žarniai 1, Žemaičių Naumiestis 27.

[47] Dokumente darüber lagen dem Gericht zum Prozeß nicht vor. Schriftliche Unterlagen über MAB (Vilnius), F-170-2369, 1-2.

[48] MAB (Vilnius), F-170-2369, 3.

[49] MAB (Vilnius), F-170-2369, 4; F-170-2369, 7.

[50] MAB (Vilnius), F-170-2369, 49/50.

[51] MAB (Vilnius), F-170-2369,18/19, 20, 40-42.

[52] MAB (Vilnius), F-170-2364, 44.

[53] MAB (Vilnius), F-170-2364, 43.

städtischen Juden bewacht.[54] Das Kontingent der Bewacher war klein, neben den SS-Angehörigen wurden auch SS-Bewerber beschäftigt sowie
Aushilfen oder auch einmal ein Mann vom Nationalsozialistischen Kraftfahrer Korps (NSKK). Es gab nur wenige Männer, die als Wachleute in
Frage kamen. Bekannt wurde ein Fall, in dem sich ein Wachmann, der von
der HJ für die Bewachung abgestellt worden war und nicht nur durch
Bummelei und Unpünktlichkeit auffiel, sondern auch, weil „er den Juden
Trauringe abgenommen und für sich behalten [hat]. Auch ein Paar Stiefel,
die er zum Dienst trägt, hat er den Juden fortgenommen.‛[55] Der Wachmann wurde vom Dienst enthoben und notgedrungen durch einen
zwangsverpflichteten NSKK-Mann vor Ort ersetzt. Die Personaldecke der
SS in Heydekrug war dünn. Von den Angehörigen des Sturms 6/105 sowie
des SS-Sturms 2/R-20 waren nur noch dreizehn Männer vor Ort. 97 waren
von der Wehrmacht eingezogen worden, 48 befanden sich bei der Waffen-
SS.[56] Nach späteren Aussagen wurde die Lagerverwaltung noch im Sommerhalbjahr auf die Gutsverwaltung Adlig-Heydekrug übertragen. Da die
Männer nach und nach zum Wehrdienst einberufen wurden, gab der Kreisleiter noch im Sommer 1941 bei den Ortsgruppen bekannt, daß sich alle
Leute, die sich acht Reichsmark pro Tag verdienen wollten, zum Wachdienst melden könnten. Gemäß einer Vereinbarung zwischen Dr. Scheu
vom Gut und dem Kreisleiter meldeten sich die Männer auf dem Landratsamt. Dr. Scheu stellte sie dann ein und teilte sie zum Wachdienst auf.[57]

In Matzstubbern mußte im Februar 1942 ein Krankenzimmer eingerichtet werden.[58] Arbeitsunfähige wurden von Dr. Scheu persönlich über die
Grenze gebracht und dort erschossen. Es ist ein Fall belegt, in dem ein
verunglückter Jude auf einem örtlichen Friedhof beigesetzt wurde.[59]

Zwei Jahre lang sahen die Einwohner regelmäßig die Juden bei der Arbeit. Zeugen erinnerten sich u. a. an „Smolianske, Julius, hatte in Heydekrug ein Salamander-Schuhgeschäft, Isakowitz, hatte in Heydekrug auf

[54] Vgl. Aussage Weberstaedt. BA Ludwigsburg 790.
[55] MAB (Vilnius), F-170-2364, 45.
[56] MAB (Vilnius) F-170-2365.
[57] Vgl. Aussage Bubrowski. BA Ludwigsburg II 207 AR-Z 162/59 Bd. 6 Bl. 789.
[58] MAB (Vilnius) F-170-2369, Bl. 8.
[59] MAB (Vilnius) F-170-2369 Bl. 54. „Der am 4. Februar 1942 verunglückte Jude Jakob Epstein Schweksny wurde am 9.2.42 auf dem Säuchenfriedhof in Coadjuthen beigesetzt.‛ MAB
(Vilnius) F-170-2369 Bl. 55.

dem Marktplatz ein Manufakturgeschäft, Ellert, hatte in Heydekrug ein eigenes Fleischergeschäft."[60] Besonders an den Besitzer des Schuhgeschäftes erinnerten sich viele. Er fungierte als Koch in einem der jüdischen Lager und bat auf der Straße Einwohner um Hilfe.[61] Zeugen sagten auch aus, daß z. B. der ehemalige Fleischereibesitzer Ellert von einem früher bei ihm angestellten Fleischer besucht und mit Lebensmiteln und Wäsche versorgt wurde.[62] In einem anderen Fall, wo ein Mann Juden zu essen gab, wurde dieser deswegen von den Wachmannschaften geschlagen. Sie drohten ihm, er werde ins KZ eingeliefert, wenn er sich weiterhin der Juden annehmen würde.[63]

Später, im Prozeß, berichteten Zeugen, daß sie von Verwandten, u. a. von einer Frau aus Heydekrug, die Essen für die Juden kochte, von den Arbeitsjuden und deren Einsatzorten, so auch vom Torfbruch in Rupkalven gehört hatten.[64] Neben diesen sachlichen Details – es wurden immer nur Details erzählt – erinnerten sich Zeugen dann besonders an mündliche Berichte, so der Zeuge Böttcher im Prozeß von Aurich:

Die Juden waren dann in der folgenden Zeit in mehreren Lagern in der Gegend von Heydekrug untergebracht. Meiner Erinnerung nach war der Kommandant aller dieser Lager ein gewisser Dr. Scheu. Er hatte deshalb im Volksmund den Namen „Judenkönig". [...] Eines der Judenlager war direkt neben meinem Bauernhof gelegen. Es waren dort etwa 300 bis 400 Juden untergebracht. Führer der Wachmannschaft war meiner Erinnerng nach ein Albert Buttchereit aus Pagerinen. Dieser war immer in Zivil und hat, soweit ich dies beobachten konnte, die Juden korrekt behandelt.[65]

Derselbe Zeuge ergänzte, daß „zur Wachmannschaft [...] außerdem ein Förster aus dem Ort Bismarck [gehörte], an dessen Namen ich mich nicht mehr erinnern kann, der aber im Volksmund ,Massenmörder' genannt

---

[60] Aussage von Johannes Wachs, Fleischermeister, geb. 1885 in Kinten, verh. seit 1920 mit Cilli geb. Zeplowitz, dann jüdisch geworden, von 9.10.1942 bis 5.5.1945 im KZ Mauthausen. BA Ludwigsburg II 207 AR-Z 162/59 Bd. 1 Bl. 24.

[61] Aussage Kriminalkommissar Füllhase. BA Ludwigsburg II 207 AR-Z 162/59 Bd. 1 Bl. 94.

[62] Aussage von Johannes Wachs. BA Ludwigsburg II 207 AR-Z 162/59 Bd. 1 Bl. 25.

[63] Aussage von Johannes Wachs. BA Ludwigsburg II 207 AR-Z 162/59 Bd. 1 Bl. 27.

[64] Aussage Glasermeister David Ambrass. BA Ludwigsburg II 207 AR-Z 162/59 Bd. 1 Bl. 106.

[65] Aussage Landwirt und Postschaffner Max Böttcher. BA Ludwigsburg II 207 AR-Z 162/59 Bd. 1 Bl. 113.

wurde."[66] Über Dr. Scheu fügte er hinzu, „daß dieser später nicht mehr ‚Judenkönig', sondern Judenmörder genannt wurde."[67]

Die Grenze als Konvention, als Verständigung darüber, was als eigen und gut, als fremd und schlecht galt, war aufgehoben worden. Die ehemaligen jüdischen Nachbarn wurden jetzt eindeutig der Gruppe der fremden Arbeitsjuden zugeordnet, alles ehemalig Verbindende war aufgehoben, die Ausgrenzung im eigenen Ort nahezu perfekt. Spielte es eine Rolle, daß Julius Smolianski und die anderen im Frühjahr 1939 den Ort verlassen hatten und später unter anderen Vorzeichen zurückgekehrt waren? Hätten die Heydekruger es auch fertig gebracht, Herrn Smolianski aus dem Salamanderschuhgeschäft direkt zum Torfstich zu schicken?

Soweit die lückenhaften Unterlagen ein Fazit überhaupt zulassen, scheint es, als haben die Heydekruger die Beschaffung der Juden und die Existenz des Arbeitslagers unter rein wirtschaftlichen Prämissen gesehen. Das gewissermaßen privat angelegte Arbeitslager konnte sich über die zwei Jahre nur halten, da es im politischen Windschatten, an einer äußersten Ecke des Reiches angesiedelt worden war. Hier herrschte der Pragmatismus der Landbewohner vor. Das Wissen um die Ermordung der nicht arbeitsfähigen Männer sowie der Frauen und Kinder wurde vielfach aus der Wahrnehmung ausgeblendet. Das kollektive Schweigen hierüber mußte wohl nicht einmal angeordnet werden. Diese Ausformung einer eigenen lokalen Wirtschaftsform endete 1943 abrupt, ohne daß die Gründe hierfür genannt werden können.

Was geschah in den litauischen Grenzorten, nachdem die Männer fortgebracht worden waren?[68] Der Wunsch nach materieller Bereicherung motivierte die Mitbewohner zu allen nur erdenklichen Handlungen.[69] Sie forderten von den noch zurückgebliebenen jüdischen Frauen und Alten Gold, Schmuck und Uhren ein und ließen sich auch von einem Verbot der zuständigen Kreisverwaltung nicht abhalten. Materielle Übergriffe gab es je-

---

[66] Ebenda.
[67] Ebenda.
[68] Brandišauskas, Valentinas: Žydų nuosavybės bei turto konfiskavimas ir naikinimas Lietuvoje [Aneignung und Vernichtung von jüdischem Eigentum in Litauen]. In: Genocidas ir rezistencija (2002), Heft 2(12), S. 104–112. Siehe auch: www.genocid.lt/leidyba/12/valentin.
[69] Dieses Motiv wiederholt sich immer wieder. Vgl. Gross, Jan Tomasz: Nachbarn: der Mord an den Juden von Jedwabne. München 2001, S. 83.

doch nicht nur bei jüdischem Eigentum. Auch angebliche Kommunisten erlitten Schaden. Die Mehrzahl der Frauen, Kinder und Alten im Grenzkreis Tauragė, der direkt an die Heydekruger Region grenzte, wurde im August 1941 von Litauern erschossen, so auch die jüdischen Einwohner von Švekšna und Vainutas. Im Kreis Tauragė unterzeichnete der Kreisälteste Vladas Mylimas am 6. September 1941 eine geheime Sonderanordnung „Zur Regelung der Fragen jüdischen Eigentums". Darin hieß es:

Der gesamte jüdische Besitz ist zu beschlagnahmen und nach den Richtlinien des Bezirkskommissars zu regeln. Die Bürgermeister und Kreisältesten sind verantwortlich dafür, daß der gesamte jüdische bewegliche und unbewegliche Besitz registriert wird. Von diesem Tag an haben Juden kein Recht mehr, ihre Eigentumsfragen zu regeln. Sollte ein Jude den Wunsch hegen, seinen Besitz jemandem zu überlassen, ist er festzunehmen und der deutschen Polizei zu übergeben.[70]

In den Gemeinden wurden Kommissionen eingesetzt, die gegen Entlohnung das jüdische Eigentum zu inventarisieren, zu bewerten und zu verkaufen hatten. Das Geld dafür mußte auf das Konto der Schaulener Reichskreditkasse eingezahlt werden, da das jüdische Eigentum als Besitz des Deutschen Reiches galt. In Švekšna sammelten die Angehörigen der Kommission den jüdischen Besitz in der Synagoge. Dann wurden die Bewohner aufgefordert, das Vieh der Juden, das sie sich angeeignet hatten, bewerten zu lassen und dafür zu bezahlen. Ähnlich verfuhr man bei jenen, von denen bekannt war, daß sie Möbel oder andere Dinge von Juden „in Verwahrung" genommen hatten. Jüdisches Eigentum erwarben nicht nur Privatpersonen sondern auch Behörden, wie die Gemeindeverwaltung von Švekšna, die Molkerei und die Grundschule. Die Aneignung jüdischen Eigentums taugte nach Kriegsende hervorragend, um ungeliebte Mitbewohner bei den Behörden der sowjetischen Verwaltung zu denunzieren.

Nicht nur ideologisch-opportunistische Gründe ließen die Heydekruger Männer zu Mördern werden. Blanke Habgier trieb sie, sich im Nachbargebiet zu bereichern. Wie die Angehörigen des Tilsiter Einsatzkommandos begannen auch sie ihre Mordserie „in der überhitzten Atmosphäre der ersten Kriegstage."[71] Doch noch zwei weitere Jahre wurde aus lokaler Initiative gemordet. Die eigenmächtige Nutznießung des wirtschaftlichen „Erwei-

---

[70] Brandišauskas, Valentinas: Žydų nuosavybės (wie Anm. 68), S. 106-107.
[71] Matthäus, Jürgen: Jenseits der Grenze (wie Anm. 27) S. 115.

terungsraumes" durch Requirierung von über vierhundert „Arbeitsjuden" blieb den Einwohnern als moralische Grenzüberschreitung im Gedächtnis. Was sonst könnte das kollektive Schweigen erklären, das die Einwohner von Heydekrug nach dem Krieg über jene Vorgänge breiteten?[72]

---

[72] In einer Interviewserie, die Ulla Lachauer 1984 mit ehemaligen Bewohnern der Region Heydekrug in Mannheim durchführte, wurden diese Ereignisse nur zweimal erwähnt.

Deutschlands Politik gegenüber den litauischen Bürgern des Memellandes 1939 bis 1944

Arūnė Arbušauskaitė

Fünf Jahrzehnte lang endeten die Forschungen litauischer Wissenschaftler zum Memelgebiet mit dem Stichtag 22. März 1939. Andere setzten erst mit dem Herbst 1944 oder dem 28. Januar 1945 ein. Über die Zwischenzeit dieser beiden für das Memelland so wichtigen Daten herrschte Unkenntnis – eine „allerdunkelste Periode" im gnostischen Sinn. Quellen waren entweder nicht vorhanden oder nicht zugänglich, es gab keinen Anlaß zu forschen, und es gab keine ursprünglichen Einwohner mehr. Im Land lebten zugezogene Russischsprachige aus allen Ecken der Sowjetunion oder Litauer aus Großlitauen, und die neuen Bewohner verspürten kein Bedürfnis, sich mit der früheren Geschichte des Gebietes auseinanderzusetzen.

Die Veränderung der geopolitischen und historischen Situation Europas in den neunziger Jahren des zwanzigsten Jahrhunderts ließ das Bedürfnis wachsen, der Vergangenheit einen Sinn zu geben – aus der Perspektive der Gegenwart. Die Lage für die Forschung ist günstig geworden. In Litauen sind bereits Aufsätze erschienen, die die Forschungslücke schließen.[1]

Aufgabe dieses Aufsatzes ist es zu zeigen, welche Haltung das nationalsozialistische Deutschland gegenüber litauischen Bewohnern des Memellandes einnahm und wie diese Haltung durch die neue Verwaltung des Gebietes realisiert wurde, inwiefern sich also die Politik im Leben und den Schicksalen einzelner Personen widerspiegelte. Ich analysiere hier nur die Aspekte und Maßnahmen der nationalsozialistischen Politik, die sich direkt gegen die litauischstämmigen Memelländer richteten und bewußt litauisches nationales Selbstgefühl und litauischen Nationalstolz verletzten. Die empirische Basis dieses Aufsatzes bilden Archivdokumente, zahlreiche Interviews der Einwohner des Gebietes sowie deren aufgezeichnete Lebensgeschichten. Meine Forschungen werden fortgesetzt. Die Arbeit ist noch nicht abgeschlossen.

---

[1] Vgl. Grybkauskas, Saulius: Lietuvos vyriausybės reakcija į nacistinės Vokietijos politiką Klaipėdos krašto lietuvių atžvilgiu (23.3.1939-15.6.1940) [Die Reaktion der litauischen Regierung auf die Politik des nationalsozialistischen Deutschlands gegenüber den memelländischen Litauern]. In: Genocidas ir rezistencija (1998), Nr. 1(3), S. 72-80.

Die Lage in den ersten Tagen nach dem Anschluß

Wie bekannt, wurde der „Vertrag über die Wiedervereinigung des Memelgebiets mit dem Deutschen Reich" am späten Abend des 22. März 1939 in Berlin unterzeichnet. Doch die prodeutschen Kräfte des Memellandes hatten sich schon lange auf das Ereignis vorbereitet. Schon seit etwa einem halben Jahr war der Stimmungsumschwung zu spüren. Als sich im März abzeichnete, daß der Rückgabevertrag unterschrieben würde, begann man aktiv zu werden. Bereits zuvor waren im Kreis Tilsit mobile Einheiten lokalisiert worden, zum Teil SS-Einheiten, aber auch motorisierte Einheiten, Panzer und Infanterie.[2] Schon am Vorabend, noch vor der Unterzeichnung des Vertrages, überschritten diese Einheiten die Luisenbrücke und marschierten in die Republik Litauen ein. Memel erreichten sie am 23. März morgens gegen acht Uhr. Der Sitz des Gouverneurs, der Hafen, die Kommandantur, Rundfunk, Banken, Eisenbahn sowie die wichtigsten Industriebetriebe, Gymnasien und Hochschulen wurden besetzt.

Dies führte zu Panik unter vielen Bewohnern – die Litauer flohen. Angestellte, Firmenbesitzer, Arbeiter und Bauern verließen die Stadt und das Memelgebiet so schnell wie möglich. Sie flohen in Richtung Palanga, Kretinga, Gargždai und Tauragė. Am 23. März 1939 gegen vierzehn Uhr wurde die Grenze geschlossen, was den Flüchtlingsstrom kaum bremste, verließen doch viele Einwohner das Memelgebiet jetzt illegal. Es scheint, daß Deutschland und Litauen am 27. März 1939 eine Vereinbarung über die Ausreise aus dem Gebiet unterzeichnet haben. Wer nach diesem Datum das Gebiet verließ, mußte einen deutschen Paß und ein Ein- bzw. Ausreisevisum haben. Die Visa wurden von dem neuen Generalkonsulat der Republik Litauen ausgegeben.[3] Vor dem Erhalt der Visa mußten die litauischen Einwohner die Genehmigung der deutschen Verwaltung zur Ausreise erhalten, was nicht ohne Probleme ablief, denn die neue Verwaltung

[2] Die streng geheime Anweisung Nr. 672/39, unterzeichnet vom Obersten Befehlshaber des deutschen Heeres Feldmarschall Wilhelm Keitel am 22. März 1939, sah den Einsatz aller Waffen zur Besetzung des Memellandes vor.
[3] Das Generalkonsulat Memel wurde gegründet, indem man das Konsulat von Tilsit verlegte und mit weiteren Mitarbeitern ausstattete. Im April 1939 begann der ehemalige Wirtschaftskonsul in Tilsit Antanas Kalvaitis seine Arbeit als Generalkonsul. Der letzte Gouverneur von Klaipėda, der Kleinlitauer Viktoras Gailius, wurde zum Regierungskommissar für die Regelung innenpolitischer Angelegenheiten in Memel ernannt.

suchte alle möglichen Gründe, um die Ausgabe derartiger Genehmigungen zu umgehen. So wurde von den Antragstellern nicht nur die Vorlage eines Personaldokumentes gefordert, sondern auch Bescheinigungen, daß sie schuldenfrei seien, keinem Strafverfahren unterlägen oder gesucht würden. Auf Grund derartiger Forderungen konnte es geschehen, daß man drei bis vier Wochen auf die Erteilung der Ausreise nach Litauen warten mußte.

Zum 1. Mai 1939 waren in Litauen offiziell 10.231 Personen als Flüchtlinge aus dem Memelgebiet registriert (5.205 Männer und 5.206 Frauen, nach der Nationalität 8.924 Litauer und 1.307 Juden).[4] Diese Zahlen sind nicht genau, da nicht alle Ankömmlinge aus dem Memelland als Flüchtlinge registriert wurden. In Wirklichkeit war die Zahl der Flüchtlinge vermutlich wesentlich höher und betrug bis zu 18.000 oder 20.000.

Schon in den ersten Tagen wurde die Verwaltungsstruktur des Gebietes umgestaltet. Im Auswärtigen Amt wurde eine „Zentrale für die Überleitung des Memelgebiets" geschaffen, der Staatssekretär Wilhelm Stuckart vorstand. Zu direkten Verwaltern des Gebietes wurden bestimmt als Landrat von Memel Gutsbesitzer Strauss, als Landrat von Heydekrug Wilhelm Buttgereit und als Landrat von Pogegen Heinrich von Schlenther. Im Juli 1939 wurden drei neue Kreisleiter nominiert. In der Stadt Memel war das ein Nationalsozialist, der ehemalige Lehrer Kurt Grau, im Landkreis Memel Erich Karschies, im Landkreis Heydekrug der Kaufmann Fritz Bingau. Oberbürgermeister von Memel war Dr. Wilhelm Brindlinger. Der Gestapo in Memel stand Kriminalrat Rausch, später Kriminalkommissar Dr. Frohwann vor.

Der Kreis Pogegen wurde aufgelöst und sein Gebiet an den Kreis Tilsit angeschlossen. Im Kreis Heydekrug wurden einige Dörfer und Gemeinden aufgelöst. Neue Ortsvorsteher wurden bestimmt – Personen deutscher Abstammung. Zum 1. Mai 1939 wurden alle autonomen Organe des Memellandes aufgelöst und das Gebiet dem Regierungsbezirk Gumbinnen unterstellt.

---

[4] Lietuvos centrinis valstybės archyvas [Litauisches zentrales Staatsarchiv] (künftig LCVA) f. 923, ap. 1, b. 1069, l. 18.

Verhaftungen und Ausweisungen von Litauern

Die ersten Unterdrückungsmaßnahmen, die sich gegen Zivilisten des Memellandes und zwar ausnahmslos gegen litauische Bürger richteten,[5] begannen schon am 21./22. März 1939, am Vorabend der Unterzeichnung des litauisch-deutschen Rückgabevertrages. Nach den bereits erstellten Verzeichnissen wurden die bekanntesten und aktivsten Litauer des Gebietes, vor allem Kleinlitauer, festgenommen. Unter ihnen fanden sich die Vorsitzenden des Direktorats Erdmonas Simonaitis, Heinrich Borchert und Eduard Simat (Simaitis) im Gefängnis wieder, der Rechtsanwalt Michel Tolischus, die Pädagogen Adomas Brakas und Martin Purwin wie auch viele andere. Alle wurden beschuldigt, mit der litauischen Staatsmacht „kollaboriert" zu haben. Man schätzt, die erste Verhaftungswelle habe hundert bis zweihundert Personen betroffen. Schnell wurde klar, wem solche Eile galt – Adolf Hitler persönlich war auf dem Weg nach Memel.

Hier muß angemerkt werden, daß die litauischen Behörden mehr oder minder den Gang der Ereignisse vorausgesehen und daher versucht hatten, für verschiedene Garantien zu sorgen. Nach der Unterzeichnung des Ultimatums über die Übergabe des Gebietes an Deutschland wechselten am 22. März 1939 der litauische Außenminister Juozas Urbšys und der deutsche Staatssekretär Ernst Friedrich von Weizsäcker in Berlin Noten, in denen die deutsche Seite feierlich erklärte, daß kein Bürger des Memellandes wegen seiner politischen Haltung zur bisherigen Zugehörigkeit des Memelgebietes zu Litauen verfolgt oder behelligt werde.[6] Weiter hieß es, daß Verfolgungen, sollten sie sich ereignen, streng bestraft würden. Dieses wichtige Dokument wurde in der Memeler Presse erst nach fünf Tagen veröffentlicht.[7]

---

[5] Zum 1. Januar 1939 war die nationale Zusammensetzung der Einwohnerschaft im Memelland wie folgt: Zahl der Einwohner 153.793, davon Litauer 43.226 (28,1 %), Memelländer 35.219 (22,9 %), Deutsche: 64.281 (41,8 %), übrige 11.067 (7,2 %). Litauer und Memelländer stellten gemeinsam 50,8 % der Gesamteinwohner. Vgl. Žostautaitė, Petronėlė: Klaipėdos kraštas 1923-1939 [Das Memelland 1923-1939]. Vilnius 1992, S. 55. – Darüber hinaus hielten sich während der gesamten Zeit viele Arbeitskräfte aus Großlitauen als Pendelmigranten im Memelgebiet auf. Fragen zu diesen Arbeitern wie auch zur Wirtschaft des Gebietes werden innerhalb dieses Aufsatzes nicht analysiert.

[6] LCVA f. 383, ap. 5, b. 68, l. 29.

[7] Klaipėdoje prasidėjo lietuvių areštai [In Memel begannen Verhaftungen von Litauern]. Lietuvos aidas 24.3.1939.

Bleibt die Frage, ob die ersten Verhaftungen auf Anweisung aus Berlin erfolgten oder eine persönliche Initiative der nationalsozialistischen Fanatiker vor Ort darstellten. Einige Verhaftete wurden recht bald freigelassen, andere blieben recht lange gefangen. Erschwert wurde die Lage dadurch, daß weder das litauische Außenministerium noch das Konsulat in Memel über genaue Informationen verfügten, welche und wieviele Personen im Gebiet verhaftet bzw. festgesetzt waren.[8] Am 29. März 1939 berichtete die Deutsche Telegrammagentur endlich über die Verhaftung von 183 Personen, von denen sich 125 noch in Haft befänden. Das litauische Konsulat begann ein Verzeichnis der Verhafteten zu erstellen, und am 1. April 1939 wandte sich die litauische Botschaft in Berlin zum ersten Mal an den Außenminister des Deutschen Reiches mit der Bitte, die Litauer aus der Haft zu entlassen.[9]

Um Entlassung der Festgenommenen bemühte man sich auf drei verschiedenen Kanälen. Das Generalkonsulat in Memel wandte sich an die lokalen Behörden, das Generalkonsulat in Königsberg an den Gauleiter Ostpreußens und die Botschaft in Berlin an die Zuständigen im Auswärtigen Amt. Man hatte keine Zeit herauszufinden, in wessen Kompetenz die Entscheidung liegen könnte.

Aus den Archiven geht hervor, daß diese deutschen Institutionen praktisch weder ihre Handlungen noch ihre Entscheidungen koordinierten. Häufig hatten sie auch unterschiedliche Informationen über die Häftlinge. Besonders häufig fanden sich Beamte des Auswärtigen Amtes in schwierigen Situationen, wenn sie von der litauischen Botschaft Namensverzeichnisse von Verhafteten erhielten und selbst keinerlei genaue Informationen hatten. Derartige Situationen legen die Vermutung nahe, daß die Verhaftungen der Litauer, besonders der Kleinlitauer, als oft so bezeichnete Präventivmaßnahmen nicht durchdacht waren und die örtliche Verwaltung oft nach Lust und Laune verfuhr. In den Dokumenten wird ausgesagt, daß aufgrund der Bemühungen aller Instanzen bis Mitte Juni 1939 alle Festgenommenen wieder in Freiheit kamen.

---

[8] Die verhafteten Litauer wurden in den Polizeigefängnissen von Memel, Tilsit und Ragnit festgehalten wie auch in Arrestzellen der Gestapo.
[9] Pro memoria apie areštus Klaipėdos krašte [Pro memoria über die Verhaftungen im Memelland]. LCVA f. 383, ap. 7, b. 2181, l. 47. Als Beauftragter für die Angelegenheiten des deutschlitauischen Vertrages koordinierte Stasys Lozoraitis die Freilassung der Verhafteten.

Bei Ausbruch des Zweiten Weltkrieges kam es zu einer zweiten Verhaftungswelle. Als häufigster Grund galt das Hören ausländischer, will sagen litauischer Radiosender. Beispielsweise verhandelte am 4. Januar 1940 das Sondergericht in Memel den Fall von dreizehn Arbeitern, die verhaftet worden waren, als sie in einer Wohnung gemeinsam litauische Nachrichten hörten.[10] Das Verbot, ausländische Rundfunksender zu hören, galt als ein harte Strafen androhendes Kriegsgesetz für das gesamte Reichsgebiet. Daher war es schwierig, die aufgrund dieses Gesetzes Bestraften wieder aus der Haft zu bekommen. Doch die deutschen Beamten gaben einen Hinweis, wie sich derartige Probleme lösen ließen: sie schlugen einen Austausch politischer Häftlinge vor, von denen es auf beiden Seiten genügend gab. Dieser Austausch begann Anfang 1940 und wurde bis zur Jahresmitte fortgesetzt. Die Untersuchung dieses Austausches würde einer eigenen Abhandlung bedürfen.

Eine andere häufig angewandte Unterdrückungsmaßnahme war die Ausweisung von Personen aus dem Memelgebiet. Über das Recht zur Ausweisung verfügten außer der Polizei auch die Landräte und die Gestapo. Das Konsulat der Republik Litauen in Memel wurde über derartige Ausweisungen grundsätzlich nicht informiert.

Schon in den ersten Tagen nach dem Anschluß zögerte der Polizeidirektor Otto Böttcher nicht, den Paragraph 5 des Reichsgesetzes für Fremdvölkische anzuwenden, in dem es hieß, diejenigen, deren Verhalten geeignet sei, wichtige Belange des Reiches oder der Volksgemeinschaft zu gefährden, würden ausgewiesen. So wurden sofort 83 Personen aus dem Memelland nach Litauen ausgewiesen, danach jeden Monat einige Dutzend. Litauer und Kleinlitauer wurden ausgewiesen um das Gebiet rassisch und ideologisch zu säubern. Aus offensichtlich politischen Gründen wurden diejenigen ausgewiesen, die früher in verschiedenen litauischen Organisationen aktiv waren oder sich geweigert hatten, die deutsche Staatsangehörigkeit anzunehmen. Sie wurden zur Polizei oder zur Gestapo vorgeladen und sollten ein Papier unterzeichnen mit dem Versprechen, das Memelland „freiwillig" zu verlassen. Obwohl das Auswärtige Amt hartnäckig versuchte, solche „Freiwilligkeit" nicht zur Kenntnis zu nehmen, hatten die Bemühungen

---

[10] Klaipėdoje nubausta 13 lietuvių darbininkų [13 litauische Arbeiter in Memel verhaftet]. Lietuvos aidas 6.1.1940.

der litauischen Regierung Erfolg: diese Art der Ausweisung wurde eingestellt.

Aus wirtschaftlichen Gründen wies man Eigentümer von Gütern, In-
dustriebetrieben oder anderen Immobilien aus. Ihr Eigentum wurde vom
Reich beschlagnahmt. Kriminelle und Verurteilte wurden wegen Verletzung von Verwaltungsvorschriften ausgewiesen.[11] Ebenso kam es zur
Ausweisung von sozial Schwachen.

Ein typischer Fall ereignete sich im April 1940, als der Memeler Polizeidirektor Böttcher Ona G. ausweisen ließ. Diese Litauerin lebte seit mehr als
zwanzig Jahren im Memelland. Ihre drei Söhne arbeiteten und unterstützten die alte Mutter. Böttcher begründete seinen Ausweisungsbeschluß damit, daß die Mutter alt sei und als Arbeitskraft nicht mehr eingesetzt werden könne. Diese Ausweisung wurde in Litauen als Abschiebung eines So-
zialfalls verstanden. Trotz energischer Bemühungen des litauischen Außenministeriums und des Memeler Konsulats wurde die alte und pflegebe-
dürftige Frau von den Söhnen getrennt und mußte nach Litauen zurück.[12]

Die Ausweisungen erfolgten in zwei Richtungen: bis etwa Mitte 1940
nach Litauen, danach ins Innere Deutschlands (am häufigsten nach Ostpreußen). Die Formen der Ausweisung waren verschieden. Am häufigsten
erhielt die auszuweisende Person die Aufforderung, bis zum gegebenen
Termin das Gebiet zu verlassen. In solchen Fällen wurde immer die gesetzliche Grundlage angegeben, auf der der Ausweisungsbefehl beruhte. So
sollten diese Maßnahmen einen Anstrich von Legalität erhalten. Einige
Familien wurden mehrfach ausgewiesen. Die Familie des Bankiers Petras
Schernas wurde zuerst nach Insterburg geschickt und 1943 weiter in die
Gegend von Dresden. Wo und wie die Ausgewiesenen Unterkünfte fanden,
kümmerte die Beamten nicht.

Doch zu dieser Zeit herrschte im gesamten Deutschen Reich Arbeits-
pflicht. Das heißt, daß auch Ausgewiesene Arbeit finden mußten. Ebenso
gab es die Verpflichtung, die Kinder in die Schule zu schicken. Natürlich

---

[11] Beispielsweise berichtete der Konsul Kalvaitis am 24. Januar 1940, daß schon 74 Personen
aus dem Gebiet ausgewiesen worden sind, die noch vor der Annexion des Gebietes verurteilt
worden waren. LCVA f. 383, ap. 2, b. 21, l. 8.
[12] Susirašinėjimas tarp. Vokietijos und Lietuvos užsienio reikalų ministerijų [Korrespondenz
zwischen den Außenministerien Deutschlands und Litauens]. LCVA f. 383, ap. 2, byla 517.

standen diese Personen unter Polizei- bzw. Gestapoüberwachung. Bekannt wurden Fälle, in denen Personen direkt festgenommen wurden und unter physischem Zwang Versprechen unterschreiben mußten, daß sie aus eigenem Willen nach Litauen ausreisen. Diese Methode wurde am häufigsten von der Gestapo angewandt. Dabei spielten juristische Vorwände und Begründungen keine Rolle. Die Zeitspanne, die bis zur Ausreise verblieb, reichte von 24 Stunden bis zu einem Monat. Die Gestapo kontrollierte, in welcher Form das „Versprechen" eingehalten wurde.

In einer Familie wird noch heute über die Ausweisung des Familienvaters aus dem Gebiet erzählt: „Man hat ihn in den Hintern getreten und über die litauische Grenze geschleift."[13] Mit solchen Bildern prägte sich die Ausweisung im Gedächtnis ein. Archivdokumente bezeugen, daß im Zuge von Ausweisungen häufig Personen zusammmengeschlagen wurden.

Im Spätherbst 1940 begann die massenweise Ausweisung von Litauern auf dem linken Memelufer, in den Kreisen Tilsit und Ragnit. Allein im Dezember verließen 340 Personen das Gebiet über den Grenzpunkt Pogegen. Sie wurden mit ihren Familien und mit ihrer gesamten Habe ausgewiesen, einige von ihnen sogar mit wenigen Wochen alten Säuglingen. Ein großer Teil von ihnen siedelte sich im Kreis Tauragė an, in der damaligen Sowjetrepublik Litauen.[14]

Ich kann keinerlei Belege finden, daß eine einzige Familie deutscher Nationalität ausgewiesen worden wäre. Daraus folgere ich, daß sich die Ausweisungen gegen die Litauer richteten, wobei es keine Rolle spielte, ob sie aus dem Memelland stammten oder aus Großlitauen. Ausweisungen als repressive Maßnahmen erfolgten bis zum Herbst 1944. Wieviele Personen aus welchen Gründen ausgewiesen wurden ist unbekannt; eine Statistik gab es vermutlich nicht.

---

[13] Interview. Archiv der Autorin.
[14] Sąrašai kirtusių pasienio postą [Verzeichnisse der Grenzgänger]. LCVA f. R-839, ap. 1, bylos 2, 3, 4, 6, 9.

Litauische Bemühungen zur Bewahrung der kulturellen Identität

Sofort nach der Annexion des Memelgebietes wurden am 25. März 1939 alle litauischen Kultur-, Sport- und Jugendorganisationen aufgelöst, Buchhandlungen und Bibliotheken geschlossen. Das Pädagogische Institut wurde nach Panevėžys verlegt, das Handelsinstitut nach Šiauliai. Das Memeler Vytautas-der-Große-Gymnasium fand neue Unterkunft in Palanga, das Gymnasium von Heydekrug in Žemaičių Naumiestis. Die Schließung des Gymnasiums in Pogegen fand unter besonders widrigen Umständen statt: die deutschen Beamten drangen in die Räume ein, verwiesen Schüler und Lehrer aus dem Gebäude und verplombten die Tür.

Litauische Kultur wurde wortwörtlich vernichtet: Gestapoangehörige, die in den staatlichen Buchladen von Memel kamen, vernichteten über tausend Bücher. In den Räumen der Bibliothek Aukuras wurde eine Tierseuchenstation eingerichtet, in den Gebäuden der litauischen Gymnasien deutsche Wehrmachtseinheiten einquartiert. Die Journalistenvilla in der Försterei übernahm die NSDAP.[15]

Zweifellos am schmerzhaftesten gestaltete sich die Schulfrage. Alle litauischen Schulen wurden geschlossen, Lehrer mit prolitauischer Orientierung durften im Memelgebiet nicht mehr unterrichten. Die Litauer, die weiterhin im Gebiet lebten und arbeiteten (allein im Stadt- und Landkreis Memel 17-20.000 Erwachsene und Kinder), sorgten sich um die Ausbildung ihrer Kinder. Einige schickten ihre Kinder in deutsche Schulen, andere zögerten, da sie immer noch glaubten, es würde möglich werden, die Kinder in ihrer Muttersprache zu unterrichten. Aus fünfzehn Ortschaften wandten sich Eltern an die Bildungsorgane und baten um Aufrechterhaltung litauischer Schulen. Die Antwort war negativ.[16] Die prominenten Lehrer des Gebietes, Jonas Uszpurwies und Martin Purwins, wollten dafür sorgen, daß die noch im Gebiet befindlichen Kinder das Schuljahr beenden könnten, und bereiteten ein Memorandum vor, das sie als Bitte an die neue Verwaltung richteten. Ursprünglich wollten sie dieses Memorandum an den Gauleiter Ost-

---

[15] Lietuvos vyr. Konsulo A. Kalvaičio 1939 05 01 pranešimas Užsienio reikalų ministerijai [Bericht des Litauischen Generalkonsuls A.Kalvaitis vom 1. Mai 1939 an das Außenministerium]. LCVA f. 383, ap. 2, b. 20, l. 219.

[16] Lietuvos vyr. Konsulo A. Kalvaičio 1939 09 20 pranešimas LR Užsienio reikalų ministerijai [Bericht des Litauischen Generalkonsuls A.Kalvaitis vom 20. September 1939 an das Außenministerium der Litauischen Republik]. LCVA f. 383, ap. 2, b. 20, l. 25.

preußens, an Erich Koch in Königsberg, richten. Da sich dieser aber weigerte, die Lehrer zu empfangen, versuchten sie, das Memorandum dem Gumbinner Regierungspräsidenten Schmidt zu überreichen. In ihrer Erinnerung spielte sich das wie folgt ab:

Wir mußten zwei Stunden warten, bis Schmidt uns empfing. Wir trugen die grundsätzlichen Gedanken des Memorandums vor und erklärten, daß sich die litauischen Schulen von jeder politischen Tätigkeit fernhalten würden. Schmidt [...] erklärte, daß er mit Memel in Kontakt stehe und er den Schulrat angewiesen habe, in Erfahrung zu bringen, wieviele litauische Kinder in litauischen Schulen lernen wollten. Die vorliegenden Zahlen seien zu niedrig, um die Existenz litauischer Schulen zu rechtfertigen. Wir argumentierten, daß wir keine staatlichen litauischen Schulen forderten. Private, von den Eltern finanzierte Schulen würden ausreichen, aber Schmidt erklärte, daß unser Besuch vergebens sei. Die Litauer sollten ihre Schulen vergessen, im Deutschen Reich seien alle Einwohner Deutsche, die Reste von Minderheiten hätten ihre nationalen Besonderheiten aufgegeben und sich freiwillig in das neue deutsche Leben begeben. Litauer, die keine Deutschen sein wollten, könnten nach Litauen gehen.[17]

Derart zynisch wurde den Litauern geraten, sich in die germanische Kultur zu integrieren und künftig weder über ihre Nationalität noch in ihrer Sprache zu reden.

Es gab nur eine Ausnahme. In Memel wurden an den deutschen Schulen zehn Klassen eröffnet, in die alle Kinder kamen, deren Eltern die litauische Staatsangehörigkeit besaßen. Insgesamt besuchten 342 Schüler diese Klassen. Bis zu den Sommerferien 1939 lehrten hier litauische Lehrer. Sie wurden jedoch später entlassen, und die Klassen brachen auseinander. Litauische Kinder, die in Dörfern lebten, kamen automatisch in deutsche Schulen. Es gab litauische Eltern, die sich weigerten, ihre Kinder in deutsche Schulen zu schicken. Sie mußten Geldstrafen zahlen. Kinder, die den Unterricht in deutschen Schulen fortsetzten, wurden nicht selten diskriminiert – sowohl von Lehrern als auch von Mitschülern. Michael T. beispielsweise versuchte in der Schule herauszufinden, warum seine Tochter Dorotėja Rūta, eine hervorragende Schülerin, plötzlich so schlechte Noten bekam.

---

[17] Purvinas, Martynas: Klaipėdos krašto mokyklų draugijos istorija [Die Geschichte der Gesellschaft der memelländischen Schulen]. Vilnius 1995, S. 78-79.

Der Lehrer sagte: „Wenn sie eine Litauerin ist, wird sie auch keine besseren Zensuren mehr bekommen."[18]

Alle Schüler deutscher Schulen wurden angehalten, der Hitlerjugend beizutreten. Ein Vater weigerte sich: „Ich bin Litauer, und meine Kinder werden sich in keinerlei nationalsozialistischen Organisationen engagieren."[19] Der eigensinnige Vater wurde zur Gestapo vorgeladen und entsprechend bedroht. Nichts half. Letzten Ende wurde er gezwungen, seine Kinder aus der Schule zu nehmen und zum Lernen nach Litauen zu schicken. Mehrere litauische Eltern verhielten sich ähnlich. Nicht immer konnte das legal vonstatten gehen. Beispielsweise überquerten die Töchter eines bekannten Anführers der litauischen Landarbeiter, Ruth und Grete, die grüne Grenze heimlich bei Nacht, um nach Palanga in das Vytautas-der-Große-Gymnasium zu gelangen, das ja dorthin evakuiert worden war.[20]

Am 15. August 1940 wurde in den memelländischen Kirchen der letzte Gottesdienst auf litauisch gehalten. In der Jakobikirche in Memel stand der Pfarrer Gilde aus Prökuls vor dem Altar: „[Er] sprach litauisch, aber nach dem Gottesdienst gab er die Verordnung bekannt, nach der ab nun der Gottesdienst nur auf deutsch stattfinden dürfe. Die Leute in meiner Nähe seufzten. Ich stand auf und ging aus der Kirche. Wer weiß, ob ich noch einmal dorthin gehe."[21]

1939, als die deutsche Wehrmacht in Polen einmarschierte, wurde das Memelland zum Grenzgebiet erklärt. Es gab zahlreiche Verbote und Einschränkungen, die die Aufsicht über die Litauer noch mehr verstärkten. Beispielsweise wurde das Hören ausländischer Rundfunksender verboten, so auch Radio Kaunas. Ausländische Presse jeder Art, darunter auch litauische, wurde ebenfalls verboten. So war das gesamte kulturelle und geistige Leben der Litauer im Memelland gelähmt. Alle diese Aktivitäten der nationalsozialistischen Verwaltung lassen sich unter der Leitlinie zusammenfassen, die der ostpreußische Gauleiter Erich Koch ausgegeben hatte: „Rottet aus, was litauisch ist."

---

[18] Interview. Archiv der Autorin.
[19] Interview. Archiv der Autorin.
[20] Persönliche Korrespondenz der Autorin. Archiv der Autorin.
[21] Tagebucheintrag. Familienarchiv Martynas Toleikis.

Zur Staatsangehörigkeit der litauischen Memelländer

Wichtig und schicksalsvoll für die litauischen Memelländer war die Frage der Staatsangehörigkeit. Seit dem Inkrafttreten der Konvention für das Memelgebiet von 1924 hatten die Einwohner des Gebietes eine doppelte Staatsangehörigkeit – die litauische und die memelländische. In dem Vertrag vom 22. März 1939 hieß es in § 2, daß die Frage der Staatsangehörigkeit später erörtert werde. Schon am 23. März 1939 wurde ein Gesetz verabschiedet, das diejenigen Memelländer, deren deutsche Staatsangehörigkeit am 30. Juli 1924 aufgehört hatte, wieder deutsche Bürger würden, wenn sie am 22. März 1939 im Memelgebiet oder in Deutschland lebten. Aufgrund dieses Gesetzes wurden alle Einwohner des Gebietes automatisch deutsche Staatsbürger. In juristischem Sinn widersprach das Gesetz dem Vertrag mit Litauen, denn es legte einseitig fest, wer deutscher Staatsbürger sei. Das Gesetz sah keinerlei Übergangsfristen vor. Die Einwohner hatten sofort ihre Pässe in deutsche einzutauschen. Alle litauischen Namen und Familiennamen in diesen Pässen mußten germanisiert werden.[22]

Die automatische Zuerkenntnis der Staatsangehörigkeit brachte auch einen Wechsel der Nationalität mit sich. Die litauischen Memelländer wollten auf ihre Nationalität nicht verzichten. Viele versuchten mit allen möglichen Mitteln die Entgegennahme des deutschen Passes zu verhindern und versteckten sich. Wer im Gebiet mit seinen alten Papieren blieb, konnte zu jeder Zeit festgenommen, bestraft bzw. ausgewiesen werden. So wurde der Pfarrer Ansas Baltris festgenommen, als er sein Recht auf seine litauische Existenz mit Adolf Hitlers „Mein Kampf" begründete. Diesen interessanten Vorfall möchte ich genauer vorstellen:

Mich befragten ein Königsberger und zwei Memelländer – seine Gehilfen. Einer von ihnen kannte mich. Sie fragten sehr höflich. Zuerst, ob ich nicht Deutscher sei? Ich sei doch geborener Memelländer, also Deutscher. Aber das ist nicht die Wahrheit. Obwohl ich geborener Memelländer bin, bin ich aber doch Litauer. Diese Antwort wollte man nicht akzeptieren. Man sagte, ich sei bis 1923 deutscher Staatsbürger gewesen, also sei ich Deutscher. Ich sagte wieder, daß Staatsangehörigkeit ja nicht das gleiche sei wie Natio-

---

[22] Es gab keinerlei Regeln etwa zur Germanisierung litauischer Eigennamen. Die Abänderung erfolgte häufig nach den Vorstellungen oder der Phantasie der Beamten. Darum lassen sich häufig verschiedene Varianten des gleichen Familiennamens innerhalb einer Familie finden. In späteren Jahren lösten diese Varianten häufig juristische Streitfragen aus.

nalität […] Schließlich sagte ich: „Meine Herren, jetzt zeige ich Ihnen mit Hitlers Worten, daß ich Litauer bin." Ich zitierte aus dem Gedächtnis, was ich in „Mein Kampf" über das „Volk aus Blut" gelesen hatte und bemerkte gestützt auf das Zitat: „Jetzt werden Sie doch nichts dagegen haben, daß ich Litauer bin, jetzt werden sie mir doch zustimmen, daß ich ein wahrer Litauer bin." […] Nach einer weiteren Stunde, fragte mich einer der Memelländer von neuem: „Herr Baltris, die deutsche Kultur ist doch viel schöner als die litauische, den Memelländern geht es doch viel besser als denen dort [in Litauen – A.A.], wieso wollen sie denn lieber ein Litauer als ein Deutscher sein?" Ich antwortete: „Ich bin kein Litauer wegen Kultur oder wegen Geld, ich bin Litauer aus Wahrheit, weil mein Blut litauisch ist. Und wo Hitler früher so klar seine nationalen Thesen dargelegt hat, Sie aber hier so wenig verstehen, muß ich mich doch sehr wundern. Und was die Kultur angeht, so haben wir doch in Europa eine europäische Kultur, die sich in jedem Volk entsprechend äußert. Und so haben wir litauischen Memelländer unsere litauische Kultur, um litauisch zu sprechen und zu leben." Auf diese Antwort hin akzeptierten sie, daß ich Litauer bin. [23]*

Nachdem der Geistliche seine Rechte, Litauer zu bleiben, derartig verteidigt hatte, mußte er das Gebiet verlassen. Als er sich später um eine Rückkehr bemühte, erklärte ihm der Militärattaché der Deutschen Gesandtschaft in Kaunas eindeutig: „Sie wissen doch, daß man heute in Deutschland nur eine Meinung haben darf. Ihre Haltung ist aber tief prolitauisch, darum wäre es für sie persönlich besser, wenn Sie in Litauen bleiben würden."[24]

Die Memeler Polizei erließ Anweisungen, wie mit Einwohnern des Gebietes und Deutschen zu verfahren sei, die sich nach dem Anschluß außerhalb der jetzigen Grenzen des Deutschen Reiches befunden hatten. Dort hieß es:

Memeldeutsche, die im Besitz litauischer Inlandpässe mit dem Vermerk „Mit der Eigenschaft als Bürger das Memelgebiets" und gleichzeitig von Empfehlungsschreiben der Gesandschaft sind, können, soweit sie nicht Juden sind, ungehindert in das Memelgebiet einreisen. Minderjährige Kinder von oben erwähnten Memeldeutschen, die nicht im Besitz von litauischen Pässen mit dem Vermerk „Mit der Eigenschaft als Bürger des Memelgebiets" sind, können nur dann einreisen, wenn sie bei der Gesandtschaft Kowno

---

[23] Auszug aus dem Bericht vom 18. Juli 1939 über die Festnahme von Ansas Baltris, seine Ausweisung usw. LCVA f. 383, ap. 7, b. 2181, l. 135-143.
[24] Pro memoria vom 13.9.1939. LCVA f. 383, ap. 2, b. 20, l. 27.

den Nachweis führen, daß sie Bürger des Memelgebiets sind, und einen entsprechenden Ausweis über die Führung dieses Nachweises von der Gesandtschaft erhalten.[25]

Sinn dieser Verlautbarung war die Anweisung an alle memelländischen Einwohner zur Rückkehr. Es ging also nicht um eine Möglichkeit zurückzukehren, sondern um eine Anweisung, die befolgt werden mußte. Damit ergaben sich in Litauen wie auch in Deutschland eine ganze Reihe praktischer Fragen.

Wichtig war die Frage, wie man mit denjenigen Memelländern verfahren würde, die gerade in der litauischen Armee dienten. Wessen Staatsbürger sind sie nun? Dürfen sie als deutsche Staatsbürger jetzt einfach das litauische Heer verlassen? Käme das nicht einer Desertion gleich? Wie sollte man mit jenen verfahren, die ihren Dienst in der litauischen Armee fortsetzen? Galten sie als Freiwillige? Einen Freiwilligenstatus gab es damals nicht in der litauischen Armee. Ausländer durften nicht in der litauischen Armee dienen. Der Wechsel der Staatsangehörigkeit betraf auch die Memelländer, die in Litauen studierten. Konnten sie als deutsche Bürger litauische Abschlüsse erwerben? Deutschland gewährte auch jenen memelländischen Studenten keine finanzielle Unterstützung, die an europäischen Universitäten studierten. Es gab also viele Fragen, aber keinerlei juristische Grundlage, auf sie zu antworten.

Wie schon oben erwähnt, hatten viele litauische Einwohner das Gebiet in den ersten Tagen nach dem Anschluß verlassen. Die ersten schafften es noch, mit litauischen Pässen auszureisen. Diejenigen, die später das Gebiet verlassen wollten, waren schon automatisch zu Reichsbürgern geworden und mußten ein litauisches Visum im Memeler Konsulat erwerben. Die Ausgewiesenen, die der neuen Verwaltung nicht genehm waren, verfügten über keinerlei Dokumente und hatten mithin ständig Probleme.

Alle diese Zivilisten wurden juristisch in Litauen als Ausländer behandelt und erhielten manchmal keinerlei Dokumente. Wohnungs- und Arbeitssuche dieses Personenkreises brachten zusätzliche Probleme. Um beispielsweise das Flüchtlingsmädchen Grete, eine gebürtige litauische Memelländerin, die in Litauen de jure als „Ausländerin" galt, in der Grundschule anzu-

---

[25] Citissime. Diplogerma Nr. 65 des AA vom 29. März 1939 nach Kaunas. Unterschrift Saucker. PAAA (Politisches Archiv des Auswärtigen Amtes), Gesandschaft. Kowno, Akte 133e.

stellen, mußte sie vier Monate lang mit fünf Verwaltungen und Abteilungen korrespondieren.

Ein anderes Beispiel. Der memelländische Zöllner Hans, der Litauer und gleich nach dem Anschluß nach Litauen gegangen war, mußte, um in seinem Beruf weiterarbeiten zu können, ein Verfahren durchlaufen, um die litauische Staatsangehörigkeit zu erwerben. Solche und weitere Beispiele zeigen, daß die Verwaltungsorgane der Republik Litauen diesem Lauf der Ereignisse völlig unvorbereitet gegenüber standen.

So erwuchs die Notwendigkeit, die Fragen der Staatsangehörigkeit der memelländischen Litauer zu klären. Ein Dokument dazu wurde von litauischen und deutschen Regierungsvertretern am 8. Juli 1939 unterzeichnet. Es handelte sich hier um den Vertrag zwischen der Republik Litauen und dem Deutschen Reich über die Staatsangehörigkeit der Memelländer. Darin wurde ein Optionstermin festgelegt – der 31. Dezember 1939. Doch die deutsche Seite zögerte die Ratifizierung des Vertrages hinaus, die erst am 9. November 1939 erfolgte, und die litauische Seite regelte das Optionsverfahren erst am 9. Dezember 1939. So blieben faktisch zwei Wochen, um eine Option für die litauische Staatsangehörigkeit zu formulieren.

Nach der Unterzeichnung des Vertrages, dessen Wortlaut nicht offiziell verkündet wurde, kamen im Gebiet rasch Gerüchte auf. Ungeduldig wurde die Option erwartet. Das litauische Konsulat in Memel wurde mit Bitten um Beschleunigung des Verfahrens überschüttet. Besonders drängten Jugendliche im wehrpflichtigen Alter. Die Option für die litauische Staatsangehörigkeit war die einzige Möglichkeit, der Einberufung in die Wehrmacht zu entgehen. Der Direktor des Vytautas-Gymnasiums Kazys Trukanas und sein Stellvertreter, der Lehrer Martin Purwins, erhielten aufgrund ihrer Agitationsversuche eine Warnung aus dem Litauischen Außenministerium „sich nicht an der Reichsgrenze zu zeigen, denn das könnte böse für sie enden". Es gab ein Verfahren der Militärpolizei gegen sie wegen Beihilfe zur Flucht vor dem Wehrdienst, die sie den Gymnasiasten geleistet haben sollten.

Die Gestapo wußte ihrerseits Bescheid über die Einstellung der Bürger und ihre Entschlossenheit, die deutsche Staatsangehörigkeit nicht anzunehmen. Personen, die beabsichtigten zu optieren, wurden festgenommen. Man versuchte, sie von ihrem Vorhaben abzubringen. Hauptargument derartiger Gespräche war: „Wozu brauchen sie die litauische Staatsbürgerschaft, wenn sie doch im Memelland geboren sind?"

Einige Eltern stimmten zu, automatisch wieder „Deutsche" zu werden, um ihre Kinder zu schützen, die sich entschlossen hatten, für Litauen zu optieren. So kam es häufig zu verschiedenen Varianten von Staatsangehörigkeit in einer Familie. Unter diesen Bedingungen war der Entschluß, für die litauische Staatsangehörigkeit zu optieren, ein mutiger Schritt. Wie die späteren Ereignisse zeigten, verzieh der deutsche Staat den litauischen Optanten diese Wahl niemals.[26]

Es wurden 303 Anträge auf litauische Staatsangehörigkeit gestellt, die mit Angehörigen 585 Personen umfaßten. Etwa vierzig Prozent waren minderjährige Kinder. Waren das viele oder wenige? Zu dieser Frage geben die späteren Ereignisse Auskunft.

Der Vertrag über den Bevölkerungsaustausch vom 10. Januar 1941 und die litauischen Memelländer

Der Vertrag über den Bevölkerungsaustausch, der am 10. Januar 1941 in Kaunas unterzeichnet wurde, stellte sich als legale Möglichkeit heraus, die widerspenstigen Litauer loszuwerden oder mit ihnen abzurechnen.[27] Der Vertrag zielte deutscherseits darauf, die ethnischen Deutschen (Volksdeutsche) aus Litauen nach Deutschland zu bringen, während Litauer und Personen russischer Nationalität aus dem Memelgebiet und dem Suwałkigebiet nach Litauen transferiert werden sollten, und dies in kürzester Zeit. Im

---

[26] Sogar noch nach 50 Jahren erwies sich eine derartige Entscheidung als Bumerang. Hier nur ein Beispiel. In den neunziger Jahren, als sich in Europa und in Deutschland wie auch in Litauen schon die politische Situation gewandelt hatte, bemühte sich ein Teil der ehemaligen Memelländer um die Wiederherstellung der deutschen Staatsangehörigkeit um aus Litauen auszureisen. Dem Heydekruger R. A., der lutherischen Glaubens und deutsch erzogen worden war, wurde die deutsche Staatsangehörigkeit verweigert, da sich seine Großeltern 1939 für die litauische Staatsbürgerschaft entschieden hatten.

[27] An diesem Tag endete ein diplomatischer Marathon zwischen Deutschland und der UdSSR, der im August 1939 begonnen hatte. Am 10. Januar 1941 wurden in Moskau, Riga und Kaunas sechs Verträge unterzeichnet. Über die Umsiedlung von 1941 gibt es recht viel deutschsprachige Literatur. Vgl. dazu meine Monographie: Gyventoju mainai tarp Lietuvos ir Vokietijos pagal 1941 m. sausio mėn. 10 d. Sutartį. Klaipėda 2002.

Februar/März 1941 verließen etwa 50.000 Volksdeutsche Litauen. Nach Litauen gelangten 6.167 Personen aus dem Memelland und 14.500 aus dem Suwałkigebiet.[28]

Den ideologischen Hintergrund für diesen Bevölkerungsaustausch lieferte die nationalsozialistische These „ein Reich, ein Volk." Der gesamte Prozeß wurde als „Repatriierung" bzw. deutsch als „Umsiedlung" bezeichnet, da man der Meinung war, die Volksdeutschen kehrten in ihre wahre Heimat zurück. Die Umsiedlung wurde von speziell für diesen Zweck gegründeten Institutionen der VoMi (Volksdeutschen Mittelstelle) und der EWZ (Einwandererzentralstelle) organisiert, die direkt dem Reichskommissar für die Festigung deutschen Volkstums, dem Reichsführer SS Heinrich Himmler, unterstellt waren.

Der Umsiedlungsprozeß wurde von russisch-deutschen gemischten Kommissionen durchgeführt. Der ideologische und zwanghafte Charakter dieser Umsiedlung wurde schon dadurch deutlich, daß sie einerseits von der SS und Gestapo, andererseits vom NKWD vollzogen wurden.

Ich erinnere daran, daß sich die litauischen Memelländer zu jener Zeit (im Frühjahr 1941) zu beiden Seiten der Austauschlinie befanden. Viele von denen, die sich damals in Litauen aufhielten, bemühten sich, während der Repatriierungszeit in die Heimat zurückzukehren. Ihr vorrangiges Motiv, das sie aber nicht öffentlich angaben, war die Flucht vor dem bolschewistischen Regime. Diejenigen, die im Memelland lebten und sich nur schwer mit dem neuen Regime anfreunden konnten, fanden nun eine Möglichkeit, diesem zu entgehen und nach Litauen überzuwechseln. Auf diese Weise formten sich zwei gegensätzliche Migrationsströme, die gesondert analysiert werden müssen.

Zuerst soll die Repatriierung aus dem Memelland nach Litauen analysiert werden. Bis heute ist aus Mangel an Dokumenten nicht klar, wie agitiert wurde und wie die Registrierung der Ausreisewilligen erfolgte. Ebenfalls unklar sind die Auswahlkriterien für die Ausreisegenehmigungen. Vor allem wollten Arbeitskräften aus der Leichtindustrie ausreisen und diejenigen, die Verwandte in Litauen hatten.

---

[28] Diese Zahlen variieren in der Literatur. Ich stütze mich auf die Berichte der Gestapo Tilsit vom 31. März 1941 über die Ergebnisse der Umsiedlung. BA R 58/794 S. 93-103.

Während der Registrierung wurden Fälle von Zwangsanwendung durch die deutsche Seite festgehalten. So steht in einem Protokoll der Umsiedlungskommission:

Am 17. März 1941 kam der Bauer Heinrich K. zu dem Ortsbevollmächtigten der russischen Kommission von Prökuls und erklärte, daß er gerade aus dem Gefängnis entlassen wurde. Er war am 13. März verhaftet und nach Tilsit gebracht worden. Man hatte ihn beschuldigt, daß er nicht freiwillig in die Litauische Sowjetrepublik umsiedeln wolle. Er sei ein sowjetischer Agent, darum würde er für 10 Jahre in ein Konzentrationslager kommen, und seine Familie müßte nach Polen gehen.[29] Dann hätte Heinrich K. gemeinsam mit anderen Verhafteten zugestimmt, sich so schnell wie möglich registrieren und in die Litauische Sowjetrepublik umsiedeln zu lassen. Am 17. März setzte man ihn auf einen LKW der Polizei und brachte ihn nach Prökuls. Als man ihn freiließ, hieß es: „Wenn Sie nicht ausreisen, werden sie erneut verhaftet.“[30]

Der erwähnte Heinrich (Endrius) K. war eine farbige Figur jener Zeit im Gebiet, ein beliebter Jugendorganisator und Optant für die litauische Staatsangehörigkeit. Sein Hof war vorbildlich und in hervorragendem Zustand. Er ließ sich registrieren und nach Litauen repatriieren. Sein Hof wurde von den Reichsbehörden konfisziert. Es gab während der Registrierung weitere ähnliche Vorfälle.

Insgesamt ließen sich 6.572 Personen zur Ausreise aus dem Memelland registrieren, wobei im letzten Moment 405 von ihnen ihren Wunsch zurückzogen. Das vorrangige Argument dafür war: „Wir möchten in Litauen leben, aber nicht ins sowjetische Litauen gehen". Welche Propaganda hier größeren Einfluß zeitigte, läßt sich heute schwer sagen. Aber auch die Personen, die der Zwangsrepatriierung nach Litauen im Frühjahr 1941 auswichen, konnten sich nicht lange freuen. Viele von ihnen wurden schon im Herbst des gleichen Jahres in die Region Insterburg oder noch weiter in das Innere Ostpreußens ausgewiesen.

1941, als Deutschland schon im Krieg mit der UdSSR stand, bemühte sich die Gestapo, die Kleinlitauer zu finden, die mittels Repatriierung der nationalsozialistischen Verfolgung ausgewichen waren und in Litauen leb-

---

[29] Die meisten VoMi-Lager befanden sich im Generalgouvernement.
[30] Verzeichnis der aus dem Gefängnis Entlassenen, Registrierten und Ausgereisten. LCVAf. R-839, ap. 1, b. 211, l. 1. Dokument auf Russisch.

ten. Beispielsweise wurden der bekannte Herausgeber und Buchhändler Ensies Jagomast und seine Familie im Herbst 1941 in Vilnius festgenommen und nach wenigen Tagen in Paneriai erschossen.

Wir werfen noch einen kurzen Blick auf die Gruppe der Volksdeutschen, die aus Litauen nach Deutschland umgesiedelt wurden. In diesem Fall gab es recht strenge Kriterien, wer ein echter Volksdeutscher sei und umgesiedelt werden könne. Die Einwohner memelländischer Herkunft entsprachen allen Kriterien: sie waren im deutschen Staat geboren, waren Lutheraner und sprachen hervorragend Deutsch. Viele Memelländer, die sich nach der Annexion in Litauen befanden, wollten in ihre Heimat zurückkehren, wo sich ihr Eigentum und ihre Verwandten befanden und häufig auch die engeren Angehörigen. Ihr offizielles Ausreisemotiv war die Angst vor dem bolschewistischen System. So konnte eine große Gruppe von litauischen Memelländern, die 1939 bzw. 1940 geflohen oder ausgewiesen worden waren, jetzt legal in die Heimat zurückkehren.

Zahlreiche Archivdokumente bezeugen aber, daß es auch bei dieser Registrierung zu Zwangsmaßnahmen kam. Beispielsweise wurde Willi Pittkunigs zur Ausreise aus Litauen gezwungen unter der Drohung, sich sonst an seinen Eltern im Memelland schadlos zu halten. Als sein Transport die Grenze überquerte, wurde er festgenommen und in ein KZ gebracht. Auf die gleiche Art und Weise lockten die deutschen Behörden den ehemaligen Vorsitzenden des Memeler Direktorats Eduard Simat aus Litauen. Er wurde ebenfalls verhaftet und starb 1942 in Sachsenhausen.

Memelländer in den Lagern der Volksdeutschen Mittelstelle und ihre Einbürgerung

Die Hoffnung auf eine schnelle Rückkehr in die Heimat verwandelte sich für viele litauische Memelländer in eine lange quälende Warteperiode. Alle Volksdeutschen, die aus Litauen kamen, mußten zuerst in die Lager der Volksdeutschen Mittelstelle. Dort wurden alle Repatrianten überprüft und nach anthropologischen und rassischen Faktoren, nach ihren Kenntnissen der deutschen Sprache, ihrer politischen Zuverlässigkeit und weiteren Kriterien unterteilt. Nach den Ergebnissen dieser Zuordnungen wurde der persönliche Wert und die „rassische" Gruppe festgelegt. Vorrangig wurden alle Volksdeutschen in zwei Gruppen gegliedert. Die erste lautete „Ost". O-Fälle waren reinrassige Deutsche, die die Kolonisierungsmission in den besetzten Ostgebieten erfüllen sollten. Die zweite lautete „Altreich". A-Fälle waren die „nicht rein Deutschen". Sie mußten im Innern des Reiches leben und arbeiten. Fast alle repatriierten Memelländer gelangten in die Gruppe A. Nach allen Untersuchungen wurde geklärt, ob eine Einbürgerung stattfinden könne. Hier stellte sich unerwartet die Frage nach den litauischen Optanten. Das Problem überraschte alle und führte zu scharfen Diskussion zwischen den Institutionen um Fragen wie: Welche Staatsbürgerschaft haben die Memelländer, die für Litauen optiert haben? Haben sie etwa automatisch die deutsche Staatsangehörigkeit zurückerhalten, nachdem Litauen im Sommer 1940 seine juristische Souveränität eingebüßt hatte? (Die Tatsache, daß einige litauische Memelländer und auch Optanten es geschafft hatten, ein halbes Jahr sowjetlitauische Staatsbürger zu sein – die Staatsbürgerschaft der UdSSR hatten sie automatisch erhalten – rührte die deutschen Beamten nicht. Ihnen erschien dieses unwichtig). Auf welcher Grundlage konnten die Optanten für Litauen deutsche Staatsbürger werden? Konnten sie überhaupt deutsche Staatsbürger werden?

In diese Diskussion schalteten sich viele offizielle Institutionen ein, die mit der Umsiedlung verbunden waren (Reichssicherheitshauptamt, Justiz, Innenministerium, Polizei und Gestapo, der Reichsführer der SS Heinrich Himmler persönlich und auch der Ansiedlungsstab Kauen). Das Reichssicherheitshauptamt erörterte die Fragen und stellte fest: „Memelländer Optanten sollen weiter behandelt werden wie Personen ohne Staatsangehörigkeit. Von einer Erteilung der Staatsangehörigkeit an diese Personen kann keine Rede sein, da sie zum litauischen Volk gehören."[31]

Den allerletzten Punkt in dieser Diskussion setzte der Innenminister. Am 22. Dezember 1942 verkündete er zum wiederholten Mal offiziell: „Die Frage einer Erteilung der deutschen Staatsangehörigkeit für die Memelländer, die für Litauen optiert haben, wird prinzipiell nicht erwogen. Diese Personen sind fremdvölkisch ohne Staatsangehörigkeit."[32]

---

[31] Schreiben des RSHA an den Regierungspräsidenten von Gumbinnen und die Polizeibehörde Tilsit, Unterschrift Kröning. BA R 69/1183 S. 1 und 26.
[32] Die erste Verordnung „Die Einbürgerung der Litauen-Optanten", Erlaß des Reichsministers der Innern vom 6.10.1941, wurde bis heute nicht aufgefunden, wird aber zahlreich erwähnt und in anderen Unterlagen zitiert.

Nun wurden den Umgesiedelten die Umsiedlerausweise abgenommen, womit sie auch alle damit verbundenen Rechte und die finanzielle Unterstützung einbüßten. Die Optanten erhielten Fremdenpässe mit der Inschrift „Staatenlos, früher Litauer" oder „Litauenoptanten". Somit waren weder VoMi noch EWZ für sie verantwortlich. Prinzipiell wurden sie von der Polizei beobachtet, einige von ihnen sogar von der Gestapo oder dem Sicherheitsdienst.

Man bot allen litauischen Memelländern die deutsche Staatsangehörigkeit an, beispielsweise dem bekannten Theologieprofessor und ehemaligen Abgeordneten des Preußischen Landtags Wilhelm Gaigalat, der wesentlich zur Herausbildung des nationalen Selbstbewußtseins der Kleinlitauer beigetragen hatte. Er wurde 1939 nach Kretinga ausgewiesen. 1941 auf der Flucht vor den Bolschewiken, ließ er sich nach Deutschland repatriieren. Als litauischer Optant erhielt er keinerlei Umsiedlerstatus, keine Pension, keine Lebensmittelkarten. Er durfte sich innerhalb Deutschlands nicht frei bewegen. Wiederholt wurde ihm die deutsche Staatsangehörigkeit angeboten. In seinem Tagebuch schilderte Professor Gaigalat detailliert, wie die Gestapo über ihn herzog. Erschöpft vom psychischen Druck, schrieb er: „Wie kann ich Deutscher werden, wenn ich von einer litauischen Mutter genährt wurde? Wie könnte ich dem Herrn so vor die Augen treten?" Seelisch gebrochen starb der Professor 1945 in Bretten.[33]

Ein anderes Beispiel: Dem jüngsten Sohn Ramūnas aus einer bekannten kleinlitauischen Familie wurde mehrfach die deutsche Staatsangehörigkeit angeboten. Der junge Mann schaute die Gestapoleute mit seinen hellblauen Augen an und fragte ganz naiv: „Wie kann ich denn Deutscher sein, wenn meine Eltern Litauer sind?" Heute erinnert er sich: „Oft weigerte ich mich, ‚Heil Hitler' zu sagen. Oft machte das gar nichts aus. Man sagte zu mir ‚Heil', ich lächelte und gab zurück ‚Guten Morgen'. Man sagte ‚Heil Hitler', ich antwortete ‚Danke Aufwiedersehn'."[34]

Hat es dem jungen Mann wirklich nichts ausgemacht? Er brauchte Arbeit – und bekam keine. Er wollte studieren – und erhielt keine Erlaubnis. Erst 1951 lächelte ihm die Freiheitsstatue zu und sprach: „Welcome." Von da an lebte er in New York. Der junge Mann wurde kein Deutscher, weil

---

[33] Der Sarg von Prof. Gaigalait wurde 1994 nach Prökuls überführt.
[34] Persönliche Korrespondenz 1999-2001. Archiv der Autorin.

seine Eltern Litauer waren. Er wurde Amerikaner. So wendet sich das Schicksal.

Die Tatsache, daß die Memelländer, die für Litauen optiert hatten, keine Übersiedlungsrechte hatten, kam noch einmal schmerzlich zu Bewußtsein, als 1942 die Kolonisierung Litauens begann. Einige Umsiedler, die der Gruppe Ost angehörten, erhielten die Möglichkeit, nach Litauen zurückzukehren. Memelländer bekamen sogar ihren Hof zurück. Dies war den Personen der Kategorie „Altreich" ebenso versagt wie den Inhabern ausländischer Pässe. Der folgende Text spiegelt das Dilemma:

Berlin, den 12. August 1943.
Herrn Dr. Kleist.
Es gibt in Deutschland etwa 300 sogenannte Optanten. Das sind Litauer, die früher unter dem Namen „preußische Litauer" im Memelgebiet und bei Tilsit wohnhaft waren und die anläßlich der Rückkehr des Memelgebietes in das Reich für Litauen optiert hatten und dorthin gezogen waren. Die Gründe für die Option waren sehr verschiedene – meist rein wirtschaftliche, ferner Fortsetzung des Staatsdienstes, verwandtschaftliche Bindungen durch eine Ehe und dergl.
Diese Optanten haben dann anläßlich der drohenden bolschewistischen Gefahr in Deutschland Zuflucht gesucht. Nach Bannung der Gefahr durch das deutsche Heer wollten sie nun zurück. Doch wird ihnen nicht nur die Rückkehr nach Litauen versagt, sondern ebenso wird ihnen eine Niederlassung im Memelgebiet nicht erlaubt. Sie werden also sozusagen für ihre politische Unart – daß sie für Litauen optierten – nunmehr bestraft. Weder sind diese Leute in Bausch und Bogen deutschfeindlich, noch neigen sie zu Konspirationen, noch wird überhaupt dem einzelnen irgendein Vorwurf gemacht, daß er eben einmal bei einer Wahl Litauen und nicht Deutschland wählte.
(Unterschrift unleserlich) [35]

Hier möchte ich noch einmal zu der Frage zurückkehren, ob dreihundert Optanten für Litauen viel oder wenig waren. Gemessen an der Heftigkeit, mit der die nationalsozialistische deutsche bürokratische Maschinerie um sie „kämpfte" scheint es, daß diese kleine Gruppe eine „große Gefahr" für den Staat darstellte. Als sie die deutsche Staatsangehörigkeit verweigerten, wurde ihnen auch das Vaterland genommen.

---

[35] BA R 6/118/16.

Dennoch wollten sich „diese hartnäckigen Litauer" nicht mit dieser Lage abfinden. Sie stellten diverse Anträge, und so gelang es dem einen oder anderen wenigstens für kurze Zeit, nach Memel zurückzukehren. Doch die lokale Gestapo reagierte sofort entsprechend auf die „unerwünschten Elemente" in der Stadt. „Sie stellen eine erhebliche Gefahr für den Staat dar." Es folgten Aufforderungen, Stadt und Gebiet binnen kürzester Zeit zu verlassen. Als juristische Begründung diente die Erklärung dieses Gebietes zum „Grenzgebiet", in dem Fremde nur eingeschränkt sich aufhalten dürften. So konnten J. Tolischus, Maria Braks, Jurgis Bruveleit und andere als „Fremdvölkische" nicht in ihrem heimatlichen Gebiet bleiben.

Litauische Memelländer in nationalsozialistischen Konzentrationslagern

Bei dem Versuch, die Aktivitäten der nationalsozialistischen Verwaltung hinsichtlich der memelländischen Litauer zu beurteilen, darf auch die Tatsache nicht verschwiegen werden, daß etwa 180 bekannte Kleinlitauer verhaftet wurden und ins Gefängnis oder in Konzentrationslager kamen. Eine genaue Statistik liegt nicht vor, da nur wenige informiert waren. Viele kamen um. Ich erwähne nur einige von ihnen: In den Kellern der Gestapo oder in Konzentrationslagern starben Kristup Paura, Albert Jonuschat, Alvinas Gailus, Wilhelm Heinrich Gailus, Jurgis Gvildys, Martin Reisgys und andere, die für die kleinlitauische Identität im Memelland gekämpft hatten. Wir kennen nicht alle Namen.

Einige Momente aus dem Leben einzelner Personen bewegen uns, über Humanität an sich nachzudenken. Beispielsweise erhielten Familien die Asche von Angehörigen, die im Konzentrationslager umgekommen waren, mit der Forderung, für die Kosten des Versands der Urne aufzukommen. So war es beispielsweise im Fall des bekannten Predigers Kopūstas. Ein anderer Fall: die Angehörigen des bekannten Lehrers Johann Purwins, der für die litauische Sprache in den Schulen des Memellandes gekämpft hatte, bekamen die Urne ausgehändigt, durften jedoch auf dem Heydekruger Friedhof nur einen Grabstein mit deutscher Inschrift aufstellen lassen.

Längst nicht alle Litauer des Memellandes fanden sich mit derartigen Maßnahmen ab. Der bekannte Journalist und Optant für Litauen Johann Griegoleit mußte wegen seiner prolitauischen Tätigkeit vier Jahre in Konzentrationslagern verbringen. Er wurde im ersten VoMi-Lager festgenommen. In der Anweisung zu seiner Verhaftung heißt es: „Es ist davon auszugehen, daß er in Freiheit antideutsche Propaganda betreiben wird. Darum habe ich beschlossen, ihn verhaften zu lassen. Heydrich."

Nach dem Ende des Zweiten Weltkrieges wandte sich Johann Griegoleit, der ehemalige Lagerhäftling Nr. 40627, an die Rechtsorgane der Bundesrepublik Deutschland, um Wiedergutmachung zu erreichen. Die Verwaltung in Wiesbaden und später das Gericht lehnten seine Ansprüche wiederholt ab. Johann Griegoleit wurde sehr krank und starb 1957.

Die Evakuierung vor der Front im Sommer und Herbst 1944 sowie das Ende des Zweiten Weltkrieges führten zu einer Trennung der Wege von Kleinlitauern und anderen memelländischen Bewohnern. Aber das ist schon eine andere Geschichte.

Schlußfolgerung

Ich möchte meine Folgerungen nicht nur auf die bereits erwähnten Fakten stützen, sondern auch die weiteren Nachkriegsereignisse einbeziehen: die stalinistischen Deportationen und die Massenemigration der Memelländer in den Jahren 1958 bis 1960 nach Deutschland. So ließe sich vor allem feststellen, daß die litauischstämmigen Memelländer im 20. Jahrhundert Geiseln der blutigen Zusammenstöße zweier totalitärer Systeme waren. Einerseits mußten sie dafür büßen, daß sie hartnäckig ihr angeborenes Recht verteidigten, Litauer zu sein, andererseits konnten sie ihr Leben lang nicht vergessen, daß sie deutsche Bürger gewesen waren. Beide totalitären Systeme zerfielen, und das Memelland verlor weitgehend seine ursprünglichen Einwohner – sowohl die litauischen als auch die deutschen. Das eigene intellektuelle, kulturelle, moralische und geistige Potential des Memellandes ist für alle Zeiten verloren gegangen.

Aus dem Litauischen von Ruth Leiserowitz

Spinnennetz der Macht –
die „Wolfsschanze" und andere NS-Hauptquartiere in Ostpreußen 1941 bis 1944

UWE NEUMÄRKER

Der heiße Tag im Sommer 1944, an dem Claus Graf Stauffenberg mit seinem Attentat auf Adolf Hitler in dessen Hauptquartier „Wolfsschanze" bei Rastenburg in Ostpreußen scheiterte, ist zweifelsohne das prominenteste Ereignis während des Nationalsozialismus in der östlichsten Provinz des Deutschen Reiches und dasjenige, das nach jahrelangen Debatten zum Sinnbild des militärischen Widerstandes gegen das Regime wurde. Weit weniger bekannt ist zum einen die Bedeutung der „Wolfsschanze" in der Politik des Dritten Reiches[1] und für den Kriegsverlauf. Zum anderen war dieses Führerhauptquartier das Zentrum in einem regelrechten Netz von Hauptquartieren, die zwischen 1941 und 1944 in verschiedenen Teilen Ostpreußens ansässig waren.

Wenngleich man mit dem Begriff Führerhauptquartier zunächst ein Gebäude oder eine entsprechende Anlage assoziiert, war es vor allem eine ortsungebundene Institution, die im Verlaufe des Zweiten Weltkrieges an verschiedensten Orten residierte und deren Name dann auf die über zwanzig verschiedenen tatsächlichen oder geplanten Standorte übertragen wurde. Das Führerhauptquartier war zu allererst Ausdruck der in der Person Hitlers vereinigten Macht von Partei, Staat und Militär gewesen. Als Machtzentrale des Dritten Reiches vereinigte es die Spitzen der nationalsozialistischen Führung bzw. zu Teilen deren hochrangige Vertreter in sich – die, wie es Reichsleiter Bormann einmal nannte – „engere Umgebung des Führers"[2]. Das Führerhauptquartier war die oberste militärische Befehlsstelle,

---

[1] NS-Begriffe werden wegen ihrer Häufigkeit in diesem Beitrag ohne Anführungszeichen verwendet.

[2] „Im Auftrage des Führers gebe ich bekannt: Die Anwendung des Begriffes ‚Führerhauptquartier' soll auf ein möglichstes Mindestmaß beschränkt werden. Zum Führerhauptquartier im engeren Sinne gehört lediglich die engere Umgebung des Führers mit dem auch örtlich angeschlossenen Wehrmachtführungsstab [der Abteilung Landesverteidigung]. Alle übrigen, mit dem Führerhauptquartier verbundenen Dienststellen, führen folgende Bezeichnungen: Wehrmachtführungsstab, Oberkommando des Heeres, Feldquartier des Reichsaußenministers, Befehlsstelle des Reichsführers-SS., Feldquartier des Reichsministers Dr. Lammers. Parteigenossen, die zu Besprechungen z. B. in eines der Feldquartiere fahren, können nicht damit

von der aus die Direktiven für die deutsche Kriegsführung gegeben wurden. Deshalb sollte es stets dort angesiedelt sein, wo die Wehrmacht kämpfte, also in Frontnähe. Es versteht sich von selbst, daß diese Standorte streng geheim waren und entsprechend bewacht wurden.[3]

Ursprünglich bereits für eine mögliche kriegerische Intervention in der Sudetenkrise 1938 vorgesehen, fungierte zunächst der Führerzug als mobiles Hauptquartier. Ab dem 3. September 1939, zwei Tage nach dem deutschen Angriff auf Polen, fuhren Hitler und seine Gefolgsleute in den folgenden Tagen und Wochen von Frontabschnitt zu Frontabschnitt, bis die polnische Armee am 26. September besiegt war und der Zug aus dem „Felde vor Warschau" nach Berlin zurückkehrte. Für den Frankreichfeldzug 1940 gab es erstmals feste Anlagen; während der Balkanoffensive im Frühjahr 1941 nutzte Hitler abermals sein „Hotel zum Rasenden Reichskanzler"[4] auf dem Schienenwege. Nach den militärischen Siegen in Ost und West, im Norden wie im Südosten sah er sich, ebenso wie seine Umgebung und sein Volk in ihm, als den „größten Feldherrn aller Zeiten", kurz: Gröfaz. Doch der Gefreite aus dem Ersten Weltkrieg wollte mehr.

Seit Juli 1940 plante Hitler seinen Rußlandfeldzug „Barbarossa" und suchte einen Standort für sein Führerhauptquartier in der Nähe der deutsch-sowjetischen Demarkationslinie, die ein Ergebnis der gemeinsamen Zerschlagung Polens und der Zuerkennung der sogenannten baltischen Staaten zur Stalinschen „Interessensphäre" war. Da der Angriff gegen das Sowjetreich auf der gesamten Linie gleichzeitig erfolgen sollte – von Memel bis Bessarabien –, befahl Hitler am 15. November 1940 den

---

rechnen, dabei auch in das auch örtlich weit abgesetzte Führerhauptquartier zu kommen. Aus Gründen der Geheimhaltung soll die Anwendung der Bezeichnung ‚Führerhauptquartier' nur dann verwandt werden, wenn eine andere Bezeichnung nicht möglich ist. Bei Postsendungen an mich ist deshalb nicht die Anschrift ‚Führerhauptquartier', sondern ‚München 33, Führerbau', zu wählen. Falls ein führender Parteigenosse zu einer Besprechung ins Führerhauptquartier gebeten wird, muß über den Ort und auch die weitere Umgebung allen Personen gegenüber, die nicht aus zwingenden dienstlichen Gründen genau unterrichtet sein müssen, strengstes Stillschweigen bewahrt werden. Ich bitte, vorstehenden Hinweis genauestens zu beachten." Rundschreiben „Nr. 37/42 gRs." vom 25. Juli 1942. In: Bundesarchiv Berlin (BAB), NS 19/3515.
[3] Siehe ausführlich zu Struktur und Standorten Seidler, Franz W.; Dieter Zeigert: Die Führerhauptquartiere. Anlagen und Planungen im Zweiten Weltkrieg. München 2000.
[4] Schroeder, Christa: Er war mein Chef. Aus dem Nachlaß der Sekretärin von Adolf Hitler. München, Wien 1985, S. 94f.

Bau von drei Befehlsständen: „Nord" bei Rastenburg in Ostpreußen, „Mitte" bei Tomaszow im Warthegau und „Süd" bei Krosno in Galizien. Waren „Mitte" und „Süd" nur einmal oder gar nicht genutzte Provisorien, wurde die Anlage „Nord" im Stadtwald von Rastenburg, der Görlitz, zu einer Anlage mit einer späteren Gesamtfläche von rund 800 Hektar.[5] Ostpreußen war grenznah, als Reichsgebiet aber sicher und erschlossen sowie durch den Wegfall des polnischen Korridors wieder direkt mit Berlin verbunden. Die Wahl des Standorts dürfte darüber hinaus mit der Landschaft am „Tor zu Masuren" auch insofern zu tun gehabt haben, als die Görlitz mit ihrem dichten Baumbestand sowie den Sümpfen und Seen in der Umgebung einen natürlichen Schutz gegen mögliche Angreifer zu Land und Luft bot. Unter dem Decknamen „Chemische Werke Askania" wurde die paramilitärische Organisation Todt mit dem Bau bzw. der Baukoordination beauftragt. Dies war insofern ungewöhnlich, als die Organisation Todt sonst nur für Bauprojekte außerhalb des Reichsgebiets in den Grenzen vor dem Polenfeldzug eingesetzt wurde.[6] Da Hitler eine Fertigstellung der Anlage bis Frühjahr 1941 festgelegt hatte, wurden in größter Eile Material, riesige Gerätschaften und Massen von Arbeitern in die Görlitz verbracht, um den Bau, der auch nachts, unter Scheinwerferlicht, stattfand und offiziell einer „bombensicheren Rüstungsanlage" diente, fristgemäß zu beenden. Der bei den Rastenburgern so beliebte Stadtwald mit seinem Kurhaus wurde zum Sperrgebiet und war nur noch mit Sondergenehmigung betretbar.

Die Organisation Todt errichtete in der Görlitz im Eiltempo eine Vielzahl von Holzbaracken, aber auch Ziegel- und Betonbauten, darunter zehn schwerere Bunker mit zu zwei Meter dicken Abschlußdecken aus Stahlbeton für die NS-Spitzen. Zur Tarnung wurden lediglich die notwendigsten Lücken in den Baumbestand geschlagen; die Anlage selbst orientierte sich am vorhandenen Wegenetz. Die Außenwände der Ziegel- und Betonbauten versahen die Tarnexperten mit einem groben, seegrasversetzten Spezialputz, der grün angestrichen wurde. Die Dächer wiederum sicherte eine mit Bäumen, Moos und Sträuchern bepflanzte Erdschicht. Ein gewaltiger Aufwand für einen Feldzug, der auf sechs Wochen angelegt war! In den Mor-

---

[5] Siehe zu Bau und Anlage Neumärker, Uwe, Robert Conradt, Cord Woywodt: Wolfsschanze. Hitlers Machtzentrale im II. Weltkrieg. Berlin 1999, S. 37-44 und 52-71.
[6] Vgl. Böhm, Klaus: Die Organisation Todt im Einsatz 1939-1945. Dargestellt nach Kriegsschauplätzen auf Grund von Feldpostnummern. Osnabrück 1987.

genstunden des 22. Juni 1941 begann der deutsche Angriff auf die Sowjetunion.

Mit Beginn dieser Operation „Barbarossa" verlegte nicht nur die deutsche Wehrmachtführung, sondern auch Reichsregierung und Partei ihre Befehlszentren nach Ostpreußen.[7] Hierfür waren neben Baumaßnahmen diverse Guts- und Gästehäuser in der Umgebung requiriert worden. Am bewaldeten Ufer des Mauersees, etwa achtzehn Kilometer vom Führerhauptquartier entfernt, bezog am 23. Juni das Oberkommando des Heeres (OKH) sein „Feldlager Mauerwald", wo nachfolgend 1.500 Wehrmachtsangehörige in etwa 120 Baracken und Luftschutzbauten – verteilt auf drei Lager: „Fritz", „Quelle" und „Anna" – tätig waren. In der rund um die Uhr streng gesicherten Anlage wurden Hitlers Weisungen für die Kriegsführung im Osten in Befehle an die Truppe umgesetzt. Das OKH war ab Herbst 1941 bearbeitende Stelle des Ostfeldzuges, während der dem Oberkommando der Wehrmacht (OKW) unterstellte Wehrmachtführungsstab (WFSt) unter Generaloberst Alfred Jodl in der „Wolfsschanze" für alle übrigen Kriegschauplätze sowie für das Ersatzheer zuständig war.

Der als eitel und arrogant geltende Reichsminister des Auswärtigen, Joachim von Ribbentrop, beanspruchte für sich eine vornehme und seinem (durch Adoption erworbenen) Adelstitel entsprechende Unterkunft und ließ sich in dem um 1600 errichteten Barockschloß Steinort nieder, dem Familiensitz der Grafen Lehndorff. Nicht weit davon entfernt, in der Nähe von Rosengarten, hatte die Organisation Todt ein Hauptquartier für Dr. Hans Heinrich Lammers, den Chef der Reichskanzlei, errichtet. Dieser galt als Bindeglied zwischen Hitler und den übrigen Regierungsstellen. Reichsführer-SS Heinrich Himmler wählte als Standort für seine Feldkommandostelle „Hegewald"[8] ein Waldstück nahe dem Kirchdorf Possessern (seit 1938 Großgarten).[9] Die 1940/41 von der Organisation Todt erstellte Anlage bestand aus drei schweren Bunkern und mehreren leichteren Backstein-

---

[7] Siehe hierzu Neumärker: Wolfsschanze (wie Anm. 5), S. 48-50.

[8] Mit Verlegung am 15. Juli 1942 in die Nähe von Schitomir/Ukraine ging diese Tarnbezeichnung auf die dortige Anlage über, während die ostpreußische Feldkommandostelle Himmlers fortan die Bezeichnung „Hochwald" erhielt.

[9] Zur Umbenennung von Hunderten ostpreußischen Orten im Jahre 1938 siehe Zipplies, Helmut: Ortsnamenänderungen in Ostpreußen. Eine Sammlung nach dem Gebietsstand vom 31.12.1937. Hamburg 1983.

bauten, verfügte über eine Sauna und einen getarnten Unterstand für Himmlers Sonderzug „Heinrich", in dem sich auch ein Kino befand.

Die beiden Abwehrdienststellen von Admiral Canaris, ab 1942 unter der Leitung von General Reinhard Gehlen[10], residierten mit dem Amt Ausland/Abwehr, Abteilung „Fremde Heere Ost", in den altehrwürdigen und während des Ersten Weltkrieges kampferprobten Mauern der Feste Boyen[11], nahe Lötzen, während unter der Tarnbezeichnung „Walli II" eine zweite Abteilung der Abwehr in Nikolaiken untergebracht war.

Der erste, der in Ostpreußen einzog und hier bzw. von hier aus Politik betrieb, war Hermann Göring, der in der Vielzahl seiner Ämter auch Preußischer Ministerpräsident und – nachdem er das Preußische Innenministerium an Himmler verloren hatte – ebenfalls Reichsforst- und -jägermeister war. Er ließ sich bereits 1936 ein Anwesen in der Rominter Heide, einem ehemaligen Jagdrevier Kaiser Wilhelms II., errichten. Wenngleich wesentlich spartanischer erbaut als seine Residenz Carinhall in der brandenburgischen Schorfheide,[12] diente der Reichsjägerhof oft ähnlichen Zwecken, nämlich der Nebenaußenpolitik des „Ersten Paladins des Führers". Besonders bis 1939 gaben sich Staatsgäste und Botschafter sowie Spitzen aus Politik, Wehrmacht, Luftwaffe und Industrie die Klinke in die Hand. Vor allem Polen, Österreich und der Balkan lagen Göring am Herzen: der Polnische Botschafter Lipski kam ebenso wie sein britischer Kollege Henderson oder Bulgariens Zar Boris. Seine Leidenschaft für das Rominter Rotwild ging soweit, daß Göring sowohl im September 1939 während des Polenfeldzuges als auch auf dem Höhepunkt der Luftschlacht gegen England im Herbst 1940 in der Heide zur Pirsch weilte.

Im Sommer 1941 residierten er und sein Oberkommando der Luftwaffe (OKL) zunächst etwa fünfzig Kilometer südlich der „Wolfschanze" in der Nähe von Johannisburg. Dieser mit erheblichem finanziellen Aufwand errichtete Gefechtsstand erwies sich aber als zu feucht und wurde noch im Juli in den Sonderzug „Robinson" verlegt, der in einem Wald am Westufer des Goldaper Sees abgestellt war. Auch hier wurde eine Bunkeranlage er-

---

[10] Nach 1945 Gründer und erster Leiter des Bundesnachrichtendienstes (BND).
[11] Ab 1844 erbaut und so benannt nach ihrem Gründer, General Hermann von Boyen.
[12] Vgl. Knopf, Volker; Stefan Martens: Görings Reich. Selbstinszenierungen in Carinhall. 3. Auflage Berlin 2006.

richtet. Göring selbst zog es zur herbstlichen Jagdsaison auch während des Rußlandfeldzugs wieder in seinen Reichsjägerhof. „Als ob nirgends Krieg wäre", residierte er dort, frönte seiner Jagdleidenschaft und veranstaltete „imposante Feste".[13] Die Arbeit erledigten die verschiedenen Abteilungen seines persönlichen Stabes, die im Forstmeisterhaus beim Jägerhof und im Rominter Gasthaus „Zum Hirschen" Quartier bezogen. Ab 1944 nutzten Görings Mannen auch das dortige Kaiserliche Jagdschloß, das der Reichsmarschall nach langwierigen Verhandlungen mit dem „vormals regierenden Hause Hohenzollern" im Herbst 1942 erworben hatte.[14]

Am 24. Juni 1941, um 1.30 Uhr, trafen Hitler und sein engeres Gefolge mit dem Sonderzug in der „beinahe fertig ausgebauten"[15] Anlage „Nord" bei Rastenburg ein, die Hitler als erste Amtshandlung auf den Namen „Wolfsschanze" taufte. Der Angriff auf die Sowjetunion war von Anfang als „Vernichtungskrieg gegen den jüdischen Bolschewismus" geplant, der völkerrechtliche Konventionen – die in Polen bereits verletzt worden waren, für den Westen, Norden und Süden jedoch zumindest noch galten – bewußt außer Kraft setzte.[16] Am selben Tag, an dem Feldherr Hitler sein Hauptquartier bezog, führten Gestapo- und Polizeieinheiten aus Tilsit und Memel im litauischen Garsden, direkt an der früheren deutsch-litauischen und seit der Annexion Litauens durch die Rote Armee 1940 deutsch-sowjetischen Grenze, die erste Massenerschießung von jüdischen Männern durch.[17] In den folgenden Wochen wurde der gesamte Grenzstreifen nördlich der Memel von Juden „gesäubert"; hier wie in ganz Litauen und überall hinter der Front suchten mobile SS-Kommandos Ort für Ort heim und ermordeten bereits ab Ende Juli 1941 ausnahmslos jüdische Männer, Frau-

---

[13] Lange, Eitel: Der Reichsmarschall im Kriege. Stuttgart 1950, S. 72 ff, S. 112.; siehe auch Gautschi, Andreas: Der Reichsjägermeister. Fakten und Legenden um Hermann Göring. Hansted 2000, S. 200-205.

[14] Siehe Geheimes Staatsarchiv Preußischer Kulturbesitz, Berlin (GStA), BPH, Rep. 53, Nr. 392 (Verkauf der Besitzungen in Rominten an den Preußischen Staat).

[15] Schulz, Alfons: Drei Jahre in der Nachrichtenzentrale des Führerhauptquartiers. Stein am Rhein 1996, S. 39.

[16] Siehe Kaiser, Wolf (Hrsg.): Täter im Vernichtungskrieg. Der Überfall auf die Sowjetunion und der Völkermord an den Juden. Berlin, München 2002.

[17] Bericht der Staatspolizeileitstelle Tilsit mit Betreff „Säuberungsaktionen jenseits der ehemaligen sowjet-litauischen Grenze" vom 1. Juli 1941. In Sonderarchiv Moskau, Fond 500, opis 758, Fol. 2; siehe auch Kwiet, Konrad: Rehearsing for Murder: The Beginning of the Final Solution in Lithuania in June 1941. In Holocaust and Genocide Studies (1998), Nr. 12, Bd. 1, S. 3-26.

en und Kinder. Ob und wann es einen zentralen Befehl Hitlers zu dieser Form des Massenmords an Juden gegeben hat, ist strittig.[18] Seiner bedurft hätte es jedenfalls nicht. Vage Weisungen der Zentrale zur „Beseitigung" unliebsamer, vermeintlich oder tatsächlich gefährlicher „Elemente" wurden im „Einsatzgebiet" eindeutig interpretiert.[19] Doch der rassistische Wahn der NS-Führung traf nicht nur Juden, sondern auch alle, die in ihren Augen unter die Kategorie „slawische Untermenschen" zu fassen waren. Sowjetische Kriegsgefangene etwa wurden von der Wehrmacht kaum oder gar nicht ernährt; bis zum Ende des Winters 1941/42 kamen etwa zwei Millionen von ihnen durch Hunger, Seuchen und Kälte, ebenso wie durch Ermordung, insbesondere jüdischer Soldaten, zu Tode.[20]

Am 16. Juli 1941 trafen sich Göring, der „Zuständigkeitsgigant"[21] in wirtschaftspolitischen Fragen, Keitel als Chef des OKW, Lammers und Bormann sowie der Chefideologe und Kunstraubexperte Rosenberg für eine fünfstündige Sitzung mit Hitler in der „Wolfsschanze". Im Überschwange der militärischen Erfolge und der immensen Eroberungen seit Beginn des Feldzugs ging es bei dem Treffen darum, „den riesenhaften Kuchen handgerecht zu zerlegen, damit wir ihn erstens beherrschen, zweitens verwalten und drittens ausbeuten können".[22] Am folgenden Tag erließ der Führer dann in seinem Hauptquartier die Schaffung eines Ministeriums für die besetzten Ostgebiete (Litauen, Lettland, Estland und große Teile Weißrußlands),[23] dem Lammers formell vorstand und entsprechend triumphierte: „Der Führer schenkte mir heute einen Kontinent."[24] Tatsächlich hatten die Zivilverwaltung und nicht zuletzt die SS vor Ort das Sagen:

---

[18] Zur Diskussion siehe Browning, Christopher R.: Judenmord. NS-Politik, Zwangsarbeit und das Verhalten der Täter. Frankfurt am Main 2001, S. 47-92.

[19] Vgl. Wildt, Michael: Generation des Unbedingten. Das Führungskorps des Reichssicherheitshauptamts. Hamburg 2002, bes. S. 538-606.

[20] Siehe Streit, Christian: Keine Kameraden. Die Wehrmacht und die sowjetischen Kriegsgefangenen 1941-1945. Bonn 1991, sowie Gerlach, Christian: Krieg, Ernährung, Völkermorde. Forschungen zur deutschen Vernichtungspolitik im Zweiten Weltkrieg. Hamburg 1998, S. 10-84.

[21] Frank, Hans: Im Angesicht des Galgens. Deutung Hitlers und seiner Zeit auf Grund eigener Erlebnisse und Erkenntnisse. München 1953, S. 403.

[22] Zitiert nach Lang, Jochen von: Der Sekretär. Martin Bormann: der Mann, der Hitler beherrschte. München, Berlin 1977, S. 211.

[23] Erlaß des Führers über die Verwaltung der neu besetzten Ostgebiete. Vom 17. Juli 1941. In Moll, Martin: „Führer-Erlasse" 1939-1945. Stuttgart 1997, S. 186-188.

[24] Zitiert nach Giordano, Ralph: Wenn Hitler den Krieg gewonnen hätte. Die Pläne der Nazis nach dem Endsieg. Berlin 1990, S. 162.

Einerseits wurde „angesiedelt, abgesiedelt, umgesiedelt, wurde gesäubert, ausgeschaltet, liquidiert, bereinigt"[25], andererseits lebte man in Saus und Braus.[26]

Täglich informierte sich Kriegsherr Hitler während der Mittags- und der Abendlage in der „Wolfsschanze" über das Geschehen an der Front – noch waren es erfreuliche Nachrichten: gewaltige Geländegewinne durch gewonnene Schlachten im Feindesland. An den Erfolgen ließ er auch ausländische Staatsgäste teilhaben.

Am 25. August 1941 traf der italienische Achsenpartner Benito Mussolini ein, der an diesem und den drei folgenden Tagen nicht nur das ostpreußische Führerhauptquartier, „Mauerwald" und Göring in der Johannisburger Heide besuchte, sondern auch die Anlage „Süd" und einige eroberte Städte.[27] Der eigentliche Hintergrund für diese Zusammenkunft war allerdings der Schulterschluß des Vereinigten Königreichs und der USA im Rahmen der „Atlantik-Charta" sowie deren sich abzeichnende Hilfe für Stalins Sowjetunion. Anfang September folgte der Reichsverweser des Königreichs Ungarn, Admiral von Horthy, mit dem nämlichen Programm: Besichtigung der „Wolfsschanze", dann „Mauerwald" und ein Besuch bei Göring – der Horthy in die Rominter Heide führte, weil die Jagdsaison bereits begonnen hatte. Auch der slowakische Ministerpräsident, der katholische Geistliche Dr. Tiso, genoß am 20. Oktober das mittlerweile bewährte touristische Programm – mit dem Unterschied, daß der Mann aus Preßburg auch Außenminister von Ribbentrop auf Schloß Steinort besuchte. Gegenstand der dortigen Unterredung war der Wunsch der deutschen Führung, daß der slowakische Vasallenstaat der Deportation der europäischen Juden in den Osten zustimmte, was Tiso tat und 1942 verwirklichen ließ.[28]

Der Gauleiter von Berlin, Reichspropagandaminister Dr. Goebbels, war bereits Ende August 1941 in die „Wolfsschanze" geeilt, um seinem Führer

[25] Heiber, Helmut: Adolf Hitler. Eine Biographie. Berlin 1960, S. 143.
[26] Siehe Gerlach, Christian: Kalkulierte Morde. Die deutsche Wirtschafts- und Vernichtungspolitik in Weißrußland 1941 bis 1944. Hamburg 1999, bes. S. 231-773.
[27] Siehe Neumärker: Wolfsschanze (wie Anm. 5), S. 81-85.
[28] Vgl. Forschungsstelle für Zeitgeschichte in Hamburg (Hrsg.): Der Dienstkalender Heinrich Himmlers 1941/42. Hamburg 1999, S. 241, Anm. 61; zur Slowakei vgl. Rothkirchen, Livia: The Situation of Jews in Slovakia between 1939 and 1945. In: Jahrbuch für Antisemitismusforschung (1998) Nr. 7, S. 46-70.

die Idee einer unverzüglichen „Ausweisung" der noch etwa 70.000 Juden in der Reichshauptstadt zu unterbreiten. Hitler jedoch versprach eine Lösung in „großzügiger Weise" erst für die Zeit nach Beendigung des Rußlandfeldzugs.[29] Doch die „jüdische Frage", wie es zynisch hieß, wurde bereits andernorts „großzügig gelöst" – bis Ende 1941 erschossen SS-Kommandos über 500.000 Juden auf erobertem sowjetischem Gebiet. Etwa gleichzeitig unterbreitete der Höhere SS- und Polizeiführer im Raum Lublin, Odilo Globocnik, dem Berliner SS-Reichssicherheitshauptamt seinen Wunsch, stationäre Vernichtungsstätten zu errichten, die Himmler guthieß.[30] Am 25. Oktober 1941 trafen dann zwei Herren in schwarzer Uniform bei Hitler in der „Wolfsschanze" ein – und zwar das einzige Mal gemeinsam: Reichsführer-SS Himmler und sein Adlatus, der Chef des SS-Sicherheitsdienstes Heydrich. Es ging „um eine Reihe von grundsätzlichen Fragen und verschiedenen Einzelheiten", darunter um die „Judenfrage".[31] Göring hatte Heydrich bereits am 31. Juli 1941 auf Grundlage eines Befehls Hitlers vom 11. November 1938 mit Planungen für eine „Endlösung" beauftragt, und sein Vorgesetzter Himmler sollte sich bis zum 20. Januar 1942 noch neunzehn Mal mit seinem Führer in der „Wolfsschanze" treffen.

Der ursprüngliche Termin für das, was als „Wannsee-Konferenz" in die Geschichte eingegangen ist, war der 9. Dezember 1941.[32] Bereits am Tag zuvor hatte das Vernichtungslager Kulmhof am Ner (Chełmno nad Nerem) im Warthegau seinen Betrieb aufgenommen,[33] und auch die systematischen Verschleppungen aus dem Großdeutschen Reich in den Osten waren schon seit Oktober im Gange, etwa mit dem ersten von über 180 „Judentransporten" aus Berlin am 18. Oktober 1941.[34] Bei besagter Konferenz am 20. Januar 1942 mit dem malerischen Blick auf den Großen Wannsee ging

---

[29] Fröhlich, Elke (Hrsg.): Die Tagebücher von Joseph Goebbels. Teil II: Diktate 1941-1945. Bd.1, München 1996, S. 265f., sowie Below, Nicolaus von: Als Hitlers Adjutant 1937-45. Mainz 1980, S. 290f.

[30] Vgl. Musial, Bogdan (Hrsg.): „Aktion Reinhardt". Der Völkermord an den Juden im Generalgouvernement 1941-1944. Osnabrück 2004.

[31] Vgl. Bullock, Alan: Hitler und Stalin. Parallele Leben. Berlin 1991, S. 952, sowie Forschungsstelle: Der Dienstkalender Himmlers (wie Anm. 28), S. 246, Anm. 80.

[32] Vgl. Roseman, Mark: Die Wannsee-Konferenz. Wie die NS-Bürokratie den Holocaust organisierte. München, Berlin 2002.

[33] Vgl. Struck, Manfred (Hrsg.): Chelmno / Kulmhof. Ein vergessener Ort des Holocaust? Berlin 2001.

[34] Vgl. Gottwaldt, Alfred, Diana Schulle: Die „Judendeportationen" aus dem Deutschen Reich 1941-1945. Wiesbaden 2005.

es nicht mehr um das Ob, sondern nur noch um Fragen der Logistik und das Einschwören der Teilnehmer.[35] Die von Hitler gegenüber Goebbels versprochene „großzügige" Lösung hatte begonnen, ohne daß das Sowjetreich besiegt war.

Anfang Oktober 1941 fiel der erste Schnee an der Ostfront. Am neunten des Monats verkündete Reichspressechef Dietrich aus seinem verbunkerten Büro in der „Wolfsschanze" im Auftrage des Führers, daß die „Entscheidung im Ostfeldzug" praktisch gefallen sei, auch wenn den deutschen Truppen „noch eine Reihe mehr oder weniger schwerer Kämpfe bis zur völligen Beseitigung des Gegners"[36] bevorstünden. Der Vormarsch Richtung Moskau ging zwar weiter, doch es war genau das eingetreten, was diesen Krieg als Damoklesschwert von Anfang an überschattet hatte: der russische Winter mit Temperaturen von 40 Grad unter Null – bei fehlender bzw. mangelhafter Winterbekleidung, Nachschubschwierigkeiten und unerwartetem Feinddruck. Der Oberquartiermeister des OKW, General Wagner, notierte resigniert: „Wir sind am Ende unserer personellen und materiellen Kraft."[37] Hitler ignorierte die Situation gemäß dem Motto, was nicht sein dürfe, gebe es nicht. Statt dessen erging am 7. Dezember aus der „Wolfsschanze" der „Nacht-und-Nebel-Erlaß", der die Todesstrafe vorsah für praktisch alle „Straftaten von nichtdeutschen Zivilpersonen, die sich gegen das Reich oder die Besatzungsmacht richten, und deren Sicherheit oder Schlagfertigkeit gefährden."[38] Anders als mit Terror vermochte die deutsche Führung nicht, die besetzten Gebiete Europas unter Kontrolle zu halten.

Nach dem Rücktritt von Heereschef von Brauchitsch im ostpreußischen Führerhauptquartier am 19. Dezember übernahm Hitler selbst den Oberbefehl und verbot als erste Amtshandlung jegliche deutsche Rückzugsmanöver an der Ostfront. Als es dennoch am 24. Januar 1942 dazu kam, eröffnete der Führer drei Tage später seinen mittäglichen Tischgästen in der „Wolfsschanze", unter ihnen Himmler, in apokalyptischer Manier: „Da bin

---

[35] Zur Frage der Bewertung der Rolle der „Wannsee-Konferenz" im Rahmen der Vernichtung der europäischen Juden siehe Gerlach: Krieg (wie Anm. 20), S. 85-166.

[36] Dietrich, Otto: Zwölf Jahre mit Hitler. München 1955, S. 101.

[37] Zitiert nach Piekalkiewicz, Janusz: Die Schlacht um Moskau. Die erfrorene Offensive. Augsburg 1998, S. 193.

[38] Moll: „Führer-Erlasse" (wie Anm. 23), S. 213f.

ich auch hier eiskalt: Wenn das deutsche Volk nicht bereit ist, für seine Selbsterhaltung sich einzusetzen, ganz gut: Dann soll es verschwinden."[39]

Wer allerdings zunächst „verschwand", war der „liebe und unvergeßliche Parteigenosse"[40] Fritz Todt, Reichsminister für Bewaffnung und Munition sowie Namenspatron der paramilitärischen Organisation, die unter anderem die „Wolfsschanze" und andere Hauptquartiere errichtet hatte. Todt war am 6. Februar in die Görlitz gekommen, um mit Hitler über sein Rüstungsprogramm zu reden. Sein Flugzeug explodierte am achten früh beim Start.[41] Todts Nachfolger wurde jedoch nicht der Chef der deutschen Wirtschaft, der eigens im Sonderzug aus der Rominter Heide herbeigeeilte Reichsmarschall Göring, sondern des Führers Generalbaumeister für die Reichshauptstadt, Albert Speer. Der frischgebackene Minister ging angesichts der desaströsen Lage seine Arbeit beherzt an und steigerte bis Juli 1942 das Liefervolumen der Rüstungsproduktion um über fünfzig Prozent.[42]

Zu diesem Zeitpunkt konnte die Wehrmacht wieder Erfolge verzeichnen, so wie es Hitler seinem rumänischem Bündnispartner, Conducator Antonescu, bei dessen Besuch in der „Wolfsschanze" Mitte Februar versichert und König Boris III. von Bulgarien Ende März ermunternd prophezeit hatte. Trotz dieser umwerbenden Offerte gab Boris die Neutralität seines Landes gegenüber der Sowjetunion nicht auf und schickte keine eigenen Truppen ins „Feld der Ehre". Er kam deutschem Drängen aber insofern entgegen, als daß er die jüdische Bevölkerung aus Thrakien und Mazedonien, den bulgarisch besetzten Teilen Griechenlands und Jugoslawiens, im Frühjahr 1943 zur Vernichtung an die SS auslieferte.[43]

---

[39] Jochmann, Werner (Hrsg.): Adolf Hitler. Monologe im Führerhauptquartier 1941-1944. Die Aufzeichnungen Heinrich Heims. Hamburg 1980, S. 240. Vgl. Forschungsstelle: Der Dienstkalender Himmlers, S. 329f.

[40] So Hitler in seiner Rede am 12. Februar 1942 um 15 Uhr im Mosaiksaal der Reichskanzlei, Berlin. In Domarus, Max: Hitler. Reden und Proklamationen 1932–1945. Bd. II. München 1965, S. 1836-1840.

[41] Speer, Albert: Erinnerungen. Frankfurt am Main 1969, S. 207f.; Below: Als Hitlers Adjutant (wie Anm. 29), S. 305f.; Baur, Hans: Ich flog Mächtige der Erde. Kempten 1962, S. 214 ff.

[42] Vgl. Bullock: Hitler und Stalin (wie Anm. 31), S. 1012.

[43] Chary, Frederick B.: The Bulgarian Jews and the Final Solution 1940-1944. Pittsburgh 1972, S. 101-128.

Für die Sommeroffensive 1942 zur Eroberung des Don bei Woronesch, des Donezgebiets und der Ölquellen des Kaukasas begaben sich Hitler und sein Gefolge in die Ukraine. Auch hier, im Raum Winniza, waren Ende 1941/Anfang 1942 ähnlich wie in Ostpreußen umfangreiche Bunkeranlagen für die diversen Hauptquartiere errichtet worden.[44] Doch schon nach wenigen Wochen kam der Vorstoß ins Stocken. Im September und Oktober vermeldete das OKW zwar ununterbrochen herausragende Erfolge; besonders eine Stadt werde unentwegt „berannt". Dies hieß im Klartext jedoch, daß man nicht vorankam – an der Wolga, vor Stalingrad. Das Führerhauptquartier zog es daher vor, am 31. Oktober 1942 wieder in das frontferne Ostpreußen zurückzukehren.

Doch auch hier ließ sich die Kriegslage nicht ausblenden: Die Afrikafront brach zusammen, und Hitler stellte „Wüstenfuchs" Rommel vor die Wahl Sieg oder Tod; einen Rückzug schloß er aus. Am 7./8. November landeten anglo-amerikanische Verbände in Marokko und Algerien, die Wehrmacht marschierte deshalb in den unbesetzten Teil Frankreichs ein. Rommel und sein Afrikacorps mußten trotz gegenteiligem Befehl zurückweichen, und am 23. November begann die Rote Armee, Paulus' Sechste Armee vor Stalingrad einzuschließen. Auch wenn Göring, der zuweilen „mit allem Pomp" und „immer bestens unterrichtet" bei den Lagebesprechungen erschien,[45] die komplette Vorsorgung der Sechsten Armee aus der Luft zugesichert hatte, begriff der Kriegsherr des Großdeutschen Reiches allmählich den Ernst der Lage: „Wenn wir das [Stalingrad] preisgeben, geben wir eigentlich den ganzen Sinn dieses Feldzuges preis."[46] Doch Waffenstillstandsverhandlungen, wie sie ihm Italiens Außenminister Ciano Mitte Dezember 1942 in der „Wolfsschanze" im Namen Mussolinis vorschlug – weil auch die Achte italienische Armee um „Sein oder Nichtsein" an der Wolga rang –, verwarf Hitler kategorisch.

Der Druck der Roten Armee nahm stetig zu, aber Paulus gehorchte vor Stalingrad den Durchhaltebefehlen aus dem Führerhauptquartier. Ein Angebot der Sowjets am 8. Januar 1943, unter ehrenvollen Bedingungen zu kapitulieren, lehnte er pflichtgemäß ab. Zwei Tage später begann die Groß-

[44] Vgl. Neumärker: Wolfsschanze (wie Anm. 5), S. 99-102, sowie Seidler: Führerhauptquartiere (wie Anm. 3), S. 221-235.
[45] Warlimont, Walter: Im Hauptquartier der deutschen Wehrmacht 1939-1945. München 1978, S. 266f.
[46] Zitiert nach Domarus: Hitler (wie Anm. 40), S. 1957f.

offensive, an deren Ende die Zerschlagung des verbündeten Kontingents deutscher, rumänischer, ungarischer und italienischer Truppen stand. Gleichzeitig empfing Hitler Antonescu in der „Wolfsschanze"; beide stritten sich mehrere Stunden um die Schuldfrage an der Stalingrad-Katastrophe, die sie beim jeweils anderen sahen.[47] Am Ende einigten sich Führer und Conducator darauf, daß Stalin „der einzige große Gegner" sei.[48] Chefdolmetscher Schmidt fand für derlei Besprechungen, die sich nicht im geringsten um die Frontsoldaten scherten, den Ausdruck „Schattenspiele im dunklen Wald von Rastenburg".[49]

Nun war es Aufgabe des Chefdemagogen, aus der Niederlage bei Stalingrad Kapital zu schlagen. Bereits im März 1942, nach dem Rückzug vor Moskau, hatte Goebbels seinem Führer in der „Wolfsschanze" vorgeschlagen, „den Krieg radikal und unter Aufbietung aller Kräfte" zu führen. Der selbsternannte „Dolmetsch der Gefühle" griff dieses Konzept am 18. Februar 1943 in seiner berühmten Sportpalastrede wieder auf und schwor die Massen auf den „totalen Krieg" ein; in seinen Worten eine „Stunde der Idiotie".[50]

Stalingrad diente nicht nur Goebbels für die totale Mobilmachung, sondern hatte auch die russische Front in Bewegung gesetzt. Deshalb startete Hitler am 17. Februar 1943 vom Flugplatz nahe der „Wolfsschanze" gen Osten. Ziel war das Hauptquartier der Heeresgruppe Süd bei Saporoshe. Drei Tage lang proklamierte der Führer Kampfesmut, gab Direktiven zur Kriegsführung aus und tönte von „immer neuen Divisionen", die im Anrükken seien, und auch von neuartigen Waffen.[51] Dann verließ er den Ort schleunigst, weil lediglich Benzinmangel die sowjetischen T 34 daran gehindert hatte, sich seinem Flugzeug auf Schußweite zu nähern. Nach drei Wochen „im Felde", d. h. in seinem ukrainischen Hauptquartier „Wehrwolf" und einem Kurzaufenthalt in der „Wolfsschanze", weilte der Führer zunächst fern der Front, in der Berliner Reichskanzlei oder dem „Berghof"

---

[47] Schramm, Percy E. (Hrsg.): Kriegstagebuch des Oberkommandos der Wehrmacht 1941-1945. München 1982, hier: 1943, Bd. 2, S. 1491.

[48] Hillgruber, Andreas (Hrsg.): Staatsmänner und Diplomaten bei Hitler. Vertrauliche Aufzeichnungen über Unterredungen mit Vertretern des Auslandes. 1939-1944, Bd. 2. Frankfurt am Main 1970, S. 197-209, sowie Domarus: Hitler (wie Anm. 40), S. 1972.

[49] Schmidt, Paul: Statist auf diplomatischer Bühne 1923-45. Bonn 1953, S. 578.

[50] Heiber, Helmut (Hrsg.): Goebbels Reden 1939-1945. Bd. 2. München 1972, S. 172-209.

[51] Domarus: Hitler (wie Anm. 40). Bd. II, S. 1989.

auf dem Obersalzberg. Ende Juni kam er jedoch nicht mehr umhin, nach Ostpreußen zurückzukehren. Am 1. Juli 1943 sammelte der „Erste Soldat" seines Heeres alle beteiligten Oberbefehlshaber und kommandierenden Generäle in der „Wolfsschanze" um sich und teilte ihnen mit, daß er entschlossen sei, im Rahmen der bereits dreimal verschobenen Operation „Zitadelle" endlich loszuschlagen: „Der Schlag muß die letzte Schlacht für den Sieg der deutschen Waffen sein."[52] Diese größte Panzerschlacht der Geschichte und letzte militärische Initiative der Wehrmacht gegen die Sowjetunion, der Sturm gegen den Frontbogen der Roten Armee bei Kursk, brach im Morgengrauen des 5. Juli los und endete bereits nach acht Tagen mit enormen personellen und materiellen Verlusten im Desaster. Der Rückzug unter schweren Kämpfen und mit der Strategie der „verbrannten Erde"[53] begann.

Nach der Landung der Alliierten auf Sizilien wurde Mussolini am 25. Juli gestürzt und verhaftet. Im gänzlich überraschten Führerhauptquartier herrschten Aufregung und Sorge. Goebbels, Göring, Ribbentrop, Speer oder Keitel – sie alle erörterten das Thema beim Mittagessen in der „Wolfsschanze" am 27. Juli mit ihrem Führer und mußten abends der Reihe nach zu Einzelgesprächen antreten. Am nächsten Tag gab Goebbels aus dem Nachrichtenbunker die verbindliche Propagandastrategie zum italienischen Staatsstreich nach Berlin durch: Aus dem Sturz des Duce und der Einsetzung seines Nachfolgers Badoglio wurde ein Regierungswechsel aufgrund des schlechten Gesundheitszustandes Mussolinis.[54] Anfang September schloß Badoglio einen Separatfrieden mit den Anglo-Amerikanern. Hitler tobte vor Wut über den „Verrat" und verfügte die Besetzung Italiens. Nach der Kapitulation des italienischen Militärs erschossen deutsche Einheiten nicht nur planmäßig mehrere Tausend Offiziere und Mannschaften des früheren Verbündeten. Die SS begann auch umgehend mit den Vorberei-

---

[52] Domarus: Hitler (wie Anm. 40). Bd. II, S. 2022.

[53] „Es muß erreicht werden, daß bei der Räumung von Gebietsteilen in der Ukraine kein Mensch, kein Vieh, kein Zentner Getreide, keine Eisenbahnschiene zurückbleiben; kein Haus stehenbleibt, kein Bergwerk vorhanden ist, das nicht für Jahre zerstört ist, kein Brunnen vorhanden ist, der nicht vergiftet ist. Der Gegner muß wirklich ein total verbranntes und zerstörtes Land vorfinden." So ein Schreiben Himmlers an den SS-Obergruppenführer und General der Polizei Hans Prützmann, Höherer SS- und Polizeiführer Ukraine, vom 7. September 1943. Zitiert nach Kaden, Helma; Ludwig Nestler (Hrsg.): Dokumente des Verbrechens. Aus den Akten des Deutschen Reiches 1933-45. Berlin 1993, S. 242.

[54] Vgl. Fröhlich: Die Tagebücher (wie Anm. 29). Teil II, Bd. 8, S. 169.

tungen für die Deportation der im Land befindlichen Juden (die Mussolini immer abgelehnt hatte).

Am 12. September 1943 befreite der österreichische SS-Sturmbannführer Skorzeny in einer kühnen Luftlandeaktion Mussolini aus seinem Arrest im Gran-Sasso-Gebirge. Zwei Tage später traf dieser, ein gebrochener Mann, in der „Wolfsschanze" ein. Bis zum 18. September konferierten Hitler und Mussolini über die neu geschaffene Faschistische Republik Salò. Viel Land war dem Duce nicht geblieben, nachdem Hitler große Teile Italiens dem Reich angegliedert hatte und die Alliierten den Süden des Landes unter Kontrolle hielten. [55] Skorzenys Handstreich veranlaßte die NS-Führung, die Sicherheitsmaßnahen für das ostpreußische Führerhauptquartier massiv zu erhöhen. Denn überall bröckelten die Fronten. Aber mehrfache Interventionen seiner Generäle, die kämpfende Truppe zu unterstützen, wiegelte Hitler ab. Statt dessen befahl er am 7. Oktober seine Reichs- und Gauleiter in die Görlitz, um ihnen die Kriegssituation aus seiner Sicht zu erläutern, d. h. ihnen mitzuteilen, daß sie alle gemeinsam für den Endsieg kämpften.

Hitler brauchte Siegesmeldungen – erst recht im Hinblick auf die nächste Kriegsweihnacht. Deshalb befahl er aus seinem Bunker in der Görlitz die Rückeroberung des ukrainischen Schitomir. Die Propagandamaschinerie mühte sich nach Beginn der Kampfhandlungen am 6. Dezember redlich, aus dieser Operation eine kriegsentscheidende Schlacht zu gestalten, und feierte den deutschen Triumph am 14. des Monats euphorisch. Obwohl der Führer bei der Lagebesprechung am 27. Dezember in der „Wolfsschanze", wo er auch die Feiertage verbracht hatte, den baldigen Zusammenbruch des Sowjetreiches prophezeite,[56] standen die Russen bald darauf wieder in Schitomir.

Angesichts der dramatischen Lage vor allem an der Ostfront sah sich der Gröfaz genötigt, für den 27. Januar 1944 alle Oberbefehlshaber im Osten und weitere höhere Militärs in die Bunkerwelt der „Wolfsschanze" zu bestellen, um ihnen „persönlich einen Vortrag über die Notwendigkeit nationalsozialistischer Erziehung innerhalb des Heeres" zu halten – so als würde es seinen schlechtausgerüsteten Kämpfern an Willen mangeln. Und

---

[55] Vgl. zum Mussolini-Besuch Neumärker: Wolfsschanze (wie Anm. 5), S. 120f.
[56] Vgl. Heiber, Helmut: Hitlers Lagebesprechungen. Die Protokollfragmente seiner militärischen Konferenzen 1942-1945. Stuttgart 1962, S. 469.

anstatt die notwendigen strategischen Entscheidungen zu treffen, räsonierte Hitler nachgerade hellseherisch: „In der letzten Konsequenz müßte ich, wenn ich als oberster Führer jemals verlassen würde, als letztes um mich das gesamte Offizierkorps haben, das müßte dann mit gezogenem Degen um mich geschart stehen." Generalfeldmarschall Manstein, der immer wieder die fehlende Unterstützung der Truppe durch den Feldherrn auch persönlich in der „Wolfsschanze" beklagt hatte, erwiderte daraufhin unerwartet: „So wird es auch sein, mein Führer!", obwohl auch er Schwierigkeiten gehabt haben dürfte, in dieser bewußten Stunde einen Degen parat zu haben. Hitler entgegnete: „Das ist schön. Wenn das so sein wird, dann werden wir diesen Krieg nie verlieren können."[57] Am selben Tag war in der Umgebung von Leningrad nach 900 Tagen Blockade und bis zu 1,2 Millionen umgekommenen Zivilisten kein deutscher Soldat mehr. Auch an der Südfront rückten Stalins Kämpfer immer näher; die rumänischen Ölfelder, eine der wichtigsten Versorgungsquellen des Reiches, waren akut bedroht.

Die ungarische Regierung sah sich daher veranlaßt, Anfang März 1944 ihre Fühler nach den Alliierten auszustrecken. Hitler witterte abermals Verrat und befahl umgehend die Besetzung des Landes – und sofort reiste Adolf Eichmann, Referent für Judenfragen im Reichssicherheitshauptamt, nach Budapest, um die Deportation der letzten intakten jüdischen Gemeinschaft in Europa zu organisieren. Innerhalb weniger Wochen verschleppten Eichmanns Leute im Frühsommer 1944 Hunderttausende ungarische, slowakische und rumänische Juden aus Groß-Ungarn in die Gaskammern von Auschwitz-Birkenau.[58] Hitler weilte in dieser Zeit – die Rote Armee stand etwa hundert Kilometer von der „Wolfsschanze" entfernt – hauptsächlich in seinem „Berghof" auf dem Obersalzberg.

Bis Ende 1944 erweiterte die Organisation Todt im Rahmen eines „Sonderbauvorhabens" mit immensem personellen, materiellen und finanziellen Aufwand das Führerhauptquartier und errichtete wahre Betonburgen, die „Pyramiden glichen".[59] Auch die Absperrmaßnahmen wurden abermals massiv erhöht.[60] Als Hitler am frühen Morgen des 15. Juli 1944 wieder in Ostpreußen landete, war sein Führerbunker noch nicht fertiggestellt; des-

---

[57] Manstein, Erich von: Verlorene Siege. München 1979, S. 579f.
[58] Vgl. Gerlach, Christian; Götz Aly: Das letzte Kapitel. Der Mord an den ungarischen Juden. Stuttgart 2002.
[59] Linge, Heinz: Bis zum Untergang. München, Berlin 1980, S. 224.
[60] Zum „Sonderbauvorhaben" siehe Neumärker: Wolfsschanze (wie Anm. 5), S. 126-135.

halb bezog er Quartier im Gästebunker. Chefdolmetscher Schmidt bedrückte die düstere Atmosphäre zwischen den „sieben Meter starken, fensterlosen Betonmauern", die „wie vorweltliche Ungeheuer, grau und grün getarnt, in dem Walde zu hocken schienen":

Die Räume waren recht klein. Man fühlte sich in ihnen immer irgendwie beengt. Die feuchten Ausstrahlungen der Betonmassen, das dauernde künstliche Licht und das ständige Sausen der Belüftungsanlagen erhöhten die Unwirklichkeit dieses Milieus, in dem ein bleicher und aufgedunsener werdender Hitler seine ausländischen Besucher empfing. Das Ganze wirkte wie der Schlupfwinkel eines sagenhaften, bösen Geistes.[61]

Als ersten Gast in dieser Kulisse empfing Hitler gleich am 15. Juli Oberst Stauffenberg, Stabschef beim Befehlshaber des Ersatzheeres in Berlin, zu einer Besprechung über die Verstärkung der „Heimatarmee" und die Aufstellung von Volksgrenadierdivisionen. Fünf Tage später traf Stauffenberg erneut in der „Wolfsschanze" ein. Da auch diese Lagebesprechung in einer Baracke stattfand, konnte ein Großteil der Detonationskraft der Bombe, mit der Hitler getötet werden sollte, nach außen entweichen.[62]

Gleich nach dem Attentat trafen alle wichtigen NS-Granden nach und nach aus ihren ostpreußischen Hauptquartieren in der Görlitz ein, ebenso wie Italiens Duce Mussolini – der allerdings zu einem planmäßigen Besuch, dem letzten Zusammentreffen beider Diktatoren. Als Hitler am Ende dieses Tages, um ein Uhr nachts, aus der „Wolfsschanze" über den Reichssender Königsberg gegen eine „ganz kleine Clique ehrgeiziger, gewissenloser und zugleich verbrecherischer, dummer Offiziere" wetterte und in seiner praktischen Unversehrtheit einen „Fingerzeig der Vorsehung, daß ich

---

[61] Schmidt: Statist (wie Anm. 49), S. 555 f.
[62] Als Auswahl zum Thema siehe Walle, Heinrich: Der 20. Juli 1944. Eine Chronik der Ereignisse von Attentat und Umsturzversuch. In: Steinbach, Peter; Johannes Tuchel: Widerstand gegen den Nationalsozialismus. Bonn 1994, S. 364-376; Schmidt-Hackenberg, Dietrich: 20. Juli 1944 – Das „gescheiterte" Attentat. Untersuchung eines geplanten Fehlschlags. Berlin 1996; Hoffmann, Peter: Sicherheit des Diktators. Hitlers Leibwachen, Schutzmaßnahmen, Residenzen, Hauptquartiere. München, Zürich 1975, S. 229 ff.; ders.: Stauffenberg. München, Zürich 1998; Bentzien, Hans: Claus Schenk Graf von Stauffenberg. Der Täter und seine Zeit. Hannover 1997. Zur aktuellen Diskussion um die Bewertung dieses Widerstands siehe z. B. die WDR-Sendung „Monitor" Nr. 520 vom 1. Juli 2004.

mein Werk weiter fortführen muß und daher weiter fortführen werde"[63], sah, war der Umsturzversuch „Walküre", der umfangreichste und ranghöchste Staatsstreich von Militärs in der deutschen Geschichte, längst gescheitert – und hatte den Rückhalt Hitlers im Volk trotz der Lage an den Fronten wieder gestärkt.

Für den nächsten Tag, den 21. Juli 1944, bat der Führer „die wichtigsten Minister zur Gratulationscour in das Führerhauptquartier"[64], indes Goebbels' Ministerium sein bestes tat. Am Tag darauf titelte das Kampfblatt der nationalsozialistischen Bewegung Großdeutschlands, der „Völkische Beobachter": „Antwort der Nation: Bedingungslose Treue".[65] Und am 25. Juli folgte dann der „Erlaß des Führers über den totalen Kriegseinsatz" aus dem Hauptquartier, in dem Hitler verfügte, daß der Vorsitzende des Ministerrats für die Reichsverteidigung, Reichsmarschall Göring, „das gesamte öffentliche Leben den Erfordernissen der totalen Kriegsführung in jeder Beziehung anzupassen" habe. Göring solle einen Reichsbevollmächtigten für den totalen Kriegseinsatz vorschlagen, der dafür Sorge zu tragen habe,

daß alle öffentlichen Veranstaltungen der Zielsetzung des totalen Krieges angemessen sind und Wehrmacht und Rüstung keine Kräfte entziehen. Er hat den gesamten Staatsapparat einschließlich Reichsbahn, Reichspost und aller öffentlichen Anstalten, Einrichtungen und Betriebe zu überprüfen, durch einen restlosen rationellen Einsatz von Menschen und Mitteln, durch Stillegung oder Einschränkung minder kriegswichtiger Aufgaben und durch Vereinfachung der Organisation und des Verfahrens das Höchstmaß von Kräften für Wehrmacht und Rüstung freizumachen.

Nunmehr war es tatsächlich der „totale Krieg", den Goebbels seit langem predigte, und so wurde dieser auch folgerichtig zum Reichsbevollmächtigten bestellt.[66]

Diese Mobilmachung – bis hin zum „Volkssturm" – brachte strategisch wenig, forderte aber unzählige zivile und soldatische Opfer auf deutscher Seite. Aus allen Himmelsrichtungen stürmten die Alliierten gegen das Reich

---

[63] Zit. nach Domarus: Hitler (wie Anm. 40), S. 2127-2129; auch abgedruckt in Hammerstein, Kunrat Freiherr von: Flucht. Aufzeichnungen nach dem 20. Juli. Freiburg i. Br. 1966, S. 12-15, und im Völkischen Beobachter vom 22. Juli 1944.

[64] Speer: Erinnerungen (wie Anm. 41), S. 398.

[65] Völkischer Beobachter 22. Juli 1944.

[66] Bundesarchiv-Militärarchiv Freiburg (BA-MA), R 43 II/664a, Bl. 119-122.

vor. Ende August 1944 legten britische Bomber die ostpreußische Hauptstadt Königsberg in Schutt und Asche. Anfang Oktober stießen sowjetische Soldaten in Ostpreußen erstmals auf Reichsgebiet vor.[67] Bereits im September hatte Himmler sein Hauptquartier „Hochwald" aufgegeben. Am 20. Oktober ging Görings Reichsjägerhof in Flammen auf, und am 20. November verließ Hitler die „Wolfsschanze" in Richtung Berlin. Allein, für die ostpreußische Bevölkerung wurden noch immer keine Evakuierungsmaßnahmen getroffen – vielmehr verbot Gauleiter Erich Koch, der sich rechtzeitig in Sicherheit brachte, die Flucht nach Westen. Die Rettung über die Ostsee lief deshalb viel zu spät an;[68] es kam – bei eisigen Temperaturen – zu einer ungeordneten Massenflucht vor der näher rückenden Front. Die verbliebenen Ostpreußen waren der Wut und Willkür der Truppen Stalins schutzlos ausgesetzt: Erschießungen, Vergewaltigungen, Verschleppungen bestimmten bald darauf ihren Alltag. Am 27. Januar 1945 befreite die Rote Armee nicht nur den Lagerkomplex Auschwitz, sie marschierte auch in das unbeschädigte Rastenburg ein und traf im Stadtwald auf die kurz zuvor zum Teil gesprengte „Wolfsschanze". Vier Tage später ging die mittelalterliche Altstadt Rastenburgs als „Fejerverk" siegestaumelnder und sturztrunkener Rotarmisten in Flammen auf.[69]

Nach einem Kurzaufenthalt im Führerhauptquartier „Adlerhorst"[70] an der Westfront wurde der gesamte Stab Mitte Januar 1945 nach Berlin verlegt. Hier, im Führerbunker unter der Neuen Reichskanzlei,[71] verbrachte Hitler die letzten Wochen bis zu seinem Selbstmord am 30. April. Kurz darauf, am 8./9. Mai, kapitulierte die deutsche Wehrmacht bedingungslos. Bereits Mitte April hatte Hitler geäußert, daß er in Berlin aus dem Leben scheiden werde, und betont: „Ich hätte den Entschluß, den wichtigsten

---

[67] Vgl. Zeidler, Manfred: Kriegsende im Osten. Die Rote Armee und die Besetzung Deutschlands östlich von Oder und Neiße 1944/45. München 1996.

[68] Vgl. Schön, Heinz: Ostsee '45. Menschen, Schiffe, Schicksale. 6. Auflage Stuttgart 1998, bes. S. 65-318.

[69] Vgl. Neumärker: Wolfsschanze (wie Anm. 5), S. 158-162.

[70] Siehe Seidler: Führerhauptquartiere (wie Anm. 3), S. 143-162.

[71] Vgl. Joachimsthaler, Anton: Hitlers Ende. Legenden und Dokumente, 2. Auflage. München 2004, bes. S. 98-287; Kellerhoff, Sven Felix: Mythos Führerbunker. Hitlers letzter Unterschlupf. Berlin 2003, bes. S. 53-76; Arnold, Dietmar: Neue Reichskanzlei und „Führerbunker". Legenden und Wirklichkeit. Berlin 2005, bes. S. 126-142.

meines Lebens, schon im November 1944 fassen sollen und das Hauptquartier in Ostpreußen nicht mehr verlassen dürfen."[72]

Nach Kriegsende wurde die östlichste Provinz des Deutschen Reiches zwischen der Sowjetunion und Volkspolen geteilt, die verbliebene und angestammte Bevölkerung vertrieben und ausgesiedelt.[73] Die neuen Machthaber übernahmen auch die Hinterlassenschaften der einstigen NS-Größen: die Russen die Reste des Göringschen Reichsjägerhofes und das damals offensichtlich noch unzerstörte Kaiserliche Jagdschloß in der Rominter Heide,[74] die Polen Gebäude und Trümmer der „Wolfsschanze", das teilgesprengte Hauptquartier Himmlers „Hochwald", das OKH-Ensemble im Mauerwald sowie die Bunker der Luftwaffe bei Goldap und Schloß Steinort. Hitlers Anlage wird seit Anfang der 1960er Jahre touristisch genutzt, „Mauerwald" seit 2003.[75] Seit Sommer 1992 erinnert eine Gedenktafel auf deutsch und polnisch vor Ort an das mißglückte Attentat des Grafen Stauffenberg.[76] Doch weitere Hintergrundinformationen bieten lediglich einheimische Reiseführer. Eine wissenschaftlich fundierte Darstellung der Ereignisse und Entscheidungen in der „Wolfsschanze" zwischen 1941 und 1944 fehlt bislang, wäre jedoch angesichts der nicht abreißen wollenden Besucherströme dringend geboten.

---

[72] Schramm: Kriegstagebuch (wie Anm. 47) Bd. 2, S. 1721.

[73] Dies war bereits im Grenzabkommen zwischen der Sowjetunion und dem kommunistischen „Polnischen Komitee der Nationalen Befreiung" Ende Juli 1944 festgelegt worden; siehe Zeidler: Kriegsende (wie Anm. 67), S. 59. Die Potsdamer Konferenz im August 1945 bestätigte diese Grenzziehung und beschloß die „ordnungsgemäße Überführung deutscher Bevölkerungsteile" in die Besatzungszonen. In: Potsdamer Abkommen und andere Dokumente. Berlin 1951, S. 23-28.

[74] Die Sowjets trugen Teile des Kaiserflügels ab und bauten sie im Königsberger Park „Luisenwahl" wieder auf; heute Sitz der Direktion des „Zentralen Parks für Kultur und Erholung der Stadt Kaliningrad".

[75] Siehe www.mamerki.com.

[76] Siehe für die Zeit nach 1945 Neumärker: Wolfsschanze (wie Anm. 5), S. 174-177, sowie www.wolfsschanze.home.pl.

Das Massaker in Palmnicken 1945
Ein Zeitzeugenbericht

MARTIN BERGAU

„Du hast ein wunderbares Buch geschrieben - aber mußte die Judenge-schichte da auch noch hinein?" Lob und kritische Distanz einer Mitschüle-rin, zu der ich in Schülertagen aufgeschaut hatte und die ich nach 45 Jah-ren wieder sah. Warum fällt es einigen Palmnickern, und nicht nur ihnen, so schwer, sich freimütig mit dem Geschehen auseinanderzusetzen, wel-ches ihren Heimatort urplötzlich zum Tatort grauenvoller Massenmorde an Juden werden ließ?

In der Nacht vom 31. Januar 1945 trieb ein SS-Mordkommando dreitau-send Juden in das Eis der Bernsteinküste bei Palmnicken. Es waren die Überlebenden der fünftausend KZ-Häftlinge, die am 26. Januar 1945 zu ihrer Ausrottung von Königsberg zur Bernsteinküste getrieben worden wa-ren. Hängt etwa über einigen Köpfen eine Art Damoklesschwert, welches bei einem unbedachtem Wort über NS-Verbrechen im verlorenen Heimat-land auf den „Denunzianten" fallen könnte? Diese Tendenz herrscht of-fenbar auch bei den Funktionären der Vertriebenenverbände vor.

Die Geschichte der Vertriebenencharta beginnt fatalerweise erst 1945 – mit der Vertreibung. Das verklärte Erscheinungsbild der alten Heimat könnte ja verunziert werden, betriebe man Ursachenforschung, beginnend etwa 1933. Mit dem Davor beschäftigt man sich nicht – und verschließt sich ehrlicher Aufarbeitung.

Im Herbst 1944 ergriff die deutsche Heeresführung Maßnahmen, um sich in Ostpreußen gegen die heranrückende Rote Armee zu verteidigen. Dazu gehörte das Ausschanzen des sogenannten Ostwalls, der von Jugend-lichen und alten Männern im Grenzbereich ausgehoben wurde. Zum sel-ben Zweck wurden in Auschwitz Tausende jüdischer Frauen im Alter von sechzehn bis vierzig Jahren auf ihre Arbeitsfähigkeit untersucht. Die Selek-tion bestand aus einem Hundertmeterlauf, den die völlig entkleideten Frau-en zu bestehen hatten. Wer diese Prüfung nicht bestand, kam in die Gas-kammer. Dieser entging nur ein Drittel. Die „Auserwählten" kamen in das KZ-Lager Stutthof bei Danzig. Von hier aus wurden sie als Arbeitssklaven in zahlreiche Außenlager des KZ Stutthof nach Ostpreußen verteilt. Hinzu kamen noch einige hundert männliche jüdische Gefangene aus aufgelösten baltischen Lagern. Neben dem Einsatz beim Bau von Stellungen und Unterständen wurden die Häftlinge auch bei der Anlage von Feldflugplätzen (Rodungsarbeiten) und im Straßenbau herangezogen. Die Lager waren berüchtigt. Am bekanntesten waren Schippenbeil, Jesau, Seerappen und Kobbelbude.

In den eilig angelegten Lagern ging es anfangs noch erträglich zu. Doch bald geriet durch Austausch der älteren, mitunter noch etwas human besaiteten Lagerleiter mit brutalen Menschenschindern die Situation zum reinen Martyrium. Zu Beginn waren einige Gruppen Gefangener noch zu Erntearbeiten eingeteilt worden. Dabei verspürten die Häftlinge offene Anteilnahme, nicht nur in Form des Zusteckens von Nahrungsmitteln.

Im Oktober 1944 war die Rote Armee zur Memel vorgestoßen und hatte sich am Nordufer des Flusses festgesetzt. Sie drang gleichzeitig in den Raum Gumbinnen/Goldap ein, wurde von dort aber noch einmal mit letztem Aufwand zurückgeschlagen, so daß sich die Front für drei Monate südlich der Memel, etwa an der Landesgrenze, stabilisierte. In dieser Lage zog Hitler große Truppenverbände von der Ostfront ab, um im Westen die Ardennenoffensive führen zu können.

Als die Sowjets am 12. Januar 1945 zu ihrer Großoffensive antraten, stand ihnen ein stark geschwächter Gegner gegenüber, so daß die Rotarmisten der Zweiten und Dritten Weißrussischen Front mit etwa zwanzigfacher Übermacht innerhalb von vierzehn Tagen bis zum Kurischen wie auch Frischen Haff vorstoßen konnten. Das bedeutete, daß Ostpreußen vom „Reich" abgeschnitten war und nur noch über die Frische Nehrung oder über die Ostsee vom Seehafen Pillau aus ein Fluchtweg bestand.

In diesem Chaos – als die Straßen bei winterlich schweren Verhältnissen von Militär- und Flüchtlingsfahrzeugen verstopft waren – wurden alle KZ-Außenlager in überstürzter Eile aufgelöst. Die Gefangenen wurden von SS-Mordkommandos in Eilmärschen nach Königsberg getrieben.

Dies war der Beginn der jüdischen Todesmärsche in Ostpreußen. Kranke wurden erschossen oder in ihren Baracken von Pionieren in die Luft gesprengt. Es sollte letztlich, gemessen am Schicksal der in den Todes-

marsch Gehetzten, noch ein Gnadenakt sein. Wer auf den plumpen Holz-
schuhen stolperte oder etwas Schnee aufheben wollte wurde erschossen.

Tausende Ostpreußen befanden sich zur selben Zeit im Chaos der
Flucht. Viele von ihnen wurden in der Stunde des eigenen Untergangs mit
Schrecken gewahr, wohin das Dritte Reich durch Größenwahn und Ras-
senhaß gekommen war. Was hatten sie noch zu erwarten? Sie ahnten nicht,
daß der „größte Feldherr aller Zeiten" sie selbst schon, wie etwa die Sechste Armee in Stalingrad, abgeschrieben hatte. Viele der Fliehenden konnten
die Kunde über diese Schrecken nicht mehr weitergeben, denn sie kamen
um unter Panzerketten oder, wenn sie das Haff noch erreichten, auf dem
von Tieffliegern unter Beschuß liegenden und berstenden Eis.

Die KZ-Häftlinge, überwiegend weiblichen Geschlechts, wurden in Königsberg in einem Fabrikgelände in der Nähe des Nordbahnhofs zusammengetrieben. Bei einem Zählappell am 25. Januar 1945 wurden dreizehn-
tausend Gefangene registriert. Über das weitere Schicksal der Mehrheit dieser Menschen liegt nur unzuverlässiges Beweismaterial vor. Fünftausend
von ihnen wurden am 26. Januar 1945 von einem SS-Mordkommando
nach Palmnicken an die Bernsteinküste zu ihrer „Endlösung" getrieben.
Der Befehl dazu ist wahrscheinlich vom Chef der Gestapoleitstelle Königsberg, SS-Sturmbannführer Gormig, ergangen. Gormig beging später
Selbstmord.

Der Vorschlag, die stillgelegte Schachtanlage „Anna" in Palmnicken zu
diesem Vorhaben zu nutzen, kam vom Direktor der staatlichen Bernstein-
manufaktur in Königsberg, Gerhard Rasch. Man wähnte sich der Koopera-
tionsbereitschaft des Ortsgruppenleiters Kurt Friedrichs und der Werksleitung in Palmnicken sicher. Doch man stieß auf unerwarteten Widerstand
des Werksdirektors Landmann und insbesondere des Güterdirektors und
Volkssturm-Kommandeurs Hans Feyerabend. Das Mordkommando stand
unter dem Befehl von SS-Oberscharführer Fritz Weber, dem zwei SS-
Sturmführer und 25 deutsche und 120 zumeist litauische, estnische, und
ukrainische SS-Männer zur Verfügung standen. Dazu aus der Verneh-
mungsniederschrift vom 6. Februar 1961 – sie liegt im Ludwigsburger
Zentralarchiv – die Aussage von Rudolf Folger, dem von den Russen Ende
April 1945 eingesetzten Bürgermeister von Palmnicken:

Feyerabend richtete folgende Frage an die drei SS-Offiziere: „Wen haben Sie hierher gebracht, und von wo?" Antwort des SS-Obersturmführers Fritz Weber: „Ich habe in Königsberg den Befehl erhalten, mich am Freitagnachmittag (26. Januar 1945) am Nordbahnhof, in der Nähe des Polizeipräsidiums, einzufinden, wo ich weitere Befehle erhalten würde. Dort selbst wurde mir gesagt: „Sie haben einen Trupp Juden von 5000 Personen nach Palmnicken zu bringen. Dazu erhalten Sie eine Begleitmannschaft von noch zwei Sturmführern, eine Abteilung SS-Leute und einen größeren Trupp von OT-Leuten.´ Entsprechend meines Befehls habe ich den Judentransport am Nordbahnhof Königsberg übernommen, und in einem Nachtmarsch nach Palmnicken gebracht. "

Während des Marsches verhielten sich die SS-Treiber wie Bestien. Die etwa fünfzig Kilometer lange Marschroute war gesäumt von etwa zweitausend Erschossenen und Erschlagenen. In den Ortschaften an der Wegstrecke gab es reichlich Zeugen, darunter auch viele Kinder.

Luftwaffenhelfer Gert Herberg von der Flak-Batterie Goldschmiede, (westlich von Königsberg) sah „den langen Zug elender Gestalten in Lumpen gehüllt mühselig in Richtung Samland marschierend." Alle zwanzig bis dreißig Meter wurden einige von ihnen, die nicht mehr gehen konnten und sich erschöpft in die Arme fielen, von SS-Bewachern mit Maschinenpistolen niedergestreckt. Herberg weiß sich noch daran zu erinnern, daß sein Batteriechef, Hauptmann Hey aus Hamburg, mit einem Leutnant den Weg zurückging und Schwerverwundete mit einem Pistolenschuß „erlöste", weil es keine andere Möglichkeit der Hilfe gab.

Hans-Dieter Willuweit, der mit seiner Mutter von der Bastion Sternwarte aus evakuiert werden sollte, sah im Januar 1945 aus Richtung Reichsbahnbrücke eine Kolonne graubraun gekleideter Menschen. Sie hatten zumeist die Füße in Säcke gebunden, waren also ohne Schuhe. Wer zusammenbrach, wurde durch Kopfschuß getötet und den Abhang zur Kleinbahn am Volksgarten hinuntergeworfen. Der erst Vierzehnjährige sah, daß die Gefangenen gnadenlos niedergestreckt wurden. Alles spielte sich nur zehn Meter von der Bastion ab. Die auf ihren Abtransport wartenden etwa fünfzig Nachrichtenhelferinnen und Kinder weinten, liefen fort oder fielen in Ohnmacht. Dr. Eckhart Jander, einer der vielen Zeitzeugen, schrieb mir:

Am 25. Januar 1945 stand ich als Zehneinhalbjähriger morgens vor der Sternwarte in Königsberg. Luftwaffenhelferinnen und Frauen von Offizieren sollten in einem Lastwagen zum Seehafen nach Pillau gefahren werden. Mein Vater war dort beim Luftschutzwarndienst tätig und ließ meine Mutter und mich an diesem Transport teilnehmen. Hier nun zog ein schier endloser Zug von KZ-Frauen vorüber, die Umstände waren genauso wie Sie sie beschreiben bei den Fußmärschen nach Palmnicken. Erschießungen, Lumpen und Becher auf der Straße, Leichen im Graben an der Straßenseite usf. Auf jeden Fall handelte es sich um eine der brutalen Verlegungen aus Konzentrationslagern angesichts der vorrückenden Russen.

Jander legte einen Bericht bei, den er seiner Abitur-Anmeldung 1954 in der Robert-Koch-Schule in Clausthal-Zellerfeld hinzugefügt hatte:

Im Januar 1945 fuhren meine Mutter und ich (aus Posen) nach Königsberg, um meinen dort zurückgebliebenen Vater zu besuchen. Er hatte (am 15. 1.) Geburtstag. In unerwartet raschem Vorstoß schnitten russische Verbände Ostpreußen vom Reich ab. Am Ende des Monats, als die Artillerie schon zu brüllen begann, verließen meine Mutter und ich wiederum die Stadt.

Als wir auf den LKW warteten, der uns nach Pillau bringen sollte (vor der Bastion), hatte ich ein Erlebnis, das noch viele Jahre hindurch ein Gefühl der Angst und des Grauens in mir zurückließ. Auf der geraden Landstraße näherte sich ein endloser Zug des Elends. Eine Kolonne in Lumpen gekleideter Frauen zog an uns vorüber, bewaffnete Männer schlugen mit Gewehrkolben auf sie ein. Inzwischen hielt unser Lastauto auf der anderen Straßenseite. Die Wachen versuchten, eine Lücke zu schaffen, damit wir einsteigen konnten. Die gequälten Menschen aber fürchteten (wohl) eine Hinterlist, faßten sich an den Händen und liefen weiter. Einige stolperten, rafften sich wieder auf oder blieben liegen. Harte Fäuste schleiften sie in den Chausseegraben. Ein gedämpfter Knall, und ein Mensch war nicht mehr.

Im Ausharren während der Bombennächte hatte ich einen Sinn gesehen. Geschult an DJ-Abenden war ich damals überzeugt davon, daß wir Deutsche für eine heilige Sache fechten. Dieses Morden aber schien mir wahnsinnig und sinnlos, auch die Flucht in die Arme meiner Mutter konnte mich nicht beruhigen. In Pillau wurden wir in ein mit Verwundeten aus Kurland bereits überladenes Lazarettschiff verladen.

(Während der Fahrt nach Pillau sah ich noch eine lange Wegstrecke Lumpen und Blechnäpfe auf der Straße verstreut und erschossene Frauen am Straßenrand.)

Der zehnjährige Klaus Lemke, mit seiner Mutter in das auf halber Strecke liegende Kumehnen geflüchtet, mußte mit ansehen, wie die SS rücksichtslos Gefangene umbrachte: „Am nächsten Morgen mußten polnische und russische Kriegsgefangene die steif gefrorenen Leichen am Ortsrand aufstapeln." Lemke spricht von einem „Leichenberg". „Angeschossene jüdische Mädchen irrten am nächsten Morgen umher und flehten um Gnade."

Renate Laatsch, die im Auto Lohngelder von Königsberg zur Sparkasse nach Palmnicken brachte, berichtet, daß ihr Fahrer immer wieder Leichen von der Straße räumen mußte, um durchzukommen.

Theodor Gehrenbach befand sich am frühen Morgen des 27. Januar auf dem Weg von Fischhausen, um zu seiner Einheit in den Bereich Germau zu gelangen:

Als ich die Straße bei Polennen erreichte, bemerkte ich, daß eine Straßenseite und ebenso die Böschung voller Tote lag. Alle Opfer hatten Kopf- bzw. Genickschüsse. Ich begann zu zählen und stellte auf einer Strecke von mehreren hundert Metern 386 Tote fest.
Die Toten waren beiderlei Geschlechts, einschließlich größerer Kinder. Sie trugen gestreifte dünne Sträflingsanzüge. Ihre einzige Habe bestand offenbar nur aus notdürftig zurechtgemachten Konservenbüchsen als Eßgeschirr, das zum Teil auf dem Boden lag und teilweise noch in den verkrampften Händen gehalten wurde.
Am frühen Nachmittag erreichte ich meine Truppe. Ich erzählte dort auf der Schreibstube das entsetzliche Erlebnis. Oberzahlmeister Weihe bedeutete mir, darüber zu schweigen. Sie hatten von den Vorgängen bereits gehört, das sei bloß die Hälfte. Etwa 400 Leichen lägen noch auf der Strecke nach Palmnicken.

Am 27. Januar 1945 – am Tag, an dem die Rote Armee Auschwitz befreite – trieb also ein SS-Mordkommando in den frühen Morgenstunden dreitausend jüdische Häftlinge zu deren „Endlösung" nach Palmnicken.

Mein persönliches Erleben

Schüsse und Lärm rissen mich aus dem Schlaf. Mein erster Gedanke: „Die Russen sind im Dorf! – Die Invasion hat begonnen." Man hatte ja solch eine Aktion der Sowjets befürchtet. Wie schon als Luftwaffenhelfer trainiert, war ich blitzschnell in den Kleidern, ergriff meine Maschinenpistole und stürzte aus dem Haus. Ich mußte doch als Volkssturmmann meine Heimat verteidigen. Den energischen Ruf meines Vaters: „Bleib hier!" vernahm ich noch, während hinter mir die Haustür ins Schloß fiel.

Eine zerlumpte Frauengestalt stürzte mir von der offen stehenden Pforte entgegen. Als mich die Frau bemerkte, lief sie vor Angst auf die Straße zurück. Es fielen Schüsse, die Frau brach getroffen zusammen. Hinter Hecke und Gartenzaun suchte ich Deckung in einer Schneewehe. Schlaftrunken nahm ich im Schneelicht eine endlose Kolonne zerlumpter Gestalten wahr, die fortlaufend durch Schüsse, Kolbenschläge und fremdländisches Gefluche vorwärts getrieben wurden. Wenn der Lärm abebbte, vernahm ich das unheimliche Schlurfen und Knirschen hunderter Holzschuhe auf dem trockenen Schnee der Straße, und angstvolles Keuchen. Wenn die Gelegenheit günstig schien, versuchten einzelne Gefangene zu entkommen, doch zumeist wurden sie durch Schüsse niedergestreckt. Einzelnen gelang es jedoch, in die Vorgärten der Häuser zu entkommen. Mittlerweile erschien mein Vater und wollte mich zurückholen. Doch er mußte einsehen, daß ich mich in dieser Lage nicht aus der Deckung wagen durfte, und suchte dann auch Schutz vor etwaigen Geschossen. Als der Elendszug vorbeigezogen war, vermochte ich nicht zu sagen, wie lange dieser unheimliche Spuk gedauert hatte. Ich war Zeuge grauenvoller Mordverbrechen geworden.

Mir wurde jetzt bewußt, in welche Gefahr ich mich begeben hatte. Trug ich nun Schuld am Tod der Frau, die vor dem Hoftor lag? Am Morgen entdeckte ich unmittelbar vor der Eingangspforte eine große gefrorene Blutlache mit festgefrorenen Stoffresten.

Wenngleich die befürchtete Invasion der Russen ausblieb, war unser Ort, bislang von allen Schrecken des Krieges verschont, urplötzlich in das Mahlwerk des Teufels gestürzt. Der Anblick der Straße machte deutlich, daß das nächtliche Horrorgeschehen kein schrecklicher Traum gewesen war. Unvorstellbar – Palmnicken war zum Schauplatz grauenvoller Massenmorde geworden. Blutiger Schnee und blutige, festgefrorene Fetzen.

Nur die Toten waren entfernt worden. Nun war mir klar, warum am Abend zuvor, über den Königsberger Sender, zur Bereitstellung von Transportmitteln aufgefordert worden war. An der Kirche das gleiche erschreckende Bild. Auf dem Kirchsteig, in einer Blutlache, die aus einem zertrümmerten Schädel gelaufene frosterstarrte Hirnmasse.

Am Vormittag dieses 27. Januar fuhr Adolf Rockel mit einem großen, von zwei kräftigen Pferden gezogenen Gespannschlitten an seinem Enkel vorbei, welcher ihm in kindlicher Unbekümmertheit zuwinkte. Rockel aber sah mit stierem, versteinertem Blick nur geradeaus. Erst als das Gespann vorbeigezogen war, bemerkte der Junge die grauenvolle Ladung, auf der sein Großvater als einer Unterlage saß. Steifgefrorene Leichen, wie Brennholz aufgeschichtet. „Großvater stand bestimmt unter Alkohol", erinnert sich später mein Freund Gerd. – Bei einem Treffen, lange Jahre nach dem Krieg, erfuhr ich von ihm, daß Ortsgruppenleiter Friedrichs seine Mutter angerufen und aufgefordert habe, ihn zum „Kurierdienst" auf das Bürgermeisteramt zu schicken. „Mit fester Entschlossenheit hat meine Mutter das abgelehnt. Dafür bin ich ihr stets dankbar", so Gerd. Es war dann aber noch viel unverfrorener gekommen. Ortsgruppenleiter Friedrichs besaß die Schamlosigkeit, zwei SA-Männer zu Frau Pustan zu schicken, die ihren dreizehnjährigen Sohn abholen sollten, um ihn bei dem Aufstöbern entflohener Juden einzusetzen. Frau Charlotte Pustan kannte die beiden „Abgesandten" sehr gut.

Sie hat diese Häscher voller Empörung und mit ebenso viel Mut aus ihrem Haus gewiesen, als die Herren ihr drohten: „Wenn der Junge nicht mitkommt, können wir ja auch die SS vorbeischicken!" Sie rief den Gefolgsleuten hinterher: „Mein Sohn wird euch nicht als Spürhund dienen!" Eine couragierte Mutter hat nicht nur ihren Sohn vor dem Bösen bewahrt. Mit ihren vier Kindern, das Jüngste erst eineinhalb Jahre alt, ihr Mann stand als Soldat an irgendeinem Kriegsschauplatz, begab sie sich auf die Flucht, als Palmnicken am 15. April 1945 von den Russen besetzt wurde. Auf abenteuerliche Weise gelangte sie mit ihren Kindern auf der „Ubena" nach Kopenhagen. Es war dies der letzte noch mögliche Einsatz dieses Schiffes bei der „Flucht über die Ostsee".

Die Ermordeten wurden zur Grube „Anna" geschafft, wo sie im Strandbereich hinter dem Zechengebäude in ein Massengrab kamen. An jenem Vormittag gingen SS-Männer von Haus zu Haus entlang der Strecke des

Grauens, um entlaufene Juden aufzuspüren. Sie warnten eindringlich davor, dieselben aufzunehmen. Die Spuren des Schreckens zogen sich wie ein Menetekel bis vor das Werkstor des Bernsteinwerkes. Fassungslos weinend standen Frauen vor der Molkerei, bleich und verängstigt.

Es gingen argwöhnisch geflüsterte Mutmaßungen um – dreitausend jüdische Häftlinge seien eingetroffen, die man in der Annagrube einmauern wolle. Doch Werksdirektor Landmann habe sich strikt dagegen gewehrt, weil ja auch die Wasserversorgung von dort bestritten werde. Nun habe man die Gefangenen einstweilen in eine leerstehende Halle gepfercht. Gleichzeitig war hinter vorgehaltener Hand zu hören, daß Volkssturmkommandeur Hans Feyerabend dem Führer des Mordkommandos das Heft aus der Hand genommen habe. Es sickerte durch, Feyerabend habe bei der Auseinandersetzung mit allem Nachdruck gesagt, in Palmnicken werde, so lange er lebe, kein weiterer Jude umgebracht. „Hier darf es kein zweites Katyn geben!" Feyerabend leitete dann umgehend Maßnahmen ein, die Gefangenen notdürftig zu versorgen. Urplötzlich war das Bernsteinwerk zur Schutzzone für die Juden geworden. Über Palmnicken lag von Stund an gespannte Ungewißheit. Man spürte, hier braute sich im Zeichen der näher rückenden Roten Armee etwas Ungeheuerliches zusammen.

Drei Tage hat Feyerabend die Juden notdürftig versorgen und schützen können. Dann aber erhielt er einen Einsatzbefehl, demzufolge er mit hundert Volkssturmmännern am 30. Januar an die vorderste Front nach Kumehnen ausrücken mußte. Zuvor hatte er einen Drohbrief von der Gestapo erhalten, die Konsequenzen zu ziehen, da er ihre Pläne durchkreuzt habe. In Kuhmehnen traf Feyerabend auf eine militärische Einheit, die keine Verstärkung angefordert hatte. Feyerabend ging daraufhin in den Freitod.

Nach dem Eintreffen der Juden erhielten jugendliche Volksstürmer und Hitlerjungen den Befehl, bewaffnet bei Ortsgruppenleiter Kurt Friedrichs zu erscheinen. Herbert, mein Freund aus der Nachbarschaft, hatte mich aufgefordert, mitzugehen. „Befehl vom ,Blaupungel'". Der als Säufer Verrufene trug diesen Spottnamen. Natürlich wußte keiner von uns, warum wir bewaffnet erscheinen sollten. Waren etwa russische Stoßtrupps in die Außenbezirke eingedrungen? In den letzten Tagen war das Grollen der Front ständig näher gekommen, und zeitweilig vernahm man Maschinengewehrfeuer. Im Amtszimmer standen gedrängt Hitlerjungen mit geschulterten Gewehren, als wir eintrafen. Friedrichs erklärte, daß wir zu einem

Sonderkommando ausgewählt seien, und machte uns mit zwei SS-Männern bekannt.

Die Aufgabe, die wir zu erfüllen hätten, erfordere ganze Kerle. Er schenkte uns Schnaps ein und faselte etwas von der „Stunde der Bewährung". Eindringlich ermahnte er uns zu absolutem Stillschweigen. „Die beiden Herren werden euch mit eurer Aufgabe vertraut machen."

Als wir mit den SS-Männern das Gemeindeamt verließen, war es völlig dunkel. Schweigend gingen wir in Richtung Frannecks-Höh. Wir erreichten den nördlichen Ortsteil und bogen nach links in den abwärts führenden Weg zur Anna-Grube ein. Nach wenigen Minuten erreichten wir die auf Meereshöhe liegenden Zechengebäude. Im Schatten eines Schuppens stand eine Gruppe von etwa vierzig bis fünfzig zusammengedrängt stehenden Frauen und Mädchen, die von SS-Männern bewacht jämmerlich froren. Es waren aufgegriffene Jüdinnen, denen beim Eintreffen in Palmnicken die Flucht gelungen war. Eine diffuse Lichtquelle beleuchtete die unheimliche Szenerie. Die Gefangenen befanden sich in jämmerlichem Zustand. Einige hatten zerfetzte Decken umhängen. Die Frauen mußten sich in Zweierreihen aufstellen. Wir wurden angewiesen, sie zu eskortieren. Alles schien mehrfach erprobt. Jetzt erst wurde mir bewußt – ich befand mich in einem Erschießungskommando.

Die ersten beiden Frauen wurden von zwei SS-Männern um das Gebäude gebracht. Kurz darauf peitschten Pistolenschüsse. Die nächsten Opfer wurden in kurzen Abständen abgeführt. Es knallte laufend. Ich hatte mich ziemlich am Ende der Reihe postieren müssen. Mir gegenüber stand ein Junge aus meiner Klasse mit schußbereitem Gewehr. Und nun geschah es. Eine Jüdin wandte sich in gutem Deutsch an mich und bat, um zwei Plätze weiter nach vorn zu dürfen. Dabei hielt sie mir einen kleinen Gegenstand hin, einen Ring oder Amulett. „Ich möchte mit meiner Tochter gemeinsam erschossen werden!" Ich mußte schlucken: „Ich darf von Ihnen nichts annehmen, aber gehen Sie nur!"

Als sie aus der Reihe trat, wurde sie von meinem Schulkameraden mit dem Gewehrkolben niedergeschlagen. Er hatte regelrecht darauf gelauert. Über soviel Niedertracht war ich außer mir und stieß ihm den Lauf meiner Waffe in den Leib und fauchte ihn an: „Du mieser Dreckskerl, ich habe es der Frau erlaubt." Wütend entsicherte Lothar sein Gewehr. Einige Sekunden lang standen wir uns mit entsicherten Waffen gegenüber. Ich geleitete die Jüdin zu ihrer Tochter. Die Schüsse, die danach aufpeitschten, trafen in meine Seele. Diese mutige Frau hatte Minuten vor ihrer Erschießung eine Größe gezeigt, wie ich sie nie wieder erlebt habe. Es war als hätte man meine Freundin erschossen.

Meine Bewachungsaufgabe war erfüllt, und ich ging um das Zechengebäude und konnte sehen, wie die Henker das blutige Handwerk vollendeten. Ich ging, als ob mir eine Stimme befohlen hätte: „Sieh Dir an, was da geschieht, denn Du mußt eines Tages darüber Zeugnis ablegen!"

Eine lange Grube war fast randvoll gefüllt mit Leichen. Wahrscheinlich hatten hier bereits Erschießungen stattgefunden, und sicherlich lag hier auch ein Teil der Ermordeten von der Straße. Die Mörder taten das bestimmt nicht zum ersten Mal. Sie töteten ihre Opfer durch Genickschüsse und verwendeten dafür Pistolen vom Kaliber 7,65. Die Frauen mußten sich niederknien.

In mir tobte ein furchtbarer Kampf. Es durchzuckte mich. Wenn doch jetzt Hans Feyerabend, unser Volkssturmkommandeur, käme, aber der hatte ja mit hundert seiner Männer an die Front ausrücken müssen. Ich sah, wie Alfred, mit dem ich mich früher oft geprügelt hatte, „Gnadenschüsse" erteilte, wenn er gewahr wurde, daß sich eine Erschossene noch röchelnd bewegte. Daran beteiligten sich noch zwei weitere Jungen. War das nun Gnade oder entflammte Mordgier? Völlig verzweifelt begab ich mich auf den Heimweg. Wir waren zu Gehilfen von Massenmördern mißbraucht worden.

In den nächsten Tagen setzte Tauwetter ein, und Schmelzwasser stand stellenweise blutgefärbt in Palmnickens Straßenrändern. Für die Bevölkerung wurde die psychische Belastung angesichts dieser Belege unglaublicher Massenmorde immer erdrückender. Viele entschlossen sich jetzt erst zur Flucht in der Hoffnung, noch einen Platz auf irgendeinem Schiff zu erhalten.

In den ersten Februartagen ritt ich südlich des Fischerdorfes Sorgenau den Strand hinunter. Ich trieb das Pferd zu scharfer Gangart, denn es dunkelte bereits. Plötzlich stutzte das Pferd, schnaubte und war nicht mehr vorwärts zu bewegen. Ich blickte auf das Meer und traute meinen Augen nicht. Zwischen den Eisschollen im Uferbereich trieben zahllose, zumeist nackte Leichen. So weit ich sehen konnte – Leichen. Die Brandung bewegte die leblosen Körper Schwimmern gleich. „Du wirst hier nie wieder schwimmen können", war der erste Gedanke, der mich durchfuhr. Langsam begriff ich. Mich packte kaltes Entsetzen. Auch das Pferd schien das Grauen zu spüren. Es folgte dem Zügel willig und preschte in die enge Wolfsschlucht. Zuhause angekommen, brachte ich es nicht fertig, meinen Eltern zu erzählen, was ich gesehen hatte. Doch bald wußten alle im Dorf von dem grauenvollen Geschehen. Das Eis hatte die Leichen freigegeben, immer neue Opfer wurden an Land gespült, wochenlang.

Feyerabend hatte den SS-Mördern nicht mehr im Wege gestanden. So konnte das Mordkommando in den späten Abendstunden des 31. Januar das grauenvolle Massaker ungestört auf dem Eis der Uferzone durchführen. Am Rande des Eises wurden die Menschen regelrecht ertränkt.

Viele Jahre später erfuhr ich, daß Lothar und Alfred, aber auch eine Anzahl Hitlerjungen von Palmnicken, die damals noch nicht einmal das Alter von sechzehn Jahren erreicht hatten, in russischen Lagern an Hunger und Typhus umgekommen sind. Keiner dieser Jungen ist erschossen worden. Ihr Bußgang für die Verbrechen eines bedenkenlosen Ortsgruppenleiters war von anderer Art. Und mein Bußgang? Mir war vom Schicksal vorbehalten, auf Führerbefehl mit dem Jahrgang 28 Ende Februar auf einem Vorpostenboot Ostpreußen zu verlassen. Kurz vor Kriegsende geriet ich in russische Gefangenschaft, um an der Murmanbahn, den Tod oftmals vor Augen, zu erfahren, daß wir Deutsche sechs Millionen Menschen jüdischen Glaubens ausgerottet hatten.

Ich war ja noch immer der Auffassung, das Massaker von Palmnicken wäre ein fürchterlicher Ausrutscher im Chaos des Untergangs gewesen. – „Ich darf von Ihnen nichts annehmen, aber gehen Sie nur!", hatte ich der Jüdin mit auf ihren letzten Weg gegeben. Die letzten Worte der Jüdin – „Ich möchte mit meiner Tochter gemeinsam erschossen werden!" – werde ich bis an mein Lebensende bewahren.

Epilog

Als am Sonnabend den 27. Januar 1945 der Konvoi mit den restlichen drei-tausend Gefangenen etwa um vier Uhr morgens das Bernsteinwerk erreich-te, wurde SS-Oberscharführer Fritz Weber ein Strich durch die Planung gemacht. Werksdirektor Landmann verweigerte ihm mit Nachdruck die Freigabe der Stollen. Er konnte das begründen, weil von dort die Wasser-versorgung der gesamten Umgebung bestritten wurde. Man kam überein, die Juden zunächst in einer großen Werkhalle unterzubringen.

Zum weiteren Geschehen hat der Lohnbuchhalter und spätere, von den Russen eingesetzte Bürgermeister Rudolf Folger ausführliche Aussagen gemacht. Folger, unser Nachbar, hatte das Eintreffen der Elendskolonne wie auch ich beobachtet. Bedingt durch Frontnähe, hatte er am Sonntag den 28. Januar Telefondienst in der Werkszentrale. Am Vormittag erschien der Güterverwalter und Kommandeur des Volkssturms von Palmnicken, Major der Reserve Hans Feyerabend. Folger informierte ihn ausführlich. Feyerabend ließ daraufhin Oberscharführer Fritz Weber zu sich kommen. In seiner Entrüstung ging Feyerabend so weit, den SS-Führer seines Kommandos zu entheben. Im Beisein Folgers und des Vermessungsinge-nieurs Laatsch sagte Feyerabend mit fester Stimme, und das klang wie ein Schwur: „Solange ich lebe, wird in Palmnicken kein Jude mehr umgebracht! In Palmnicken darf es kein zweites Katyn geben!"

Feyerabend hat dann umgehend aus den Brotreserven des Volkssturms die Gefangenen versorgt und mehrere Fuhren Stroh als wärmende Unter-lage herbeischaffen lassen. Auch wurden deutsche Frauen beauftragt, in der Werksküche für warme Suppen zu sorgen. Tags darauf kam es zu weiteren Beratungen der Werksleitung, an der auch Ortsgruppenleiter Friedrichs teilnahm. Der getraute sich Feyerabend gegenüber keinen Widerspruch, obwohl er offensichtlich das Auftreten Feyerabends mißbilligte. Friedrichs hat sich danach nie wieder im Werk sehen lassen, hat aber mit Sicherheit die Gestapo in Königsberg informiert. Die Zustände bei den Gefangenen waren grauenvoll. Viele starben vor Schwäche und an Schußverletzungen. Vermessungsingenieur Oskar Laatsch hat bei Vernehmungen in den sech-ziger Jahren dazu ausgesagt:

Man wußte nicht, was mit den Juden geschehen sollte. Es wurde erwogen (wahrscheinlich Friedrichs Vorstellung), die Juden in den für die Palmnicker Bevölkerung in die Steil-

wand der Küste getriebenen Luftschutzstollen zu treiben und denselben zu sprengen. Schachtmeister Rudat hat es jedoch strikt abgelehnt.

Bei der Einsatzbesprechung hat Feyerabend den SS Oberscharführer Fritz Weber scharf angegriffen. Feyerabend wörtlich: „Sie haben die Deutsche Soldatenehre besudelt – haben die Deutsche Fahne in den Schmutz gezogen, indem Sie unschuldige Menschen umgebracht haben. Wir führen keinen Krieg mit unschuldigen Zivilpersonen, insbesondere mit Frauen und Kindern."

Durch das energische Auftreten Feyerabends war Weber stark verunsichert. Die Frontnähe hat sicherlich mit dazu beigetragen. Auf die Vorwürfe Feyerabends redete er sich heraus, er habe nicht den Befehl zu den Mordtaten während des Marsches erteilt.

Ich sah nach der Besprechung den Werkskutscher Lange mit einem Kastenwagen aus Richtung Werkstatt zur See fahren. In dieser Richtung erblickte ich bereits eine breite Blutspur. Lange hielt, und ich sagte zu ihm, weil ich die Ladung für rohes Fleisch hielt: „Wo haben Sie mit einem Mal so viel Fleisch her?

Als ich jedoch näher kam, prallte ich entsetzt zurück, weil ich wahrnahm, daß auf dem Wagen 40 bis 50 nackte Leichen lagen.

Lange hat wie ein kleines Kind geschluchzt: „Herr Laatsch, das werde ich in meinem Leben nie vergessen. Ich habe schon 2 Tage nichts gegessen vor lauter Ekel."

In der Nacht vom 31. Januar trieb das Mordkommando die Gefangenen aus der Werkhalle über die Steilküste in die vereiste Uferzone und begann ihr grauenvolles Werk.

Es geschah zeitgleich mit dem Untergang des KdF-Dampfers „Wilhelm Gustloff", der, von russischen Torpedos getroffen, über neuntausend Menschen mit sich in die eisigen Fluten riß. Von ihrem Schicksal erfuhr die Welt durch Filme und Schrifttum. Das grauenvolle Massaker von Palmnicken an insgesamt 5.000 Juden, blieb unbekannt.

Palmnickens Volkssturmmänner kehrten am 31. Januar von ihrem vorgegebenen Fronteinsatz in Kumehnen mit ihrem toten Kommandeur nach Palmnicken zurück. Der SD in Königsberg brachte in Umlauf, Feyerabend sei vor dem Feinde gefallen. Er wurde in Dorbnicken, seinem Wohnsitz, mit militärischen Ehren bestattet. Seine Frau Edith kam nicht, wie in solchen Fällen damals üblich, in Sippenhaft. Am 22. März 1945 durfte sie als einzige von Palmnicken mit dem Hilfskreuzer „Orion" von Pillau nach Kopenhagen ausreisen.

Es stimmt betroffen, wenn ausgerechnet die „Ostpreußische Herdbuchgesellschaft" noch 1950 in einem Nachruf ihres letzten Vorsitzenden Hans Feyerabend mit der NS-Version, „vor dem Feinde gefallen", gedachte. Fünf Jahre nach Krieg und Naziherrschaft hatten die Verantwortlichen der Gesellschaft noch immer nicht die Courage, auf den wahren Sachverhalt, den mutigen Widerstand ihres letzten Vorsitzenden, hinzuweisen. Der gleichen Manier befleißigt sich auch die „Landsmannschaft Ostpreußen". Vielleicht kommt ja einmal der Tag, an dem die Hintergründe solch einer Haltung ans Tageslicht kommen.

Denn mit dem Verdrängen des Massakers von Palmnicken verleugnet man nicht nur den Widerstand und Edelmut Feyerabends, sondern auch die mutigen Aktivitäten vieler Bürger um Palmnicken, denen immerhin sechzehn Juden das Überleben verdanken. In den mir vorliegenden Aussagen Überlebender fehlt es nicht an Hinweisen auf den Edelmut ihrer Retter. Daraus geht hervor, daß der größte Teil von ihnen sich erst in den frühen Morgenstunden des 1. Februar 1945, aus tiefem Delirium erwachend, aus Seewasser und Eisschollen, im Wasser zwischen Eisschollen und Leichen liegend, ans Ufer retten konnte. In jenen Tagen herrschten immer noch erhebliche Minustemperaturen. Es grenzt an ein Wunder, daß diese Menschen, abgesehen von totaler Entkräftung und unterernährt, oftmals noch verwundet, in leichter Häftlingsbekleidung, nicht an Unterkühlung gestorben sind. Ester Friedman lag stundenlang bewußtlos im Schnee und überlebte. Die SS-Henker hielten sie für tot.

Dem Tagebuch der Pfarrersfrau von Palmnicken, Eva Jänicke, ist zu entnehmen, daß gerettete Juden, die an Schwäche und erlittenen Schußverletzungen verstorben waren, heimlich mit deutschen Verstorbenen beigesetzt worden sind. Ebenso verschweigt man im Vertriebenenverband und im „Ostpreußenblatt" die verzweifelte Lage der etwa zweihundert Frauen und Mädchen um Palmnicken, die zu Pfingsten 1945 auf Anordnung der russischen Besatzungsmacht 263 verscharrte, zumeist verstümmelte Mordopfer im Bereich der Annagrube mit bloßen Händen ausbuddeln mußten. Die deutschen Frauen hatten sich dann hinter die aufgereihten Leichen – 204 Frauen und 59 Männer – stellen müssen. Im Angesicht der Toten mußten deutsche Tatzeugen öffentlich berichten, wann und wie die Juden umgebracht worden waren. Danach richteten russische Soldaten Maschinengewehre auf Frauen und Mädchen, die bereits tagelang für die grauenvolle Hinterlassenschaft einer von Rassenwahn verblendeten Naziclique hatten büßen müssen. Dazu berichtet der von der russischen Besatzung bestellte Bürgermeister Rudolf Folger:

Am 1. Pfingstfeiertag wurden dann von mir im Auftrage der Russen eine größere Anzahl von Frauen dazu eingeteilt, die in dem Massengrab hinter dem Zechenhaus verscharrten Juden auszugraben. Die Männer, so weit sie vorhanden waren, mußten ein neues Massengrab ausheben.

Nachdem die Toten freigelegt waren, wurden sie auf einem freien Platz in zwei Reihen nebeneinander gelegt, und die Palmnicker Frauen, die zur Exhumierung eingeteilt waren, mußten sich hinter die Leichen stellen. Die Russen hatten zwei Maschinengewehre aufgestellt, und dieselben auf die Frauen gerichtet.

Anschließend hielt ein russischer Major – ein Jude – in deutscher Sprache eine Rede. Darin brachte er zum Ausdruck, daß die Russen mit den Palmnickern jetzt dasselbe tun könnten, was man zuvor mit den Juden getan hat, davon aber Abstand nehmen würden, weil sie sich nicht mit Hitlers Verbrechern auf eine Stufe stellen könnten.

Bezogen auf die Lage der deutschen Bevölkerung in den Tagen des Grauens, kann ich dem letzten Pfarrer von Palmnicken, Johannes Jänicke zustimmen, der dazu niederschrieb: „Aber wir hatten Schlimmeres zu erwarten. Daß es nicht geschah, kommt einem Wunder nahe!"

Pfarrer Jänicke, Nichtostpreuße, war mit seiner Frau bei seiner Gemeinde geblieben, denn seine Frau hatte jedes Evakuierungsangebot abgelehnt. Bis zu seiner Ausweisung im Sommer 1947 hat er etwa viertausend deutsche Zivilisten, die an Hunger und Typhus zu Grunde gingen, ohne Mandat der russischen Besatzungsmacht beerdigt. Eine Zeitzeugin erzählt: „Oftmals ging er, mit Talar und Bibel, als einziger hinter dem Beerdigungskommando her, weil die Verwandten des Verstorbenen nicht mehr lebten oder selbst im Sterben lagen".

1994, bei einem Besuch meines alten Heimatortes, stieß ich bei der Grube Anna auf eine kleine eingefriedete russische Heldengedenkstätte. Auf einem gemauerten Sockel las ich die russischen Worte „Wetschnaja Slawa Gerojam" – Ewiger Ruhm den Helden. Ich wußte, es war die Stelle des Massengrabes, in dem zu Pfingsten 1945 Palmnickens Frauen die Leichen der Juden hatten umbetten müssen. In der Administration erfuhr ich, daß man in den sechziger Jahren bei Baggerarbeiten an dieser Stelle auf Gebeine gestoßen war. In der Annahme, ein Massengrab ermordeter russischer

Kriegsgefangener vor sich zu haben, errichtete man den Gedenkstein. Zwei in jenen Tagen abgestürzte Piloten wurden hier beigesetzt. Bei den jährlichen Heldenehrungen legten Komsomolzen fortan Kränze nieder.

Meine Darlegung des wahren Sachverhaltes erregte natürlich Aufsehen, aber ich erhielt ohne großes Prozedere die Erlaubnis, eine Gedenktafel anbringen zu dürfen. Zurückgekehrt, begann für mich ein langer Weg durch die Instanzen, bis ich schließlich den Beistand des Deutschen Außenministeriums und des Volksbundes Deutsche Kriegsgräberfürsorge erhielt. Im Sommer 1999 wurde unter Direktive des Volksbunds und Mitwirkung der russischen Organisation „Memorial" begonnen, das Grab an der Annagrube zu einer einfachen Gedenkstätte umzugestalten. Die Arbeiten wurden von jungen Russen und Deutschen im Rahmen eines Jugendlagers ausgeführt. Am 6. August 1999 war es mir vergönnt, vor etwa dreihundert russischen Einwohnern die Gedenkrede halten zu dürfen. Im Sommer 2000 wurde die Aktion fortgesetzt und zu einem vorläufigen Abschluß gebracht.

Im Sommer 2003 traten russische Bekannte an mich heran mit der Bitte, Mitglied im Fonds „Pamjati Palmniken" (Gedenkstätte Palmnicken) zu werden. Im September 2003 wurde der Verein gegründet. Zielsetzung des Fonds war die Errichtung einer massiv gemauerten Gedenkstätte an der Schachtanlage „Anna". Ich bin gern dem Fonds beigetreten, denn die von den Jugendlichen gestaltete Gedenkstätte war im Laufe der Zeit von den Sommergästen vereinnahmt worden und glich einem Abfallhaufen.

Als im Sommer 2005 der Bau eines Mausoleums in den Vordergrund rückte, habe ich als Mitglied des Fonds (als einziger Ausländer) schriftlichen Protest erhoben mit dem Hinweis, daß vorerst und unbedingt die historische Wahrheit abgeklärt werden müsse, da es andernfalls zu einem Eklat kommen würde. Meine Hartnäckigkeit wurde belohnt. Über das Deutsche Auswärtige Amt erhielt man die „Akte Lüneburg", die in einem in den sechziger Jahren in Lüneburg geführten Verfahren das Massaker von Palmnicken offen legt. Die „Akte Lüneburg" und auch Dokumente aus der Zentralen Stelle der Landesjustizverwaltungen in Ludwigsburg, die mir zur Verfügung stehen, belegen meine Zahlenangaben.

Nachdem nun die Maßnahmen eingeleitet sind, kann ich zumindest von einem Teilerfolg sprechen. Wer in Rußland etwas bewegen will, benötigt einen langen Atem.

Mittlerweile arbeiten zwei russische Freunde an einem Buch über das Massaker von Palmnicken. Mit den beiden Journalisten stehe ich in Verbindung und beantworte ihre Fragen. Mein zweites Buch „Todesmarsch zur Bernsteinküste. Das Massaker an Juden im Ostpreußischen Palmnicken 1945" wurde im Sommer 2006 im Heidelberger Universitätsverlag Winter publiziert. Nach etwa zwölfjährigem Nachforschen bin ich im Besitz vieler Berichte von Zeitzeugen über den Todesmarsch, den sie als Kinder auf der Flucht im Samland erlebt haben. Aus meinem ersten Buch „Der Junge von der Bernsteinküste" haben sie zum ersten Mal erfahren, wo und wie der Todesmarsch sein grauenvolles Ende gefunden hat. Diese Zeitzeugen und immerhin fünf Institutionen haben mir geholfen, den Tausenden von Menschen, die in Palmnicken auf grauenvolle Weise ermordet wurden, einen Namen zu geben. Allein konnte ich diese gewaltige Aufarbeitung unserer so fürchterlichen Geschichte nicht bewältigen.

Ostpreußen 1944/45. Mythen und Realitäten

BERNHARD FISCH

Die deutsche Geschichtsschreibung hat zwischen etwa 1950, als die ersten umfassenderen Arbeiten über das Kriegsende erschienen sind, und 1996 gewiß Bleibendes geleistet. Zugleich produzierte sie eifrig Mythen. Ein Vorgang, der eigentlich der Wissenschaft fremd ist. Die Behandlung von Mythen ist ein schwieriges Feld. Sie sind zählebig wie die Märchen. Sie werden durch die Generationen weitergereicht, und sie werden selten überprüft. Zudem: Wer sich auf Mythen einläßt, muß sie analysieren. Leicht kommt er dabei in den Geruch des Besserwissenden. Dieses Problem angesprochen heißt, es erkannt zu haben.

Viele Geschichtsschreiber Westdeutschlands scheinen sich vor etwa 1996 auf einige Aussagen festgelegt zu haben, die den Charakter von Axiomen tragen.

Zur Roten Armee:
- es kam eine Bande von Mördern und Vergewaltigern in das Land;
- Quelle der Untaten war das kommunistische System, eine besondere Rolle kam dabei dem Schriftsteller Ilja Erenburg zu;
- die Organe der Roten Armee haben mehr oder weniger nichts getan, um die zu Hause gebliebenen Deutschen vor dem Tod durch Verhungern zu schützen.

Zur deutschen Zivilbevölkerung:
- die Bevölkerung flüchtete vor der Roten Armee;
- die Bevölkerung war zu spät zur Flucht aufgefordert worden, Schuld daran hatte der Gauleiter Erich Koch;
- die Wehrmacht hat durch Widerstand und Seetransport die Menschen vor den Drangsalen bewahrt;
- die vertriebenen Ostpreußen sind eigentlich unschuldige Opfer des Nationalsozialismus.

Zur Literatur

Es wurde zweimal das Jahr 1996 genannt. Damals erschien das Buch von Manfred Zeidler „Kriegsende im Osten".[1] Zeidler führte eine neue Qualität in die Behandlung der Vorgänge ein. Er hat den erfolgreichen Versuch unternommen, das Verhalten der Roten Armee von innen heraus zu verstehen, und dabei neue Erkenntnisse gewonnen. Hierher zählt auch die Arbeit von Gerhild Luschnat über die Königsberger Deutschen.[2] Jede weiterführende wissenschaftliche Arbeit muß sich jetzt an Zeidler messen und muß von ihm ausgehen. Daß diese Methode sich in Deutschland noch nicht überall durchgesetzt hat, beweist das 1999 erschienene Werk von Heinz Schön „Tragödie Ostpreußen".[3] Der bekannte Autor bedient konsequent alle Vorurteile aus den davorliegenden Jahrzehnten. Fast die Hälfte der von ihm benutzten Monographien sind vor 1980 entstanden. Quellenkritik steht ihm fern. Kein Wort, das er zitiert, hat er einer kritischen Bewertung unterzogen. Als Beispiel für eine unkritische Nachauflage im gleichen Jahre steht „Letzte Tage in Ostpreußen", für die Herbert Reinoß als Herausgeber zeichnet.[4] Auch hier findet sich keine Überarbeitung in Richtung auf einen kritischen Abstand, auf eine Übernahme von Erkenntnissen aus der neuesten Literatur, auch keine Anleitung etwa, wie das Buch heute zu lesen wäre. Immerhin tritt Reinoß für Verständigung zwischen den Beteiligten ein und verweist auf die NS-Ursache am erlittenen Leid.

Notwendig erscheint ein Wort zu der bekannten „Dokumentation der Vertreibung" mit ihrem ersten Band über Ostpreußen. Sie gilt als die bedeutsamste Dokumentensammlung zum Thema.[5] Theodor Schieder zeichnet dort mit seiner wissenschaftlichen Reputation als Herausgeber. Eine neuere Arbeit untersucht die Entstehung des Kompendiums. Der Autor stellt fest, daß das Werk nicht aus wissenschaftlicher, sondern aus politischer Initiative entstanden ist. Es „war die ganze Zeit hindurch beim Bun-

---

[1] Zeidler, Manfred: Kriegsende im Osten. Die Rote Armee und die Besetzung Deutschlands östlich von Oder und Neiße 1944/45. München 1996.

[2] Luschnat, Gerhild: Die Lage der Deutschen im Königsberger Gebiet. Zweite, ergänzte und durchgesehene Auflage Frankfurt am Main 1989, S.203f (im folgenden: Luschnat).

[3] Schön, Heinz: Tragödie Ostpreußen 1945-1948. Als die Rote Armee das Land besetzte. Kiel 1999.

[4] Letzte Tage in Ostpreußen. Erinnerungen an Flucht und Vertreibung. Hrsg. von Herbert Reinoß. Augsburg 1999.

[5] Die Vertreibung der deutschen Bevölkerung aus den Gebieten östlich der Oder-Neiße. Eine Dokumentation. Teil 1, Sonderausgabe Augsburg 1993.

desministerium für Vertriebene, Flüchtlinge und Kriegsgeschädigte angesiedelt". Der erstmalige Herausgeber[6] Schieder habe sich um eine wissenschaftliche Methode bemüht, er habe sich aber selten gegen das Ministerium durchsetzen können.[7]

Die Dokumentation wurde stark durch die Vereinigten Ostdeutschen
Landsmannschaften unterstützt. Ihre Aktivisten besorgten die Produktion
und Sammlung der Zeugenberichte. Die Kommission der Wissenschaftler
hatte, als der Ostpreußen-Teil entstand, keinen Einfluß.[8] Das Ministerium
hatte verlangt, die Berichte nach Möglichkeit „unter dem Gesichtspunkt
der ‚Unmenschlichkeit'" zu sammeln.[9] Mehr noch: „Das Ministerium hatte
[…] die Sammler entsprechend der Zahl der in einem Bericht enthaltenen
Fälle wie etwa Mord, Totschlag oder Vergewaltigung honoriert."[10] Mit diesem gründlichen Aufsatz ist der Ostpreußen-Teil der Dokumentation praktisch obsolet geworden und dürfte eigentlich gar nicht mehr als Quellen-
grundlage benutzt werden.

Im Jahre 2000 konnte ein Schlüsselwerk zum Kalten Krieg noch erklären:

Als ab 1944 die sowjetischen Truppen die ost- und mitteldeutschen Gebiete besetzten,
kam es zu ungeheuren Gewaltexzessen von Sowjetsoldaten gegen die Zivilbevölkerung,
die von der sowjetischen Führung geduldet wurden. Mit Raub, Mord oder Vergewalti-
gung sollten die Deutschen gedemütigt werden. Diese Übergriffe rührten nicht aus den alle
menschliche Maßstäbe brechenden Kriegszuständen und aus dem Racheverlangen der von
den Deutschen geschundenen Russen, sondern waren auch politisch geduldet und ge-
wollt.[11]

Zweimal verweist der Autor auf die Duldung durch die sowjetische Führung. Er schiebt noch nach, indem er behauptet, dies alles sei gewollt worden mit dem Ziel, die Deutschen zu demütigen. Mit solchen unbewiesenen
und nicht belegten Behauptungen kann heute ein Autor reüssieren.

---

[6] Beer, Mathias: Dokumentation der Vertreibung der Deutschen aus Ost-Mitteleuropa. In:
Vierteljahreshefte für Zeitgeschichte (1998), Heft 3, S. 346.
[7] A. a. O. S. 361.
[8] A. a. O. S. 371.
[9] A. a. O. S. 370.
[10] Ebenda, S. 371
[11] Neubert, Erhart: Politische Verbrechen in der DDR. In: Courtois, Stéphane u.a.: Das
Schwarzbuch des Kommunismus. Vierte Auflage München, Zürich 2000, S. 862.

Die Übergriffe und ihre Quellen

Die Übergriffe sowjetischer Soldaten gegen die deutsche Zivilbevölkerung während der Kampfhandlungen auf ostdeutschem Boden von Oktober 1944 bis Mai 1945 sind von der westdeutschen Historiographie umfassend aufgearbeitet worden.[12] In der DDR wurde die Thematik in der Belletristik berührt.[13] Damit befaßte Schriftsteller hatten Schwierigkeiten mit der SED.[14]

Historiker wie Schriftsteller suchten nach den Ursachen für das Verhalten der sowjetischen Soldaten. Die Quellenlage des Historikers war und ist heute noch eingeschränkt. Viele Quellen lagern unausgewertet in russischen Archiven. Der traditionelle westdeutsche Historiker verfügte über Beobachtungen der Wehrmacht, erbeutete sowjetische Flugblätter und Soldatenbriefe sowie die Berichte der Opfer. Als mögliche Ursachen gaben sie an: Befehle der Führung (J. W. Stalin), Aufrufe von Schriftstellern (Ilja Erenburg), Duldung durch die unteren militärischen Chargen, etwa seit den achtziger Jahren auch Rache für eigenes erlittenes Leid.

In der DDR wiederum war, wie in der Sowjetunion, behauptet worden, der Rotarmist sei „sich im Geiste des proletarischen Internationalismus seiner Befreierrolle gegenüber dem deutschen Volk" bewußt gewesen. Sowjetischen Historikern galt bis in die Jahre der Glasnost hinein ausschließlich das Denkmal im Treptower Park in Berlin als das Symbol für das Verhältnis der Rotarmisten zu den zivilen Deutschen.[15]

---

[12] Die Vertreibung der deutschen Bevölkerung aus den Gebieten östlich der Oder-Neiße. Eine Dokumentation. Teil 1, Sonderausgabe Augsburg 1993; Zayas, Alfred Maurice de: Die Anglo-Amerikaner und die Vertreibung der Deutschen. Sechste, erweiterte Auflage München 1981; Nawratil, Heinz: Vertreibungsverbrechen an Deutschen. Dritte, überarbeitete Auflage München 1984; Bundesarchiv: Vertreibung und Vertreibungsverbrechen 1945-1948, Bonn 1989.

[13] Wolf, Christa: Kindheitsmuster. Dritte Auflage Berlin und Weimar 1976; Heiduczek, Werner: Tod am Meer. Halle 1977; Hedda Zinner: Auf dem Roten Teppich. Berlin 1979; Strittmatter, Erwin: Der Wundertäter. Band 3. Berlin 1980; Nagel, Walli: Erinnerungen. Halle und Leipzig 1981; Girnus, Wilhelm: Aus den Papieren des Germain Tawordschus. Rostock 1982; Schulz-Semrau, Elisabeth: Suche nach Karalautschi. Halle und Leipzig 1984; Höntsch-Harendt, Ursula: Wir Flüchtlingskinder. Fünfte Auflage Halle und Leipzig 1985.

[14] Ein Gutteil des Buches von Strittmatter stellt diese Schwierigkeiten dar; Heiduczeks Buch erlebte deswegen keine zweite Auflage. Zu Strittmatter siehe auch Drommer, Günther: Erwin Strittmatter. Berlin 2000, S. 187f.

[15] Busin, Vladimir: My ne raby, Raby nemy (Wir sind keine Sklaven, Sklaven sind stumm.). In:

Heute herrscht in der Bundesrepublik Einmütigkeit, daß das Verhalten der Roten Armee nicht den Normen der Haager Landkriegsordnung entsprach. Die vollständige Enteignung von jedem persönlichen Besitz, die Verbringung in KZ-ähnliche Isolierungsräume, die langen Verhöre, die Morde, Vergewaltigungen und Deportationen: all das widersprach internationalem Recht.[16] Mit dem Moment des Auftauchens der sowjetischen Kampftrupps an einem beliebigen Punkt der Provinz veränderte sich der juristische Status der angetroffenen Deutschen. Aus Staatsbürgern des Deutschen Reiches wurden sie rechtlich um zweitausend Jahre zurück in die Sklaverei gestürzt.[17] Daher wurden in diesen Gebieten auch keine eigenen Vertretungskörperschaften oder Verwaltungsorgane gebildet. Einige Ansätze wie in Schlesien oder Stettin wurden schnell untersagt.

In Deutschland wird allerdings zu wenig reflektiert, daß Gewalt nicht nur gegen Deutsche ausgeübt wurde. Vergewaltigt wurden Frauen aller Länder, in denen die Rote Armee auftrat. Der Hinweis ist kein Trost, er dient aber der Versachlichung der Diskussion. So berichteten im Sommer 1945 die neuen polnischen Machtorgane aus einem ostpreußischen Kreis „massenhafte Vorfälle" nach Warschau. Deswegen kehrten polnische Ansiedler in ganzen Familienverbänden in ihre Heimatorte zurück. In einigen Gebieten erfaßte dieser „Abfluß" bis zu vierzig Prozent der Neusiedler.[18] Im November berichtete der Landrat von Deutsch Eylau, wo Einheiten der Roten Armee auf dem Heimtransport passierten, Gruppen sowjetischer Soldaten brächen „in die Wohnungen [...] ein, sie raubten deren Eigentum und vergewaltigten die dort angetroffenen Frauen, [...] Fakten der Ermordung von Leuten und die Vergewaltigung von Frauen auf dem Bahnhof [sind] seit einem Monat an der Tagesordnung.[19]

Voenno-istoričeskij žurnal (1989), Heft 12, S. 23.

[16] Siehe die Aufsätze polnischer Historiker und Publizisten in der Zweiwochenzeitung „Warmia i Mazury", Olsztyn 1986-1989. Beispiele aus dem Jahrgang 1989 in: Nr. 1, S. 4; Nr.2, S. 7; Nr. 3, S. 4, 7; Nr. 4, S. 4, 5, 13; Nr. 5, S. 4f; Nr. 6, S. 2, 4, 5; Nr. 7, S. 11; Nr. 9, S. 8, 12; Nr. 10, S. 8f; Nr. 13, S. 16; Nr. 11, S. 8f, 13; Nr. 12, S. 8-10, 16; Nr. 14, S. 8; Nr. 16, S. 4; Nr. 17, S. 9; Nr. 18, S. 8; Nr. 19, S. 8; Nr. 20, S. 1, 8f.

[17] Eine Beschreibung des Status ist bisher in den sowjetischen Dokumenten nicht gefunden worden. Die Schlußfolgerung ergibt sich zwanglos aus der entsprechenden Darstellung bei Luschnat (wie Anm. 2), S. 203f.

[18] Luschnat (wie Anm. 2), S. 61-72

[19] Kraft, Claudia: Trudne początki nowego społeczeństwa (Schwierige Anfänge einer neuen Gesellschaft). In: Komunikaty Mazursko-Warmińskie (1999), Heft 4, S. 537.

Im verbündeten Jugoslawien treffen wir auf analoge Vorgänge. Die Parteiführer um Tito beschwerten sich bei Stalin, die sowjetischen Truppen hinterließen einen so schlechten Eindruck, „daß die ganze jugoslawische Partisanenbewegung in Gefahr geriet, [...] in den Augen der Bevölkerung diskreditiert zu werden." [20] Selbst vor eigenen Staatsbürgerinnen schreckten die Rotarmisten nicht zurück. Aus deutscher Zwangsarbeit zurückkehrende Frauen und Mädchen waren in Schlesien in Arbeitslagern untergebracht worden. Sie wurden mitunter von ganzen Kompanien eigener Soldaten vergewaltigt.[21] Diese Verbreitung von Untaten verlangt nach anderen Erklärungen als sie die einschlägige deutsche Literatur gibt.

Da ist z. B. die bis hin zum Fernsehen kolportierte Aussage „Die Russen verkündeten, daß sie drei Tage mit den Deutschen tun dürften, was sie wollten."[22] So aus Königsberg berichtet von der Künstlerin E. Kalusche und dem Arzt Graf von Lehndorff, zwei ansonsten zuverlässigen Augenzeugen. Sie deuten damit an, daß den Übergriffen eine offizielle Erlaubnis zugrunde lag. Keinem Forscher, weder Beckherr/Dubatow[23] noch Gerhild Luschnat[24] noch dem Verfasser, ist bisher der geringste Nachweis für das Vorhandensein einer solchen Erlaubnis gelungen.

Alle in der Sowjetpresse für unseren Zeitraum veröffentlichten Materialien von grundsätzlicher politischer oder militärischer Bedeutung (z. B. Reden der Parteiführer) enthalten keine Aussagen über die deutsche Zivilbevölkerung.[25] Das trifft genauso zu für die Befehle der Armeegruppen[26], die vor großen Offensivhandlungen an die Truppe gingen.[27] Das gleiche Bild

---

[20] Oschlies, Wolf: Vom „Partisanen-Jugoslaventum" zum interethnischen Konflikt. In: Via regia (1995), Heft 6/7, S. 73.

[21] Knyschewski, Pawel N.: Moskaus Beute. München und Landsberg/Lech 1995, S. 29-31.

[22] Kalusche, E.: Unter dem Sowjetstern. Zweite Auflage München 1979, S. 21. Siehe auch Lehndorff, Hans Graf v.: Ostpreußisches Tagebuch. Zwölfte Auflage München 1981, S. 66.

[23] Beckherr, Eberhard, Alexej Dubatow: Die Königsberg-Papiere. München 1994.

[24] Luschnat (wie Anm. 2).

[25] Vgl. die Reden zur Oktoberrevolution bzw. zu Lenins Geburtstag, Stalins Befehle, Losungen des ZK der KPdSU, Tagesberichte des Sowjetischen Informationsbüros über die militärische Lage. Siehe Fisch, Bernhard: Zur Begegnung von Sowjetsoldaten mit deutschen Zivilisten in Ostpreußen. In: Geschichte Erziehung Politik (1991), Heft 4, S. 320f, und ders.: Zur politisch-ideologischen Vorbereitung des sowjetischen Soldaten auf die Begegnung mit der Zivilbevölkerung Ostpreußens (Oktober 1944-Mai 1945). In: Olsztyńskie Studia niemcoznawcze (1989), Heft 3, S. 323.

[26] russisch: Fronten.

[27] Aufruf des Kriegsrates der Dritten Weißrussischen Front bei Beginn des Angriffs auf Ost-

ergibt sich häufig in der Memoirenliteratur, z. B. bei den in Ostpreußen führenden Marschällen A. M. Vasilevskij und I. Ch. Bagramjan.[28] All das erweckt den Eindruck, es seien in Moskau keine Vorstellungen zum Verhältnis gegenüber der deutschen Zivilbevölkerung entwickelt worden.

Die Situation änderte sich nach Einsetzen der großen Januar-Offensive. Am 19. Januar soll J. V. Stalin in einem Befehl verlangt haben, „kein grobes Verhalten gegenüber der deutschen Zivilbevölkerung zuzulassen."[29] Die Quellenlage dazu ist zwar nicht umfassend, sie läßt aber Schwerpunkte erkennen. Am 22. Januar erschien der Befehl Nr. 6 an die Truppen der Zweiten Weißrussischen Front, unterschrieben von Rokossowskij. Er beschäftigt sich mit der Disziplin der Truppe in Ostpreußen.[30] Weitere Dokumente lassen darauf schließen, daß auch die Organe für politische Erziehungsarbeit und der Militärjustiz eingeschaltet wurden.[31] In ihren analytischen Teilen werden „Rauben, Plündern, Brandstiftung und Massen-Saufgelage" kritisiert, „selbst Offiziere verlieren infolge übermäßigen Alkoholgenusses ihre Truppe, begehen Eigenmächtigkeiten und sogar Plünderungen." Soldaten und Offiziere vernichteten „aus Unfug und Rüpelei wertvolle Güter" und brennen „einzelne Gebäude und ganze Dörfer" und damit ihre eigenen „Unterkünfte" nieder. Auf den Panzern stünden Weinfässer, Fahrzeuge für den Munitionsnachschub würden mit Hausrat, Lebensmitteln und Zivilkleidern beladen. Infolgedessen sei „in einer Reihe von Einheiten und Ver-

preußen, BA-MAF, RH 2-2681, Bl. 31; Tagesbefehl des Marschalls Shukow zum Beginn der Januar-Offensive, BA-MAF, RH 2-2681, Bl. 106; Befehl der Führung der Dritten Weißrussischen Front vor dem Angriff auf Königsberg, In: Šturm Kenigsberga. Kaliningrad 1960; Befehl der Führung der Dritten Weißrussischen Front nach der Kapitulation der deutschen Garnison von Königsberg. Flugblatt im Museum „Bunker des Generals Lasch", Raum 12, Kaliningrad.
[28] Vasilevskij, A.M.: Delo vsej žizni (Die Sache meines ganzen Lebens). Fünfte Auflage Moskau 1984, S. 400; Bagramjan, I. Ch.: Šturm Kenigsberga, podgotovka operacii (Die Erstürmung Königsbergs, Vorbereitung der Operation). In: Voenno-istoričeskij žurnal (1976), Heft 8, S. 56-64; ders.: Šturm Kenigsberga, chod boevych dejstvij (Die Erstürmung Königsbergs, Ablauf der Kampfhandlungen). In: Voenno-istoričeskij žurnal (1976), Heft 9, S. 46-57.
[29] Gretschko, A. A.: Die Befreiungsmission der Sowjetstreitkräfte im zweiten Weltkrieg. Berlin 1973, S. 437.
[30] Befehl an die Truppen der 2. Weißrussischen Front, Nr. 006, 22.01.1945, Inhalt: Förderung der Disziplin der Truppen der Front im Zusammenhang mit dem Angriff auf ostpreußischem Gebiet, BA-MAF, RH 2-2470, Bl.77.
[31] An den Kriegsstaatsanwalt der 194. S. D., Januar 1945, BA-MAF, B.Arch./Kelling, RH 2-2470, Bl.79; Polit.Abt.des VIII.Gde.Sch.Korps, 25.01.1945, Nr. 45, An die polit. Stellv. der Rgts.-Kdre., BA-MAF, RH 2-2470, Bl.59

bänden die Führung der Truppen verlorengegangen", es gebe ein „Nichtausführen von Befehlen", die Bewegungsfreiheit der Truppe sei eingeschränkt und bei Panzerverbänden die Durchbruchskraft herabgesetzt. Beim Nachschub nähmen „diese Gemeinheiten an Umfang zu".

Darüber hinaus hätten Soldaten „gegenüber Zivilisten, insonderheit gegenüber Frauen und Greisen, von der Waffe Gebrauch gemacht". Es träten „viele Fälle der Erschießung von Kriegsgefangenen [...] aus reinem Unfug" auf. Bemerkt wird, „in der Mehrzahl der Fälle sind die Täter Betrunkene". Sehr stark wurde gerügt, „die Kommandeure [...] schreiten gegen diese schändlichen Erscheinungen nicht ein". Und: der politische Apparat „war nicht in der Lage, das Plündern und Saufen zu verhindern". Die Kommandeure wurden durch die Befehle verpflichtet, diese „schädlichen Erscheinungen [...] mit glühendem Eisen auszumerzen. Für Plünderungen und Trunkenheit sind die Schuldigen zur Verantwortung zu ziehen und mit den höchsten Strafen bis zum Erschießen einschließlich zu ahnden [...] In kürzester Frist [ist] eine musterhafte Ordnung und eiserne Disziplin [...] herzustellen." Bei der 48. Armee wurde angeordnet: „Unverzüglich sind gegen böswillige Brandstifter und gegen Personen, die Güter und andere Wertsachen vernichten, ein bis zwei Schauprozesse durchzuführen. Die Urteile dieser Schauprozesse sind mit allen Wehrmachtsangehörigen[32] durchzusprechen."

Zugleich war den Soldaten „klarzumachen, daß das Abhalten eines Strafgerichtes über die Zivilbevölkerung bei der Roten Armee nicht üblich ist und daß es verbrecherisch ist, gegen Frauen und Greise mit Waffen vorzugehen." Die Soldaten des Feindes seien „im Kampf zu vernichten, und wer sich ergibt," sei gefangenzunehmen. Aber auch schon vorher gab es entsprechende Reaktionen, wie zwei Dokumente vom Herbst 1944 aus der Gegend von Goldap beweisen.[33]

Die innermilitärisch angeordneten Sanktionen wurden von der Presse begleitet. Besonders aktiv war die Zeitung des Volkskommissariats für Verteidigung, die „Krasnaja Zvezda". Schon im Dezember 1944 stellte sie fest,

---

[32] So in der deutschen Übersetzung des Textes, gemeint ist die Rote Armee.
[33] Führungs-Abteilung der 88. Rotbanner-Witebsker S. D., 23.10.1944, An die Kommandeure der Truppenteile und Einheitsführer der 88. S. D., BA-MAF, RH 2-2681, Bl. 23; Befehl an 88. Rotbanner-Witebsker S. D. v. 31.10.44, BA-MAF, B.Arch./Kelling RH 2-2681, ohne Blattangabe.

daß die unteren Offiziersgrade häufig die Forderungen des „Statuts der Roten Armee" nicht beachteten.[34] Im Februar 1945 behandelte sie das Thema in zwei Aufsätzen.[35] Da sind Sätze zu lesen wie „ ‚Auge um Auge, Zahn um Zahn' - sagten unsere Großväter, [...] Dasselbe sagen heute auch wir" und „jegliche Verletzung der militärischen Ordnung [schwächt] die Armee der Befreiung", aber auch „Unsere Rache ist nicht blind. Und unser Zorn ist nicht unvernünftig." In diesem Zusammenhang muß man darauf verweisen, daß auch die Rote Armee Strafgesetze besaß. So galten nach dem Gesetz vom 7. August 1932 als militärische Verbrechen im Kriege u.a.:
- verbrecherischer Umgang mit der Bevölkerung im Gebiet von Gefechtshandlungen,
- falscher Umgang mit Gefangenen,
- Verletzung der internationalen Abkommen, die das Rote Kreuz betreffen.[36]

Vor dem Herbstangriff 1944 auf Ostpreußen erschien ein spezieller Befehl des stellvertretenden Volkskommissars für Verteidigung. Inhalt war der „verschärfte Kampf gegen außerordentliche Vorkommnisse innerhalb der Truppe" sowie die „Hebung der Verantwortung der Einheitsführer für Ordnung und Disziplin".[37] Die Berichte der deutschen Betroffenen zeigen allerdings, daß der Wirkungsgrad dieser Befehle sich gegen Null hin bewegte.

Warum fand denn nun trotz aller Befehle und politischer Aufklärung das statt, was stattgefunden hat? Vielleicht hilft uns hier ein Hinweis von Maksim Gorkij, der wie kein anderer sein Rußland gekannt hat. Er schrieb 1918:

Wir Russen sind unserem Wesen nach Anarchisten. Wir sind eine grausame Bestie und in unseren Adern rollt noch immer das verbrecherische, böse Sklavenblut, das giftige Erbe der Tataren und der Leibeigenschaft. Das sündigste Volk der Erde — unempfindlich

---

[34] Ustavy-svod zakonov Krasnoj Armii (Die Statuten – das Gesetzbuch der Roten Armee). In: Krasnaja zvezda, 22.12.1944, S. 1.

[35] Krasnaja Armija v Germanii (Die Rote Armee in Deutschland). In: Krasnaja zvezda 1.2.1945, S. 1; Naše mščenie (Unsere Rache). In: Krasnaja zvezda 9.2.1945, S. 1.

[36] Krikunov, V. P.: Štrafniki (Strafsoldaten). In: Voenno-istoričeskij žurnal (1990), Heft 6, S. 59.

[37] Befehl des stellvertretenden Volkskommissars für Verteidigung, Nr. 213 vom 13.10.1944, Betr. Meldungsordnung für außerordentliche Vorkommnisse, BA-MAF, RH 2-2470, Bl. 24.

*für Gut und Böse, von Schnaps betrunken, vom Zynismus der Macht entstellt, scheuß-
lich grausam und zugleich unbegreiflich gutmütig.*[38]

Soldaten aus solch einem Volk kamen nach Mittel- und Südosteuropa! Die
Mehrheit von ihnen stellte die Bauernschaft. Diese hatte den Ersten Weltkrieg durchblutet, das innerstaatliche Abschlachten in Revolution und Bürgerkrieg erlitten. Sie erfuhr höchste Verluste während der Repressionen gegen die „Kulaken". Sie hatte den Druck der Getreidesuchtrupps und der
Kolchosgründung erduldet, danach waren Angehörige ihres Standes zu
Millionen verhungert. Ihre sowjetgläubigen Teile mußten sich 1937/38 die
heroischen Vorbilder aus der Gründerzeit aus dem Herzen reißen. Der Sta-
lin-Terror mag die Bauern der Gorkizeit nicht gerade veredelt haben.

Und nun kamen die deutschen Angreifer! Unter den 123.000 Männern,
die die Zweite Weißrussische Front vor dem Angriff als Ersatz erhalten
hatte, befanden sich 53.000 Einberufene aus Weißrußland, die bis zu drei
Jahre lang unter den Deutschen gelebt hatten.[39] Die meisten Soldaten hatten Angehörige im Kriege verloren, viele waren nach Deutschland zur
Zwangsarbeit verschleppt worden. Dörfer, Siedlungen und Städte, in denen
sie vor dem Kriege gewohnt hatten, waren verbrannt.[40] Es versteht sich,
daß sie nicht von der Milch der milden Denkungsart erfüllt waren. Zudem
hatten die Deutschen es nun geschafft, was Stalins Parteigenossen nur mit
größter Mühe und auch das nicht vollständig gelungen war: Politpropagan-
da und Realität des Bauernlebens waren bisher immer auseinandergeklafft.
Jetzt bildeten sie eine Einheit, und der Soldat identifizierte sich mit der
Ideologie in höherem Maße als bisher. Da zeigte die Haßpropaganda Wirkung. Ein Eigentor der Deutschen!

Ein überlebender Königsberger Jude, Michael Wieck, hat auf eine weitere Quelle des Hasses aufmerksam gemacht: die Fortführung des sinnlos
gewordenen Widerstandes durch die Wehrmacht. So macht er dem Kommandanten von Königsberg, General Lasch, einen entscheidenden Vor-

---

[38] So zitiert bei Wegner, Michael: Gorkis Vorwurf an die Bolschewiki. Mit Analphabeten ist
nichts zu machen. In: Neues Deutschland 27./28.9.1997, S. 13.
[39] Befehl des Volkskommissars für Verteidigung Nr.55 vom 23.2.42, In: Stalin, J. V.: Über den
Großen Vaterländischen Krieg der Sowjetunion. Berlin 1951, S. 98.
[40] Epišev, A.A.: Partijno-političeskaja rabota v vooružennych silach SSSR 1918-1973 gg. Istori-
českij očerk (Die parteipolitische Arbeit in den Streitkräften der UdSSR 1918-1973. Historischer Grundriß). Moskau 1974, S. 225.

wurf: Wenn es ihm „wirklich um die Zivilbevölkerung und um den Erhalt von Menschenleben gegangen wäre", hätte er „längst kapitulieren müssen." Die Ausschreitungen, die die Bevölkerung erleiden mußte, schreibt Wieck einem Haß zu, „der durch dieses ewige Kämpfen bis zum letzten Mann immer wieder aufs neue angestachelt wurde."[41] Er meint, „daß die Russen für eine rechtzeitige Kapitulation Zugeständnisse gemacht hätten."[42] Dafür sind die Vorgänge bei der Kapitulation der Truppen auf der Halbinsel Hela[43] und der Garnison von Greifswald[44] beredtes Zeugnis.

Natürlich kannte die Wehrmachtsführung die ungefähre Stärke der gegenüberliegenden Streitkräfte, natürlich konnte sie den Angriffstermin annähernd bestimmen. Sie mußte auch Vorstellungen vom möglichen Angriffstempo des Gegners haben. Schließlich lagen die Erfahrungen der Niederlagen seit Stalingrad vor. Die Generäle verfügten über ausreichend Mittel und Personal und konnten sich ein recht genaues Bild von der Lage auf der Gegenseite machen. Ein nüchtern denkender Militär mußte aufgrund der Erfahrungen spätestens seit dem Fiasko am Mittelabschnitt der Ostfront im Sommer 1944 mit raumgreifenden Offensiven der Roten Armee unter Einsatz gewaltiger Massen an Menschen und Material rechnen, die den eigenen Mitteln weit überlegen waren. Generalfeldmarschall v. Manstein hat bereits für Ende 1943 ein für die deutsche Seite völlig ungünstiges Kräfteverhältnis gezeichnet.[45]

Diejenigen, die die Rote Armee in das Land geholt hatten, waren die Generäle und Feldmarschälle der Wehrmacht. Sie hatten den Kampf weitergeführt und nicht im Interesse des Volkes die Kapitulation oder wenigstens die Neutralität nach dem Vorbild von Tauroggen 1812/13 vorgezogen – welches persönliche Risiko dies auch für jeden von ihnen bedeutet hätte.

Was wußte die Wehrmachtsführung? Welches Wissen wurde nach dem Kriege nicht genutzt? Da wurden z. B. aus den Protokollen von Vernehmungen der Kriegsgefangenen vom Herbst 1944 fast ausschließlich Aussagen zitiert, die zur Linie „Vernichtung der Deutschen" führte. Solche wie die folgende wurden fortgelassen: „Anläßlich des Betretens deutschen Bo-

---

[41] Wieck, Michael: Zeugnis vom Untergang Königsbergs. Heidelberg 1990, S. 218-219.
[42] A. a. O. S. 225.
[43] Dieckert, Kurt, Horst Großmann: Der Kampf um Ostpreußen. München 1960, S. 205.
[44] Petershagen, Rudolf: Gewissen in Aufruhr. 23. Auflage Berlin 1988, S. 69f.
[45] Lidell-Hart, B.H.: Die Rote Armee. Bonn 1956.

dens durch die Rote Armee wurde den Rotarmisten gesagt, der Westen sei Kulturland, daher müßte die Haltung jedes sowj[etischen] Soldaten dementsprechend sein. Vor allem sollte sich jeder vor Plünderung und Diebstahl hüten."[46] Der Rokossowski-Befehl vom Februar 1945 hätte an mindestens zwei Stellen gefunden werden können, in den Papieren der Heeresgruppe Weichsel[47] wie auch beim Oberkommando des Heeres, Bereich Fremde Heere Ost[48].

Im Bundesarchiv werden neunzehn Auszüge aus Vernehmungsniederschriften aufbewahrt.[49] Eine quantitative Auswertung nach 1. Verbot oder 2. Erlaubnis zum a) Plündern und b) Vergewaltigen, Erschießen, Drangsalieren ergibt folgendes Bild (wobei Mehrfachaussagen zu unterschiedlichen Sachverhalten nicht ausgeschlossen sind):

---

[46] Auszug aus Gef. Vern. AOK 16 v. 7.12.44, BA-MAF, B.Arch./Kelling RH 2-2681, ohne Blattangabe.

[47] Armee-Oberkommando, A.H.Qu. 01.02.1945, An Oberkommando Heeresgruppe Weichsel Abteilung Ic/A.O., BA-MAF, RH 2-2687, Bl. 61.

[48] Befehl an die Truppen der Zweiten Weißrussischen Front, Nr. 006, 22.01.1945, Inhalt: Förderung der Disziplin der Truppen der Front im Zusammenhang mit dem Angriff auf ostpreußischem Gebiet, BA-MAF, RH 2-2470, Bl. 77.

[49] Armeeoberkommando 2, KTB, I c / A.O., 1.11.44, Betr.: röm. 1 c-Tagesmeldung vom 31.10.1944, Überläufer-Aussage, Wash T 312, R 254, Bild-Nr. 7 810 963; Auszug aus Kriegsgefangenen-Vernehmung (IIb-Nr. 4254) 359. Infanteriedivision Ic, 6.10.1944, BA-MAF, B.Arch./Kelling, RH2-2681; Auszug aus Kriegsgefangenen-Vernehmung (IIb-Nr. (unleserlich))-FPO IIIa Az.6b vom 12.11.1944, a. a. O.; Auszug aus Kriegsgefangenen-Vernehmung (IIb-Nr.4332)-544.Gren.Div.Ic vom 22.10.1944, a. a. O.; Flugblatt „Wie sieht es in der Roten Armee aus?", BAK R55-1291, Bl. 31; Auszug aus Kriegsgefangenen-Vernehmungen (IIb-Nr.4049)-Lw Fühst Ic/F Lw Ost/Ausw St Ost-Nr.113/44 geheim vom 10.9.1944, BA-MAF, Arch./Kelling, RH2-2470, Bl. 110; Auszug aus Armeeoberkommando 2, Ic/AO., Nr.5193/44, geheim vom 4.12.1944, BA-MAF RH2-2681, Bl.47; BA-MAF, B.Arch./Kelling, RH2-2470, Bl.?; Oberkommando des Heeres, Generalstab des Heers/Abt Fremde Heere Ost (IIb), Az.: 73 c, Nr. 11 157/44 geheim, Kriegsgefangenen-Aussage Rotarmist Jaremtschuk, BA-MAF, RH2-2684, Bl. 22; Auszug aus „Feststellungen zur Feindlage (A/Ausw.111)"-Leitst.III Ost für Frontaufkl. Nr. 2012/45 geheim, Lage vom 9.2.1945, BA-MAF, RH2-2470, Bl. 64; Auszug aus „Wichtige Gefangenen-Aussagen", I/M vom 3.3.1945 a, BA-MAF, B. Arch./Kelling, RH2-2470, Bl.?; Auszug aus Kriegsgefangenen-Aussagen, 371.D., 1c., 4.2.1945, Ebenda; Auszug aus Kriegsgefangenen-Aussagen, Frontaufklärungskommando 103, 16.2.1945, Ebenda; Auszug aus Fremde Heere Ost, IIIg, Az. 6 b, Kriegsgefangenen-Nr.1291, 17.2.1945, Kriegsgefangenenvernehmung, BA-MAF, RH2-2470, Bl. 60; Auszug aus Gefangenenaussagen, Oberkommando Heeresgruppe Mitte, Ic Nr.767/45g, 6.2.1945, BA-MAF, RH2-2470, Bl.58; Auszug aus 208.Inf. Div., Ic, 11.3.1945, Gefangener Vernehmung Nr.30, a. a. O.

Aussagen kriegsgefangener Rotarmisten von Oktober 1944 bis März 1945

Monate:	X	XI	XII	I	II	III	
Verbote:	1	1	1	1	6	2	insgesamt 12
Erlaubnisse:	4	3	1	0	2	0	insgesamt 10

Erstens: Von Verboten wird ständig berichtet. Ihr Höhepunkt liegt im Februar 1945. Diese Hinweise werden von den meisten deutschen Autoren unterschlagen, beziehungsweise wird ihr höherer Anteil nicht genannt.

Zweitens: Die Erlaubnisse konzentrieren sich auf den Herbst 1944. Sie gehen danach auf praktisch auf Null zurück. Die deutschen Autoren zitierten meist diese Aussagen, ohne den offensichtlichen Rückgang zu berücksichtigen. Darüber hinaus finden sich verdichtete Aussagen aus größeren Gefangenengruppen, je eine von November und Februar. [50] In beiden scheinen die verhörenden Wehrmachtsoffiziere einen positiven Gesamteindruck bekommen zu haben, denn sie melden nur Verbote.[51] Auch diese Ergebnisse tauchen in der Nachkriegszeit nicht auf.

Außerdem kannte die Wehrmachtsführung alle oben bereits zitierten sowjetischen Befehle der Oktober- und der Januaroffensive. Im Apparat des Generals Gehlen gab es sogar Deutungsversuche. Sie sind durchweg sehr sachlich und zurückhaltend abgefaßt und unterscheiden sich wohltuend von dem, was mitunter nach dem Kriege vorgelegt worden ist. Man kann ganz allgemein sagen, daß große Teile der Nachkriegsgeschichtsschreibung hinsichtlich der Vorgehensweise und dem Streben nach Genauigkeit im Vergleich zu den Gehlen-Dokumenten abfallen.

---

[50] Einmal 50 Personen, einmal „mehrere".
[51] Hauptquartier, 1.11.1944, Goldap während der Zeit der Feindbesetzung. Reihen-Vernehmung von Kriegsgefangenen, die nach der Wiederbesetzung von Goldap in der Zeit vom 4. bis 8.11. dort gefangen genommen wurden, BA-MAF RH2-2681, Bl.17; Reichsministerium für Volksaufklärung und Propaganda, Abteilung Pro, 20.2.1945, Hauptreferat Ost, Ref. Wiebe, Herrn Staatssekretär, Betrifft: Verhalten sowjetischer Truppen im deutschen und (unleserlich), BAK, R55-1291, Bl. 3.

Symbolfall Nemmersdorf

Die nach 1945 angewendeten Methoden lassen sich am Beispiel des ostpreußischen Ortes Nemmersdorf sehr gut darstellen. Die Vorgänge an den
beiden Tagen im Oktober 1944 sind bekanntlich sehr genau erforscht
worden.[52]

1. Das Verhalten der Rotarmisten gegenüber der zurückgebliebenen Zivilbevölkerung.

a) Personengruppen

Eine Gruppe von vierzehn Personen hatte in einem Behelfsbunker Unterschlupf gesucht. Während deutscher Fliegerangriffe erschienen einige Rotarmisten, sie durchwühlten das Handgepäck, einer spielte mit den kleinen
Kindern. Gegen Abend wurden die Deutschen von einem anderen Offizier
aufgefordert, den Raum zu verlassen. Dabei wurden sie von Sowjetsoldaten
erschossen.[53] Ein gleiches Schicksal erlitt der Besitzer von Gut Schröders-
hof. Er wurde von seinem Treckwagen heruntergeholt und erschossen.[54]
Anders erging es Trecks aus den ostwärts gelegenen Dörfern Jodzuhnen
und Norgallen. Sie waren von den angreifenden Sowjets vor der Angerapp-
Brücke überholt worden. Sie wurden durchsucht und zurückgeschickt.
Russische Infanterie und Panzer marschierten an den Frauen, Kindern und
alten Leuten vorbei nach Nemmersdorf. Am Nachmittag konnten sie „mit
vielen anderen Flüchtlingen" abziehen. Es wiederholte sich eine Kontrolle
nach Waffen, Munition und Radios. Dann fuhr man nach Süden durch die
angreifenden Truppenmassen, wandte sich nach Westen und erreichte un-
besetztes Gebiet. Über Personenverluste enthalten die Berichte keine
Angaben.[55]

---

[52] Fisch, Bernhard: Nemmersdorf Oktober 1944. Berlin 1997.
[53] Gerda Meczulat, Bericht, KAGB; Dieselbe 18.3.1994, Gedächtnisprotokoll nach Telephongespräch, AF.
[54] Margot Grimm, BAK, Ost-Dok.2, Nr.13, Bl.49-50.
[55] Fragebogenbericht Jodzuhnen, BA-LAA, Ost-Dok I, Nr. 20, Gum 91 / 2265, Bl. 633, 635;
Fragebogenbericht Wiekmünde / Norgallen, BA-LAA, Ost-Dok I, Nr. 20, Gum 91 / 2265,
Bl. 639.

b) Einzelpersonen

- Der Malermeister Johannes Schewe befand sich im unteren Dorfteil, als die Rotarmisten in das Dorf eindrangen. Schewe ging durch die Angreifenden zu seinem Haus, von hier begab er sich auf den Weg zu einem Nachbardorf. Unterwegs hielt ihn ein Offizier an und ließ ihn ungeschoren abziehen.[56]
- Nicht ganz so glimpflich verlief das erste Treffen für die Gemeindeschwester Margarete Frommholz. Sie wurde mit Füßen getreten und schwer verletzt.[57]
- Marianne Stumpenhorst aus Teichhof und ihre Mutter wurden kurz vor Nemmersdorf von Infanterie überholt und nach Hause geschickt. Sie gingen zu Bekannten nach Tutteln.[58] Dessen Einwohner waren ebenfalls überholt worden.
- Unter den Fliehenden befand sich Charlotte Müller mit ihren Eltern. Die Sowjets untersuchten Personen und Gepäck. Wieder erfolgte der Befehl, nach Hause zurückzukehren. Später erscheinende Sowjetsoldaten holten die Deutschen aus der Wohnung, ihnen wurde mit Erschießung gedroht. Dabei wurde die Mutter von Fräulein Müller in den Arm geschossen. Die Leute mußten ihre Wertsachen abgeben. Dann mußten sie die Russen bewirten. Am Nachmittag verließen die Marodeure das Gehöft.[59]
- Am Folgetag erschienen bei Marianne Stumpenhorst Rotarmisten und suchten nach deutschen Soldaten, Waffen und Alkohol. Oft tauchten weitere Streifen auf. Es folgte ein Verhör durch einen Offizier, der u. a. versicherte, daß den Deutschen nichts geschehen werde. Als deutscher Artilleriebeschuß einsetzte, nahmen die Sowjets die Zivilisten in einen Unterstand mit. Sie sollten nicht zu Schaden kommen, wurde ihnen gesagt. Später wurde Marianne Stumpenhorst von einem Sowjetsoldaten weggeführt. Sie hatte den Eindruck, der Mann wollte sie vergewaltigen. Er ließ aber von ihr ab.[60]

---

[56] Tagebuch des Malermeisters Johann Schewe, Nemmersdorf, 1944-1948, KAGB.
[57] Zeitungsdienst Deutschlanddienst, 16.12.44 Auszeichnung für die Gemeindeschwester von Nemmersdorf, BAP, RMVP, 41, Bl. 49.
[58] Akten betreffend: Verletzung des Völkerrechts im Kriege mit Rußland, Gruppe Geheime Feldpolizei 718, O.U., den 25.10.1944, Feldpostnummer 38 527, Betr.: Ermittlungen in Nemmersdorf (etwa 12 km sw Gumbinnen), PA-AA, R 40 686 (im folgenden: Akten betreffend: Verletzung).
[59] Akten betreffend: Verletzung.
[60] Akten betreffend: Verletzung.

- Auch bei Charlotte Müller tauchten Sowjetsoldaten auf. Sie verlangten und erhielten zwei Gänse. Die Russen waren freundlich und bedankten sich mit Handschlag. Zwei weitere holten die junge Frau später unter dem Vorwand eines Verhörs in ein Zimmer und zwangen sie dort mit vorgehaltener Pistole zum Geschlechtsverkehr.[61]

Das Verhalten der Roten Armee in Nemmersdorf reicht von Unversehrtheit und Schutz der Dorfbevölkerung bis hin zu Vergewaltigung und Mord. In Widerspruch zum überlieferten Bild stellen wir fest, daß die große Mehrheit der Deutschen ohne Schaden davongekommen ist.

2. Die nationalsozialistische Propagandawelle

Von Montag, seit dem Abzug der Roten Armee, bis zum Mittwoch haben sich im Ort Vertreter der NSDAP und SS aufgehalten.[62] Sie tauchen bis auf den Bauernführer Fritz Feller und den Volkssturmmann Emil Radüns in der Literatur nicht auf. Radüns ging am Montag früh mit einem „Gebietskommissar Wurach" ins Dorf.[63] Dann traf der Kreisbauernführer ein.[64] Zumindest am Dienstag sah sich der Generalmajor und Beratende Chirurg der Waffen-SS, Professor Dr. Karl Gebhardt im Dorf um, Leibarzt von Heinrich Himmler.[65] Er „soll ärztliche Feststellungen getroffen haben".[66] Am gleichen Tag traf ein Funktionär aus der Gauleitung Ostpreußen ein, der Gaupropagandaleiter Märtins mit seinem Gauphotographen.[67]

---

[61] Akten betreffend: Verletzung.

[62] Radüns, Emil, Mitgliederkartei der NSDAP, BAL-BDC; Feller, Fritz, Mitgliederkartei der NSDAP, BAL-BDC; Gebhardt, Karl, Mitgliederkartei der NSDAP, BAL-BDC.

[63] Person und Amtsbezeichnung unklar.

[64] Fritz Feller nennt als Tag seiner Rückkehr den 22.10. Das ist offensichtlich falsch, da die sowjetischen Einheiten erst am 23. abgezogen waren; ich setze deswegen für den Beginn seines Aufenthaltes diesen Tag an.

[65] Siehe Bastian, Till: Furchtbare Ärzte. Medizinische Verbrechen im Dritten Reich. Zweite, unveränderte Auflage München 1996, S. 78; Komitee der Antifaschistischen Widerstandskämpfer der DDR (Hrsg.): SS im Einsatz. Eine Dokumentation über die Verbrechen der SS. Fünfte Auflage Berlin 1960, S. 368; Mitscherlich, Alexander, Mielke, Fred (Hrsg.): Medizin ohne Menschlichkeit. Frankfurt am Main 1995, S. 385; Segal, Lili: Die Hohenpriester der Vernichtung. Berlin 1991, S. 146f.

[66] Akten betreffend: Verletzung.

[67] Akten betreffend: Verletzung; hier: Mertins. Ich benutze die o.g. Namensform nach: Fernschreiben vom 10.11.1945 an Reichsministerium für Volksaufklärung und Propaganda: Abt. Propaganda: Unterschrift: Märtins: BAL, R55/2, Bl.105,

Am Mittwoch erschienen Beamte der Geheimen Feldpolizei vom Ober-kommando der Vierten Armee. Sie stießen auf Märtins, eine Kommission der Sicherheitspolizei Tilsit sowie Kriegsberichter der SS-Standarte „Kurt Eggers", dazu auf je einen Kriegsberichter von der Heeresgruppe und von der Luftwaffe.[68] Erst danach trafen ein Hauptmann Frick vom AOK 4, ein Kriegsgerichtsrat und ein Stabsarzt ein. Er untersuchte die gefundenen Lei-chen. Vergewaltigungen wurden bis auf einen Fall „ärztlicherseits nicht festgestellt."[69]

Die Bildberichter photographierten die Toten.[70] Dabei wurde deren Aus-sehen manipuliert. Es existieren Bilder, bei denen den weiblichen Toten, ohne Ausnahme, die Röcke nach oben verschoben waren, so daß die Un-terwäsche sichtbar ist, teilweise sind Schlüpfer bis auf die Unterschenkel herabgezogen. Auf anderen Bildern sind die Frauen normal bekleidet oder bedeckt. Hier hat eine Regie den Eindruck allgemeiner Vergewaltigung hervorrufen wollen.

Als der deutsche Propagandaminister Josef Goebbels von der Entdek-kung erfuhr, beschloß er: „Ich werde sie zum Anlaß einer großen Presse-aufklärung nehmen."[71] Er wies seinen Ministerialrat Dr. Eberhard Taubert an, eine öffentliche Veranstaltung dazu vorzubereiten. Taubert berief einen „Internationalen Ausschuß", ein „Forum von internationalem Ansehen". Dort saßen nur ausländische Sympathisanten des NS-Regimes.[72] Die aus Ostpreußen herbeizitierten Augenzeugen wurden von Taubert vor ihrem Auftritt bearbeitet.[73]

Auf der alltäglichen „Tagesparole des Reichspressechefs" empfingen die Chefredakteure der bedeutsamsten Zeitungen des Landes ihre „Anlei-

---

[68] Akten betreffend: Verletzung.
[69] Akten betreffend: Verletzung (wie Anm. 58).
[70] Bildarchiv Nemmersdorf, BAK.
[71] Die Tagebücher von Josef Goebbels. Teil II Diktate 1941-1945, Bd. 14, Oktober bis De-zember 1944. Hrsg. von Elke Fröhlich. München u.a. 1996, S. 110; Textteile in [ ] sind von der Herausgeberin rekonstruiert und ergänzt worden.
[72] BAK, R55-608, Bl. 29.
[73] Major Hinrichs, 1.11.1944, BA-MAF, RH2-2684, Bl. 7 und 8 (im folgenden: Hinrichs); Ak-ten betreffend: Verletzung (wie Anm. 58); Augenzeugen berichten aus Nemmersdorf – Wie Moskaus Henker toben. In: Völkischer Beobachter 2.11.1944, BAP, R61 Re1, Bd.7536, Bl. 148.

tung".[74] Mehrere Tage lang erhielten sie Materialien und die verbindliche Sprachregelung.[75] Fast zwei Wochen rollte die Pressekampagne durch Deutschland, vom „Völkische(n) Beobachter" bis hinunter zu den Gau- und örtlichen Blättern. Analog verhielt sich die Wehrmacht. Der Stab des Propaganda-Einsatzführers der Vierten Armee produzierte in der letzten Oktoberdekade 853.000 Exemplare des „Stoßtrupp", einer zwölfseitigen Wochenzeitung, und 160.000 Stück von „Front und Heimat" mit mehreren Aufsätzen zum Thema.[76] Informiert wurde auch das befreundete Ausland. Das „Spitzenblatt der norwegischen faschistischen Kollaborationspartei"[77], die führenden Zeitungen in Rom und Madrid berichteten.[78] Sogar ein Schweizer Blatt schaltete sich ein.[79]

Eine Zeugenaussage hat in den über sechzig Jahren seither die Qualität eines Axioms angenommen: der Bericht des Volkssturmoffiziers Karl Potrek. Seine Eckaussagen über sechs nackte, gekreuzigte Frauen, die Vergewaltigung aller Frauen, eine mit Spaten ermordete 84jährige blinde Greisin und das Fehlen von Männern unter den Toten haben einer kritischen Untersuchung nicht standgehalten.

Die Information über Gebhardt und andere stammt aus einem Dokument, das im Archiv des Auswärtigen Amtes liegt. Der am häufigsten über Nemmersdorf berichtende amerikanische Völkerrechtler Alfred Maurice de Zayas zitiert es nicht. Es ist unmöglich, daß er den mehrere Seiten langen Rapport nicht gesehen haben soll. Er hat den Aktenkomplex „Verletzung des Völkerrechts im Kriege mit Rußland" umfassend für seine Schrift über die Kriegsverbrechen an Deutschen genutzt.[80] Augenscheinlich paßte es

---

[74] Jugendlexikon Nationalsozialismus. Hrsg. von Hilde Kammer und Elisabeth Bartsch. Hamburg 1982, S. 156.

[75] Tagesparole des Reichspressechefs 26.10.44. BAL, ZSg. 109, Bd. 52, Bl. 44-45.

[76] Tätigkeitsbericht Propaganda-Einsatzführer bei AOK 4, 1.11.1944, NAW-Forest Village. T. 312, R. 254, Bild-Nr. 7.810.940.

[77] Norwegisches Widerstandsmuseum. Brief vom 9.2.1995. AF.

[78] Deutsches Nachrichtenbüro, 8.11.1944, BAL, ZSg. 116, Bd. 546, Nr. 313, S. 36-37.

[79] Courrier de Genève. Gegen den Genfer „Courrier" ist während des Krieges in der Schweizer Presse der Vorwurf aufgetaucht, „einer faschistischen Verschwörung anzugehören". Der Artikel „bewies, daß die [!] ‚Courrier' zugunsten von Deutschland war". Der Verdacht soll sich später als unberechtigt herausgestellt haben, er „zeige aber die damalige Tendenz dieser katholischen Zeitung". Auskunft Jean-Francois Fayet, Universität Genf, Geisteswissenschaftliche Fakultät, Abteilung Allgemeine Geschichte, Brief vom 24.1.1995. AF.

[80] Zayas, Alfred M. de: Die Wehrmachtsuntersuchungsstelle. Vierte, erweiterte Auflage Frankfurt am Main und Berlin 1984 (im folgenden: Zayas: Wehrmachtsuntersuchungsstelle).

nicht in die Grundtendenz seines Werkes. Auch alle Nachkriegszeugen haben die Anwesenheit einer geballten Gruppe von SS-Leuten vor Ankunft von Militärarzt und Militärrichter mit keinem einzigen Wort erwähnt. Über fünfzig Jahre brauchte es, bis eine kritische Wertung der Zeugenaussagen vorgelegt wurde.

Der Schriftsteller Ilja Erenburg

Der „deutsche" Komplex Erenburg setzt sich aus drei Sachverhalten zusammen:
a) dem Flugblatt „Töte!",
b) dem Flugblatt mit dem Stichwort „Rassenhochmut",
c) der Haßpropaganda in der Presse.

Die deutsche Ursachensuche setzte im Oktober 1944 im Oberkommando der Wehrmacht ein. Es wurden erbeutete Dokumente auf entsprechende Befehle durchsucht und Gefangene befragt[81], zugleich der Anteil von Presse, Rundfunk und Armeepropaganda diskutiert. Bis zur Kapitulation konnte man sich nicht zu einer eindeutigen Aussage durchringen. Aber man glaubte, einen bestimmten Beitrag des Schriftstellers Ilja Erenburg zu erkennen. In einer internen Analyse wird auf seine „hemmungslose Haßagitation" verwiesen.[82] Die NS-Presse dagegen griff ihn frühzeitig öffentlich an. Daraus wurde im Nachkriegsdeutschland eine Tradition. Man nannte ihn einen „Hetzer" [83] oder den „sowjetischen Julius Streicher"[84], auch bescheinigte man ihm „ein geniales Talent zum Schüren des Deutschenhasses"[85]. Sein Name und die Zuschreibungen ziehen sich wie ein roter Faden durch die Vielzahl der Deutungen. Der Angegriffene antwortete im No-

---

[81] Bericht des AOK 2, Verhalten der Roten Armee beim Betreten deutschen Bodens. BA-MAF, RH2-2681, Bl. 47; Quelle unleserlich: Verhalten sowjetischer Truppen im deutschen und (Rest unleserlich), BAK, R55-1291, Bl. 3.
[82] BA-MAF, RH2-2684, Bl. 104; BA-MAF, RH2-2685, Bl. 159.
[83] Zayas: Anglo-Amerikaner (wie Anm. 12), S. 86.
[84] Zayas, Alfred M. de: Anmerkungen zur Vertreibung der Deutschen aus dem Osten. Dritte, verbesserte Auflage Stuttgart u.a. 1993, S. 60 (im folgenden: Zayas, Anmerkungen).
[85] Nawratil: Vertreibungsverbrechen (wie Anm. 12), S. 99

vember 1944: „Die Rote Armee geht nicht nach Deutschland, um Frauen zu vergewaltigen."[86] Wir wissen, der Soldat hat es getan.

Neben seinen Zeitungsartikeln sollen es besonders zwei Flugblätter gewesen sein, die den Soldaten aufgereizt hätten: das Flugblatt mit dem Titel „Töte!" und eines ohne besonderen Titel; wir nennen es nach einem dort zitierten Stichwort „Rassenhochmut". Deutsche Autoren schreiben ihnen eine fast mystisch zu nennende Wirkung zu – mystisch vor allem deswegen, weil es unvorstellbar ist, welche Handlungen der Millionenmasse von in Uniform gesteckten Bauern zwei bedruckte Papierblättchen ausgelöst haben sollen. Die Politorgane der Roten Armee haben „mindestens 10.000 (zehntausend!) verschiedene Arten von Flugblättern zum Einsatz" gebracht.[87] Wie sollte der einfache Soldat da auf Einzelheiten reagieren.

a) Das Flugblatt „Töte!"

Der erste Autor, der das russische Original dieses Flugblattes zeigte, war der Amerikaner Alfred M. de Zayas. Das geschah 1977 in seinem Buch über die Rolle der Anglo-Amerikaner bei der Vertreibung der Deutschen[88] wie auch in späteren Auflagen. In den Folgejahren veröffentlichte er den russischen Text in einer weiteren Schrift.[89] Ebenso lieferte er die erste Übersetzung ins Deutsche.[90] Das Flugblatt wird als eine der Ursachen für die Übergriffe angegeben. Deutsche Autoren betrachten es als Beleg, „mit welchen Gefühlen der gemeine Rotarmist deutschen Boden betrat."[91] Häufig wird es so zitiert, daß der Leser es den beiden letzten Kriegsjahren zuschreiben muß. De Zayas: „Die Rote Armee war systematisch durch die Propaganda von Erenburg aufgehetzt worden. [...] [Er] putschte alle Begierden der Soldaten in seiner Haßpropaganda auf."[92] Zwei Autoren gar

---

[86] Erenburg, Il'ja: Vesna v Oktjabre (Frühling im Oktober). In: Krasnaja Zvezda 5.11.1944.

[87] Leser, Lothar: Psychologische Kriegführung gegen Deutschland im Zweiten Weltkrieg. In: Bücherschau der Weltkriegsbücherei (1958), Heft1-4, S. 17.

[88] Zayas: Anglo-Amerikaner (wie Anm. 12), Dokument 1 neben S. 96.

[89] Zayas: Wehrmachtsuntersuchungsstelle (wie Anm. 81), S. 434.

[90] Zayas: Anglo-Amerikaner (wie Anm. 12), S. 85.

[91] Grube, Frank, Richter, Gerhard: Flucht und Vertreibung – Deutschland zwischen 1944 und 1947. Hamburg 1980, S. 30.

[92] Zayas: Anglo-Amerikaner (wie Anm. 12), S. 84-85.

setzten es in den Oktober 1944. Nach ihrer Meinung entsprach Nemmersdorf „einer vorbedachten Richtlinie."[93]

Dabei stammt das Blatt gar nicht aus dieser Zeit. Das aufgedruckte Ausgabedatum ist 1942. In seinen englischen Titeln hat de Zayas das Datum, den 24. Juli 1942, gebracht.[94] Wo er das Dokument deutsch zitiert, ist dieses Datum unterschlagen. Das Flugblatt wurde in der Zeit der größten Belastungen der Roten Armee verbreitet. Die Wehrmacht entfaltete gerade erfolgreich ihre Offensive in die Hauptstoßrichtungen Stalingrad und Kaukasus.[95] Da gab es keine Verbrüderung, der deutsche Soldat war zu schlagen, mit allen Mitteln. Die Sprache der deutschen Propagandisten unterschied sich da in nichts. Auch ist ein psychologischer Aspekt zu berücksichtigen: kein Mensch kann im Ernst behaupten, daß eine Schrift, deren Verbreitung zwei Jahre zurückliegt, den Soldaten von 1944 und 1945 noch gegenwärtig ist.

b) Das Flugblatt „Rassenhochmut"

Der Zentralsatz des zweiten Flugblattes lautet „Brecht mit Gewalt den Rassenhochmut der germanischen Frauen! Nehmt sie als rechtmäßige Beute!" Autoren behaupten, der Text sei „bei gefallenen russischen Soldaten" als „Zettel gefunden" worden.[96] Oder: „Über drei Jahre lang versprach Ilja Erenburg offen und haßerfüllt den Rotarmisten als Beute die deutsche Frau."[97] Thorwald bringt für seine Behauptung keinen Beleg; in den Folgeauflagen hat er den Satz gestrichen. Das erste Zitat findet sich beim letzten Kommandanten der Festung Königsberg Otto Lasch[98] und bei Großadmiral Karl Dönitz[99]. Beide nennen keine Quelle. Eine Suche im Jahre 1959

---

[93] Schöning, Herta, Tautorat, Hans-Georg: Die ostpreußische Tragödie 1944/45. Leer 1985; ders.: Die ostpreußische Tragödie 1944/45. Hamburg 1980, S. 36.

[94] Zayas, Alfred M. de: Nemesis at Potsdam : The Anglo-Americans and the expulsion of the Germans. London, Henley, Boston 1977, neben S. 68.

[95] Redaktions-Kollegium: Der zweite Weltkrieg 1939-1945. Berlin 1985, S. 334.

[96] Schöning, Herta, Tautorat, Hans-Georg: Die ostpreußische Tragödie 1944/45, Leer 1985. Dieselben: Die ostpreußische Tragödie 1944/45, Hamburg 1980, S. 36.

[97] Thorwald, Jürgen: Es begann an der Weichsel - Das Ende an der Elbe. München 1977, S. 101; Ders.: Es begann an der Weichsel – Das Ende an der Elbe. Überarbeitete und ergänzte Auflage München 1995.

[98] Lasch, Otto: So fiel Königsberg. Stuttgart 1976, S. 138.

[99] Dönitz, Karl: 10 Jahre und 20 Tage, München 1980; ders.: Zehn Jahre und zwanzig Tage. Neunte Auflage Koblenz 1985.

führte zu der Vermutung, daß das Flugblatt höchstwahrscheinlich gar nicht existiert.[100] Lew Kopelev nennt es einen „Versuch der Goebbels-Kader, auf diese Art den Widerstandswillen der Wehrmacht zu stärken."[101]

c) Die Haßpropaganda in der Presse

Am 11. April 1945 druckte die „Krasnaja Zvezda" eine Korrespondenz von Ilja Erenburg unter dem Titel „Es reicht".[102] Darin finden sich Sätze wie: „Das Schlimmste, das wir den Deutschen antun können, wird zu gut für sie sein" und „Dafür werden wir Euch [die Deutschen, B.F.] hassen, bis an das Ende unserer Tage". „Auf Hinweis des ZK der KPdSU" [103] erschien erst am 14. April 1945 im Zentralorgan der KPdSU „Prawda" ein Essay unter dem Titel „Genosse Erenburg vereinfacht".[104] Der Autor wandte sich eindringlich gegen Erenburgs Auffassung, „alle Deutschen sind gleich" und „sie alle werden sich in gleichem Maße für die Verbrechen der Gefolgsleute Hitlers verantworten". Erstmals seit Oktober 1944 zitierte die „Prawda" den nach Kriegsende in der DDR berühmt gewordenen Ausspruch Stalins: „das deutsche Volk, der deutsche Staat bleibt." [105]

Erenburg wurde genannt, aber auch alle anderen Leitartikler und Korrespondenten hatten seit Anfang Oktober 1944 diese Linie vertreten, und niemand in der Führung hatte Einwände geäußert. Im Oktober 1944 gingen Sätze durch wie „Nach meiner Meinung gibt es gute Deutsche – wenn sie tot sind." [106] Oder: „Ich hoffe, daß die Soldaten in Aachen und in Ostpreußen der gleichen Meinung sind – Tod den Deutschen!" [107]

Jetzt, im April 1945, mußten die Beziehungen zwischen der Roten Armee und den zivilen Deutschen einen qualitativ neuen Charakter erhalten,

---

[100] BAK, Ost-Dok.10-2041.

[101] Brief Lew Kopelew an den Autor, 31.1.1995. AF.

[102] Erenburg, Il'ja: Chvatit (Es reicht). In: Krasnaja zvezda 11.4.1945.

[103] Semirjaga, M. I.: Vtoraja mirovaja vojna i proletarskij internacionalizm (Der Zweite Weltkrieg und der proletarische Internationalismus). Moskau 1962, S. 198.

[104] Aleksandrov, I.: Tovarisc Erenburg uproscaet (Genosse Erenburg vereinfacht). In: Pravda 14.4.1945, S. 2.

[105] Befehl des Volkskommissars für Verteidigung Nr. 55 vom 23.2.1942. In: Ders.: Über den Großen Vaterländischen Krieg der Sowjetunion. Berlin 1951, S. 50.

[106] Erenburg, Il'ja: Progulki po Friclandii (Spaziergänge im Fritzenland). In: Krasnaja zvezda 12.10.1944, S. 4.

[107] Erenburg, Il'ja: Govorjat sud'i (Die Richter sprechen), In: Krasnaja zvezda 15.10.1944, S. 4.

denn man kämpfte auf dem Boden der zukünftigen Sowjetischen Besatzungszone. Für den 16. April war die Offensive auf Berlin angesetzt. Die neue Qualität wurde in einer Direktive des Stabes von Stalin am 15. April gefordert. Der ganze Text liegt bislang nicht vor. Die in Monographien verstreuten Angaben betreffen die Bildung von deutschen Verwaltungen in Kreisen und Städten[108] oder auch die Forderung nach humanem Verhalten selbst „gegenüber den einfachen Mitgliedern der nationalsozialistischen Partei".[109]

Im Vorlauf erschienen am 5. April „Richtlinien des Politbüros des ZK der KPD für die Arbeit der deutschen Antifaschisten".[110] Mit den Gedanken dieser Materialien wurden sowohl die Angehörigen der Roten Armee[111] als auch der polnischen Armee[112] vertraut gemacht. Die Führung der Ersten Weißrussischen Front gab erstmals Aufklärungsmaterialien heraus: Aufrufe an die Soldaten, Merk- und Flugblätter. Zugleich fanden Lektionen für die Offiziere sowie Parteiversammlungen statt.[113] Es wurde also ein Komplex von Maßnahmen ausgelöst, die zum Ziel hatten, jegliche Haßpropaganda mit ihren Wirkungen abzuschalten. Dies hat nicht viel erreicht. In Berlin wurden zwischen Frühjahr und Herbst 1945 mehr als 110.000 Mädchen und Frauen vergewaltigt.[114] Erenburg war der berühmte Sack, der geklopft wurde. Gemeint war die neue Behandlung der Deutschen.

---

[108] Kollektiv: Partijno-političeskaja rabota v Sovetskich vooružennych silach v gody Velikoj Otečestvennoj vojny (Die parteipolitische Arbeit in den sowjetischen Streitkräften in den Jahren des Großen Vaterländischen Krieges). Moskau 1963, S. 505–507.
[109] Vo glave zaščity sovetskoj rodiny (An der Spitze bei der Verteidigung der Sowjetheimat). Hrsg. von P.R. Severdalkin. Moskau 1975, S. 319.
[110] Kollektiv: Um ein antifaschistisch-demokratisches Deutschland. Dokumente aus den Jahren 1945-49. Berlin 1968, S. 5.
[111] Aleksandrov, I.: Tovarišč Erenburg upročšaet (Genosse Erenburg vereinfacht). In: Krasnoarmejskaja Pravda 17.4.1945, S. 2.
[112] Mietkowska-Kaiser, I.: Zur brüderlichen Zusammenarbeit zwischen polnischen und deutschen Kommunisten und Antifaschisten nach dem Sieg über den deutschen Faschismus. In: Jahrbuch für Geschichte der sozialistischen Länder Europas 23/1 (1979), S. 49-50.
[113] Semirjaga, M.I.: Vtoraja mirovaja vojna i proletarskij internacionalizm (Der Zweite Weltkrieg und der proletarische Internatonalismus). Moskau 1962, S. 198.
[114] Quappe, Andreas: Berlins Frauen und alliierte Soldaten. In: Neues Deutschland 19.9.1995.

Der Hunger unter der Bevölkerung: der Fall Königsberg

Alle Berichte über die Lage der deutschen Zivilbevölkerung Königsbergs im Sommer 1945 sprechen von der völlig unzureichenden Versorgung mit Lebensmitteln[115], die die Hauptursache für den Tod von über 20.000 Menschen im Herbst und Winter 1945/46 gewesen seien. Als Ursache wird häufig genannt „Die vorgesetzten russischen Stellen schienen sich keine Gedanken darüber zu machen" oder „Es sah so aus, als wollten sich die Sowjets der Deutschen entledigen, indem sie sie einfach ihrem Schicksal überließen"[116] und „Die Russen wollten uns einfach verhungern lassen". Daß diese Bewertung so nicht zutrifft, hat erstmals Gerhild Luschnat angedeutet.[117] Der Blick aus der Sklavenperspektive und der fehlende Einblick in die inneren Vorgänge der Verwaltung wurden jahrzehntelang nicht überwunden.

Die im Staatlichen Archiv des Gebietes Königsberg lagernden Aktenbestände der sowjetischen Kommandantur widerlegen die oben genannten Urteile. Aus ihnen ergibt sich, daß die Kommandantur praktisch vom ersten Tag der Übernahme der Macht sich um die Lebensmittelversorgung der Bevölkerung kümmerte. In den Befehlen, die das Leben in der Stadt regelten, finden sich ständig Wendungen wie „Zur Versorgung der Garnison und der deutschen Bevölkerung", es gehe „um die Schaffung der notwendigen Vorräte auch für die deutsche Bevölkerung" usw. Konkret: Um den Monatswechsel April/Anfang Mai entstand ein ganzes System von Maßnahmen zum Gewinn von „zusätzlichen Verpflegungsreserven". Dazu gehörten eine Lebensmittelsammlung, eine Kartoffelaktion, die Gründung einer Fischfangflottille, die Bildung von „Hilfswirtschaften", Lebensmittelanforderungen an die übergeordneten militärischen Stäbe.

---

[115] Die folgenden Titel stellen nur eine Auswahl aus der Fülle des Materials dar: Beckherr, Eberhard, Dubatow, Alexej: Die Königsberg-Papiere. München 1994; Deichelmann, Hans (d. i. Hans Schubert): Ich sah Königsberg sterben. Aachen (1948); Fisch, Bernhard, Klemeschewa, Marina: Zum Schicksal der Deutschen in Königsberg 1945-48. In: Zeitschrift für Ostmitteleuropa-For-schung (1995), Heft 3, S. 391; Glinski, Gerhard von, Wörster, Peter: Königsberg – Die ostpreußische Hauptstadt in Geschichte und Gegenwart. Berlin-Bonn 1990; Rosin, Hildegard: Stunde Null und danach. Leer 1983.

[116] Beckherr, Dubatow: Königsberg-Papiere (wie Anm. 116), S. 131; Rosin: Stunde Null (wie Anm. 116), S. 64.

[117] Luschnat (wie Anm. 2), S. 12.

Alle diese Maßnahmen sollten in Zusammenarbeit mit der deutschen Bevölkerung erfolgen. „Dazu sind Brigaden aus der deutschen Bevölkerung zu bilden", aber nicht nur das, „aus ihnen sind die entsprechenden Leiter auszuwählen".[118] Hinweise auf Zusammenarbeit mit deutschen Spezialisten finden sich mehrfach.[119]

Rund um die Stadt reiften die Saaten aus der Herbstbestellung des Jahres 1944 heran. In Vorbereitung der Heu- und Getreideernte wurden den Stadtteilkommandanturen Getreide- und Wiesenflächen[120], außerdem Arbeitskräfte, meist gepreßte Deutsche[121], Zugmittel und andere Technik zugeteilt.[122] Es wurde ein umfangreiches System zum Ingangsetzen und Steuern der landwirtschaftlichen Produktion aufgebaut.

Den beiden Stadtkommandanten des Jahres 1945 war es ernst mit den von ihnen angewiesenen Maßnahmen. Ständig appellierten sie im Stil der KPdSU an das „politische Bewußtsein" ihrer Offiziere. Sie hielten ihnen vor, ihnen sei nicht bewußt, daß die angeordneten Maßnahmen gewissermaßen Doppelcharakter besäßen: sie seien zum einen erstrangige staatliche Aufgabe, zum anderen verfolgten sie die Schaffung einer Versorgungsbasis für die Stadt.[123] Ständig fielen Worte wie sparsam, geordnet, organisiert, sorgfältig, geplant, auch negative wie nachlässig, unnütz. Konkrete Produktionsergebnisse ließen sich bisher nicht feststellen. Urteilt man nach der Zahl der verhungerten Königsberger und der hungernden russischen Neusiedler, dann können sie nicht gut gewesen sein.

Unsere Feststellungen ändern nichts an der Tatsache, daß die Rotarmisten nach dem Oktober 1944 in Deutschland willkürlich plünderten, er-

---

[118] SAGK F.330, L.1, A.2, Bl. 9, 20.6.1945; An die Leiter der Gruppen des Wirtschaftsapparates. Spezialisten und Praktiker der Landwirtschaft aus der deutschen Bevölkerung auswählen. SAGK F. 330, L. 1, A. 3, Bl. 1.

[119] „Spezialist" im sowjetischen Russisch: Personen, die eine bestimmte Arbeit professionell ausführen können.

[120] Juni 1945 (Tag unleserlich), Befehl des MKen von SFK Nr. 15, SAGK F. 330, L. 1, A. 2, Bl. 12-14.

[121] SAGK F.330, L. 1, A. 2, Bl. 24-25; SAGK F. 330, L. 1, A. 7, Bl. 27; SAGK F.330, L. 1, A. 5, Bl. 64.

[122] SAGK F. 330, L. 1, A. 12, Bl. 106; SAGK F. 330, L. 1, A. 12, Bl. 57; Antonow, 11.10.1945: An die MKen der Stadtteile. SAGK F. 330, L. 1, A. 12, Bl. 76.

[123] Befehl des MK von SFK Nr. 40, 9.7.1945. Inhalt: Mahd und Getreideernte in den Stadtteilkommandanturen. SAGK F. 330, L. 1, A. 2, Bl. 24-25.

schossen und vergewaltigten. Daß das nicht allgemeines Gesetz des Handelns war, zeigen die Erlebnisse von Schewe und Stumpenhorst sowie der Trecks aus Norgallen und Jodzuhnen. Was trotzdem damals über Ostdeutschland kam, wurde, um mit Ralph Giordano zu sprechen, „zu einem der düstersten Kapitel in der Kriegsgeschichte der Menschheit – Orgien der Gewalt, darunter die wahrscheinlich größte Massenvergewaltigung aller Zeiten."[124] Aber – hier schließe ich mich Michael Wieck an: „In der Rückschau darf man Ursache und Wirkung nicht ständig verwechseln. Ich bedauere sehr, daß durch die unglaublichen Greultaten [...] viele Deutsche es nicht mehr für nötig hielten, über die eigene Schuld nachzudenken. [...] Die ‚Unfähigkeit zu trauern' ist die schlimmste Folge der fehlenden ehrlichen Auseinandersetzungen mit der Schuldfrage."[125]

Zur Auslösung der Flucht

Bis zum heutigen Tag verbreiten sowohl seriöse Medienberichte wie auch wissenschaftliche Abhandlungen immer die semantische Einheit „Flucht vor der Roten Armee". Ich wage es, die Richtigkeit auch dieses Terminus zu bezweifeln. Wenn ich etwas fürchte, dann ist Quelle der Furcht die eigene schmerzhafte Erfahrung oder die Information darüber durch andere. Es werden zwei Prozesse nicht ins Kalkül gezogen. Man darf davon ausgehen, daß erstens die Bereitschaft zur Flucht ganz wesentlich durch die NS-Propaganda über Nemmersdorf ausgelöst worden ist, daß zweitens in Ostpreußen seit dreihundert Jahren eine Erfahrung mit Armeen aus dem Osten vorlag, und diese war auch 1945 noch gegenwärtig. Schule und Konfirmationsunterricht hatten die Erinnerung an die Tataren 1656 wachgehalten. Die russische Armee war vor 1944 viermal in Ostpreußen eingedrungen. Während des Siebenjährigen Krieges hatte sie sich manierlich benommen, in der Napoleonzeit hatte sie die Provinz bewußt verwüstet, 1813 wurde sie emphatisch empfangen, und 1914 hatten die Eltern und Großeltern der heute noch lebenden Ostpreußen unmittelbar erlebt. 1807 flüchtete man in die Wälder, 1914 zur Weichsel. Und dabei hatte man damals keinen ideologischen Gegner, die Russen waren ja strenggläubige Christen.

---

[124] Giordano, Ralph: Glanz und Elend der Geschichte. In: Via regia (1995), Heft 6/7, S. 7.
[125] Wieck, Michael: Zeugnis vom Untergang Königsbergs. Heidelberg 1990, S. 225.

1944/45 wirkten als auslösendes Motiv m. E. sowohl historische Erfahrung wie auch NS-getränkte „Informationen"; sie mögen die Motivation verstärkt haben. Mir scheint, daß die Benutzung des Terminus „Flucht vor der Roten Armee" in seiner Absolutheit historisch unrichtig und zudem ideologisch verfärbt ist. An seiner Stelle schlage ich den ideologisch neutralen Ausdruck „Flucht vor der herannahenden Front" vor. Ich werde in dieser Position dadurch bestärkt, daß auch im Westen aus dem gleichen Motiv heraus Fluchtbewegungen stattgefunden haben.

Weiter möchte ich mich mit zwei Aspekten der Flucht beschäftigen: a) mit ihrem Sinn und b) mit ihren Opfern. Zum Sinn der Flucht. Meist gilt eine Aussage aus der bekannten Dokumentation „Die Vertreibung der deutschen Bevölkerung aus den Gebieten östlich der Oder-Neiße": es „hat sich doch später an der vielfältigen schrecklichen Erfahrung derjenigen, die zurückgeblieben waren oder denen die Flucht mißlang, eindeutig erwiesen, daß die Flucht im Rahmen des Gesamtschicksals der ostdeutschen Bevölkerung nach 1945 noch das geringste Übel war." [126]

Diese These muß kritisch erörtert werden. Unabhängig von der Frage nach der zu späten oder einer früheren Räumung ergab sich immer die Frage „Wohin?". Die Gesamtbevölkerung Ostpreußens und logischerweise auch die der weiter westlich gelegenen Provinzen in das „Reich" zu evakuieren, ist unter den damaligen Umständen unvorstellbar gewesen. Und: Bis wohin sollten die Menschen evakuiert werden, um der Kriegsfurie zu entgehen? So gut wie alle Flüchtlinge zu Lande wurden doch noch von der Roten Armee eingeholt. Von vier der bekanntesten Trecks ist nur einer in sozusagen sichere Gefilde gekommen, der des Fürsten zu Dohna-Schlobitten.[127] Von der Front überrollt wurden der Treck von Gräfin Dönhoff in Ostpreußen[128], der Gräfin Krockow in Pommern[129], ein Teil aus Nemmersdorf im Kreis Osterode/Ostpreußen, ein anderer bei Berlin[130].

---

[126] Die Vertreibung der deutschen Bevölkerung aus den Gebieten östlich der Oder-Neiße. Eine Dokumentation, Teil 1. Sonderausgabe Augsburg 1993, S. 26 E.

[127] Dohna-Schlobitten, Alexander Fürst zu: Erinnerungen eines alten Ostpreußen. Zweite Auflage Berlin 1999, S. 312-313.

[128] Schwarzer, Alice: Marion Dönhoff – Ein widerständiges Leben. Zweite Auflage Köln 1996, S. 147.

[129] Krockow, Christian Graf von: Die Stunde der Frauen. Vierte Auflage München 1993.

[130] Elisabeth Deichmann, Tonbandprotokoll vom März 1994. AF; Siegfried Seib, Gedächtnisprotokoll nach Telephongespräch vom 15.3.1994. AF; Lachauer, Ulla: Nemmersdorf, 21. Oktober 1944. In: Die Zeit 23.10.1992.

Personen, die einzeln oder im Familienverband unterwegs waren, trieb es weit umher. Für Nemmersdorfer z. B. waren Danzig[131], Aue in Sachsen[132], Treptow a. d. Rega (Pommern)[133] und Nürnberg[134] Endstationen. Drei von vier wurden also von der Roten Armee erreicht. Ein dokumentengestützter Gesamtüberblick über das Fluchtgeschehen fehlt aber immer noch. Wozu also die Ängste und Qualen der Flucht? Die genannte Dokumentation stellt eine Behauptung auf, unterlegt sie aber nicht statistisch. Es liegt bis jetzt keine und wenn auch nur exemplarische Abwägung vor, ob Bleiben besser gewesen wäre – einmal abgesehen davon, daß der ganze Krieg in Ostpreußen sinnlos war.

Zu den Opfern der Flucht. Die erste Personenzählung der polnischen Verwaltung im südlichen Ostpreußen vom Juli 1945 ergab 155.100 Deutsche.[135] Im Gebiet Königsberg befanden sich im Herbst nach Unterlagen der sowjetischen Gebietsverwaltung noch 140.114 Deutsche.[136] In der ganzen Provinz lebten im Herbst 1945 diesen Angaben zufolge noch 295.214 Deutsche. Das Statistische Bundesamt ging von 160.000 Zurückgebliebenen aus. Daraus berechnete es 299.200 Nachkriegsverluste und Vermißte. In Wirklichkeit lebten „zu Hause" 135.214 Menschen mehr. Um diese Größe muß die errechnete Verlustzahl verringert werden, d. h. die Verluste betragen „lediglich" 55 Prozent der errechneten Größe. Extrapoliert man das Ergebnis auf den Gesamtverlust aller Vertreibungsgebiete, dann ergibt sich eine Halbierung. Es versteht sich, daß hier eine differenzierte Rechnung mit eben solchen neuen Erkenntnissen für jedes einzelne Vertreibungsgebiet angestellt werden müßte. Darüber hinaus wären die Ergebnisse aus den obengenannten drei Etappen (Flucht, Front, Vertreibung) einzubinden.

Ein spezielles Problem stellen die Fluchtopfer auf See dar. Nach einer mündlichen Aussage von Heinz Schön, dem besten Kenner dieser Unter-

---

[131] Margot Grimm, BAK, Ost-Dok. 2, Nr. 13, Bl. 49-50.
[132] Eva-Maria Wolff, Brief vom 22.6.1992. AF.
[133] Martha Gindler, Gesprächsprotokoll vom Februar 1994. AF.
[134] Erna Jost geb. Eder, Tonbandprotokoll vom Juli 1994. AF.
[135] Kraft, Claudia: Trudne początki nowego społeczeństwa (Schwere Anfänge der neuen Gesellschaft). In: Komunikaty Mazursko-Warmińskie (1999), Heft 4, S. 537 [Anm.: Die Zahl beinhaltet auch die getrennt gezählten Masuren; Quellen sind Berichte der örtlichen Organe an unterschiedliche Regierungsstellen in Warschau].
[136] Fisch, Bernhard, Klemeschewa, Marina: Zum Schicksal der Deutschen in Königsberg 1945-1948. In: Zeitschrift für Ostmitteleuropa-Forschung (1995), Heft 3, S. 395.

nehmen, gegenüber dem Autor ergibt sich: Flüchtlingsschiffe existierten im internationalen Kriegsrecht nicht; es gab keine anerkannte Kennzeichnung, viele führten auch aktive Wehrmachtsangehörige mit sich und verstießen damit selbst gegen die Haager Landkriegsordnung. Die von einem sowjetischen U-Boot torpedierte „Wilhelm Gustloff" z. B. hatte etwa 6.000 Menschen an Bord, davon waren 1.291 Wehrmachtsangehörige (373 Nachrichtenhelferinnen, 918 Soldaten), dazu 173 Mann Besatzung.[137]

Zur Rolle von Erich Koch

In der deutschen Literatur wurde es üblich, die Schuld an dem Desaster dem Gauleiter der NSDAP Erich Koch in die Schuhe zu schieben. Ihm wurde vorgeworfen, „in verbrecherischer Weise für die späte Räumung der Provinz verantwortlich zu sein und damit unendliches Leid über die Bevölkerung gebracht zu haben."[138] Es geht hier nicht um die Person des Gauleiters. Seine Rolle in Ostpreußen, in Polen und der Ukraine steht hier nicht zur Diskussion. Es geht lediglich um seine Möglichkeiten zur Wirkung auf die Flucht der Bevölkerung.

Hier ist Kochs Stellvertreter Regierungspräsident a. D. Dr. Paul Hoffmann zu zitieren. Der stand jahrelang in Vertretung von Koch als Oberpräsident der staatlichen Verwaltung der Provinz vor. Sein Urteil: „Koch ist zweifellos als Reichsverteidigungskommissar für die Räumung verantwortlich zu machen, auch für die Art und Weise, wie sie erfolgte." Aber – er führte die „Befehle der obersten Reichsführung" aus. Außerdem hätte er auf das Geschehen kaum Einfluß nehmen können, da „die Entwicklung der Kriegslage entgegen der militärischen Lagebeurteilung so stürmisch verlief".[139] Hoffmann verweist 1949 noch auf den Anteil der Wehrmachtsführung. Quelle der „militärischen Lagebeurteilung" aber konnte nur die Heeresgruppe Mitte sein, „deren Stab [...] bis Dezember 1944 in Ortelsburg gelegen hatte und dann nach Allenstein übergesiedelt war".

---

[137] Schön, Heinz: Flucht über die Ostsee 1944/45 im Bild. Fünfte Auflage Stuttgart 1996, S. 109.
[138] Dr. Paul Hoffmann, Aussagen vor dem Extradition Tribunal in Hamburg am 8.11.1949 und in der Spruchgerichtssache gegen Erich Koch. Schreiben vom 30.9.49 an den öffentlichen Ankläger beim Spruchgericht Bielefeld, BAK, Ost-Dok.10-272.
[139] Ebenda.

Hierzu liegt seit Oktober 1945 der Bericht eines unverdächtigen Zeugen vor, des Landrats des Kreises Ortelsburg Victor von Poser, nach meiner Kenntnis bis heute nicht veröffentlicht. Von Poser stellt den Anteil der Wehrmacht an der Desinformation sehr kraß heraus. Ihre Führung habe entgegen der eigenen Kenntnis der Lage sowohl gegenüber der NSDAP als auch gegenüber den Staatsorganen einen ungerechtfertigten Optimismus verbreitet. [140]

Zum Widerstand der Wehrmacht und dem Seetransport

Unmittelbar zum 50. Jahrestag des 8. Mai 1945 ließ ein Vizepräsident des „Bundes der Vertriebenen" in seinem Zentralorgan den „Soldaten der Deutschen Wehrmacht" danken. Sie hätten „in den letzten Wochen des Krieges an der Ostfront trotz der greifbaren Niederlage heldenmütig gekämpft, um die Menschen [...] vor der Rache der Sieger zu bewahren." [141] Einem Augenzeugen der blutigen Verluste jener Zeit muß dieser Dank wie blanker Hohn vorkommen. Auf die Zahl der Soldaten, die damals von deutschen Erschießungskommandos ermordet worden sind, ist der Autor noch nicht gestoßen. Aber – im Oktober 1944 wurden in jeder Division des XXVI. Armeekorps ostwärts Gumbinnen sechs Soldaten „zur Erhaltung der militärischen Disziplin" erschossen.[142] Nicht wegen irgendwelcher Delikte, sondern einfach „zur Erhaltung der militärischen Disziplin". Auch ist die Geschichte des Kriegsgerichts der Heeresgruppe Mitte[143], zu Ende 1944 in Willenberg, Kreis Ortelsburg, stationiert, mit ihrer Erschießungsstätte in den Borkener Bergen wie auch die analoger Einrichtungen ebenfalls noch nicht geschrieben.

Außerdem haben sich Wehrmachtseinheiten nicht immer gar so ritterlich verhalten. Ja, man lud Flüchtende auf seine Fahrzeuge, so gut es ging. Die Memoiren der Generäle, die Divisions- und Regimentsgeschichten spre-

---

[140] Landrat des Kreises Ortelsburg Victor von Poser, Erlebnisbericht. BAK, Ost-Dok.2, Nr.30, Bl. 458.
[141] Gottberg, Wilhelm v.: Opfergang. In: Das Ostpreußenblatt 6.5.1995.
[142] Turner, Gerhard: Der Untergang meines Heimatkreises Schloßberg/Ostpreußen. o. O. 1984, S. 40.
[143] Die Zuordnung konnte noch nicht geklärt werden, vielleicht gehörte das Gericht auch zur Zweiten Armee.

chen übereinstimmend vom Schutz der Zivilbevölkerung. Die Dokumente in den Archiven und die Flüchtlingsberichte in den Kreisblättern schildern oft genug rücksichtsloses Verdrängen der Trecks von den Straßen. Liest man die Berichte über die tagelang zurückmarschierenden militärischen Einheiten, dann verführt einen das zu einer Hypothese, daß dem Anschein nach mehr Soldaten auf der Flucht waren als an der Front. Soldaten und Zivilisten flüchteten zudem meist in buntem Durcheinander. Wenn jemand daraus die Schlußfolgerung zöge, das Militär habe die Bevölkerung als Deckung mißbraucht, dann könnte man das verstehen. Auf jeden Fall hat das Feuer des Gegners dann auch die zivile Bevölkerung treffen müssen (siehe die „Wilhelm Gustloff").

Grundlegende Kritik am Verhalten der Wehrmacht ist aus dem Beginn der achtziger Jahre bekannt. Da wurde Offizieren und Generälen vorgeworfen, es sei „blinde Gehorsamspflicht" gewesen, die die meisten weiterkämpfen ließ.[144] Dieser Ansatz wurde 1998 auf der Jahrestagung des Deutschen Komitees für die Geschichte des Zweiten Weltkriegs vertieft. Danach hatte die Strategie der Verteidigung „jeden Meters deutschen Bodens" nichts mit der Absicherung des Abtransports der Zivilbevölkerung zu tun. „Die habe immer an letzter Stelle rangiert." Auch hier wurde auf die Verantwortung der dem Führer bedingungslos folgenden Wehrmachtsführung verwiesen.[145]

Und die Aktion der Marine? Sie war zweifellos ein großes logistisches Unternehmen. Aber war die Leistung bedeutsamer als alle anderen „großen" Aktionen der Wehrmacht? Stellten nicht auch die Transporte mit Juden in die Vernichtungslager nach Polen eine bedeutende logistische Leistung dar? Aus dem Einsatz der Marine ein Heldenepos zu machen, erscheint wenig angebracht. Sie wurde befohlen, und die Seeleute hielten Disziplin. Natürlich waren sie vom Unglück der Flüchtlinge ergriffen, wer wäre das nicht gewesen. Selbstverständlich halfen sie, wo sie nur konnten. Im übrigen verweise ich auf das über den Sinn der Flucht Gesagte. Abschließend ist festzuhalten: Trotz vieler Einzelarbeiten fehlt uns eine Ge-

---

[144] Poley, Harry: Bedauerliche wie unnötige Vergangenheitsbewältigung. In: Deutscher Ostdienst 1981, Heft 49, S. 15.
[145] Zitiert bei Menger, Manfred: „Untergang" als Erfahrung, Ideologie und Mythos. In: Bulletin (1998), Heft 12, S. 127-128.

samtschau über die Flucht, auf der Grundlage offizieller Dokumente, unter Einschluß der Vorgänge bei der Wehrmacht.

Die Ostpreußen als Opfer des Nationalsozialismus

Wer in den Publikationen der deutschen Ostpreußen Ausführungen über die NS-Zeit sucht, wird so gut wie nichts finden. Die Heimatblätter und -bücher sind voll unwahrscheinlichster Einzelheiten, die Jahre zwischen 1933 und 1945 scheinen gar nicht existiert zu haben. Und wenn das nicht zu umgehen war, dann folgten die Autoren dem allseits anerkannten Muster: Erich Koch war kein gebürtiger Ostpreuße. Ständig wird darauf verwiesen, der Mann stamme nicht „von hier", er sei „aus dem Reich" nach Königsberg geschickt worden. Alle anderen Landsleute seien, in unterschiedlicher Konsequenz zwar, aber letzten Endes doch antinazistisch eingestellt gewesen.

Das will heißen: Kein Ostpreuße hat sich schon vor 1933 dem Gauleiter aus dem Ruhrgebiet angedient oder des „Führers" Propagandareisen organisiert und beschützt. Kein Ostpreuße hat Mitglieder der Arbeiterparteien durch die Straßen gejagt und später in Konzentrationslager befördert. Kein Ostpreuße hat Synagogen in Brand gesetzt, die Geschäftslokale jüdischer Kaufleute und Handwerker „arisiert" und ihre Besitzer zum Schluß in Vernichtungslager spediert. Kein Ostpreuße hat Geld für den Krieg gesammelt und Pelze für die vor Moskau erfrierende Front. Kein Ostpreuße hat in den eroberten Nachbarstaaten als Bürgermeister oder Ortskommandant Gewalt gegen Balten und Slawen ausgeübt. Kein Ostpreuße auch hat an Raub- und Mordaktionen von Wehrmacht und SS gegen weißrussische Bauern teilgenommen. Eigentlich sind die Ostpreußen selbst Opfer der braunen Machthaber gewesen.

Liest man Lebensläufe in Verlautbarungen der Landsmannschaft, dann stellt man für diesen Zeitraum durchgängig eine auffallende Leere fest. NS-Funktionen werden verschwiegen und, wenn sich die Nennung nicht ignorieren läßt, dann nicht ohne den Zusatz „widerstrebend" oder „genutzt, um viel Gutes zu tun". Allenfalls wird auf die Tätigkeit in der Wehrmacht verwiesen. „Dienst in der Waffen-SS" wird mit „Dienst in einer Panzerdivision" geschönt.[146] Dabei hätten Forscher in den deutschen Archiven genügend aussagekräftige Dokumente finden können. Nach der Wende 1989 sprudeln sie noch kräftiger sowohl in Deutschland als auch in Polen.

Die Realitäten aber sind andere. Mir geht es um Bekenntnis und Buße danach. Alleine aus dem 1948 gebildeten Vorstand der Landsmannschaft Ostpreußen hatten mindestens zwei Mitglieder führende Funktionen im Terrorapparat der deutschen Besatzung ausgeübt. Carl Emil Gutzeit arbeitete während des Krieges in den eroberten polnischen Städten Ostrołęka und Łomża[147], Alfred Gille war 1941 bis 1944 Chef der Militärverwaltung, dann Gebietskommissar der Stadt Zaporoshje (Ukraine). Reichsminister Rosenberg persönlich hat ihn beim Ausscheiden aus seiner Funktion auf die Einhaltung des Amtsgeheimnisses aufmerksam gemacht.[148] Diese zwei und weitere drei andere waren Ex-Mitglieder der NSDAP: Hans Zerrath-Jäger (seit 1927)[149], Carl Emil Gutzeit (seit 1930)[150], Paul Noetzel[151] und Dr. Gert Wander (seit 1933)[152], lediglich Dr. Alfred Gille und Robert Parschau[153] hatten sich später, 1937, dazugesellt. Die übrigen fünf Mitglieder waren ohne NS-Mitgliedschaft.[154] Alfred Gille übte sogar vierzehn Jahre lang das Amt des Sprechers der Landsmannschaft aus.[155] In den Gremien der Heimatkreise war die Situation nicht anders. Man kann allgemein formulieren: Nach der Niederlage ersetzte die zweite Reihe der NS-Aktivisten ihre Kreisleiter und deren Stab. Niemand aus diesem Kreis hat je ein Wort über ihr NS-Werk verlauten lassen. War es, nachdem die NSDAP uns in Tod, Vergewaltigung und Elend geritten hatte, wirklich notwendig, daß ihre Mitglieder danach auch noch ohne Scham und ohne Bekenntnis zur Führung ihrer Leidensgefährten in der Landsmannschaft antraten?

---

[146] z. B. Paul Heinacher.

[147] Gutzeit, Carl Emil, Mitgliederkartei der NSDAP, BAL-BDC.

[148] Gille, Alfred, Mitgliederkartei der NSDAP, BAL-BDC; Dr. Gille, Alfred, geb. 15.9.1901 (Personalakte). BAL, RIM; Gau Ostpreußen, Diverses, Liste 1, Schreiben der Gauleitung Ostpreußen, vom 16.5.1935, BAL-BDC-Research.

[149] Zerrath, Hans, Mitgliederkartei der NSDAP, BAL-BDC.

[150] Mitgliedsnummer 338.837.

[151] Noetzel, Paul, Mitgliederkartei der NSDAP, BAL-BDC.

[152] Wander, Gert, Mitgliederkartei der NSDAP, BAL-BDC.

[153] Parschau, Robert, Mitgliederkartei der NSDAP, BAL-BDC.

[154] Robert Holzmann, Walter Kaiser, Dr. Ottmar Schreiber, Otto Skibowski, Dr. Wunderlich.

[155] Landsmannschaft Ostpreußen 1949-1988. Hrsg. von Friedrich-Karl Milthaler. Leer 1988, S. 43.

Bernhard Fisch

Zusammenfassung

Die deutsche Nachkriegsgeschichtsschreibung zu unseren Fragen ist häufig Trugbildern erlegen. Zitieren ohne sorgfältige Quellenanalyse, Übersehen vieler Quellen, gewaltsames Verbinden nicht kompatibler Erscheinungen, unkritisches Verallgemeinern – all dies geschieht so häufig, daß Absicht durchscheint. Der Weg, die Ursachen für das Verhalten der Rotarmisten zu personalisieren und/oder dem System anzulasten, hat sich als fehlerhaft erwiesen. Eher wird ihr Verhalten aus der inneren Situation der Rotarmisten und der Roten Armee begreifbar – aus den von den Deutschen zu verantwortenden Einzelschicksalen während des Krieges und aus den Pressionen unter Stalin in den Jahren zuvor. Niemand hat gefragt, wie sich das Schicksal der Zivilbevölkerung dargestellt hätte, wenn die Wehrmacht vor Eindringen der Roten Armee in deutsches Territorium kapituliert hätte.[156]

All diese Mängel waren nicht zufällig, sie waren gewollt – Resultat des Kalten Krieges, der im Kampf gegen den ideologischen Gegner derlei Mittel rechtfertigte.

Zweifellos hat die Geschichtswissenschaft hier noch nicht das letzte Wort gesprochen. Junge Wissenschaftler sind herangewachsen, die ein sachlicheres Verhältnis zu den Vorgängen besitzen. Die Quellenlage hat sich bedeutend verbessert. Die klassischen Dokumente des Bundesarchivs müssen neu gelesen werden; sie sind noch für manche Überraschung gut. Wir besitzen heute eine Fülle von durchaus sachlichen Einzeldarstellungen, vor allem in den neuesten Vertriebenenperiodika. Wir verfügen über eine Vielzahl von Erlebnisberichten in den Kreisheimatarchiven. Neue Forschungsarbeiten in Ostmitteleuropa kommen hinzu. All das wird uns helfen, zu genaueren und wirklichkeitsgetreuen Erkenntnissen zu kommen.

*

Dokumentensammlungen: AF Privatarchiv Fisch; BAP Bundesarchiv Potsdam; BAK Bundesarchiv Koblenz; BAL-BDC Bundesarchiv Berlin-Lichterfelde – Berlin Document Center; BA-MAF Bundesarchiv Militärarchiv Freiburg; KAGB Kreisarchiv Gumbinnen in Bielefeld; NAW-Forest Village National Archives Washington, Filiale in Forest Village; PA-AA Politisches Archiv des Auswärtigen Amtes.

---

[156] Siehe die positiven Ergebnisse der Kapitulation auf der Halbinsel Hela und in Greifswald; für Hela dargestellt bei Dieckert, Horst, Großmann, Kurt: Der Kampf um Ostpreußen. München 1960, S. 204 – 205.

„Jugendzeit in Ostpreußen"
Ein oral-history-Projekt

Cezary Bazydło

Das Projekt „Jugendzeit in Ostpreußen" dokumentiert das Alltagsleben im Dritten Reich am Beispiel Ostpreußens. „Ich war stolz, ein Deutscher zu sein" – ein Zeitzeuge spricht aus, was damals viele dachten. Heute werden solche Sätze oft mißverstanden. Private Erinnerungen können dem abhelfen. Wegen ihrer Subjektivität sind sie zwar keine vollwertigen historischen Quellen, sie geben aber Einblick in die Denkweise der Menschen von damals, sie machen uns mit der Atmosphäre vergangener Zeiten vertraut und helfen, sie besser zu verstehen. Im englischsprachigen Raum bezeichnet man diese Methode als „oral history" – „erzählte Geschichte". Der sachliche und trockene Bericht, wie man ihn aus Lehrbüchern kennt, weicht hier der Erzählung von Menschen aus Fleisch und Blut, die die politischen und wirtschaftlichen Gegebenheiten einer bestimmten Zeit aus eigener Anschauung kennen. So wird Geschichte nicht nur verständlicher, sondern auch spannender.

Ziel des Projekts ist nicht eine Sammlung von möglichst vielen, sondern von möglichst vielseitigen Erinnerungen. Mein Interesse gilt dabei dem Alltagsleben im Dritten Reich, wie es sich in persönlichen Erlebnissen widerspiegelt, wobei auch die Empfindungen und Gedanken der damals lebenden Menschen nicht zu kurz kommen. Ein weiterer Schwerpunkt ist der biografische Bruch, den Krieg und Vertreibung verursacht haben. Die ersten Ergebnisse meiner Arbeit sind bereits im Internet zugänglich (www.jugendzeit-ostpreussen.de). Die besten Beiträge sollen in Zukunft in Buchform erscheinen – ins Polnische übersetzt und durch Hintergrundartikel ergänzt, die die persönlichen Schilderungen der Zeitzeugen in einen größeren historischen Zusammenhang einordnen. Dabei denke ich sowohl an regionalspezifische Themen wie die Januar-Offensive der Roten Armee in Ostpreußen als auch an überregionale Themen der jüngeren deutschen Geschichte, die dem polnischen Publikum weniger vertraut sein dürften – zum Beispiel Ziele und Organisation der Hitlerjugend.

Abschließend möchte ich kurz meine Beweggründe schildern. Am Anfang meiner Arbeit war es vor allem ausschlaggebend, daß es kurz nach der politischen Wende in Polen noch wenig glaubwürdige Literatur zur deutschen Geschichte Ostpreußens gab. Die bis zur Wende betriebene Propaganda der „wiedergewonnenen Gebiete" hatte zu starken Verzerrungen bei der Darstellung der ethnischen Verhältnisse in Ostpreußen geführt – zumindest in den populären und allgemein zugänglichen Geschichtsschilderungen. Vor 1990 sprach man in Polen im nicht-wissenschaftlichen Kontext kaum von Ostpreußen, sondern von „Ermland und Masuren". Damit war der jetzige polnische Teil dieser Provinz gemeint, auch wenn er mit den historischen Grenzen nicht in Deckung zu bringen war. Der offiziellen Propaganda zufolge waren es Gebiete, deren überwiegend polnische Bevölkerung durch die Germanisierungspolitik des preußischen Staates ihre Wurzeln und ihre Sprache vergessen hatte. Erst die politische Wende setzte dieser Geschichtsverfälschung ein Ende. Es entstand ein reges Interesse an der deutschen Vergangenheit Ostpreußens – davon zeugen zahlreiche Bücher und Artikel, die zu diesem Thema erschienen sind.

Ich habe meine Arbeit aber zu einer Zeit angefangen, als es in Polen nur wenige verläßliche Publikationen zu diesem Thema gab. Deshalb habe ich mich entschlossen, selbst Menschen zu finden, die mir über ihr Leben in Ostpreußen etwas erzählen können. Da das Ende des Zweiten Weltkrieges bereits mehrere Jahrzehnte zurück lag, war es mir klar, daß ich meine Informanten unter der damaligen Jugend suchen muß.

Mit der Zeit kam ein weiteres Anliegen hinzu, das inzwischen im Vordergrund steht: Ich möchte die deutsche Vergangenheit Ostpreußens meinen Landsleuten näher bringen und so zur besseren Verständigung zwischen Deutschen und Polen beitragen. Ich bin überzeugt, daß eine gründliche Aufarbeitung der gemeinsamen Geschichte dazu unbedingt erforderlich ist. Wichtig ist mir dabei, daß diese Vergangenheitsbewältigung auf Wahrheit beruht. Das heißt, daß die unrühmlichen und schmerzhaften Episoden der Geschichte nicht ausgespart werden dürfen – welche Seite auch immer „gesündigt" hat.

Zu den Autoren

ARŪNĖ LIUCIJA ARBUŠAUSKAITĖ, Dr. phil., geboren 1942 in Kaunas, Litauen. Studium der klassischen Philologie, Philosophie und Soziologie in Vilnius. Lehrtätigkeit in Kaunas und Klaipėda, seit 1991 Ass. Prof. an der Sozialwissenschaftlichen Fakultät der Universität Klaipėda, außerdem Lehrauftrag am Klaipėda Business College. Veröffentlichungen u. a.: Lietuvos optantai: klaipėdiškiai, 1939 [Die litauischen Optanten im Memelgebiet 1939]. Klaipėda 2001; Gyventoju mainai tarp Lietuvos ir Vokietijos pagal 1941 m. sausio mėn. 10 d. Sutartį [Der Bevölkerungsaustausch zwischen Litauen und Deutschland gemäß dem Vertrag vom 10. Januar 1941]. Klaipėda 2002; Soviet Occupation of former East Prussia: Königsberg-Kaliningrad and Klaipėda. In: The Baltic Countries Under Occupation, Soviet and Nazi Rule 1939-1991. Hrsg. von Anu Mai Koll. Stockholm 2003, S. 17-49.

CEZARY BAZYDŁO, geboren 1979 in Biskupiec (Bischofsburg). 2000-2005 Studium der Sprachwissenschaft und Literatur an der Universität Konstanz.

MARTIN BERGAU, geboren 1928 in Sorgenau. Im Januar 1945 Augenzeuge des größten NS-Massakers an jüdischen KZ-Häftlingen in Ostpreußen. Nach Verlust seiner ostpreußischen Heimat und drei Jahren sowjetischer Gefangenschaft als technischer Angestellter in Baden-Württemberg tätig. Veröffentlichungen: Der Junge von der Bernsteinküste. Erlebte Zeitgeschichte 1938-1945. Heidelberg 1994; Todesmarsch zur Bernsteinküste. Das Massaker an Juden im ostpreußischen Palmnicken im Januar 1945. Zeitzeugen erinnern sich. Heidelberg 2006.

BERNHARD FISCH, Dr. phil., geboren 1926 in Willenberg/Ostpreußen. Nach Kriegsgefangenschaft Studium und Promotion an der Universität Leipzig. Russischlehrer und -dozent sowie wissenschaftlicher Mitarbeiter für Lehrerweiterbildung in Thüringen. Seit Mitte der 1970er Jahre Forschungen zur ostpreußischen Geschichte. Veröffentlichungen u.a. Nemmersdorf Oktober 1944. Berlin 1997; Wir brauchen einen langen Atem. Die deutschen Vertriebenen 1990-1999. Jena 2001; Die Striche des Josef

W. Stalin. Vom Anteil der Kommunisten an der Vertreibung der Deutschen aus Ostmitteleuropa. Berlin 2005.

BOHDAN KOZIEŁŁO-POKLEWSKI, Prof. Dr. phil. habil., geboren 1934 in Stołpce, Woiwodschaft Nowogródek. Studium der Geschichte an der Katholischen Universität Lublin. 1955-1969 Journalist in Allenstein/Olsztyn. 1969-1992 wissenschaftlicher Mitarbeiter am Masurischen Institut und am Wojciech-Kętrzyński-Forschungszentrum Allenstein. 1974 Promotion in Breslau/Wrocław zur Geschichte der ausländischen Zwangsarbeiter in Ostpreußen, 1996 Habilitation mit einer Arbeit zur Geschichte der NSDAP in Ostpreußen. 1996-2002 Professor am Institut für Politikwissenschaften der Pädagogischen Hochschule Allenstein. Verstorben 2002. Zahlreiche Veröffentlichungen zur Zeitgeschichte Ostpreußens, u.a. Zagraniczni robotnicy przymusowi w Prusach Wschodnich w latach II wojny światowej. Warszawa 1977; Narodowosocjalistyczna Niemiecka Partia Robotnicza w Prusach Wschodnich 1921-1933. Olsztyn 1995.

RUTH LEISEROWITZ, Dr. phil., geboren 1958 in Prenzlau. 1989-1996 Studium der Neueren und Neuesten Geschichte, Mittelalterlichen Geschichte und Polonistik an der Humboldt-Universität Berlin und der Staatlichen Universität Vilnius. 1997 Promotion an der Humboldt-Universität Berlin. Von 1996 bis 1999 wissenschaftliche Mitarbeiterin des Thomas-Mann-Kulturzentrums in Nida (Litauen) und von 1997 bis 2000 Bosch-Lektorin an der Universität Klaipėda. 2001 bis 2003 wissenschaftliche Mitarbeiterin am Lehrstuhl für Neuere und Neueste Geschichte der Humboldt-Universität Berlin. Seit 2005 wissenschaftliche Mitarbeiterin am Institut für Geschichte und Archäologie der baltischen Region der Universität Klaipėda und am Berliner Kolleg für Vergleichende Geschichte Europas der FU Berlin. Koordinatorin des DFG-Projektes „Nations, Borders, Identities. The Revolutionary and Napoleonic Wars in European Experiences and Memories". 2006 Abschluß der Habilitationsschrift: Grenzerfahrungen. Jüdische Perspektiven einer preußischen Peripherie. Ausgewählte Veröffentlichungen (unter dem Namen Ruth Kibelka): Wolfskinder. Grenzgänger an der Memel. Berlin 1996, 4. Auflage 2003; Ostpreußens Schicksalsjahre 1944-1948. Berlin 2000; Memellandbuch. Fünf Jahrzehnte Nachkriegsgeschichte. Berlin 2002.

RALF MEINDL, geboren 1971 in Speyer. Studium der Geschichte, Politikwissenschaft, Soziologie und Philosophie an der Albert-Ludwigs-Universität Freiburg. 2006 Promotion. Lehrtätigkeit am Historischen Seminar der Universität Freiburg. Veröffentlichungen u.a. Ostpreußens Gauleiter. Erich Koch – eine politische Biographie (erscheint 2007).

UWE NEUMÄRKER, geboren 1970 in Berlin-Mitte. Studium der Slawistik, Germanistik und Geschichte in Berlin und Moskau. 1997/98 Mitarbeit im Ch. Links Verlag, Berlin, in den Bereichen Konzeption, Lektorat sowie Öffentlichkeitsarbeit. 2000-2001 Kulturmanager des Instituts für Auslandsbeziehungen Stuttgart für die deutsche Minderheit im Memelland (Litauen). Seit März 2002 wissenschaftlicher Mitarbeiter der Stiftung Denkmal für die ermordeten Juden Europas in Berlin, ab 2003 auch für deren Presse- und Öffentlichkeitsarbeit zuständig. Geschäftsführer der Stiftung seit September 2005. Veröffentlichungen u.a. Wolfsschanze. Hitlers Machtzentrale im Zweiten Weltkrieg. Berlin 1999.

CHRISTIAN PLETZING, Dr. phil., geboren 1969 in Münster. Studium der Neueren und Neuesten Geschichte, Mittelalterlichen Geschichte und Politikwissenschaft in Münster und an der Humboldt-Universität Berlin. 1996-1999 Promotionsstipendiat des Deutschen Historischen Instituts Warschau und der Humboldt-Universität Berlin, 1996/97 Forschungsaufenthalt in Polen, 2002 Promotion. 2000-2003 Studienleiter an der Ostsee-Akademie Travemünde und der Academia Baltica, seit 2004 Leiter der Academia Baltica in Lübeck. Veröffentlichungen u.a. Vom Völkerfrühling zum nationalen Konflikt. Deutscher und polnischer Nationalismus in Ost- und Westpreußen 1830-1871. Wiesbaden 2003; Wiedergewonnene Geschichte. Zur Aneignung von Vergangenheit in den Zwischenräumen Mitteleuropas. Hrsg. zusammen mit Peter Oliver Loew und Thomas Serrier. Wiesbaden 2006.

CHRISTIAN ROHRER, Dr. phil., geboren 1972 in Titisee-Neustadt. 1994-1999 Studium der Neueren und Neuesten Geschichte, der Alten Geschichte und der Politischen Wissenschaft in Freiburg i.Br. Dort 2005 Promotion. Seit 2006 Agenturleiter bei 4C business campaigning GmbH in Zürich. Veröffentlichungen u.a. Nationalsozialistische Macht in Ostpreußen. München 2006.

STEFANIE SCHÜLER-SPRINGORUM, Dr. phil., geboren 1962 in Hamburg. Studium der Mittleren und Neueren Geschichte, Ethnologie und Politikwissenschaft in Göttingen und Barcelona, Promotion Bochum 1993. 1994/95 Mitarbeiterin der Stiftung „Topographie des Terrors" zur Erstellung der Ausstellung „Jüdische Geschichte in Berlin", 1996-98 Forschungsprojekt zur Geschichte der jüdischen Jugendbewegung in Deutschland, 1998-2001 Habilitationsprojekt zur Geschichte der Legion Condor in Spanien 1936-1939. Seit 2001 Direktorin des Instituts für die Geschichte der deutschen Juden, Hamburg. Veröffentlichungen u.a.: Die jüdische Minderheit in Königsberg/Pr. 1871-1945. Göttingen 1996; (mit K. Bergbauer): „Wir sind jung, die Welt ist offen..." Eine Jüdische Jugendgruppe im 20. Jahrhundert. Berlin 2002; Hg.: Antisemitismus. Themenheft der Zeitschrift Werkstatt Geschichte 38, 2004; Hg. (mit K. Heinsohn): Deutsch-Jüdische Geschichte als Geschlechtergeschichte. Studien zum 19. und 20. Jahrhundert. Göttingen 2006; Hg. (mit A. Brämer, K. Heinsohn, I. Lorenz): Das Jüdische Hamburg. Ein Nachschlagewerk. Göttingen 2006; Nicht nur Guernica. Die Legion Condor, in: Florian Legner (Hg.), ¡Solidaridad! Deutsche im Spanischen Bürgerkrieg. Berlin 2006, S. 101-130.

CHRISTIAN TILITZKI, Dr. phil., geboren 1957 in Schleswig. Studium der Philosophie, Germanistik und Rechtswissenschaft in Kiel in Berlin. Rechtsanwalt. 1999 Promotion an der FU Berlin bei Karlfried Gründer, 2000-2003 Forschungsauftrag der Fritz-Thyssen-Stiftung zur Geschichte der Albertus-Universität Königsberg 1871-1945, seit 2003 Lehrbeauftragter für Politische Theorie und Ideengeschichte am Otto-Suhr-Institut der FU Berlin. Veröffentlichungen u.a. Alltag in Ostpreußen 1940-1945. Die geheimen Lageberichte der Königsberger Justiz 1940-1945. Leer 1991; Die deutsche Universitätsphilosophie in der Weimarer Republik und im Dritten Reich. Berlin 2002.

COLLOQUIA BALTICA

Beiträge der Academia Baltica
zu Geschichte, Politik und Kultur in Ostmitteleuropa
und im Ostseeraum

Bereits erschienen:

Mare Balticum
Begegnungen zu Heimat, Geschichte, Kultur an der Ostsee
Hg. von Dietmar Albrecht und Martin Thoemmes
(Colloquia Baltica 1)
2005. 184 Seiten. Broschiert 19,90 Euro. ISBN 978-3-89975-510-7

Unverschmerzt
Johannes Bobrowski - Leben und Werk
Hg. von Dietmar Albrecht, Andreas Degen, Hartmut Peitsch
und Klaus Völker
(Colloquia Baltica 2)
2004. 472 Seiten. Broschiert 19,90 Euro. ISBN 978-3-89975-511-4

Vorposten des Reichs? Ostpreußen 1933-1945
Hg. von Christian Pletzing
(Colloquia Baltica 3)
2006. 254 Seiten. Broschiert.
19,90 Euro. ISBN 978-3-89975-561-9

Wanderer in den Morgen
Louis Fürnberg und Arnold Zweig
Hg. von Rüdiger Bernhardt
(Colloquia Baltica 4)
2005. 164 Seiten. Broschiert 19,90 Euro. ISBN 978-3-89975-527-5

Dietmar Albrecht
Wege nach Sarmatien. Zehn Kapitel Preußenland
Orte, Texte, Zeichen
(Colloquia Baltica 5)
2005. 266 Seiten. Zwei farbige Kartenseiten. Broschiert.
19,90 Euro. ISBN 978-3-89975-550-3

Grenzüberschreitungen
Deutsche, Polen und Juden
zwischen den Kulturen (1918-1939)
Hg. von Marion Brandt
(Colloquia Baltica 6)
2006. 278 Seiten. Broschiert. 19,90 Euro. ISBN 978-3-89975-560-2

Christian Rohrer
Nationalsozialistische Macht in Ostpreußen
(Colloquia Baltica 7/8)
2006. 673 Seiten. Broschiert. 49,80 Euro. ISBN 978-3-89975-054-6